2011
中国关中—天水经济区发展报告

Annual Report on Development
of China's Guanzhong-Tianshui Economic Zone
(2011)

主 编/李忠民

副主编/睢党臣　王琴梅　柴 建

社会科学文献出版社
SOCIAL SCIENCES ACADEMIC PRESS (CHINA)

《中国关中—天水经济区发展报告》
编委会

主要编撰者简介

李忠民 研究生学历，博士学位，教授，博士研究生导师。现任陕西师范大学中国西部商学研究中心主任，国家"211工程"重点建设学科"中国发展经济学"首席专家。1990年以来，先后出版《人力资本：一个理论框架及其对中国经济问题的解释》、《中国发展经济学》、《知识经济发展理论》等专著，出版《中国发展经济学概论》等8部教材，主持出版《中国发展经济学论丛》、《资本论研究》等6套丛书。发表学术论文190余篇，工作论文30余篇。主持国家社科基金课题2项、省部级课题14项、其他横向课题30余项。获得省部级奖励11项，其中2个一等奖、4个二等奖。2000年荣获陕西省第二届优秀经济理论工作者称号。2005年《中国发展经济学概论》获得陕西省教学特等奖。

睢党臣 研究生学历，博士学位，陕西师范大学国际商学院教授，硕士研究生导师。主要从事经济学、财政学和社会保障学的教学与研究工作。兼任中国市场营销学会理事、陕西省外国经济学说研究会理事。发表学术论文40余篇，出版专著2部，主持省部级课题4项，获省部级奖3项。

王琴梅 研究生学历，博士学位，陕西师范大学国际商学院教授，硕士研究生导师。主要研究方向为发展经济学与中国西部经济发展、转型经济与社会主义市场经济理论等。发表学术论文近60篇，多篇被人大《复印报刊资料》、《新华文摘》、《北京大学学报》等刊物复印或摘登。在人民出版社出版专著1部，主编、参编著作7部。主编教材1部，副主编教材1部，参编教材5部。参与完成国家社会科学基金项目、教育部重大科研基金项目、省级科研基金项目4项，主持省级项目4项，主持完成校内项目3项。多项科研成果获得省部级、校级奖励。

柴　建　研究生学历，博士学位，陕西师范大学中国西部商学中心副主任。主持国家自然科学基金、中央高校基本科研业务费专项基金项目等多项，获得陕西省高校人文社会科学研究优秀成果二等奖，参与十余项国家级、省部级课题项目的研究，参与撰写著作 2 部，在国际能源经济类顶级期刊（SSCI/SCI/EI 源期刊）*Energy Policy*，以及《管理科学学报》、《系统工程理论与实践》等期刊上发表论文 20 余篇。

摘　要

《中国关中—天水经济区发展报告》系教育部重点支持的研究报告之一，由陕西师范大学中国西部商学研究中心、大关中发展研究所组织全国长期研究关中—天水经济区及周边区域发展问题的专家学者撰写。

《中国关中—天水经济区发展报告（2011）》内容包括总报告、综合分析篇、专题研究篇、附录四个部分。

总报告重点分析了关中—天水经济区的产业发展和产业转型，产业发展是实现关中—天水经济可持续发展的必由之路。基于此，报告通过对关天7市1区产业现状的分析，对关中—天水经济区内各地区的特色产业与产业集群进行了有效整合，利用 PLSR（偏最小二乘算法）回归的标准化模型，对影响产业发展的资源环境、科技进步、社会政策等要素之间的关系进行了定量研究。在此基础上，结合区域的实际状况，对关中—天水地区产业的发展和转型提出了相应的政策建议。

综合分析篇是总报告的支撑部分，围绕关中—天水经济区经济近年来的发展实践，从生产要素和支柱产业两个维度进行回顾、分析、总结和展望。生产要素维度分报告有 5 篇：人口发展报告通过对经济区内人口资源现状的梳理，发现经济区在人口资源发展上存在的主要问题有人口地区分布失衡、人口结构有待优化及人口老龄化趋势明显；人力资本发展报告分析了经济区人力资源中的教育培训资本、专业技术资本、健康资本和迁移资本的状况；资本报告从金融资本存量、实物资本存量、资本增量及其结构等方面对经济区资本要素进行了分析；自然资源报告以经济区主要自然资源现状和利用情况为基础，着重分析了"十二五"期间自然资源供需情况及其对经济区社会经济发展的支撑和保障能力；基础设施报告从经济区交通基础设施、水利基础设施、能源基础设施以及市政基础设施四个方面的发展现状入手，探析了其发展存在的问题和面临的挑战。

支柱产业维度有 9 篇：装备制造业共有两篇报告，第一篇针对陕西省装备制造业发展、驱动及经济增长效益间关系进行了分析，第二篇针对西安装备制造业发展的现状与特征，深入分析了西安市装备制造业发展存在的问题；金融业报告对经济区金融业现状和发展态势进行了分析，指出了其中的问题；资源加工业报告以能源化工业和有色金属加工业为重点，探讨了资源加工业的发展现状和存在问题；现代农业发展报告对经济区现代农业发展现状进行了深入研究，指出了其在人力资本、资金、技术等方面存在的主要问题；文化和旅游业报告对经济区该产业现状、存在问题、政策导向以及发展前景进行了分析，认为不能单独发展文化产业和旅游业，只有将两者充分结合，才能实现产业的跨越发展；航空航天产业报告从简要状况、相关问题和对策建议三方面对该产业进行了研究；战略性新兴产业报告认为经济区科技资源的汇集为发展该产业奠定了良好基础，近些年该产业发展迅速，但仍有资金投入不足且结构失衡、科技成果及其转化水平较低等诸多问题；最后对光伏产业做了分析和研究。

专题研究篇侧重于从学术研究角度对相关的具体问题进行深入的分析和研究，包括相关报告9篇：关中—天水经济区低碳经济发展报告；西咸新区：关中—天水经济区发展新模式；"西安—宝鸡"经济线到"西安—包头"经济线的战略选择；西安市房地产市场稳定发展研究；关中—天水经济区养老保险城乡统筹发展研究；大关中与陕甘宁经济发展思考；西咸新区产业定位思考；关中重点示范区建设和西部统筹城乡发展先导区的形成；唐大明宫国家遗址公园及遗址区文化产业研究。

Abstract

The Development Report of China's Guanzhong-Tianshui Area is one of key performance supported by the ministry of education, this report is written by much expert who are organized by Western China business research center, and research economic development of the guanzhong-tianshui area and surroundings.

The Development Report of China's Guanzhong-Tianshui Area(2011) is consist of four parts, that is, General report, Section report, monographic study and appendix.

In General report, we focuses on the analysis of industry transformation and industry development which is the only way to realize economic development. In this part, we make a quantitative research that the relationship among the resources environment, science technology progress and social policy which are affected by industry development through the PLSR model, and also we make a effective integration of characteristic industry and Industry cluster through the way that a current situation analysis of seven cities and one area in guangzhong-tianshui, based on which, at the end of this part, we shows the policy suggestion on the area's development and transformation.

The general report is supported by the Section report which reviews, analysis, summaries and outlooks the production factors and the pillar industry according to the practice of guanzhong-tianshui area's economy. The report of production element is consist of five chapter, that is, population development report which includes the key problem of population resource which are the imbalance of population distribution, imperfect of population structure and the evidence of aging through the way of this area's current situation; human capital report that which analysis the situation of education training capital, professional technology capital, health capital and migration capital; capital report which research the area's capital factors from the aspects of financial capital stock, physical capital stock, capital increment and its structure; natural resources report which analysis the demand and supply situation of natural resource during "the twelfth five-year plans" according to the current using situation; Infrastructure report which analysis the develop problem and the challenge faced by this area in line with transportation infrastructure, water conservancy infrastructure, energy infrastructure and municipal infrastructure.

The pillar industry has eight chapters: two of them are equipment manufacturing industry, in the first part, we analysis the relationship of development, drive and benefit increase in line with Shaanxi's current situation. In the second part, we analysis the equipment manufacturing industry existing problems of Xi'an. The others are: financial report which analysis the financial industry's current situation as well as develop trend and points out the existing problem; Resources processing industry report which analysis the problem of energy chemical industry and non-ferrous metal processing industry; The modern agricultural development report which points out the problem of human capital, capital and technology in the agricultural aspect; culture and tourism report which analysis the situation, exiting problem, policy trend and prospect of Culture and tourism industry, and point out the only way to realize spanning development is to combine the tourism industry and culture industry rather separate them; The aerospace industry report which includes the situation and the policy; strategic emerging industry report which point out this industry is based on the collection of science and technology resources, this industry develop fast, but includes the problem of the shortage of capital, the imbalance of structure and the low level of transformation ability.

The monographic report can be divided into nine parts from the insight of academic, that is: low carbon economy development report; the new develop model of guanzhong-tianshui area; the strategic choice from "Xi'an-Baoji" to "Xi'an-Baotou"; the real estate market of Xi'an stable development research; endowment insurance in urban and rural development research; Economic development research of daguanzhong and shanganning; Industry positioning research of xi'an-xianyang new area; the key demonstration construction of Guanzhong area and the formation of the coordination of urban and rural development guide; the site park of tang dynasty as well as it's culture research.

目 录

总 报 告

综合分析篇

专题研究篇

附　　录

总 报 告

关中—天水经济区产业发展与转型

课题组*

摘 要：关中—天水经济区地处亚欧大陆桥中心，处于承东启西、连接南北的战略要地，产业发展是实现关中—天水经济区经济可持续发展的必由之路。基于此，通过对经济区内7市1区（西安、宝鸡、咸阳、天水、渭南、铜川、商洛和杨凌）产业现状的分析，以及对经济区内各地区特色产业与产业集群的有效整合，且利用 PLSR（偏最小二乘算法）回归的标准化模型，对产业发展影响的资源环境、科技进步、社会政策等要素之间的关系进行了定量研究；在此基础上，结合区域的实际状况，对关中—天水经济区产业的发展和转型提出了相应的政策建议。

关键词：关中—天水经济区　产业发展　产业转型　产业集群

---

* 课题组组长：李忠民；成员：王文军、柴建、马小珍、黄丽。李忠民，男，经济学博士、教授、博士生导师，陕西师范大学中国西部商学研究中心主任。王文军，男，管理学博士，陕西师范大学国际商学院副教授。柴建，男，管理学博士，陕西师范大学中国西部商学研究中心副主任、讲师。马小珍，女，陕西师范大学国际商学院硕士研究生。黄丽，女，陕西师范大学国际商学院硕士研究生。

2011年作为"十二五"规划实施的开局之年，我们把研究总报告定位为关中—天水经济区产业发展与转型，这对于该区域经济增长和竞争力的提升至关重要。

一 关中—天水经济区产业发展现状、聚集与结构优化

（一）关中—天水经济区产业发展总量分析

1. 西安市产业发展现状

西部大开发十多年来，西安市各个产业取得了快速发展，西安市各产业产值变化趋势如表1、图1所示。

表1 西安市三次产业生产总值统计（2000～2010年）

单位：亿元

年份	生产总值	第一产业	第二产业			第三产业
			生产总值	工业	建筑业	
2000	646.13	44.65	277.13	218.44	58.69	324.35
2001	734.86	45.87	312.90	246.90	66.00	376.09
2002	826.68	47.77	353.58	280.20	73.38	425.33
2003	946.66	50.72	407.38	324.88	82.50	488.56
2004	1102.39	60.21	476.92	383.46	93.46	565.26
2005	1319.33	66.01	540.50	420.00	120.50	707.42
2006	1538.94	70.44	645.65	494.22	151.43	822.85
2007	1856.63	82.51	781.94	594.95	186.99	992.18
2008	2318.14	103.45	981.58	721.40	260.18	1233.11
2009	2724.08	110.38	1144.75	816.92	327.83	1468.95
2010	3241.49	140.06	1409.53	986.67	422.86	1691.90

资料来源：2001～2011年《陕西统计年鉴》。

从表1的数据可以看到，2000～2010年，西安GDP连续保持较高的增长速度，其年均增长速度达到了17.3%。至2010年底，全市生产总值（GDP）为3241.49亿元，按可比价格计算，比上年增长14.5%，增速与上年持平，高于全国4.2个百分点，与全省持平。分产业看，第一产业增加值140.06亿元，同比

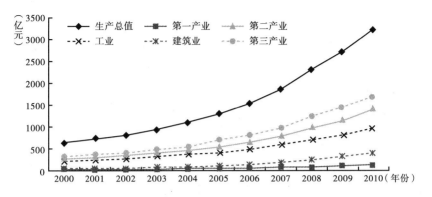

图1　西安市三次产业生产总值变化趋势（2000～2010年）

增长6.9%；第二产业增加值1409.53亿元，增长18.0%；第三产业增加值1691.90亿元，增长12.5%。一、二、三产业结构比例为4.3∶43.5∶52.2。

综上所述，西安市各个产业都取得了较好的发展，尤其是第三产业和第二产业增速很快，而且基本形成了"三二一"的产业结构格局。且在二、三产业发展方面，还形成了一系列的工业和服务业优势主导产业，如表2所示。

表2　西安市二、三产业中的主导产业

	先导产业	"明星"产业	"金牛"产业
工　业	航天航空业 新材料产业	汽车产业 电子信息产业 生物医药产业	机械设备制造业 食品饮料业
服务业	软件产业 会展业	物流业 文化产业 金融保险业	旅游业 教　育 科研和技术服务业

西安市的三大产业发展，具体来说：第一产业农业方面，农林牧渔全面发展，形成众多特色产业。比如果业种植及加工有周至猕猴桃、临潼石榴、临潼火晶柿子、西安市阎良区关山镇万亩无公害相枣生产基地等。蔬菜种植与加工有秦丰蔬菜、灞桥区新合镇无公害蔬菜生产基地、户县天桥乡无公害韭菜生产基地、阎良区北屯街道无公害蔬菜生产基地、临潼区任留乡无公害蔬菜生产基地、西安西优公司临潼区雨金镇无公害蔬菜生产基地。

第二产业蓬勃发展，形成以航天航空、装备制造、汽车等产业集群。北起阎良航天航空产业基地、泾渭北能源化工产业集聚区、经开区新材料产业基地、浐河经济开发区纳米科技产业园，至韦曲航天产业基地。南北两大汽车城、电子信息与生物医药两大产业基地。

第三产业，依托西安高新区，培养一批具有知识产权和核心竞争力的国际知名软件企业，建设西安国际软件园，打造国内软件产业总部基地、研发基地，世界级软件加工、出口基地，形成国际知名的软件外包中心、商业流程外包中心和软件人才培育基地。形成三大商业圈（中心商业圈、二环商业圈、三环商业圈）；四大文化产业区（曲江文化产业核心、老城区文化产业集聚区、临潼文化产业集聚区、周至文化产业集聚区）；五大物流产业主节点（新筑物流园区、六村堡空港物流服务中心、临潼物流中心、浐灞物流中心、长安引镇仓储物流中心）。

2. 宝鸡市产业发展现状分析

宝鸡提出"工业强市、畜牧大市、旅游名市、现代化生态园林大城市"和创建"最佳投资环境、最佳人居环境"的发展思路，城市综合实力不断增强，位列全国综合实力百强城市第78位，具体的产业产值变化如表3、图2所示。

表3 宝鸡市三次产业生产总值统计（2000～2010年）

单位：亿元

| 年份 | 生产总值 | 第一产业 | 第二产业 | | | 第三产业 |
			生产总值	工业	建筑业	
2000	195.34	25.18	98.32	78.89	19.43	71.84
2001	221.88	25.59	114.88	91.60	23.28	81.41
2002	250.37	27.07	132.18	105.22	26.96	91.12
2003	287.35	30.66	154.30	121.56	32.74	102.39
2004	353.24	40.06	196.67	157.47	39.20	116.51
2005	414.52	44.30	240.13	194.72	45.41	130.09
2006	490.31	49.70	293.45	240.15	53.30	147.16
2007	578.78	60.86	345.91	281.43	64.48	172.01
2008	714.07	78.30	434.70	351.59	83.11	201.07
2009	806.54	85.18	491.08	391.92	99.16	230.28
2010	976.09	174.65	614.42	460.81	153.61	257.47

资料来源：2001～2011年《陕西统计年鉴》。

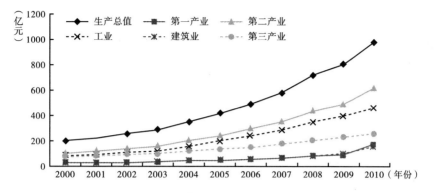

图2　宝鸡市三次产业生产总值变化趋势（2000～2010年）

总体来看，2000～2010年宝鸡市各个产业都取得了较好的发展，尤其是第三产业和第二产业增速很快，而且基本形成了"二三一"的产业结构格局，其中工业和服务业的优势主导产业如表4所示。

表4　宝鸡市二、三产业中的主导产业

	先导产业	"明星"产业	"金牛"产业
工 业	汽车产业 新材料产业	锌、钛产业 石油机械产业	机械设备制造业
服务业	金融业	物流业 文化产业	旅游业

宝鸡市第一产业，在畜牧大市建设的带动之下，农业产业结构调整成效明显，畜、粮、果、菜、药五大主导产业协调发展的局面初步形成。以34个农业科技专家大院为载体的新型农业科技推广服务体系基本形成，科技对农业的贡献率达到53.1%。探索出以"三集中"推进"三化"的县域经济发展思路，全市县域经济呈现出强劲增长的良好势头，县域经济占全市经济总量的比重稳步提高，陈仓区跻身陕西县域经济社会发展十佳县（区），凤翔县进入陕西省竞争力十强县。

对于第二产业，宝鸡五大主导产业初步形成。通过引进和培育，以稀贵金属和新型建筑材料为代表的新材料产业的技术含量达到国际先进水平，并占有较大的市场份额；以数控机床、特种汽车、程控纺织机械、石油机械、输配电设备生产为主的先进制造业基本实现信息化，并成为高新区第一大主导产业；以乳畜制品生产为代表的现代食品产业的技术水平达到国内先进水平，成为高新区的支柱产业。通过技术创新的重大突破，以通信设备及器材为主的电子信息产业和以氨基酸、中药提取物、新型医疗器械为主的生物医药及医疗器械产业，正在成为区域的主导产业。构建起了"钛材及其前端产品生产、机电一体化产品生产、现代食品生产、现代中药生产、仪器仪表及系统生产"五条产业链；建立了"稀贵金属新材料、数控机床、特种汽车、现代食品、建筑新材料生产和孵化创新及现代服务业"六大产业基地。

宝鸡的第三产业发展，紧紧抓住宝鸡市处于城市化加速发展时期和把高新区作为宝鸡市未来现代化生态园林新城区。一是通过对交通运输、商贸流通、餐饮、娱乐、公用事业等传统服务业的改组改造，推进连锁经营、特许经营、代理制、多式联运、电子商务等组织形式和服务方式的创新，使其服务质量和经营效益不断提高，并形成聚集效应。二是大力发展房地产、物业管理、社区服务、旅游、文化、体育等市场需求潜力大的领域，形成区域新的经济增长点。同时，抓住新宝鸡铁路编组站、南环铁路建设的机遇，在新区内发展现代物流、仓储等服务业，为区内企业提供全方位的服务。三是伴随着创业支持、创新支持、管理咨询、技术咨询、风险投资、融资担保、技术产权交易、证券交易、信息服务等知识服务产业的发展，使服务业的服务水平和技术含量得到提高，并进一步促进高新区服务业结构的优化。四是通过大力引进国内知名企业、上市公司的地区总部、管理中心，创办新贵金属新材料、中草药及中成药等专业市场，将形成"总部经济"、"会展经济"。

3. 咸阳市产业发展现状分析

西部大开发十多年来，咸阳市各产业取得了快速发展。咸阳市各产业产值变化趋势如表5所示。

2010年，咸阳全市生产总值突破千亿元大关，达到1098.68亿元，成为继西安、榆林之后全省第三个过千亿元的地市。按可比价格计算，同比增长14.5%，增速比上年快0.3个百分点，高于全国（10.3%）4.2个百分点，与全省持平。分产业看，第一产业增加值203.3亿元，增长7.8%；第二产业增加值573.3亿元，增长18.7%；第三产业增加值322.1亿元，增长11.7%。经济总量是2005年的2.5倍，翻了一番多；"十一五"年均增量133.2亿元，是"十五"的3.4倍。"十一五"年均增长13.7%，比"十五"快1.4个百分点。一、二、三产业结构比例为18.5∶52.2∶29.3。如图3所示。

表5 咸阳市三次产业生产总值统计（2000～2010年）

单位：亿元

年份	生产总值	第一产业	第二产业			第三产业
			生产总值	工业	建筑业	
2000	234.46	52.45	102.33	86.10	16.23	79.68
2001	257.08	53.62	109.26	90.61	18.65	94.20
2002	281.89	55.36	122.17	100.93	21.24	104.36
2003	316.77	60.43	140.82	116.39	24.44	115.52
2004	374.77	74.82	169.77	140.15	29.62	130.18
2005	432.49	89.10	191.99	157.31	34.68	151.40
2006	483.87	98.34	220.41	179.68	40.73	165.12
2007	588.48	120.39	271.39	223.25	48.14	196.70
2008	764.55	148.97	382.65	321.50	61.15	232.93
2009	873.20	157.41	434.02	356.42	77.60	281.77
2010	1098.68	203.30	573.30	458.64	114.66	322.10

资料来源：2001～2011年《陕西统计年鉴》。

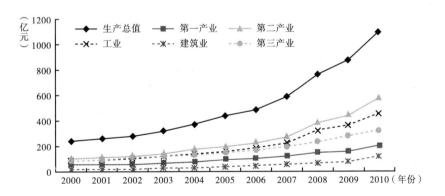

图3 咸阳市三次产业生产总值变化趋势（2000～2010年）

总体来看，2000～2010年咸阳市各产业都取得了较好的发展，尤其是第三产业和第二产业增速很快，形成了"二三一"的产业结构格局。第一产业比重保持基本稳定，第三产业的发展速度明显低于国民生产总值增长速度，第二产业比重过大，凸显了三次产业结构的不合理。其中工业和服务业的优势主导产业如表6所示。

表6　咸阳市二、三产业中的主导产业

	先导产业	"明星"产业	"金牛"产业
工　业	航天航空业	纺织业 电子业	机械设备制造业 食品饮料业
服务业	医疗保健业	物流业 文化产业	旅游业

第一产业方面，咸阳市已成为陕西最大的果品生产加工基地、畜产品生产加工基地。作为陕西主要粮、棉生产基地，全市有9个省级优质商品粮基地县和6个国家级优质商品粮基地县，人均产粮居陕西之首，每年提供商品粮5亿多公斤。多种经营已形成以棉花、苹果、烤烟、蔬菜、笼养鸡、生猪等产品为主的15个商品基地。

咸阳是一个新兴的工业城市，已形成纺织、电子、煤炭、石油化工、机械为主体的工业体系。纺织工业经过50多年的发展，已形成棉纺、毛纺、化纤、印染、服装、纺织机械及纺织科研门类齐全、相互配套的完整体系，成为全市出口创汇的主导产业，其年产值占全省纺织业的1/3。电子工业已成为实力较强、技术装备水平较高的新兴产业，全国最大的彩管厂陕西彩色显像管总厂等13家大中型电子企业集中于市区，其年产值占全省电子工业的近一半，被人们誉为"纺织电子城"。

加快第三产业发展是优化咸阳经济结构，实现城市功能整体跃升的必然之路。当前，咸阳市第三产业结构内部升级正处于提升期：一是第三产业投资力度较大，为第三产业发展提供了基础；二是全市人均GDP在2003年突破1000美元大关，2007年达到1607美元，面临的产业结构变动和消费升级，也将为第三产业增长带来动力；三是抓住有利于第三产业发展的大好时机，科学调整服务业布局，依托比较优势，做好产业规划，实现西安咸阳一体化发展。

4. 渭南市产业发展现状分析

渭南素以农业著称，土地广阔，气候温和，光照充足，降水适中，可耕地占总面积的96%，为全面发展农林牧副渔，实现农业的工业化、信息化、现代化提供了有利条件，其中粮食、棉花、油料总产量居全省前列，号称"陕西粮仓"。目前全市已形成了粮食、棉花、苹果、烤烟、花生、秦川牛、奶山羊、笼养鸡、生猪、渔业10大商品基地。西部大开发十多年来，渭南市的经济取得了快速发展，具体的产业产值变化如表7所示。

表7　渭南市三次产业生产总值统计（2000～2010年）

单位：亿元

| 年份 | 生产总值 | 第一产业 | 第二产业 | | | 第三产业 |
			生产总值	工业	建筑业	
2000	165.47	37.43	60.42	51.82	8.60	67.62
2001	181.44	39.45	64.56	55.80	8.76	77.43
2002	201.53	41.55	73.93	62.61	11.32	86.05
2003	230.39	44.34	91.08	77.45	13.63	94.97
2004	280.71	52.96	119.81	104.40	15.41	107.94
2005	330.17	58.66	148.71	131.28	17.43	122.80
2006	377.40	63.13	171.83	151.31	20.52	142.44
2007	456.95	80.19	206.06	181.10	24.96	170.70
2008	563.09	96.26	256.22	222.49	33.73	210.61
2009	636.96	100.55	294.44	248.78	45.66	241.97
2010	801.42	128.94	394.55	305.17	89.38	277.93

资料来源：2001～2011年《陕西统计年鉴》。

从表7的数据看到，2000～2010年渭南市GDP连续保持较高的增长速度，其年均增长速度达到了13.5%。2010年全市实现生产总值801.42亿元，较上年增长15%。其中，第一产业增加值128.94亿元，增长7.3%，第二产业增加值394.55亿元，增长20.7%，第三产业增加值277.93亿元，增长10.6%。一、二、三产业结构比例为16.1∶49.4∶34.5，如图4所示。

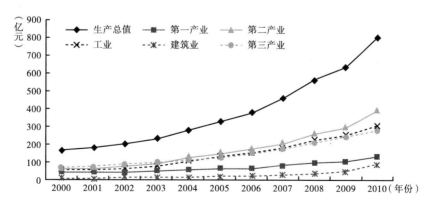

图4　渭南市三次产业生产总值变化趋势（2000～2010年）

2000～2010 年，渭南市各产业都取得了较好的发展，尤其是第三产业和第二产业增速很快，形成了"二三一"的产业结构格局。目前，渭南市正在按照调优一产、调强二产、调大三产的思路发展，其中工业和服务业的优势主导产业如表 8 所示。

表 8　渭南市二、三产业中的主导产业

	先导产业	"明星"产业	"金牛"产业
工　业	航天航空业	钼、钒产业 生物医药产业	食品加工业
服务业	物流业	文化产业	旅游业

渭南市的农业资源得天独厚，国家将渭南市确定为全国五大商品粮基地之一。棉花、粮食和油料总量均居全省前列，建设有五大基地：国家优质小麦基地、渭北优质果业基地、设施农业基地、沿河养殖基地、渭北花椒和秦岭北麓杂果基地。

渭南市已经成为以能源、重化工为主的新兴产业基地。发展壮大四大基础产业（能源工业、化学工业、建材工业、有色金属工业），要大力发展能源业、原材料、采掘加工业、机械设备制造业，积极引导乡镇企业向农产品加工领域转移。

渭南市第三产业以高新技术、旅游、商贸和新兴第三产业为重点，努力提升渭南作为陕西东大门的功能。加大投资力度，大力发展渭南经济开发区、渭南高新技术产业开发区两区的基础设施建设，完善服务功能，为高新技术产业化创造一个良好的环境。

5. 铜川市产业发展现状分析

铜川拥有以煤炭、建材、陶瓷、铝冶炼、纺织、机电、医药、食品、化工等为骨干的 30 多个工业门类。全市年产原煤 1100 万吨，占全省原煤总产量的 30%。铜川正抓住关中—天水经济区发展的大好机遇，大力实施项目带动、工业强市和可持续发展战略，努力实现经济社会的全面、协调、可持续发展。表 9 反映了铜川市三次产业的生产总值。

从表 9 的数据看到，2000～2010 年铜川 GDP 连续保持较高的增长速度，其年均增长速度达到了 13.5%。至 2010 年底，全区生产总值（GDP）187.73 亿元，

表9 铜川市三次产业生产总值统计（2000～2010年）

单位：亿元

年份	生产总值	第一产业	第二产业			第三产业
			生产总值	工业	建筑业	
2000	34.55	4.02	15.53	12.96	2.57	15.00
2001	37.08	3.85	16.42	13.86	2.56	16.81
2002	40.90	4.12	18.50	15.58	2.92	18.28
2003	48.69	4.10	23.26	19.89	3.37	21.33
2004	59.49	5.02	30.56	26.54	4.02	23.91
2005	71.84	5.87	38.66	33.65	5.01	27.30
2006	86.41	6.33	49.08	43.29	5.79	31.00
2007	102.81	7.84	58.81	51.99	6.82	36.16
2008	129.87	9.68	77.94	68.91	9.03	42.25
2009	154.40	10.81	93.73	82.94	10.79	49.86
2010	187.73	11.72	119.10	104.81	14.29	56.91

资料来源：2001～2011年《陕西统计年鉴》。

按可比价格计算，比上年增长21.5%，增速高于上年，高于全国11.2个百分点，高于全省水平。从各个产业看，第一产业增加值11.72亿元，同比增长8.3%；第二产业增加值119.1亿元，增长27.1%；第三产业增加值56.91亿元，增长14.1%。一、二、三产业结构比例为6.2∶63.4∶30.4，如图5所示。

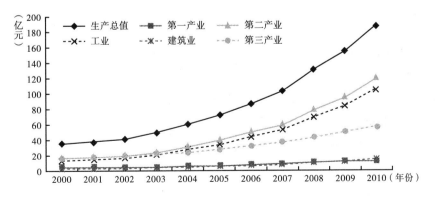

图5 铜川市三次产业生产总值变化趋势（2000～2010年）

2000～2010年，铜川市各产业都取得了较好的发展，尤其是第三产业和第二产业增速很快，形成了"二三一"的产业结构格局。工业和服务业的优势主导产业如表10所示。

表10 铜川市二、三产业中的主导产业

	先导产业	"明星"产业	"金牛"产业
工 业	现代建材业	煤炭机械业 煤化工装备业	机械设备制造业
服务业	—	文化产业	旅游业

铜川市要以建设食品加工基地为目标。以台湾旺旺、伯度、凯威酒业等企业为龙头，加快新鲜干果经济林基地建设和牛奶养殖业的发展，大力发展果品深加工、奶制品、方便面、核桃乳以及植物油蛋白生物生化制品，打造享誉全国的名、优、特产品。

对于第二产业，铜川长时间以来把重工业放在优先发展的地位，采选业和初加工业为首的重工业占据了工业总产值相当大的比例。2010年，规模以上工业总产值119.1亿元，而其中轻工业产值仅有16.2亿元。超重型的产业结构严重制约了铜川资源的合理利用和合理配置，导致其城市经济对煤炭资源的依赖过大。下一步，应认真研究如何改善资源型城市经济，走可持续发展的道路，大力发展轻资源工业，保证城市化健康发展。

旅游业作为21世纪的朝阳产业和无烟产业，满足了资源型城市经济转型中促进经济结构调整、转移就业、改善生态环境的战略要求。铜川市目前正按照"421"的旅游发展思路，重点建设照金香山、玉华宫、药王山、陈炉四大景区，形成以照金香山为中心，集红色旅游、宗教文化、休闲养生等为一体的南部旅游板块；形成以玉华宫为中心，集佛教文化、休闲避暑、滑雪狩猎等为一体的背部旅游板块，打造大唐国瓷文化旅游创意园，着力构筑旅游精品区，使铜川成为重要的旅游目的城市。

6. 商洛市产业发展现状分析

商洛市自然资源比较丰富。素有"南北植物荟萃、南北生物物种库"之美誉。据统计，有野生油料、纤维、淀粉、林果、中药材等1200多种。商洛市以纳入关中—天水经济区为契机，加快发展材料工业、现代中药、生态旅游、绿色食品产业，商洛市各产业产值变化趋势如表11所示。

表11 商洛市三次产业生产总值统计（2000～2010年）

单位：亿元

年份	生产总值	第一产业	第二产业			第三产业
			生产总值	工业	建筑业	
2000	56.35	16.66	20.08	8.22	11.86	19.61
2001	59.52	17.29	17.88	6.94	10.94	24.35
2002	67.10	17.29	21.74	9.36	12.39	28.07
2003	92.43	18.71	32.43	15.13	17.30	41.29
2004	105.03	22.92	35.47	17.15	18.32	46.64
2005	114.43	25.43	37.25	17.87	19.38	51.75
2006	137.77	28.31	46.64	20.98	25.66	62.82
2007	160.40	33.87	55.19	26.69	28.50	71.34
2008	197.45	44.57	71.18	35.58	35.60	81.70
2009	224.47	46.65	83.75	40.09	43.66	94.07
2010	285.96	58.36	116.69	56.01	60.68	110.95

资料来源：2011年《陕西统计年鉴》。

2000～2010年，商洛GDP连续保持较高的增长速度，其年均增长速度达到了14.2%。至2010年，全区生产总值（GDP）285.96亿元，按可比价格计算，比上年增长27.3%，增速高于上年，高于全国16个百分点，高于全省水平。从各个产业看，第一产业增加值58.36亿元，同比增长25.1%；第二产业增加值116.69亿元，增长28.2%；第三产业增加值110.95亿元，增长17.9%。一、二、三产业结构比例为20.4∶40.8∶38.8，如图6所示。

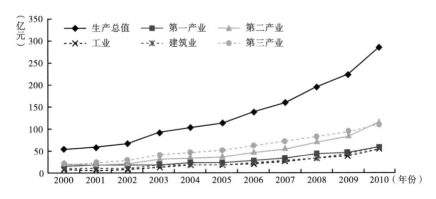

图6 商洛市三次产业生产总值变化趋势（2000～2010年）

2000～2010年，商洛市各产业都取得了较好的发展，尤其是第三产业和第二产业增速很快，基本产业格局是"二三一"。第一产业正处于提高的过程，第二产业是一个增强的过程，第三产业方面着力发展休闲旅游业。工业和服务业的优势主导产业，如表12所示。

表12　商洛市二、三产业中的主导产业

	先导产业	"明星"产业	"金牛"产业
工　业	太阳能电池 多晶硅新型材料	钼、钒加工业	生物医药产业
服务业	金融业、信息业	物流业 文化产业	旅游业

商洛地区处于秦岭以南，是中国南北方的交界处，气候条件适宜各类中药材的生长，有"秦岭最美是商洛"之誉。因此，商洛主要立足于"三大经济战略"，一是进行中药材的开发，二是做好交通设施的改善，三是促进人力资源的开发。在产业方面，根据规划，商洛已将材料工业、绿色产业、生态旅游、现代医药四大产业纳入重点发展行业。第一产业要加大附加值的提升，在第二产业方面，以循环经济理念统领发展，建立商洛循环经济产业园区，推进第二产业发展。商洛全力打造"西安第二生活区"，以生态资源带动本地经济发展，商洛已投资170亿元策划了120个项目，着力打造生态旅游圈。特别是通过对四个国家级森林公园的开发，将商洛建设成为秦岭最佳的旅游地和生态旅游亮点城市。

7. 杨凌示范区产业发展现状分析

杨凌被誉为中国"农科城"。西部大开发十多年以来，杨凌的经济取得了快速发展，具体的产业产值变化如表13所示。

2000～2010年，杨凌GDP连续保持较高的增长速度，其年均增长速度达到了13.2%。至2010年，全区生产总值（GDP）47.29亿元，按可比价格计算，比上年增长15.9%，增速略高于上年，高于全国5.6个百分点，略高于全省水平。从各产业看，第一产业增加值3.75亿元，同比增长24.5%；第二产业增加值23.5亿元，增长14.0%；第三产业增加值20.04亿元，增长17.7%。一、二、三产业结构比例为7.9∶49.7∶42.3，如图7所示。

杨凌工业和服务业的优势主导产业如表14所示。

表 13　杨凌三次产业生产总值统计（2000～2010 年）

单位：%

年份	生产总值	第一产业	第二产业			第三产业
			生产总值	工业	建筑业	
2000	6.20	0.83	2.06	0.61	1.45	3.31
2001	7.71	0.89	2.63	1.03	1.59	4.19
2002	9.29	0.94	3.47	1.34	2.13	4.88
2003	12.33	1.06	5.23	3.47	1.76	6.04
2004	15.39	1.31	7.19	5.36	1.83	6.89
2005	17.36	1.42	8.05	5.75	2.30	7.89
2006	20.75	1.83	9.46	7.00	2.46	9.46
2007	26.66	2.21	12.73	9.53	3.20	11.72
2008	33.67	2.78	16.51	12.20	4.31	14.38
2009	40.68	3.01	20.61	14.66	5.95	17.06
2010	47.29	3.75	23.50	16.24	7.26	20.04

资料来源：2011 年《陕西统计年鉴》，生产总值按当年价格计算。

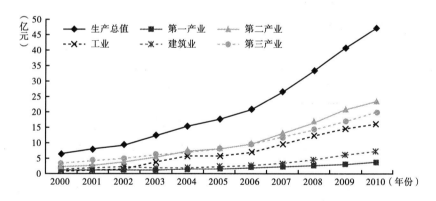

图 7　杨凌三次产业生产总值变化趋势（2000～2010 年）

表 14　杨凌二、三产业中的主导产业

	先导产业	"明星"产业	"金牛"产业
工　业	绿色食品产业	食品饮料业	生物制药业 农牧良种业
服务业	金融保险业	会展业 环保农资产业	教　育 科研和技术服务业

杨凌发展农业高新技术产业，既是实现产业化、增强示范带动能力的重要途径，也是增强自我发展能力的必然要求。通过加强招商引资，实现产学研结合，推动成果产业化。特色食品产业形成了一定规模，通过在各地建立农产品加工基地、原料基地，促进当地调整产业结构，延长产业链。现有食品加工企业38家，年销售收入约8亿元。以果汁、乳品、蜂产品、肉制品、葡萄酒及蔬菜加工为主的绿色食品产业形成一定规模。李华葡萄酒、当代蜂业、圣桑饮料已成为区域性知名品牌。年产18万吨的陕西恒兴果汁公司、年出口蜂蜜4000余吨的陕西当代蜂业公司等一批绿色食品企业的发展壮大，使示范区的农副产品深加工和食品工业逐步向规模化迈进。

杨凌生物工程（制药）产业从无到有，聚集度位列全省第二。同时，在西北农林科技大学专家的指导下，通过在陕南等地建立中药材基地，带动了当地产业结构调整和农民增收。现有医药企业16家，其中11家通过GMP认证。成长起绿方疫苗、郝其军制药、麦迪森制药、赛德生物、亨通光华等一批拥有自主知识产权、主导产品具有较强竞争力的生物和医药高科技企业。

8. 天水市产业发展现状分析

天水市是甘肃省第二大城市，各产业产值变化趋势如表15所示。

表15　天水市三次产业生产总值统计（2000~2010年）

单位：亿元

| 年份 | 生产总值 | 第一产业 | 第二产业 | | | 第三产业 |
			生产总值	工业	建筑业	
2000	80.3094	14.2693	34.1209	26.7079	7.4130	31.9192
2001	87.4618	16.4824	36.1785	28.4873	7.6912	34.8009
2002	97.5060	18.0072	40.7522	31.4503	9.3019	38.7466
2003	108.0145	19.3860	43.6826	32.2002	11.4824	44.9459
2004	125.4685	22.4645	49.8882	35.4470	14.4412	53.1158
2005	146.1676	25.7982	56.0352	40.7729	15.2623	64.3342
2006	166.3925	28.8529	62.9234	45.1234	17.8000	74.6162
2007	196.2073	35.8091	73.3061	53.5507	19.7554	87.0921
2008	226.5698	42.2938	83.4135	61.2076	22.2059	100.8625
2009	260.0022	47.9193	101.0654	70.7839	30.2815	111.0175
2010	298.6542	54.6985	115.6880	80.9816	34.7064	128.2635

资料来源：《甘肃统计年鉴（2011）》，生产总值按当年价格计算。

2000～2010年天水市GDP连续保持较高的增长速度，其年均增长速度达到了12.6%。至2010年底，全市生产总值（GDP）298.6542亿元，按可比价格计算，比上年增长14.9%，增速略高于上年，高于全国4.6个百分点，与全省持平。从各产业看，第一产业增加值54.6985亿元，同比增长14.2%；第二产业增加值115.688亿元，增长14.3%；第三产业增加值128.2635亿元，增长15.5%。一、二、三产业结构比例为18.3:38.7:43.0，如图8所示。

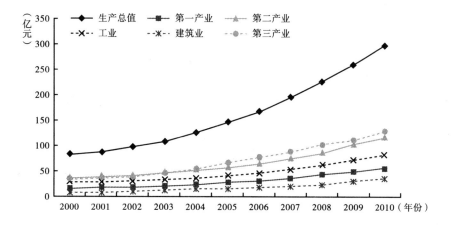

图8 天水市三次产业生产总值变化趋势（2000～2010年）

2000～2010年，天水市各产业都取得了较好的发展，尤其是第三产业和第二产业增速很快，基本形成"三二一"的产业结构。但是需要注意的是天水市的"三二一"产业格局，是因为一、二产业发展相对缓慢，而第三产业尤其是旅游业在增加国民收入中占很大比重所致。所以，天水市经济发展面临加快一、二、三产业的同步发展，实现"三二一"的健康产业格局，工业和服务业的优势主导产业如表16所示。

表16 天水市二、三产业中的主导产业

	先导产业	"明星"产业	"金牛"产业
工 业	环保设备制造产业	汽车产业 工程机械装备产业	机械设备制造业 食品饮料业
服务业	金融业、信息业	文化产业	旅游业

甘肃省天水市把畜牧业作为农业结构调整的突破口，积极引进推广畜禽新品种，优化畜群结构；大力发展养殖专业村、养殖小区，不断提高出栏率和商品率。初步形成了张川、清水两县的肉牛和良种羊，秦安、甘谷、武山、麦积四县区的瘦肉型良种猪，秦州、麦积的禽蛋，城郊及河谷川道地区的奶牛四大商品基地为重点的产业布局。

天水市按照循环经济思路，培育区域特色产业，将社棠工业园区打造"我国西部地区、陇东南地区、天水毗邻地区优势资源产业聚集转化和深加工基地"，使社棠工业园区成为天水经济发展的新引擎。实施六大战略：区域融合战略、项目支撑战略、产业集群战略、技术创新战略、资本运营战略、人才集聚战略。打造三大产业板块：机械电子装备制造产业板块、新材料产业板块及新能源产业板块。发展六大产业集群：机械加工产业集群、电子信息产业集群、电工电器产业集群、新型合金材料产业集群、太阳能光伏产业集群、生物质能产业集群。

天水市凭借地缘优势、丰富的旅游资源和日益完善的交通环境，大力发展旅游业，按照第一层核心是旅游景点；第二层是紧密围绕旅游的导游、道路交通、餐饮、住宿、购物、游乐等；第三层是城市的历史传统、文明、风貌特色的思路，加快旅游产业规模扩张，知名度不断提高，使得旅游经济效益日益显现。

（二）关中—天水经济区产业聚集与空间布局分析

我们对关中—天水经济区产业发展的基本判断是：正处于聚集和集中的重要阶段。经济区内特色产业及空间分布如表17、表18、表19所示。

（三）关中—天水经济区产业结构变动分析

我们采用结构偏离度和就业GDP弹性系数分析工具，深入考察关中—天水经济区三次产业对劳动力就业影响的情况以及就业增长的变动趋势。

1. 关中—天水经济区产业结构偏离度分析

结构偏离度是指某一产业的就业比重与增加值的比重之差。其计算公式如下：

表17 关中—天水经济区第一产业特色产业

	果业种植及加工	蔬菜种植及加工	畜牧养殖及加工	中药材、林特产品加工	粮油加工
西安	周至猕猴桃,临潼石榴,临潼火晶柿子,西安市阎良区关山镇万亩无公害相枣生产基地	秦丰蔬菜,灞桥区新合镇无公害蔬菜生产基地,户县天桥乡无公害蔬菜生产基地,阎良区北田街道无公害蔬菜生产基地,临潼区任留区留女无公害蔬菜生产基地,西安西郊无公害蔬菜生产基地,临潼区雨金镇无公害蔬菜生产基地	腊牛羊肉,西安白鹿畜牧公司蓝田县前卫镇无公害生猪生产基地,西安格润公司户县无公害鸡蛋生产基地	西安正大制药,西安神龙制药,利君制药股份有限公司,西安杨森	小麦,玉米,大豆
宝鸡	板栗,核桃,反季节桃,梨,眉县猕猴桃,宝鸡市阳平镇无公害食用菌生产基地,宝鸡市正阳农业开发公司无公害葡萄生产基地,恒兴公司眉县无公害苹果生产基地	太白县蔬菜基地,宝鸡市渭河村无公害蔬菜种,渭滨区马营镇燃灯寺村无公害蔬菜生产基地,千阳县农技中心服务部无公害胡萝卜生产基地	秦川牛,布尔羊,莎能奶山羊生猪,陕西鑫良畜牧公司扶风县法门镇无公害生猪生产基地,陇县、千阳县奶牛养殖小区示范县,陈仓区西山、麟游和眉县新发展千头肉牛基地	凤县凤党,"太白七药","太白米","手儿参"等地道中药材	西凤酒,华丰方便面,小麦,玉米,大豆
咸阳	礼泉的苹果,咸阳的汇源果汁,合阳苹果基地,华圣、海升、富平、延果、宏达等一批国家级、省级农业产业化龙头企业,彬县柿子,三原县萝卜花糖,大荔县双泉镇无公害哈密瓜生产基地,秦丰果业无公害鲜食葡萄生产基地	兴平大蒜,咸阳市秦都区钓鱼台合镇八里庄村无公害蔬菜生产基地	泾阳三原,秦都和渭城为主的奶业基地,武功生猪产业基地,武功辣椒,大荔县官池镇无公害秦川牛生产基地	咸阳步长集团	小麦,玉米,大豆
渭南	大荔生和西瓜,沙苑黄花菜,白水苹果,蒲城酥梨,合阳县甘井镇无公害苹果生产基地,合阳县无公害地球红葡萄生产基地	韩城花椒,华县大葱,富平辣椒,华县国家级无公害蔬菜基地,蒲城县桥陵示范园无公害蔬菜生产基地,华县华州绿色农业公司毕家蔬菜生产基地,华县高级农业示范园辛庄乡无公害蔬菜生产基地	秦川牛,奶山羊,生猪,渔业	花椒,烤烟,生物技术和新医药	渭南商品粮基地,棉花,小麦,玉米,大豆

续表

	果业种植及加工	蔬菜种植及加工	畜牧养殖及加工	中药材、林特产品加工	粮油加工
铜川	铜川苹果的自然和品牌优势 建设干杂果果基地,铜川苹果荣获奥运果品推荐供全国"两会"。浓缩果汁,苹果脆片,果饮,醋,果酒(包括干白、干红)苹果圈,陕西九州果业,陕西大匠农科,明润果汁,陕西李华葡萄酒有限公司	花卉,香菇,平菇为主的食用菌栽培	铜川大型养牛基地,肉牛犊,西门塔尔牛,铜川布尔山羊养殖基地,铜川獭兔养殖场,以奶牛和生猪为主	野生中药材资源的开发与利用,中药材种植面积已达到8万亩	小麦,玉米,大豆
商洛	镇安大板栗,孝义湾柑饼,核桃基地,商南县城关镇张家岗村无公害猕猴桃生产基地	洛南县古劳乡无公害蔬菜生产基地,洛南县城关镇尖角无公害蔬菜生产基地,商洛市农科所商州区蔬菜生产基地等	生猪,盂羊,商南区红门河乡红河村河门乡生猪生产基地,商洛市原种猪场商州区大赵峪镇冀村无公害生猪生产基地,丹凤县生旺公司龙驹兼镇河润村无公害生猪生产基地,丹凤县丹村畜禽养殖场商镇镇无公害土杂肉鸡生产基地	商南绿茶,商洛黑木耳,丹凤天麻,魔芋,商芝,山阳连须草,油桶,天麻,速生产,林,油松种子,中药材规范化种植示范区,优质烤烟基地	小麦,玉米,大豆
杨凌	李华葡萄酒,当代蜂业,圣枣饮料,陕西恒兴果汁,中华猕猴桃,杨凌红阳公司无公害蔬菜生产基地,杨凌红枣食品,冬枣,猕猴桃	杨凌区大寨乡杜寨村无公害蔬菜生产基地	体细胞克隆山羊,胚胎干细胞研究,肉牛品种改良和奶(肉)牛繁育,布尔山羊	生物农药创制,生物技术和新医药,绿方疫苗,郡其军制药,麦迪森制药,赛德生物,亨通光华	西北地区最重要的农牧良种和集散地,杂交小麦育种,小麦,玉米,大豆
天水	天水嘉园果蔬有限公司,天水市麦积区百佳信苹果种植专业合作社,天水市麦积区康晟源果品农民专业合作社,天水福乐果业有限公司	天水众兴菌业有限责任公司,全录王濑椒产业	天水市康晟食品有限公司康晟源猪肉,天水一品红蛋鸡养殖公司鸡蛋产地,天水胶丰养殖有限公司水九龙山禽业养殖公司		小麦,玉米,大豆

表18 关中—天水经济区第二产业特色产业

	航天航空	装备制造	资源加工	输电设备产业群	汽车产业群	生物医药
西安	国家航空产业基地;阎良航空制造园	陕柴重工风电设备配套件;西安船舶设备工业公司大功率风力发电机组产业化;雷达整机、通信、导航、半导体照明设备、电子元器件、电工电器、电子专用材料研制生产,加快实施高亮度LED产业、高纯硅材料加工等项目		西安大庆路输变电设备制造和试验检测基地、西安高新区输变电产业、西安经开区输变电产业园	西安经开区泾渭工业园、西安高新区;陕重汽重型商用车、法士特重型汽车变速器、比亚迪轿车	西安高新区生物医药研发基地
宝鸡	宝鸡航空安全装备产业园;宝鸡飞行培训园	宝鸡秦川天水星火数控机床;宝鸡重型石化工装备;宝鸡石油机械搬迁,石油钢管连续管及套管生产线	重点发展铝锌钛产业,建设钛材料生产和集散基地	宝鸡电真空设备产业园	宝鸡高新区汽车工业园	
咸阳	咸阳空港产业园	雷达整机、通信、导航、电子元器件照明设备、电子专用材料研制生产,加快实施高亮度LED产业、高纯硅材料加工等项目		咸阳沣河新区输变电产业园		
渭南	蒲城通用航空产业园		重点发展煤炭、化肥、钼精深加工等产业,建设钼产业生产科研基地			

续表

	航天航空	装备制造	资源加工	输电设备产业群	汽车产业群	生物医药
商洛		商洛太阳能电池	重点发展钼、钒等采冶加工和多晶硅等新型材料产业			生物资源种植和中间体、原料药加工生产基地
杨凌						杨凌农业示范区建设生物医药生产基地。绿方疫苗、郝其军制药、麦迪森制药、赛德生物、亨通光华
铜川		煤炭机械装备、煤化工装备、工机械装备	重点发展铝加工、建材、陶瓷等产业，建设现代建材基地			
天水	西飞公司与中航天水飞机公司合作的大运输机舱门	天水电气传动所风力发电传动控制系统；电力机械装备、工程机械装备、车辆皮装及环保设备制造产业	以非金属矿产资源开发利用为重点，大力发展建材产业			

表19 关中一天水经济区第三产业特色产业

	物流业	会展业	金融业	教育信息服务	文化旅游产业	环保产业
西安	西安国际港务区（西安为中心，辐射带动咸阳、渭南、铜川的关中东部物流区域）。新筑物流园区、六村堡空港物流服务中心、临潼物流服务中心、泸灞物流中心、长安引镇仓储物流中心	欧亚经济论坛、中国东西部合作与投资贸易洽谈会、中国杨凌农业高新科技成果博览会、中国国际通用航空大会、西安曲江国际会展中心、泸灞国际会议中心等会展	西安区域性金融中心、西安金融商务区	高新技术开发区、经济技术开发区、高新科技园产业基地，大学科技园区、西安碑林动漫产业基地，经济开发区创意园，纺织城创意产业园	曲江文化产业核心、老城区文化产业聚集区、临潼文化产业集聚区、周至文化产业集聚。例如西安大雁塔、碑林博物馆、大唐芙蓉园、大明宫、大唐西市、西部影视城、秦兵马俑博物馆、华清池	西安大气污染防治产业园、西安经济开发区节能及水处理产业园、临潼能量回收与水污染处理示范产业园、阎良垃圾处理资源化处理示范产业园
宝鸡	陈仓重点物流园区（宝鸡为中心，辐射带动杨凌的关中西部物流区域）、西部物流公司集装箱配送中心、东岭集团和华誉公司金属材料配送中心		商贸业聚集区、国际商业广场、嘉隆国际商城、五洲购物中心、高新国际商业广场、完善新国际商务区、特色商务区、经二路商业街功能	高新技术开发区、生产力促进中心、钛谷新材料应用技术研究院、国家快速制造工程技术研究中心、陕西省精密数控机床工程技术研究中心	法门寺佛教文化旅游区、太白山景区和姜炎周秦文化、秦岭生态休闲旅游	高新区节能锅炉与固废综合利用示范产业园
咸阳	咸阳空港产业园				咸阳汉唐帝陵文化旅游区（汉阳陵、昭陵、乾陵、茂陵）等景区	咸阳废旧物品回收及综合利用产业园
渭南	渭南物流园、渭南通用航空会展聚集区			渭南市生产力促进中心、各县（市、区）园区服务中心	大华山旅游景区、洽川风景名胜区、韩城古城旅游区、华县皮影文化产业园、潼关三角园等文化创意园等	渭南高新区环保综合装备制造产业园

续表

	物流业	会展业	金融业	教育信息服务	文化、旅游产业	环保产业
铜川	铜川果品物流中心				玉华宫、药王山、耀州窑、照金等景点,孙思邈、柳公权等历史文化名人效应,加快香山、云梦山景区等基础设施建设	铜川资源综合利用产业园
商洛	商洛重点物流园区;商洛农特产品物流中心			依托商洛循环经济产业园区,建设科技服务、信息服务、物流服务、金融服务、人力资源服务和交易会展平台等体系,提高园区发展水平	依托商洛生态旅游资源和秦楚文化交融的优势,抓好仙娥湖、金丝峡、木王等景区建设,宣传具有优势的诗歌、小说、戏曲、民歌,打造生态旅游	
杨凌		中国杨凌农业高新科技成果博览会;杨凌农业高新技术会展聚集区		建立"政府推动下,以大学为依托,基层农技力量为背干"的农业科技推广新模式		杨凌环保农资产业,巨川富万钾、秦川节水、博迪森农化、秦丰农化、鼎天济农
天水	天水秦州、麦积等重点物流园区;甘泉现代物流中心	—			玉泉观、麦积山石窟、麦积山大佛、甘肃天水石门、仙人崖、伏羲庙、千佛洞、麦草沟、拉稍寺石窟、水帘洞石窟群等	麦积污水处理厂

$$\alpha = \frac{L_i}{L} - \frac{Y_i}{Y} \qquad (1)$$

式中，α 为结构偏离度；i 表示第 i 产业，取 1，2，3，分别表示第一、第二、第三产业；Y_i 表示第 i 产业的产值，Y 表示总的地区生产总值；L_i 表示第 i 产业的就业人数，L 表示总就业人数。关中—天水经济区三次产业结构的变动情况，见表 20 和图 9。

表20　关中—天水经济区产业结构变动情况

年　份	第一产业	第二产业	第三产业
2000	− 0.74	1.24	0.61
2001	− 0.79	1.30	1.05
2002	− 0.80	1.31	0.95
2003	− 0.81	1.45	0.91
2004	− 0.75	1.12	0.36
2005	− 0.76	1.10	0.40
2006	− 0.80	1.53	0.53
2007	− 0.80	1.43	0.53
2008	− 0.79	1.45	0.44
2009	− 0.78	1.09	0.31
2010	− 0.79	1.18	0.71

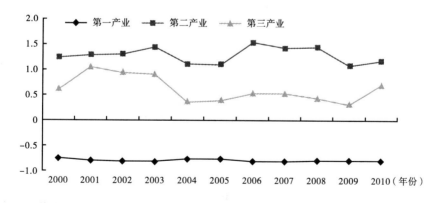

图9　关中—天水经济区产业结构偏离度变动趋势

从表 20 可以看出，关中—天水经济区在 2000 年第一产业结构偏离度为−0.74，说明当时已存在大量剩余劳动力和隐性失业问题，产业创造的产值与吸纳的劳动力严重不匹配，这与关中—天水经济区普遍存在农村劳动力过剩的实际情况相符合。2000～2009年，第一产业结构偏离度基本在－0.8左右，偏离0值较远。到2010年该值为－0.79，这充分说明第一产业劳动力已饱和，不能再吸纳更多的劳动力就业，成为劳动力净流出部门，这给关中—天水经济区的就业造成巨大压力。2000～2009年期间，关中—天水经济区第二产业的结构偏离度大于0且偏离0值较远，产业就业人数与产业发展规模不协调，说明在一定的产业规模下还可以继续吸纳更多的劳动力。但从2006年开始，该值呈现下降趋势，说明该产业部门在这个时期正在接纳越来越多的从其他部门转移过来的劳动力，这与前面提到的在此期间第二产业就业人数比重上升的情况一致。关中—天水经济区第三产业结构偏离度为正且有向零值靠拢的趋势，2000年产业结构偏离度为0.61，大于0，与当前的产业规模相比，劳动力仍显不足，就业空间巨大。2000～2009年期间，第三产业就业人数不断增加，结构偏离度不断下降，2009年仅为0.31，这说明在这期间第三产业吸收了从其他部门转移出来的劳动力，第三产业就业空间逐步缩小，产业结构与就业结构也逐步趋于均衡。在产业结构偏离度趋于0的情况下，关中—天水经济区产业结构调整应着力于优化第三产业的内部结构，提高产值比重，加大产业发展规模，进一步发挥第三产业的就业吸纳能力，缓解地区就业压力，优化地区产业结构。

2. 关中—天水经济区产业就业弹性系数分析

就业弹性系数是指某一时期内各产业就业变动的百分比与该产业GDP变动的百分比的比值，它描述了产业就业增长对产业GDP变动的反映程度，即产业GDP每提高1个百分点所带来的产业就业增长的百分比。该方法是通过三次产业就业弹性的差距大小来解释产业结构与就业结构的协调性程度的，三次产业就业弹性系数越接近，产业结构与就业结构就越协调，反之，则越不协调。其计算公式如下：

$$E_{LY} = \frac{\Delta L_i / L_i}{\Delta Y_i / Y_i} \qquad (2)$$

其中，E_{LY}即就业弹性系数；i表示第i产业，可取1，2，3，分别表示第一、第二、第三产业；L_i表示第i产业就业人数；ΔL_i表示第i产业就业人数的变动量；Y_i 表示第 i 产业 GDP；ΔY_i 表示第 i 产业 GDP 的变动量。公式表明，当某产业的 $E_{LY}>0$ 时，E_{LY} 越大表明经济增长对就业的拉动效应越大。当 $E_{LY}<0$ 时，会导致两种不同情况的发生，一种是就业弹性绝对值与就业"挤出"效应正相关，其前提是经济为正增长但就业减少；另一种是就业弹性绝对值与就业的"吸入"效应正相关，其前提是经济为负增长但就业增加。"吸入"效应是一种有悖于经济发展规律的非正常的经济现象。另外，当 $E_{LY}=0$ 时，就业弹性不存在，即经济增长不能拉动就业的增长。关中—天水经济区具体情况如表 21、图 10 所示。

表 21 关中—天水经济区三次产业就业弹性系数

年份	第一产业	第二产业	第三产业
2001	1.59	−0.84	−2.06
2002	0.05	0.27	0.66
2003	0.44	−0.06	0.38
2004	−3.58	−0.68	0.24
2005	0.00	0.00	0.00
2006	4.10	0.89	1.47
2007	−0.08	0.25	−0.02
2008	−0.17	0.04	0.15
2009	−2.11	1.20	0.84
2010	−0.26	0.09	0.32

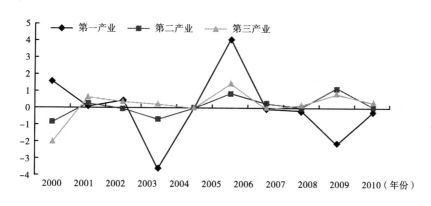

图 10 关中—天水经济区三次产业就业弹性系数变化

表 21 显示，第一产业就业弹性最小，经过 2006 年的最高点 4.10 后一直为负数。2009 年，第一产业就业弹性达到最低点，这与当时关中—天水经济区农民外出务工有关。第二产业除了 2001 年、2003 年和 2004 年为负数外，其余年份

均为正数，2009 年达到 1.20，说明这一年产业就业吸纳能力逐步增强。第三产业除了 2001 年和 2007 年为负数外，其余年份均为正数。这说明关中—天水经济区第三产业对劳动力的吸纳能力很强，成为拉动就业增长的主要产业部门之一。一般而言，第三产业以劳动密集型产业为主，其就业弹性相对较高，但随着第三产业的进一步发展，其就业弹性也会出现下降趋势。分析其原因主要有两个方面：一是第三产业劳动生产率逐步提高，边际收益率逐步降低；二是与批发、零售、餐饮等劳动密集程度高的传统服务业部门相比，新兴的金融业、高科技、房地产开发等资本、技术、知识密集程度高的服务部门对劳动力素质要求较高，导致就业机会相对减少，就业弹性下降，但其经济增长的速度要快于传统第三产业。尽管如此，第三产业中劳动密集程度高的传统产业部门吸纳新增就业的能力还是非常强，且仍存在较大发展空间，大力发展第三产业有利于增加就业人员总量，优化产业结构。

二　资源环境约束对关中—天水经济区产业发展的影响分析

20 世纪 50 年代以来的大规模工业化、城市化极大地影响了关中—天水经济区资源开发的深度和广度。20 世纪 80 年代中期以来，大规模的市场开放、技术引进和经济结构调整使原有资源消费和环境破坏状况得到了一定程度的缓解。尽管如此，庞大的人口数量、迅速提高的生活水平以及传统的资源开发理念依旧对原已十分脆弱的资源环境基础造成了巨大压力。2010 年渭河洪水，以及 1980 年以来频发的沙尘暴等，正是这种资源环境压力日增的真实反映。

关中—天水经济区的环境保护工作开始于 20 世纪七八十年代，经历了近 40 年的发展。环保事业从无到有，从小到大，由弱变强，取得了一定的成绩，积累了一些经验。在工业污染防治、城市综合治理、生态环境保护、环境管理体制改革等方面，均有了很大提高和改善。为适应全球可持续发展的趋势和我国可持续发展的战略目标，关中—天水经济区各级政府已建立专门负责环境保护的政府机构，尤其在近年来出台了一系列有关环境保护的政策、法规和措施，加大环保政策的实施力度，取得了一定的成效。

关中—天水经济区的环境状况可以概括为：局部有所改善，总体仍在恶化；

多数指标逐年好转，但仍处于亚理想状态。环境污染和生态破坏日益成为制约关中—天水经济区经济社会发展的重要因素。存在渭河污染严重、偷排问题未能彻底解决、能源利用效率不高、空气质量仅达到国家二级标准、环境保护管理体制创新不够、环保产业市场化程度低等问题。

环境消耗又可称为环境破坏，是地区发展集聚效应的必然结果（集聚生活、集聚生产、集聚消费和集聚污染）。随着经济的发展，污染消耗主要体现在水、大气和土地三个方面。从地理学的空间概念出发，这三类环境消耗基本可以分为面状、条带状和点状三大污染类型。

（一）关中—天水经济区大气污染分析

大气污染是指随着产业集聚和大量能源的使用所产生的大气环境污染和质量下降。由于大气污染物质是在全球大气环流作用下运动的，大气污染便带有明显的面状污染特征。长期以来，以煤炭为主的能源消费快速增长对整个地区的大气环境质量形成了重大的负面影响，其主要表现在二氧化硫、二氧化碳排放和烟尘污染。2007 年以来，关中—天水经济区的环境空气状况逐渐好转，如表 22 所示。

表 22　2007～2010 年关中—天水经济区城市环境空气达到优良以上天数

年度	城市	西安	渭南	咸阳	铜川	宝鸡	商洛	天水
2007	优良天数（天）	294	287	303	296	311	341	259
	优良率（%）	80.5	78.6	83.0	81.1	85.2	93.4	71.0
2008	优良天数（天）	301	311	305	333	313	345	354
	优良率（%）	82.2	85.0	83.3	91.0	85.5	94.3	96.7
2009	优良天数（天）	304	304	322	334	312	349	332
	优良率（%）	83.3	83.3	88.2	91.5	85.5	95.6	91.0
2010	优良天数（天）	304	313	318	330	316	350	339
	优良率（%）	83.3	85.8	87.1	90.4	86.6	95.9	92.7

资料来源：2007～2010 年陕西省、甘肃省环境状况公报。

从表 22 可以看出，天水的空气质量改善最大，而关中各市在 2007～2010 年，虽然空气质量总体有所好转，城市空气达到优良以上的天数均过 300 天，优良率达 80% 以上，但距离 90% 的优良率仍有差距。此外，大气中各项污染物质控制，总体来说呈现下降趋势，但各项污染物浓度最大限度仍仅达到国家二级水平，可见，还需要加大监管力度，降低空气中的各项污染物浓度。我们对宝鸡市进行分析来加以说明，如表23。

表23　宝鸡市2004～2010年环境空气污染浓度指标

单位：毫克/立方米

年　份	SO_2 年平均值	NO_2 年平均值	大气颗粒物年平均值
2004	0.043	0.030	0.122
2005	0.029	0.045	0.121
2006	0.027	0.029	0.113
2007	0.024	0.026	0.110
2008	0.023	0.026	0.109
2009	0.022	0.024	0.107
2010	0.021	0.020	0.107
日均值标准（二级）	0.06	0.08	0.10

资料来源：宝鸡市环保局，宝鸡市环境空气污染浓度指标历年变化状况。

由表23的数据可以看出，2004～2010年，宝鸡市环境空气中的 SO_2、NO_2、大气颗粒物等污染物浓度虽呈现逐年下降的趋势，但下降幅度较小，且各项污染物浓度仅达到国家二级水平。

（二）关中—天水经济区水污染分析

水污染主要是指生产及生活废水直接排放所造成的河流和湖泊等各类水体环境的质量恶化状态。在自然地形和地貌条件的作用下，以河流为主体的各类水域通常形成具有明显条带状的发育特征。

关中—天水经济区内有渭河、泾河、黑河、沣河、涝河、潏河、滈河、浐河、灞河、北洛河等数十条河流，最终并入渭河流至黄河。渭河成为这一区域最为重要的河流，渭河流经西安、咸阳、宝鸡、渭南、天水等地。由于居民长期以来普遍对水资源稀缺性的认识不够深刻，对水资源的保护不足，关中—天水经济区对渭河水源的利用存在诸多不合理因素，造成了渭河严重污染。

据陕西省环保厅统计数据显示，2010年7～8月，渭河水系干流水质为重度污染，如表24。与2009年同期相比，水质无明显变化，但主要污染物高锰酸盐指数、化学需氧量、氨氮浓度有所降低，见图11、图12、图13。而渭河支流水质为中度污染，与 2009 年同期相比水质也无明显变化。渭河水系水质状况见表 24，干流主要污染物浓度沿程变化见图 11 至图 13。

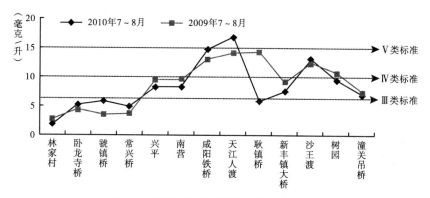

图 11 渭河干流高锰酸盐指数沿程变化

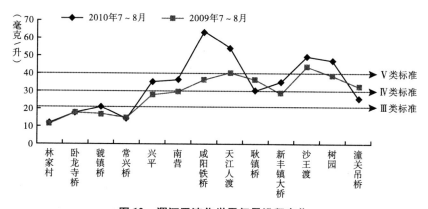

图 12 渭河干流化学需氧量沿程变化

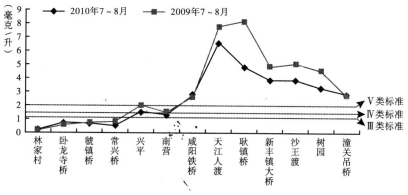

图 13 渭河干流氨氮沿程变化

表24 2010年7～8月渭河水系水质状况

序号	河流	断面名称		断面所在地	断面水质			水质功能标准	主要污染指标
					本期	上期	上年同期		
1		林家村		宝鸡市渭滨区	Ⅱ	Ⅱ	Ⅱ	Ⅱ	
2		卧龙寺桥*		宝鸡市金台区	Ⅲ	Ⅲ	Ⅲ	Ⅲ	
3		虢镇桥		宝鸡市宝鸡县	Ⅳ	Ⅳ	Ⅳ	Ⅳ	
4		常兴桥		宝鸡市眉县	Ⅲ	Ⅲ	Ⅳ	Ⅲ	
5	渭河干流	兴平		兴平市西吴镇	Ⅴ	劣Ⅴ	劣Ⅴ	Ⅳ	氨氮、化学需氧量、石油类、六价铬
6		南营		兴平市南营村	Ⅴ	劣Ⅴ	Ⅴ	Ⅲ	化学需氧量、六价铬
7		咸阳铁桥*		咸阳市渭城区	劣Ⅴ	劣Ⅴ	劣Ⅴ	Ⅳ	高锰酸盐指数、五日生化需氧量、氨氮、化学需氧量、
8		天江人渡*		西安市未央区	劣Ⅴ	劣Ⅴ	劣Ⅴ	Ⅲ	溶解氧、高锰酸盐指数、五日生化需氧量、氨氮、挥发酚、化学需氧量、石油类、汞
9		耿镇桥*		西安市高陵县	劣Ⅴ	劣Ⅴ	劣Ⅴ	Ⅳ	氨氮、化学需氧量
10		新丰镇大桥		西安市临潼区	劣Ⅴ	劣Ⅴ	劣Ⅴ	Ⅲ	溶解氧、高锰酸盐指数、五日生化需氧量、氨氮、挥发酚、化学需氧量、石油类
11		沙王渡		渭南市临渭区辛市乡沙王渡口	劣Ⅴ	劣Ⅴ	劣Ⅴ	Ⅲ	溶解氧、高锰酸盐指数、五日生化需氧量、氨氮、挥发酚、化学需氧量、石油类
12		树园		渭南市临渭区程家乡	劣Ⅴ	劣Ⅴ	劣Ⅴ	Ⅳ	化学需氧量、五日生化需氧量、氨氮、挥发酚
13		潼关吊桥*		潼关县吊桥渡口	劣Ⅴ	劣Ⅴ	劣Ⅴ	Ⅳ	氨氮、五日生化需氧量
14	渭河支流	金陵河	石油桥	宝鸡市金台区	Ⅱ	Ⅲ	Ⅲ	Ⅲ	
15		灞河	灞河口*	西安市灞桥区浐灞生态园	Ⅳ	Ⅳ	Ⅳ	Ⅲ	化学需氧量、石油类
16			三郎村	灞桥区西航花园	劣Ⅴ	劣Ⅴ	劣Ⅴ	Ⅲ	溶解氧、高锰酸盐指数、化学需氧量、氨氮、石油类
17		黑河	黑河入渭口	西安市周至县	Ⅳ	Ⅳ	Ⅳ	Ⅲ	石油类
18		沣河	三里桥	咸阳市三里桥	Ⅳ	Ⅳ	Ⅳ	Ⅲ	石油类、汞

续表

序号	河流	断面名称	断面所在地	断面水质			水质功能标准	主要污染指标
				本期	上期	上年同期		
19	渭河支流	浐河 农场西站	西安市未央区	劣Ⅴ	劣Ⅴ	劣Ⅴ	Ⅳ	高锰酸盐指数、化学需氧量、五日生化需氧量、氨氮、挥发酚、石油类
20		涝河 涝河入渭口	户县大王镇	Ⅳ	Ⅳ	Ⅴ	Ⅲ	化学需氧量、石油类
21		临河 临河入渭口	西安市临潼区	劣Ⅴ	Ⅴ	劣Ⅴ	Ⅳ	高锰酸盐指数、化学需氧量、五日生化需氧量、石油类
22		沋河 张家庄	渭南市临渭区	Ⅴ	Ⅳ	Ⅳ	Ⅳ	挥发酚
23		漆水河 金锁	铜川市印台区	Ⅱ	Ⅰ	Ⅲ	Ⅱ	
24		三里洞	铜川市王益区	劣Ⅴ	劣Ⅴ	劣Ⅴ	Ⅱ	溶解氧、高锰酸盐指数、五日生化需氧量、化学需氧量、氨氮、挥发酚
25		新村	铜川市王益区	Ⅳ	劣Ⅴ	劣Ⅴ	Ⅳ	
26		北洛河 王谦村*	大荔县石槽乡	Ⅳ	Ⅴ	Ⅴ	Ⅳ	

注：带 * 者表示国控断面。

从表24以及图11、图12、图13来看，2010年7~8月，渭河干流水质总体为重度污染。局部看，渭河上游宝鸡段水质良好，均符合本省水质功能标准，渭河中游及下游的咸阳段、西安段、渭南段共9个断面水质为Ⅴ类和劣Ⅴ类，均不符合本省水质功能标准，主要污染指标是高锰酸盐指数、化学需氧量、五日生化需氧量、氨氮、石油类和六价铬。与上年同期相比，水质无明显变化。渭河支流总体水质为中度污染，与上年同期相比，水质无明显变化。渭河10条支流中金陵河水质优；黑河、沣河、涝河、北洛河轻度污染；沋河、漆水河中度污染；临河、灞河等重度污染。与上年同期相比，水质下降的河段有：渭河支流沋河张家庄断面水质中主要污染物挥发酚浓度上升，水质由轻度污染下降为中度污染。水质改善的河段有：渭河干流常兴桥断面因生化需氧量浓度下降，水质由Ⅳ类改善为Ⅲ类，兴平断面因氨氮浓度下降，水质由劣Ⅴ类改善为Ⅴ类。渭河支流金陵河石油桥断面因生化需氧量、氨氮、化学需氧量浓度下降，漆水河金锁断面因生化需氧量浓度下降，水质由Ⅲ类改善为Ⅱ类；涝河入渭口断面水质中主要污染物挥发酚浓度下降，北洛河王谦村断面因生化需氧量、化学需氧量浓度下降，水质由中度污染改善为轻度污染，水质由Ⅴ类改善为Ⅳ类；漆水河新村断面因化学需氧量浓度大幅下降，水质由劣Ⅴ类改善为Ⅳ类。由此可见，对渭河治理多么紧迫。

（三）关中—天水经济区土壤污染分析

土壤污染是指采掘业在资源开采过程中所造成的坍塌和矿物资源加工工程中固体废弃物堆放对地表生态环境的破坏。根据2009年关中—天水各市区工业固体废弃物排放及处理情况（见表25），分析关中—天水经济区土壤污染现状。

表25　2010年关中—天水各市区工业固体废弃物排放及处理情况

市（区）	工业固体废物产生量（万吨）	工业固体废物处置量（万吨）	综合固废利用量（万吨）	综合利用率（％）
西　安	267.29	5.44	257.62	96.38
宝　鸡	544.82	398.04	146.33	26.85
咸　阳	506.96	4.70	502.20	99.06
渭　南	2646.79	1395.54	1262.15	47.67
铜　川	195.78	15.96	161.14	82.31
商　洛	934.07	0.14	113.04	12.10
杨　凌	0.42	0.04	0.36	85.71
天　水	51.58	4.97	41.90	81.23

从表25可知，关中—天水经济区由于产业布局和发展阶段的不同，在工业固体废弃物排放及处理情况也呈现出不同的态势。其中西安、咸阳、铜川、杨凌和天水由于产业结构中重工业所占比重比较小，主要是电子信息产业、生物制药、食品加工、现代农业和文化旅游业等，所以产生的固体废弃物比较少。相反，宝鸡、渭南和商洛有丰富的矿产资源，以及分布着矿产资源开发区，整个产业结构以重工业为主，排放了大量的固体废弃物，产生重金属污染，给当地人民的生产生活造成了很大的危害。

（四）以低碳发展统领关中—天水经济区产业发展与转型

关中—天水经济区是矿产资源富集区、现代农业聚集地、高新技术产业带和国际化文化旅游地，有必要以低碳理念引领经济区的发展，把关中—天水经济区率先建成低碳城市、低碳产业和低碳消费试验区。

根据矿集区分布及其开发利用条件，按照国家和陕西、甘肃两省国民经济社会发展规划的区域布局，国家及两省给其划定了3个矿业经济区，具体状况是：①彬长矿区西部矿业经济区，这是陕西省的一个省级矿业经济区。该矿业经济区属咸阳市长武县、彬县管辖。②凤太国家级矿业经济区又可分为两个区，一个是凤太国家级矿业经济区西部区，另一个是凤太国家级矿业经济区东部区。属宝鸡市凤县管辖。③华县金堆城矿业经济区，属于国家级矿区，该区属渭南市华县管辖。这就要求经济区在大力发展能源化工产业和矿产资源加工业的同时，做好环境保护工作，一是结合矿山经济区，建立循环经济产业园区，走可持续发展之路；二是适时建立低碳产业示范园区，推动产业升级，加快发展方式转型。

这就要求结合关中—天水经济区发展规划，提出低碳关中—天水经济区建设规划，全面推进关中—天水经济区建设。进一步优化布局城市和产业，强化产业环境评估工作和准入机制，重视城市环保产业的发展，全面建立城市污水、垃圾等处理产业链。加大对渭河流域的综合治理力度。

三　技术进步对关中—天水经济区产业发展的驱动力分析

本报告的技术进步是广义概念，包括装备和产品技术水平的提高、工艺技术的改进、劳动者素质的提高、组织管理水平的提高、规模经营和资源配置的优化等。

（一）技术进步与创新对关中—天水经济区产业结构的影响分析

本报告以新经济增长理论为基础，通过索洛剩余模型的变形模型来计算经济区的技术进步水平。

1. 模型的建立

索洛的增长速度方程为：

$$y = m + \alpha l + \beta k \tag{3}$$

其中：y 为产出的相对增长率；α 和 β 分别为产出的劳动力弹性和资本弹性；l 和 k 分别为资本的相对增长率和劳动力的相对增长率；m 表示技术进步率。现在加入时间变量 t，At 表示某个时期 t 的技术水平，则可把 m 表示为 $u = \dfrac{1}{At} \cdot$

$\dfrac{dAt}{dt}$。除 m 外，y、l、k 都可视为观测变量。

考虑到数据的可得性和最大限度消除变量之间的序列相关性，把 $\alpha = 1 - \beta$ 作为限制条件，将式（3）进一步变形，可得回归模型为：

$$\frac{\Delta Y}{Y} - \frac{\Delta L}{L} = m + \beta \left(\frac{\Delta K}{K} - \frac{\Delta L}{L} \right) \tag{4}$$

m 则为技术进步对产出的平均贡献率，β 为资本对产出的弹性，α 为劳动对产出的弹性。

2. 数据采集

由式（4）可知，该测算要涉及三个重要经济指标，即 Y（GDP），全社会资本投入量 K，全社会从业人员人数 L。三个待估参数分别为 α，β，m。从统计年鉴中可以获得三个经济指标的时间序列值，本研究选取 2000～2009 年的时间跨度。

（1）产出指标的选取。采用以 1978 年作为基期的 GDP 不变价格指数，数据直接由《陕西统计年鉴》和《甘肃统计年鉴》获得。

（2）劳动力指标的选取。劳动力指标是指生产过程中实际投入的劳动量，一般采用标准劳动时间和全社会投入的劳动力数量来衡量。但由于我国收入分配体制不尽合理和市场调节机制不够完善，而且缺乏必要的统计资料。因此，采用历年从业人员年底数作为劳动投入量的指标，数据可直接由《陕西统计年鉴》和《甘肃统计年鉴》获取。

（3）资本投入指标的选取。资本投入量是指直接或间接构成生产能力的资本总存量，它既包括直接生产和提供各种服务产品和劳务的各种固定资产和流动资产，也包括为生活过程服务的各种服务及福利设施的资产。本文以 1978 年为基期的资本形成总额指数作为经济区历年资本投入指标，数据可直接由《陕西统计年鉴》和《甘肃统计年鉴》获取。

3. 模型估计结果

利用 Eviews6.0 软件对统计数据进行分析，为方便起见，令 $\dfrac{\Delta Y}{Y} - \dfrac{\Delta L}{L} = Q$；$\dfrac{\Delta K}{K} - \dfrac{\Delta L}{L} = W$。则三次产业的技术进步估计模型分别为：

$$Q_1 = m_1 + \beta_1 W \tag{5}$$

$$Q_2 = m_2 + \beta_2 W \tag{6}$$

$$Q_3 = m_3 + \beta_3 W \tag{7}$$

利用关中—天水经济区的 2000 ~ 2009 年的数据资料对以上三个模型进行估计，其估计结果如下：

$$Q_1 = 0.142 + 0.173W \tag{8}$$

$$Q_2 = 0.232 + 0.561W \tag{9}$$

$$Q_3 = 0.115 + 0.345W \tag{10}$$

关中—天水经济区第一产业 2000 ~ 2010 的平均技术进步贡献率是 14.2%，资本的产出弹性为 0.173，劳动力的产出弹性为 0.827；第二产业的平均技术进步贡献率为 23.2%，资本的产出弹性为 0.561，劳动力的产出弹性为 0.439；第三产业的平均技术进步贡献率为 11.5%，资本的产出弹性为 0.345，劳动力的产出弹性为 0.655。

进一步根据以上所得的参数估计值，依照 $TE = A_0 e^{mt} = \dfrac{Y}{L^\alpha K^\beta}$，可以计算出关中—天水经济区历年的技术进步水平，见表 26、图 14、表 27、图 15、表 28、图 16。

表 26　关中—天水经济区 2000 ~ 2009 年第一产业技术进步水平

年份	2000	2001	2002	2003	2004	2005	2006	2007	2008	2009	2010
TE	0.22	0.34	0.35	0.38	0.40	0.42	0.44	0.44	0.45	0.45	0.46

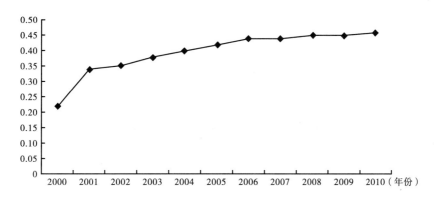

图 14　第一产业技术进步水平变化趋势

表27 关中—天水经济区2000～2009年第二产业技术进步水平

年份	2000	2001	2002	2003	2004	2005	2006	2007	2008	2009	2010
TE	0.35	0.34	0.36	0.38	0.39	0.41	0.42	0.45	0.47	0.50	0.51

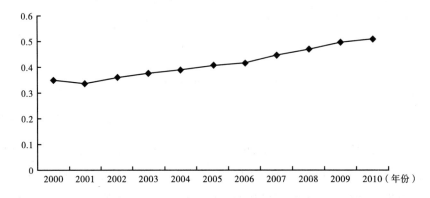

图15 第二产业技术进步水平变化趋势

表28 关中—天水经济区2000～2009年第三产业技术进步水平

年份	2000	2001	2002	2003	2004	2005	2006	2007	2008	2009	2010
TE	0.19	0.20	0.21	0.24	0.25	0.25	0.27	0.28	0.28	0.29	0.32

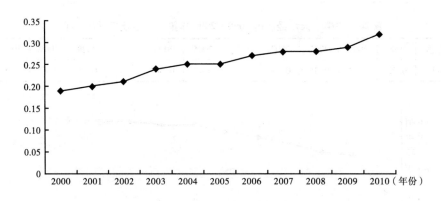

图16 第三产业技术进步水平变化趋势

通过以上分析可以看出，关中—天水经济区第二产业的技术进步贡献率最大，第一产业的技术进步贡献率次之，第三产业的技术进步贡献率最小。2000～2009年三次产业的技术进步水平不断提升。技术进步对产业结构优化具有很强的推动作用，特别是技术进步促进第一产业结构变动和第三产业结构变动十分显著。技术进步的结果使得经济区的农业生产中的技术含量提高，导致农业生产率大大提升；技术进步也使得经济区信息产业得到迅速发展，促进经济区第三产业不断壮大。技术进步对经济区第二产业结构变动影响较显著，可以看到技术进步对经济区工业化进程还是有较大影响的，可能原因是技术进步对经济区传统产业改造和主导产业的提升较强，依靠资源的高投入、高消耗的粗放式增长方式有了一些改善，工业产业技术含量提高，工业化发展后劲较足（见表29）。

表29　各要素对关中—天水经济区经济增长的贡献

	第一产业	第二产业	第三产业
Y 经济增长速度	0.07	0.18	0.27
A 技术进步速度	0.08	0.03	0.02
K 资本投入增长速度	0.15	0.10	0.22
L 劳动力增长速度	−0.012	0.019	0.015
G(a) 技术进步贡献率	0.14	0.23	0.11
G(k+l) 要素贡献率	0.43	1.59	1.34

4. 结果分析

通过对劳动投入的增长速度的分析，可以发现，第一产业中，就业人数是在减少的，2000~2009年，年平均减少速度为1.20%。通过计算，可以得出第一、二、三产业的科技进步贡献率分别为14%、23%、11%，通过这组数据可以看出，第二产业的科技进步贡献率最大，而第三产业科技进步率最小。第二、三产业增长中主要影响因素通过对要素贡献率的计算，可以得出，在第二、三产业产值增长中，要素投入引起的增长分别占159%、134%。可见，在经济区第二、三产业经济增长中，大部分是由于要素投入的增长带动的，尤其是第三产业的增长，由于技术进步带来的产值增长较小，这说明在目前经济增长中，依赖生产要素投入增长带来的经济发展要大于技术进步带来的经济增长，由此可以断定，目前经济区仍属于外延型增长。第二产业固定资产增长速度为10%，低于第一、三产业，而第二产业在三次产业中则是经济增长速度最快的产业，这说明技术进步对第二产业的发展起到了重要作用。提高技术水平对于经济区由目前的"二三一"产业结构向"三二一"产业结构转化具有推动作用。

（二）推动关中—天水经济区产业发展与转型的政策建议

推动关中—天水经济区产业发展与转型目标是统筹原始科学创新、关键技术自主创新、重大系统集成创新的协调发展，统筹支持基础研究、高技术创新、知识技术转移转化和规模化产业化的协调发展。不断提高关键核心技术创新、系统集成创新和引进消化吸收再创新能力，在重点领域和核心技术实现突破性进展。大力支持产业技术联盟，搭建公共服务、技术转移和知识产权交易平台，促进科技成果转化为现实生产力和区域核心竞争力。重点推进航空航天、新材料、电子信息、先进制造、现代农业等领域的研发创新和成果转化。在重点领域掌握一批核心技术，拥有一批自主知识产权，造就一批具有国际竞争力的企业。为此，提出以下政策建议。

一是全面实施科技资源统筹创新工程。充分利用科技优势、区位条件和产业基础，统筹各类科技资源，提升自主创新能力，形成具有核心竞争力的区域创新体系，实现关键领域和核心技术的重大创新突破，引导创新要素向企业集聚，形成特色产业集群。以统筹科技资源改革示范基地建设为重点，发挥经济区高校、科研院所、军工单位、大中型企业的科技资源优势，实现科技资源开放共享，提升自主创新能力和自主知识产权的创造与应用，突破关键领域的核心技术，促进技术转移和科技成果产业化，推动结构调整和产业升级。

二是加大科技计划对重大科技项目的支持力度。"十二五"期间要加强科技体制的创新，科学设置，合理布局，注重科技计划的定位和衔接，在加大对重大科技项目支持力度、重点实施"13115"科技创新工程计划的同时，抓好科学技术研究与发展计划、重大科技创新专项和科技型中小企业创新基金等科技计划的实施和管理。鼓励和支持科研力量围绕国家科技发展战略目标，积极承担或参与国家各类科技计划和重大科技工程；同时，整合经济区内相关科技资源，形成合力优势，争取国家对关中—天水经济区的进一步支持。大力扶持符合高新技术产业发展政策、创新性强、技术含量高且具有较强的市场优势和发展潜力、能够产生显著经济和社会效益的产品开发项目。

三是加快科技与金融结合。积极开展"促进科技和金融结合试点"工作，以试点带动示范，创新机制模式，实现科技创新链条和金融资本链条的有机结合。①创新财政科技投入方式。积极探索科技投入方式，引导金融资本参与实施国家和省级重大科技计划；建立科技成果转化项目库，运用创业投资机制，吸引社会资本投资科技成果转化项目；建立贷款风险补偿基金，完善科技型中小企业贷款风险补偿机制，引导和支持银行业金融机构加大科技信贷投入；建立和完善科技保险保费补助机制，重点支持自主创新首台（套）产品的推广应用和科技企业融资类保险。②建设科技金融合作平台。建立和完善科技成果评价和评估体系，培育一批专业化科技成果评估人员和机构；加快发展科技担保机构、创业投资机构和科技企业孵化器等机构，为科技型中小企业融资提供服务；开展科技企业信用征信和评级，引入专业信用评级机构，开展重点高新技术企业信用评级工作，推动高新技术企业信用报告制度；举办多种形式的科技金融对接活动，推介科技型企业、科技融资项目和金融产品。

四是强化高新技术产业区（示范区）对产业发展与转型的核心作用。继续支持西安在统筹科技资源、提高自主创新能力方面开展综合配套改革试验。充分利用国家"千人计划"和省"百人计划"，实施创业工程，紧紧依托高新技术开发区、经济技术开发区、高新技术产业基地、大学科技园区等，大力扶持科技创新型企业，积极承接国家重大科技项目，把各类园区建设成为高新技术研发聚集地、孵化基地和产业化基地。加强重点实验室、工业研究院、工程研究中心和企业技术中心建设。统筹军民结合、军地结合、寓军于民的国防科技创新体系的协调发展。

四 关中—天水经济区产业发展的政策驱动力分析

促进关中—天水经济区产业发展与转型，必须强化政策的引导和激励作用。

（一）财政与货币政策对关中—天水经济区产业发展的驱动力分析

1. 指标选取及模型建立

本报告选取关中—天水各市区 2000～2010 年的贷款总额为货币政策的中间变量，以关中—天水各市区 2000～2010 年的财政支出作为财政政策的中间变量，以国内生产总值 GDP 作为衡量经济增长的指标，来研究财政和货币政策对区域经济的影响程度。本报告采用 SAS 软件实现偏最小二乘算法，用 PLSR

回归的标准化模型系数来分析和比较 LN（贷款总额）、FN（财政支出）对经济增长的作用。

$$y = \beta_{LN}LN + \beta_{FN}FN \qquad (11)$$

（11）式中，y 表示关中—天水的经济增长状况，用 GDP 来衡量，LN 表示关中—天水贷款总额，FN 表示关中—天水财政支出，β_{LN} 为非随机参数，其含义就是当其他变量不变的情况下，贷款总额改变一个单位，将会引起关中—天水经济增长变化的量；β_{FN} 为非随机参数，其含义就是当其他变量不变的情况下，财政支出总额改变一个单位，将会引起关中—天水经济增长变化的量。由于标准化回归系数测度的是对被解释变量的重要性，且标准化系数比较的主要是一种同量纲化后的相对重要性，所以，只有在标准化后才能对其重要性进行有效对比。同样，在对关中—天水财政和货币政策影响因子的重要程度做对比时，亦应采取标准化系数。这样，就可以消除由于量纲不同而造成的回归系数的偏误，使各变量对关中—天水财政和货币政策重要性显示得更为精确。

2. 数据来源

本报告选择的数据范围是关中—天水经济区的各个市区，包括西安、宝鸡、咸阳、渭南、铜川、商洛、杨凌和天水。相关数据来自《陕西统计年鉴》、《甘肃统计年鉴》、陕西经济信息网、统计公报。

3. 实证分析结果

由交叉有效性来确定抽取因子的个数，表30 给出了 SAS 软件确定的不同主成分交叉有效性列表，用于参考选择最优的主成分个数来得到偏最小二乘回归的标准化模型。

表30　提取不同主成分交叉有效性

提取主成分个数	残差平方和	提取主成分个数	残差平方和
0	1.1	最小残差平方和	0.145528
1	0.145528	所提最小主成分个数	1
2	0.167589		

表30 显示，当提取 2 个主成分的时候，PRESS = 0.145528 为最小，所以提取两个主成分是最佳的。对此，表31 得出了提取两个主成分所得回归系数。

表31　提取两个主成分所得回归系数

自变量	回归系数	自变量	回归系数
LN	0.5002344950	FN	0.4982969561

表31给出了提取两个主成分时各个自变量对因变量的标准化回归系数。由估计值可写出标准化方程为：

$$y = 0.5LN + 0.5FN \tag{12}$$

其中回归方程是显著的，决定系数 $R^2 = 0.98$，总体显著性 $F = 392.3$，残差平方和 $PRESS_h = 0.1455$。

由标准化回归方程（12）可以看出，LN（贷款总额）、FN（财政支出）对经济增长都有显著的影响。这些影响表现在：贷款总额与GDP之间具有明显的互推效应；财政支出与GDP之间具有联动机制效应。具体分析如下：

贷款总额、财政政策对GDP有明显的推动效应。

从式（12）分析来看，财政支出、贷款总额与GDP之间有较强的正相关关系，其标准化相关系数均为0.5，同时，贷款总额的减少，也意味着对经济发展的制约和抑制，而有效扩大政府财政支出，加快经济基础设施建设，对于经济快速健康发展具有明显的作用。可见，贷款总额、财政政策对经济发展的贡献值得重视和研究。

（二）对外开放政策对关中—天水经济区产业发展的驱动力分析

1. 指标选取及模型建立

本报告选取关中—天水所有城市2000～2010年外贸投资总额和进出口贸易总额作为衡量对外开放政策的中间变量，以国内生产总值作为衡量经济增长的指标，来研究对外开放政策对区域经济的影响程度。本报告采用SAS软件实现偏最小二乘算法，用PLSR回归的标准化模型系数来分析和比较 FV（外商投资总额）、FA（进出口贸易总额）对经济增长的作用。

$$y = \beta_{FV}FV + \beta_{FA}FA \tag{13}$$

（13）式中，y 表示关中—天水的经济增长状况，用GDP指标来衡量，FV 表示关中—天水外商投资总额，FA 表示关中—天水进出口贸易总额。β_{FV} 为非随机参数，其含义就是当其他变量不变的情况下，外贸投资总额改变一个单位，将会引起关中—天水经济增长变化的量；β_{FA} 为非随机参数，其含义就是当其他变量不变的情况下，进出口贸易总额改变一个单位，将会引起关中—天水经济增长变化的量。

2. 数据来源

本报告选择的数据范围是关中—天水经济区的各个市区，包括西安、宝鸡、咸阳、渭南、铜川、商洛、杨凌和天水。相关数据来自《陕西统计年鉴》、《甘肃统计年鉴》、陕西经济信息网、统计公报。

3. 实证分析结果

由交叉有效性来确定抽取因子的个数，表 32 给出了 SAS 软件确定的不同主成分交叉有效性列表，用于参考选择最优的主成分个数来得到偏最小二乘回归的标准化模型。

表32　提取不同主成分交叉有效性

提取主成分个数	残差平方和	提取主成分个数	残差平方和
0	1.1	最小残差平方和	0.203333
1	0.323995	所提最小主成分个数	2
2	0.203333		

表 32 显示，当提取 2 个主成分的时候，$PRESS = 0.203333$，为最小，所以提取 2 个主成分是最佳的。

表 33 给出了提取 2 个主成分时各个自变量对因变量的标准化回归系数。由估计值可写出标准化方程为：

$$y = 0.08FV + 0.92FA \tag{14}$$

表33　提取 2 个主成分所得回归系数

自变量	回归系数	自变量	回归系数
FV	0.0812516249	FA	0.919645395

其中回归方程是显著的，决定系数 $R^2 = 0.99$，总体显著性 $F = 370.4$，预残差平方和 $PRESS_h = 0.2033$。

由标准化回归方程（14）可以看出，FV（外商投资总额）、FA（进出口贸易总额）对经济增长 y（国内生产总值）的变化都有显著的影响。这些影响表现在：外商投资总额与 GDP 之间具有明显的互推效应；进出口贸易总额与 GDP 之间具有联动机制效应。具体分析如下：

一是外商投资总额与 GDP 之间影响微弱。从式（14）分析来看，外商投资总额与 GDP 之间有较弱的正相关关系，其标准化相关系数为 0.08，同时，外商投资总额的减少，也意味着对经济发展的制约和抑制。

二是进出口贸易总额对经济增长具有极大地促进作用。从式（14）分析来看，进出口贸易总额与经济增长之间存在着很强的正相关关系，其相关系数为 0.92。进出口贸易总额与经济增长成正比例关系。可见，有效积极发展进出口产业，促进进出口贸易总额在整个经济发展中的比重，对于经济区快速健康发展具有明显的作用。

（三）科技政策对关中—天水经济区产业发展的驱动力分析

1. 选取指标和建立模型

本报告选取关中—天水各市区 2000～2010 年的申请量、授权量、成果数和科技人数为科技政策的中间变量，以国内生产总值 GDP 作为衡量经济增长的指标，来评价和检验科技政策对关中—天水的经济发展作用。本报告采用 SAS 软件实现偏最小二乘算法，用 PLSR 回归的标准化模型系数来分析和比较专利申请量 F_1、专利授权量 F_2、专利转换为成果数 F_3 和科技人数 F_4 对经济增长的作用。

$$y = \beta_1 F_1 + \beta_2 F_2 + \beta_3 F_3 + \beta_4 F_4 \tag{15}$$

（15）式中 y 表示关中—天水的经济增长状况，用 GDP 指标来衡量，F_1 表示专利申请量，F_2 表示专利授权量，F_3 表示专利转换为成果量，F_4 表示科技人数。β_1 为非随机参数，其含义就是当其他变量不变的情况下，专利申请量改变一个单位，将会引起关中—天水经济增长变化的量；β_2 为非随机参数，其含义就是当其他变量不变的情况下，专利授权量改变一个单位，将会引起关中—天水经济增长变化的量；β_3 为非随机参数，其含义就是当其他变量不变的情况下，成果量改变一个单位，将会引起关中—天水经济增长变化的量；β_4 为非随机参数，其含义就是当其他变量不变的情况下，科技人数改变一个单位，将会引起关中—天水经济增长变化的量。

同样亦应采取标准化系数，就可以消除由于量纲不同而造成的回归系数的偏误，使各变量对关中—天水贸易政策重要性显示得更为精确。

2. 数据来源

本报告选择的数据范围是关中—天水经济区的各个市区，包括西安、宝鸡、咸阳、渭南、铜川、商洛、杨凌和天水。相关数据来自《陕西统计年鉴》、《甘肃统计年鉴》、陕西经济信息网、统计公报。

3. 实证分析结果

由交叉有效性来确定抽取因子的个数，表34给出了SAS软件确定的不同主成分交叉有效性列表，用于参考选择最优的主成分个数来得到偏最小二乘回归的标准化模型。

表34　提取不同主成分交叉有效性

提取主成分个数	残差平方和	提取主成分个数	残差平方和
0	1.142857	3	0.712775
1	0.337406	4	0.719720
0	0.798564	最小残差平方和	0.266371
1	0.476892	所提最小主成分个数	2
2	0.266371		

表34显示，当提取2个主成分的时候，$PRESS = 0.266371$，为最小，所以提取2个主成分是最佳的。

表35给出了提取2个主成分时各个自变量对因变量的标准化回归系数。由估计值可写出标准化方程为：

$$y = 0.4F_1 + 0.42F_2 + 0.26F_3 + 0.1F_4 \tag{16}$$

表35　提取2个主成分所得回归系数

自变量	回归系数	自变量	回归系数
F1	0.4000874965	F3	0.2553714587
F2	0.4165201646	F4	0.1021072458

其中回归方程是显著的，决定系数 $R^2 = 0.98$，总体显著性 $F = 397.4$，预残差平方和 $PRESS_h = 0.1895$。

由标准化回归方程（16）可以看出，专利申请量 F_1、专利授权量 F_2、专利转换为成果数 F_3 和科技人数 F_4 对经济增长都有显著的影响，这些影响表现在：

一是专利申请量与经济发展之间具有明显的互推效应。从式（16）分析来看，专利申请量与经济发展之间有很强的正相关关系，其标准化相关系数为0.4。经济快速发展，有利于推进技术进步以及专利的申请；同时，专利申请量的增加，也意味着对经济发展的推动和促进。

二是专利授权量变化与经济发展的相互影响效应。从分析来看，专利授权量的标准化系数为0.42。专利授权量对经济发展影响最大。可见，大力发展科技、增加专利授权量对加快经济发展意义重大。

三是专利转换为成果数与经济增长之间具有联动机制效应。从式（16）分析来看，专利转换为成果数与经济增长之间存在着很强的正相关关系，其相关系数为0.26。专利转换为成果数与经济增长成正比例关系。可见，加大科技成果转化为专利的比例，即增加对专利的生产性使用对于经济快速健康发展具有明显的作用。

四是科技人才对经济发展的贡献效应。科技人才与经济增长之间存在着很强的正相关关系，其相关系数为0.1。当前科技人员发展问题引起广泛关注，科技人员是实现以上指标的前提和基础，只有大量的科技从业人员才能够实现更多的创新和科技成果。

以上实证结果表明，财政政策、货币政策、对外开放政策以及科技政策都为关中—天水经济区的产业发展具有重要的驱动效应。目前，必须强化相关政策的驱动作用：一是进一步发挥财政政策与货币政策对促进关中—天水经济区产业发展的强化机制，加大财政政策的支持力度和广度。结合实际，实施有差异的区域性金融政策，在关中—天水经济区建立新型金融和民间资本市场试验示范区，先行先试，推进金融创新和关中—天水经济区产业的升级。二是发挥对外开放政策的效应，以开放促发展，以出口贸易促产业转型，以自主技术创新和引进并举，实施技术的替代策略。改变目前关中—天水经济区企业生产多处于价值链低端的状况。实施"向西走"战略，加强东中部地区与中亚、中东和中非的合作。加大引进国际产业资本和金融资本力度，提高引进外资质量。拓展航空航天、装备制造、机械电子等领域高附加值产品的国际市场。三是切实转变科技成果转化率低的问题，在西安建立中国技术服务商基地。大力支持产业技术联盟，搭建公共服务、技术转移和知识产权交易平台，促进科技成果转化为现实生产力和区域核心竞争力。重点推进航空航天、新材料、电子信息、先进制造、现代农业等领域的研发创新和成果转化。

参考文献

陕西省统计局、国家统计局陕西调查总队：《2011 陕西统计年鉴》，中国统计出版社，2011。

甘肃省统计局、国家统计局甘肃调查总队：《2011 甘肃统计年鉴》，中国统计出版社，2011。

杨尚勤等：《陕西经济发展报告（2011）》，社会科学文献出版社，2011。

综合分析篇

关中—天水经济区人口资源发展报告

胡伟华*

摘　要：关中—天水经济区各市的人口资源在规模总量、人口分布及就业结构上有着明显的差异，通过对经济区内截至2010年的人口资源现状的梳理，发现经济区在人口资源发展上存在的主要问题有，人口地区分布失衡、人口结构有待优化及人口老龄化趋势明显，这些问题如果不能有效解决，将会制约经济区的长远发展。为此首先应该在人口的空间布局上实现合理化，尤其是西安市的人口布局要按照国际化大都市的建设目标实现人口布局的空间构想；其次要加快城镇化发展的速度，大力发展第三产业，尤其是高科技服务业的发展；还要从长远考虑，健全社会保障机制以应对人口老龄化的趋势。

关键词：关中—天水　经济区　人口发展

---

*　胡伟华，女，陕西师范大学国际商学院经济学博士研究生，内蒙古师范大学经济学院副教授。

本报告将着重分析经济区内截至 2010 年的人口资源现状、存在的问题及相应的规划措施。

一 关中—天水经济区人口资源现状与结构分析

（一）关中—天水经济区人口资源现状分析

关中—天水经济区自古就是人口较为稠密的地区，人文历史深厚。经济区获批时总人口为 2842 万人，按行政区划面积 7.98 万平方公里计算，人口密度为 356 人/平方公里，关中六市集聚了陕西全省约 60% 的人口。但各经济区的实际情况存在着一定的差别。

1. 西安市人口资源现状

（1）人口规模与人口分布。

①西安市人口规模增长的阶段及特征。新中国成立后，西安市人口稳定增长，城市人口比重逐渐增加，图 1 是根据历次人口普查数据绘制的西安市全市和市区人口的增长曲线。由图可见，全市辖区人口以线性趋势增加，而市区人口则以指数形式增长。

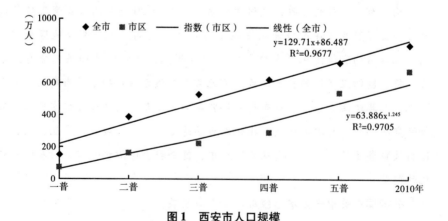

图1 西安市人口规模

资料来源：根据第四次、第五次人口普查和 2010 年西安统计局数据整理。

结合新中国成立以来西安的政治经济、人口发展形势等因素，可以将西安市人口的增长大致划分为以下六个阶段：

第一阶段：高速增长阶段（1949～1960年）。西安是国家"一五"期间重点建设的工业基地之一，新建工厂和内迁企业吸收了大批职工，其中大部分来自外地。1949～1960年，全市人口由227.33万人增加到366.66万人，共增加139.33万人，增长率达61.3%，年均增长率为5.6%。其中迁移增长34.90万人，占增长总数的25.05%。这一时期全市的人口出生率也很高，保持在30‰左右，形成人口高速增长态势。

第二阶段：增幅减缓阶段（1961～1973年）。1961～1963年，不少工厂停工，建筑工程"下马"，机关事业单位精简下放，全市人口增长明显趋缓甚至出现人口负增长。1964～1965年，出现补偿性人口生育高峰。1968～1970年，大中学校学生到农村插队，机关干部下放劳动，迁出人口达106.90万人。13年间，全市人口共增加100.22万人，年均增长率2.1%，这种低增长率主要是由人口迁出造成的。

第三阶段：稳定增长阶段（1974～1984年）。由于推行计划生育，人口出生率降至13‰～20‰，且净迁入人口较少，至1984年全市总人口544.56万人，较1973年仅增长16.77%，年均增长1.52%。在增长人数中，自然增长57.36万人，占增长总数的73.34%；迁移增长19.44万人，占增长总数的24.86%，迁移增长比例大幅降低。

第四阶段：较快增长阶段（1985～1990年）。由于计划生育政策执行中某些失误导致自然增长反弹，加之部分工厂由外地迁入，全市人口出现较快增长的局面。至1990年，总人口达608.89万人，较1984年增长13.65%，年均增长2.28%。其中自然增长44.45万人，占增长总数的69.1%；迁移增长18.69万人，占增长总数的29.1%。

第五阶段：低速增长阶段（1990～2000年）。1990年后，随着计划生育工作的不断完善，西安市人口出生率得到有效控制，并持续稳步下降，1991～1999年人口出生率在9‰～12‰之间波动。2000年以来，人口出生率进一步下降到9‰以下，自然增长率更降至5‰左右。人口再生产模式完成了由"高出生、低死亡、高增长"向"低出生、低死亡、低增长"的转变。

第六阶段：机械增长阶段（2000～2010年）。2000年以来，由于西安城市经济活力、文化特色、城市化进程加速以及新的生育观等因素影响，西安市人口自然增长率降低，迁移增长比重逐渐加大。机械增长人口主要为年轻的学生或劳动力，西安市人口老龄化进程得到减缓，劳动力市场上适龄劳动力供给充分，一定程度上促进了西安产业的发展，同时也带来一些社会压力。

②人口地理分布。西安市人口主要分布在渭河南北两岸冲积平原区和秦岭北侧山地区。

渭河冲积平原区，包括渭河北岸的高陵县、阎良区以及临潼县渭河以北区域，南岸的西安市区以及临潼、长安、户县、周至等县沿渭河及其支流的冲积、洪积平原区。这一区域占全市总面积的46.1%，而人口数量占总人口的75.07%。

秦岭北侧山地区包括蓝田县的绝大部分，临潼县的一小部分，长安和户县的半数地区，周至县4/5的地区。这一区域面积约占总面积的53.9%，而人口数量只有占全市总人口的24.93%。

③区县人口密度。截至2010年底，西安市下辖新城、碑林、莲湖、灞桥、未央、雁塔、阎良、临潼和长安9个区和蓝田、周至、户县、高陵4个县，89个街道办事处，40个镇和176个乡；市域面积10108平方公里，市域人口847万人，见表1。

表1　2010年西安市各区县面积及人口密度

行政区名称	面积（平方公里）	人口（万人）	人口密度（人/平方公里）
全　市	10108	847.41	838.4
新城区	30	59.01	19670.0
碑林区	24	61.62	25675.0
莲湖区	43	69.86	16246.5
灞桥区	325	59.56	1832.6
未央区	262	80.72	3080.9
雁塔区	149	117.98	7918.1
阎良区	244	27.87	1142.2
临潼区	915	65.60	716.9
长安区	1590	108.48	682.3
蓝田县	2008	51.42	256.1
周至县	2949	56.29	190.9
户　县	1282	55.65	434.1
高陵县	287	33.35	1162.0

资料来源：根据西安统计局公布的人口数据整理。

可见，西安市辖区内各区县人口密度差异很大，其中碑林区人口密度最大，达到25675人/平方公里，其次是新城区和莲湖区，区内人口密度分别达到19670

人/平方公里和 16246.5 人/平方公里。周至县人口密度最小，仅 190.9 人/平方公里。见图 2。

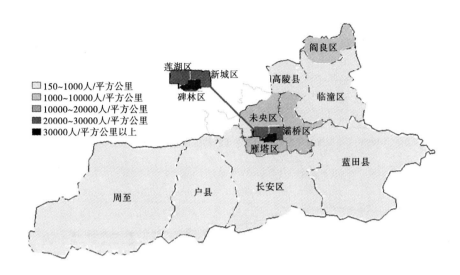

图2　西安市各区县人口密度（2010 年）

（2）人口结构。

①农业人口与非农业人口结构。西安是西北地区最早建立的现代化都市，人口城镇化程度比较高，但由于所辖范围较大，包括了几个传统的农业区，所以在总人口中农业人口一直占据着多数，如表 2、图 3 所示。非农业人口比重的年平均增速：1970 ~ 1980 年间为 0.56%，1980 ~ 1990 年间为 1.04%，1990 ~ 2000 年间为 1.14%，2000 ~ 2010 年间为 1.42%。2012 年左右将实现农业人口与非农业人口比重的均衡点，即相等，其后非农业人口比重将逐年增长。

②人口性别结构。西安市主要年份的人口性别比（见表 3）显示，人口性别比除 1952 年比较高以外，基本上历年的性别比都处于正常范围之内。

③劳动力就业结构。

人口就业结构描述了劳动力资源在产业间的分布状态，一定程度上反映了社会发展所处的阶段。西安市人口就业机构见表 4 和图 4。

表2　西安市主要年份农业人口与非农业人口

单位：%

年份	农业人口比重	非农业人口比重	年份	农业人口比重	非农业人口比重
1952	77.22	22.78	2005	55.09	44.91
1965	65.91	34.09	2006	54.35	45.65
1970	68.03	31.97	2007	53.70	46.30
1980	66.23	33.77	2008	52.88	47.12
1990	62.72	37.28	2009	52.58	47.42
2000	58.46	41.54	2010	52.14	47.86

资料来源：2010年《西安统计年鉴》、2011年《陕西统计年鉴》。

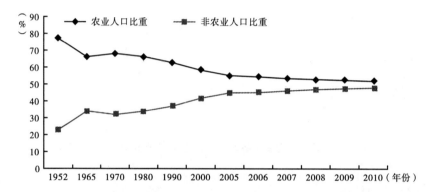

图3　西安市农业与非农业人口结构变动趋势

表3　西安市主要年份人口性别结构

年份	总人口（万人）	男（万人）	女（万人）	性别比（女为100）
1952	252.92	134.11	118.81	112.88
1965	400.05	209.33	190.72	109.76
1970	435.12	224.65	210.47	106.74
1980	511.91	262.63	249.28	105.36
1990	608.89	313.60	295.29	106.2
2000	688.01	355.18	332.83	106.72
2005	741.73	382.02	359.71	106.2
2006	753.11	387.37	365.74	105.91
2007	764.25	392.41	371.84	105.53
2008	772.30	395.54	376.76	104.98
2009	781.67	399.28	382.39	104.42
2010	782.72	398.79	383.93	103.87

资料来源：2010年《西安统计年鉴》、2011年《陕西统计年鉴》。

表4　西安市主要年份劳动力就业产业结构

单位：%

年份	第一产业	第二产业	第三产业
1985	45.79	33.22	20.99
1990	43.62	31.11	25.27
1995	41.17	29.43	29.40
2000	37.78	27.57	34.65
2004	34.63	27.27	38.10
2005	32.78	27.46	39.76
2006	32.00	27.50	40.50
2007	30.55	28.66	40.79
2008	28.50	29.10	42.40
2009	26.40	28.45	45.15

资料来源：2010年《西安统计年鉴》。

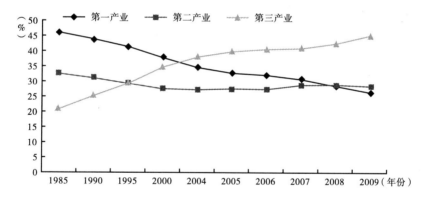

图4　西安市劳动力产业就业结构趋势

从表4及图4的数据中可以看到，1985年至2009年，西安市劳动力在第一产业的就业比重已由45.79%下降到2009年的26.4%；第二产业就业人员比重总体上呈下降趋势，但需要提及的是1985年，第二产业的就业比重为33.22%，其后一直小幅下降至2004年的最低值27.27%，2005年后有一个小幅回升至2009年的29.1%，这样的变化趋势说明在这一期间西安市制造业得到了强化，承接了东部地区的部分产业转移；第三产业就业人员比重一直持续上升，从1985年的只有20.99%迅速提升至2009年的45.15%，几乎将第一产业转移的劳动力全部吸收。

（3）人口迁移状况。限于数据的获得性，我们以户籍统计数据为基础分析西安市人口的迁移状态，见表5。

表5　西安市历年人口迁移状况

年份	总人口（万人）	迁入（万人）	迁出（万人）	总迁移率*（%）	净迁移率**（%）
1965	400.05	13.11	10.83	5.98	0.57
1970	435.12	6.88	8.39	3.51	-0.35
1978	498.1	8.98	9.16	3.64	-0.04
1980	511.91	13.36	9.64	4.49	0.73
1985	553.11	11.6	8.74	3.68	0.52
1986	563.97	11.79	8.39	3.58	0.60
1987	574.46	12.58	9.26	3.80	0.58
1988	585.85	13.54	8.97	3.84	0.78
1989	597.36	12.73	10.15	3.83	0.43
1990	608.89	11.82	9.86	3.56	0.32
1991	615.48	8.98	6.09	2.45	0.47
1992	623.2	13.94	9.54	3.77	0.71
1993	630.91	11.5	8.33	3.14	0.50
1994	639.45	13.4	8.59	3.44	0.75
1995	648.21	14.41	8.85	3.59	0.86
1996	654.87	11.94	8.88	3.18	0.47
1997	662.06	12.58	8.62	3.20	0.60
1998	668.22	10.89	8.36	2.88	0.38
1999	674.5	12.58	9.23	3.23	0.50
2000	688.01	17.12	9.23	3.83	1.15
2001	694.84	15.16	10.83	3.74	0.62
2002	702.59	13.9	9.41	3.32	0.64
2003	716.58	20.6	9.15	4.15	1.60
2004	725.01	15.56	10.19	3.55	0.74
2005	741.73	22.61	9.46	4.32	1.77
2006	753.11	17.23	11.75	3.85	0.73
2007	764.25	19.9	14.01	4.44	0.77
2008	772.3	18.49	15.04	4.34	0.45
2009	781.67	16.84	13.14	3.84	0.47

　*　总迁移率 =（当年迁入人口 + 当年迁出人口）/当年总人口。

　**　净迁移率 =（当年迁入人口 - 当年迁出人口）/当年总人口。

　资料来源：2010 年《西安统计年鉴》。

由图 5 可以看出，西安市的人口迁移在 1980 年前有一个较大幅度的波动。20 世纪 60 年代，人口的迁入与迁出的数量都比较大，形成了较高的总迁移率，且迁入量大于迁出量，这与当年国家的总体战略部署即"三线"建设有直接的关系。进入 70 年代，人口的总迁移量有所下降，且迁出人口多与迁入人口数量，形成了负的净迁移率。进入 80 年代后，西安市的人口迁移率进入了一个长期稳定的状态，人口总迁移率维持在 3%～4% 之间，净迁移率保持在 0.3%～0.9% 之间（2003 年及 2005 年除外），即迁入人口略大于迁出人口。

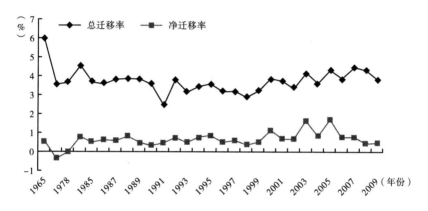

图 5　西安市历年人口迁移率趋势

2. 铜川市人口资源现状

（1）人口规模与人口分布。铜川市现辖 3 区 1 县 1 个经济技术开发区，共 23 个镇、11 个乡、10 个街道办事处，543 个村、95 个居委会，总行政区划面积 3882 平方公里。截至 2010 年年底，全市年末总人口 85.44 万人，全市人口密度为 220.09 人/平方公里，其中王益区人口最为集中，人口密度达到 1287.54 人/平方公里，其次为经济技术开发区即新区，人口密度为 688.20 人/平方公里，宜君县人口密度最低，仅为 64.07 人/平方公里。具体人口分布如表 6 所示。

（2）人口结构现状。

①农业人口与非农业人口结构。全市总人口中，非农业人口占比为 48.11%。其中，王益区非农业人口比重最高，达到 81.32%，耀州区及宜君县基本为农业人口，非农业人口比重分别为 26.61% 和 15.38%，城镇化程度低。

表6 2010年铜川市各辖区人口数量与人口密度

行政区名称	行政区面积（平方公里）	总人口（万人）	人口密度（人/平方公里）
全 市	3882.0	85.44	220.09
王益区	162.2	20.88	1287.54
印台区	626.8	23.01	367.14
耀州区	1545.8	32.09	207.58
宜君县	1476.0	9.46	64.07
经济技术开发区	71.2	4.90	688.20

资料来源：2011年《陕西统计年鉴》。

②人口性别结构。全市总人口中，女性人口为40.75万人，占总人口的比重为47.69%，男性人口为44.69万人，占总人口的比重为52.31%，男女性别比为109.7。

③劳动力就业结构。2010年末，铜川市各产业从业人员为15.5万人，其中第二产业从业人员为5万人左右，占从业人员的32%。

3. 宝鸡市人口资源现状

（1）人口规模与分布。宝鸡市辖9县3区，全市行政区划总面积为18172平方公里，2010年底总人口为381.09万人，2006~2010年人口自然增长率分别为4.14‰、4.21‰、4.22‰、4.17‰、4.15‰，人口增长速度相对平稳。人口在各县区的分布状况及人口密度如表7所示。

表7 2010年宝鸡市各县区人口分布与人口密度

行政区名称	行政区面积（平方公里）	总人口（万人）	人口密度（人/平方公里）
全 市	18172	381.09	209.71
渭滨区	728	44.26	607.90
金台区	329	38.41	1167.53
陈仓区	2517	60.13	238.89
凤翔县	1179	51.72	438.71
岐山县	855	46.92	548.78
扶风县	751	44.29	589.68
眉 县	863	31.77	368.15
陇 县	2418	26.31	108.80
千阳县	959	13.28	138.48
麟游县	1606	8.82	54.91
凤 县	3187	10.03	31.46
太白县	2780	5.16	18.57

资料来源：2011年《陕西统计年鉴》。

全市人口密度为 209.71 人/平方公里。金台区人口密度最大，为 1167.53 人/平方公里；太白县人口密度最小，仅为 18.57 人/平方公里。从全市范围来看，人口分布很不均匀，市区建成区的人口较为集中。

（2）人口结构。

①农业人口与非农业人口结构。2010 年，宝鸡市户籍人口中农业人口的比重为 52.24%，非农业人口的比重为 47.76%，具体到各县区，情况差异很大。在市辖区中，非农业人口比重比较高，达到 80% 左右，但在市辖县则农业人口比重占据绝对多数，几乎都在 55% 以上。如表 8 所示。

表 8　2010 年宝鸡市各县区人口性别比、家庭结构与非农业人口比重

地　区	总人口（万人）	家庭户平均人口（人/户）	性别比（女为 100）	非农业人口比重（%）
全　市	381.09	3.40	108	47.76
渭滨区	44.26	3.16	109	80.17
金台区	38.41	3.08	103	77.46
陈仓区	60.13	3.74	108	29.08
凤翔县	51.72	3.36	105	46.69
岐山县	46.92	3.41	108	48.92
扶风县	44.29	3.75	109	41.16
眉　县	31.77	3.44	107	40.41
陇　县	26.31	3.47	111	29.87
千阳县	13.28	3.33	110	28.81
麟游县	8.82	3.46	108	25.21
凤　县	10.03	3.02	107	51.61
太白县	5.16	2.87	114	39.54

资料来源：依据 2011 年《陕西统计年鉴》相关数据计算而来。

②性别结构。全市总体性别比为 108。市辖区的性别比较平均水平稍低，为 105，市辖县的性别比为 108，陇县、太白两县的性别比较高，分别达到 111 和 114。总体趋势是农业人口比重较高的县区，性别比也偏高。家庭结构趋于小型化，户平均人口 3.40 人。

③劳动力就业结构。2010 年末，宝鸡市各产业从业人员为 65 万人，其中第二产业从业人员为 16.5 万人左右，占从业人员的 25%。

4. 咸阳市人口资源现状

（1）人口规模与人口分布。咸阳市辖 10 县 2 区 1 市。行政区划总面积 20.58 万平方公里，2010 年末常住人口为 489.84 万人，2006～2009 年人口自然增长率分别为 4.47‰、4.46‰、4.50‰、4.40‰，人口增长速度相对平稳。各县区人口数量及人口密度如表 9 所示。

表 9　2010 年咸阳市各县区人口分布与人口密度

行政区名称	年末常住人口（万人）	人口密度（人/平方公里）	行政区名称	年末常住人口（万人）	人口密度（人/平方公里）
全　市	489.84	480.04	永寿县	18.48	208.87
秦都区	50.74	1959.59	彬　县	32.35	273.30
渭城区	43.86	1636.48	长武县	16.77	295.71
三原县	40.38	699.75	旬邑县	26.18	146.44
泾阳县	48.81	627.01	淳化县	19.35	198.08
乾　县	52.75	526.27	武功县	41.16	1052.66
礼泉县	44.81	443.60	兴平市	54.20	1065.12

资料来源：2011 年《陕西统计年鉴》。

全市人口密度为 480.04 人/平方公里。秦都区人口密度最大，为 1959.59 人/平方公里，旬邑县人口密度最小，为 146.44 人/平方公里。从全市范围来看，人口分布很不均匀，2 区 1 市人口较为集中，县域人口密度相对较小。

（2）人口结构。

①农业人口与非农业人口结构。2010 年，咸阳市户籍人口中农业人口的比重为 67.91%，非农业人口的比重为 32.09%。在市辖区中，非农业人口比重显著高于农业人口，市辖县农业人口比重占据绝对多数，几乎都在 80% 以上。如表 10 所示。

②性别结构。全市总体性别比为 107。性别比基本上与农业人口比重成正比，而与非农业人口比重成反比，反映了农业文化背景下的男孩偏好依然比较显著。家庭结构趋于小型化，户平均人口 3.42 人。

③劳动力就业结构。2010 年，咸阳市各产业从业人员为 73 万人，其中第二产业从业人员为 18 万人左右，占从业人员的 25% 左右。

表10　2010年咸阳市各县区人口性别比、家庭结构与非农业人口比重

地　区	家庭户平均人口 （人／户）	性别比 （女为100）	非农业人口比重 （％）
全　市	3.42	107	32.09
秦都区	3.36	102	62.67
渭城区	3.40	104	60.95
三原县	2.98	102	20.67
泾阳县	3.59	110	42.75
乾　县	3.51	109	9.48
礼泉县	3.14	108	15.15
永寿县	3.51	110	12.13
彬　县	3.65	110	39.36
长武县	3.62	108	11.10
旬邑县	3.48	112	28.42
淳化县	3.03	109	12.69
武功县	3.49	107	13.78
兴平市	3.76	108	53.67

资料来源：依据2011年《陕西省统计年鉴》相关数据计算得出。

5. 渭南市人口资源现状

（1）人口规模与人口分布。渭南市辖8县1区2市。行政区划总面积1314平方公里，2010年年末常住人口为528.99万人，全市人口密度为414人／平方公里。1区2市人口较为集中，县域人口密度相对较小。2006～2009年人口自然增长率分别为4.44‰、4.43‰、4.48‰、4.39‰，人口增长速度相对平稳。

（2）人口结构。

①农业人口与非农业人口结构。2010年，渭南市户籍人口中农业人口的比重为69.66%，非农业人口的比重为30.34%，在市辖区、市中，非农业人口比重显著高于农业人口，但在市辖县则农业人口占据多数，比例在70%以上。如表11所示。

②性别结构。全市总体性别比为103，性别比在关中—天水经济区中是最小的。家庭结构趋于小型化，户平均人口3.27人。

③劳动力就业结构。2010年末，渭南市各产业从业人员为63万人，其中第二产业从业人员为17万人左右，占从业人员的27%。

表11　2010 年渭南市各县区人口性别比、家庭结构与非农业人口比重

地　区	家庭户平均人口 （人/户）	性别比 （女为100）	非农业人口比重 （%）
全　市	3.27	103	30.34
临渭区	3.13	103	40.47
华　县	3.29	104	28.26
潼关县	3.29	102	38.56
大荔县	3.61	102	21.14
合阳县	3.25	103	25.91
澄城县	3.07	103	23.36
蒲城县	3.44	102	19.04
白水县	2.97	106	34.43
富平县	3.25	105	22.33
韩城市	3.27	109	51.08
华阴市	3.23	104	55.08

资料来源：依据2011 年《陕西统计年鉴》相关数据计算得出。

6. 商洛市人口资源现状

（1）人口规模与分布。商洛市辖1 区6 县，其中只有商州、洛南、丹凤、柞水1 区3 县划归关中—天水经济区内，2009 年末1 区3 县人口总规模为145.8 万人。

（2）人口结构。

①农业人口与非农业人口结构。2010 年，商洛市（关中—天水经济区）户籍人口中农业人口的比重为65.7%，非农业人口的比重为34.3%。其中洛南县非农业人口比重相对较高，为37.77%；柞水县非农业人口比重最低，为27.36%。

表12　2010 年商洛市（关中—天水经济区）人口性别比、
家庭结构与非农业人口比重

地　区	家庭户平均人口 （人/户）	性别比 （女为100）	非农业人口比重 （%）
商州区	3.62	111	34.30
洛南县	3.26	108	37.77
丹凤县	3.25	111	35.85
柞水县	3.14	118	27.36

资料来源：依据2011 年《陕西统计年鉴》相关数据计算得出。

②性别结构。2010 年，商洛市（关中—天水经济区）总体性别比为 110，性别比在关中—天水经济区中是最高的。家庭结构趋于小型化，户平均人口 3.45 人。

③劳动力就业结构。2010 年，商洛市各产业从业人员为 21.8 万人，其中，第二产业从业人员为 7.1 万人左右，占从业人员的 32.6%。

7. 杨凌示范区人口资源现状

2010 年，杨凌示范区常住人口为 20.13 万人，土地面积为 135 平方公里，人口密度为 1491 人/平方公里。

2010 年，杨凌示范区内各产业从业人员为 3.9 万人，其中，第二产业从业人员为 1.2 万人左右，占从业人员的 30.7%。

8. 天水市人口资源现状

天水市辖 2 区 5 县。2010 年，户籍总人口为 370.4 万人，常住人口为 326.63 万人，全市人口密度为 239 人/平方公里。其中乡村人口 233.73 万人，城镇人口 92.53 万人，人口城镇化率 28.36%。人口自然增长率 6.85‰（见表 13）。

表 13　2010 年天水市人口总量及增长率

地　　区	年末总人口（万人）	年末常住人口（万人）	人口自然增长率（‰）
天 水 市	370.40	326.63	6.85
秦 州 区	68.67	64.45	5.88
麦 积 区	62.06	55.39	6.38
清 水 县	32.03	26.73	8.47
秦 安 县	62.11	51.61	7.68
甘 谷 县	63.02	56.03	6.83
武 山 县	47.00	43.78	6.28
张家川县	35.51	28.64	8.02

资料来源：2011 年《甘肃发展年鉴》。

全市单位从业人员 19.25 万人，其中国有单位 13.48 万人，占比 70%，城镇集体单位 0.87 万人，占比 4.5%，其他单位 4.9 万人，占比 25.5%。

（二）关中—天水经济区人口年龄结构分析

由于关中—天水经济区内各县市的统计资料中，没有关于人口年龄的统计数据，另外考虑到人口年龄结构是过去较长时期里人口生育率、死亡率变化的结果，因此，在一定期间内，同一区域内的人口年龄结构具有同质化的特性。在此，以陕西省的人口年龄结构数据来代替关中—天水经济区内各县市的总体状况。表14显示了陕西省主要年份人口年龄结构及抚养比的变化。

表14　陕西省主要年份人口年龄结构及抚养比

单位：%

年份	0～14岁人口比重	15～64岁人口比重	65岁及以上人口比重	总抚养比	少年儿童抚养比	老年人口抚养比
1953	36.71	59.25	4.04	68.78	61.96	6.82
1964	41.26	55.23	3.51	81.06	74.71	6.35
1982	33.06	62.40	4.57	60.30	52.98	7.32
1990	28.88	65.98	5.15	51.57	43.77	7.80
1995	28.88	65.40	5.72	52.90	44.16	8.74
2000	25.02	69.04	5.94	44.84	36.24	8.60
2001	24.49	68.78	6.73	45.39	35.61	9.78
2002	22.35	69.64	8.01	43.60	32.09	11.51
2003	20.90	71.35	7.75	40.15	29.29	10.86
2004	19.81	72.54	7.65	37.86	27.31	10.55
2005	19.76	71.66	8.58	39.55	27.57	11.97
2006	18.70	72.70	8.60	37.55	25.72	11.83
2007	18.13	72.91	8.96	37.16	24.87	12.29
2008	17.75	73.28	8.97	36.46	24.22	12.24
2009	17.05	73.84	9.11	35.43	23.09	12.34
2010	14.71	76.76	8.53	30.27	19.16	11.11

资料来源：2011年《陕西统计年鉴》。

从图6中可以看出，由于计划生育政策的成功实施，有效地控制了人口数量的增长，进入1980年以后，少儿人口比重呈现出明显的下降趋势，与此同时老年人口比重逐年上升，但上升的速度小于少儿人口比重下降的速度，由此导致总人口抚养比有一个较明显的下降趋势，如1964年总人口抚养比高达81.06%，其中少儿抚养为74.71%，2000年，总人口抚养比已降为44.84%，其中少儿抚养比为36.24%，2010年，总人口抚养比更进一步降到30.27%，其中少儿抚养比仅为19.16%，比1964年下降了2/3。这表明陕西省尚处于人口红利期。

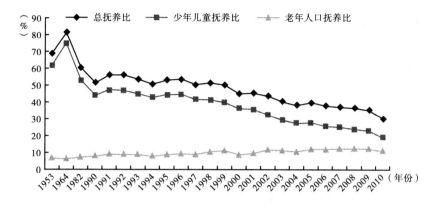

图 6　1953～2010 年陕西省主要年份人口年龄结构变动趋势

二　关中—天水经济区人口资源存在的问题

（一）人口分布失衡严重

由于人口虹吸效应使得周边地区劳动力人口特别是高学历人口加速向西安市转移，从而对周边地区自身发展产生不利的影响。在西安建设国际化大都市的过程中，实际工资率的上升、就业机会的增加、再生的古城魅力，吸引了周边地区甚至全国有意愿迁移人口源源不断地迁入西安，寻求就业、生活和发展机会。西安人口是随着西安经济总量的不断增加而逐渐增加的。人口和就业快速增长，会推动西安市主城区人口总量迅速增加。这些新增人口可能来自西安市下辖区县、省内其他地区、西北地区乃至全国范围。不同的迁移距离会带来不同的迁移人口构成，这种新增人口的构成对西安国际化大都市建设中的人口空间结构会产生重大影响。

首先，来自西安市下辖区县的新增人口。在国际化大都市建设中，西安市下辖的周至、蓝田、户县、高陵等区县由于受到西安市经济快速发展巨大的虹吸力，而可能产生"灯下黑"的人口发展困境，优秀的人才被吸引到西安市就业、发展和生活，区县自身的人口密度增长缓慢，当地人口的年龄、学历、行业结构也受到影响，而西安会因此呈现人口年轻化的态势。

其次，来自省内其他地区、市、县的新增人口。如铜川、商洛、安康、咸阳、渭南、延安、榆林等地区的迁入人口。对这些地区而言，西安本就是省会核心城市，对这些地区的人口有较大的吸引力。在国际化大都市建设的推动下，这些周边地区的人口会更加强化西安居住、就学、就业的效用和期望，迁移力会大增。迁移目的除了就业以外，还有陪读、居住、养老等。

再次，西安建设国际化大都市，其经济辐射力会大大增强，人口虹吸范围也将从省内扩展到西北地区乃至全国范围。由于举家迁移需要付出更大的家庭成本，因此只有迁移效用足够大的劳动力才会选择远距离迁移。所以，人口的远距离迁移主要以大学刚毕业的年轻劳动力为主，没有太大社会负担的年轻人将成为西安劳动力大军的重要源泉，且西安高校众多，来自全国各地的学生毕业后选择留在西安发展的比例增加，这也使西安的人口年龄构成呈现年轻化趋势。

（二）人口结构有待优化

从上面分析中可以看到，关中—天水经济区各市的第三产业从业人员虽然逐年增加，但总体水平仍然偏低，而且就业主要集中在餐饮业、批发零售业及交通运输业等传统低端服务业上。以西安市为例，2009年，以上三个行业的从业人员占第三产业总从业人员的51.92%，而信息传输、金融服务、科研技术服务等现代服务业从业人员的比重仅占17.01%，难以实现人才开发与创新的战略规划，如表15所示。

表15 西安市第三产业从业人员的行业分布

行业分类	从业人员（万人）	比重（%）	行业分类	从业人员（万人）	比重（%）
交通运输、仓储和邮政业	32.04	15.35	水利、环境和公共设施管理业	2.06	0.99
信息传输、计算机和软件业	6.22	2.98	居民服务和其他服务业	13.84	6.63
批发和零售业	51.94	24.89	教育	20.42	9.78
住宿和餐饮业	24.39	11.69	卫生、社会保障和社会福利业	11.69	5.60
金融业	6.07	2.91	文化、体育和娱乐业	2.41	1.15
房地产业	3.36	1.61	公共管理和社会组织	11.08	5.31
租赁和商务服务业	10.16	4.87	合　计	208.72	100.00
科学研究、技术服务和地质勘察业	13.04	6.25			

资料来源：2010年《西安统计年鉴》。

（三）人口老龄化趋势明显

以 2009 年陕西省为例，65 岁以上人口的比重为 12.34%，已进入老龄化社会，而且从趋势上来看，尚未达到老龄化的高峰。在社会保障与企业技术水平尚未根本提高的情况下提前到来的人口老龄化，事实上造成了未富先老的局面，严重影响经济区社会经济的发展。

总体看，目前陕西省仍处于人口红利期，但很快就会出现人口负债。大约在 2020 年前后，老年人口占总人口的比重会迅速提高。大约在"十二五"末期到"十三五"初期，劳动力人口会在波动中从净增加变为净减少。由于关中—天水经济区内农业人口比重较高，因此，未来将面临劳动人口减少和老龄抚养负担的双重压力，尤其是农村社会保障问题将更加突出。

三 关中—天水经济区人口资源开发的政策建议

（一）加快西安市人口空间布局调整与规划

西安长期以来的单核心空间布局模式是在经济规模、人口规模不大时逐渐形成的空间布局类型，主城区内功能混合，没有分区，集中发展，人口密度极大，凸显大城市病，为此，有必要加快西安市人口空间的布局调整与规划步伐。

1. 西安国际化大都市建设中的人口空间结构预测

西安市建设国际化大都市"三步走"的战略是：第一步，2010～2015 年，搞好规划，打好基础，2015 年 GDP 达到 6500 亿元左右，人均 GDP 达到 7 万元左右；第二步，2016～2020 年，重点突破，基本达标，2020 年 GDP 超过 10000 亿元，人均 GDP 超过 10 万元；第三步，2021～2030 年，整体推进，全面提升，西安的经济功能达到区域性国际化大都市的水平，科技、教育在亚洲的辐射作用进一步增强，文化、旅游更加具有世界性，富有历史文化特色的区域性专业性国际化大都市特征明显。

按照西安国际化大都市的人口规划，预计 10 年间主城区人口规模将由现在的 445 万人（根据 2009 年末统计数字整理），增长到 2020 年的 1000 万人左右，增加人口 555 万人。增加的人口既有原主城区内人口的增加，也有主城区范围扩大带来的人口增加。假设主城区范围扩大带来的人口增加为 200 万人，则现在的主城区内人口的将达到 800 万人，即 10 年内增长 79%，年平均人口增长率达 6.02%。考虑西安市的经济规划（2010～2015 年 GDP 平均增长率14.9%，2015～2020 年 GDP 平均增长率 9%），年平均 6.02% 的人口增长率具有合理性。

2. 西安城区人口增长潜力分析

人口增长会表现在不同的城区。2000～2009 年间人口增长率最快的环带，是距离钟楼 8.5～9.5 公里处的环带，其次是 6～8.5 公里处和 9.5～11.5 公里处，再次是距市中心较近的 0.5～1 公里环带，增长最慢的是 3.5～5.5 公里环带。这一数据验证了人口近产业、道路交通、金融商贸而聚集的分布特点。

人口增长率最快的区域应与产业布局、交通方式、居住成本等因素相关。所以，地铁沿线人口增长较快，一些公交站点密集的区域或重要公路节点处，人口增长也会比较快。由于产业的吸引，北郊经开区、东郊纺织城工业区、南郊长安区、西高新依然会形成人口快速增长点。由于环境改善、居住成本较低，西郊居住区和东北浐灞生态区也将是人口快速增长的区域。而南郊曲江、北郊汉长安城遗址和唐大明宫遗址等大型遗址保护区和旅游景点，则由于限制人口居住或高昂的居住成本而人口增长缓慢，甚至由于遗址保护和开发等原因而使居住人口外迁，导致居住人口负增长。但长期而言，旅游业的蓬勃发展会带来更多的游客和休闲度假者，人口密度并不会真正减少，这是旅游业的人口分布特点。

综合以上分析，我们可以简要绘制出西安市未来 5～10 年的人口空间分布预测图（见图 7）。

3. 西安各地理优势度分区内的人口空间结构变动

（1）A 区范围及人口空间结构特点。根据图 7 的预测，西安市地理优势度最好的 A 区地段将呈轴式分布，除了钟楼核心商圈外，还包括地铁一号、二号线北至张家堡、南至电视塔、西至土门、东至万寿路的狭长轴带，以及正在发展的若干副中心、新区的核心地段。

A 区内各个街道的人口密度，目前绝大多数已经很高，尤其是文艺路街道，以及城墙内的青年路、柏树林、西一路、中山门、解放路、北院门、南院门等街道，人口密度都在 3 万人/平方公里以上，其人口密度继续增加的余地已经不大，

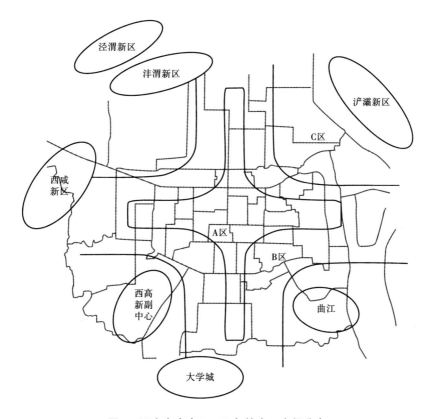

图7 西安市未来 5~10 年的人口空间分布

甚至会因为街区改造而迁出部分人口，使得人口密度略有下降，但这并不代表这些街道内的人口空间结构是相对静止的。在地理优势度最高的 A 区，倘若经济活力充分，会发生比较剧烈的人口置换，即随着生活显性成本和机会成本的提高，低收入人群会理性地选择退出 A 区，有一些不愿离开的弱势群体也可能无奈地被挤出核心区，而高收入人群或单位时间创造最大价值的人群占区内总人口比重会逐渐增大，从而形成一种趋势，A 区内常住人口较其他各区显示出明显的高收入、高消费特征。

（2）B 区的范围及人口空间结构特点。B 区是将 A 区包含在内的广大环带和轴带，包括原来的二环线内，地铁沿线更宽广、更深远的辐射区域，以及副中心和新区的周边外围区域，包括北郊未央宫、大明宫、红庙坡街道，南郊的长延堡、电子城、曲江街道，西郊的桃园、枣园、环西街道，东郊的十里铺、纺织城街道等。

B区由于其人口密度基数不是很大，大都每平方公里1万～2万人口，在地铁和产业等因素促动下，人口增长余地很大，增速会较快。由于其居住成本、交通便利性稍次于A区，居住的性价比较高，是占人口比重最大的中产阶级能够承受的居住选择，因此将以中等收入常住人口占比最大。

在B区发展过程中，不排除有某些街区可能出现产业的升级，或经济异常快速增长，出现人口密度接近甚至超过A区，南部电子城、东部纺织城都具有这种发展潜力。在这种情况下，可以考虑将该街区划入A区范围。

（3）C区的范围及人口空间结构特点。C区是地理方位更为偏远又无产业布局的广大地域，居住成本低，产业分布少，交通便利性较差，人口密度低。一旦西安市规划中的六条地铁线开建通车，新增人口和郊迁人口便会以新建地铁线为轴，根据"近产业"等多项原则而选择居住。在这种情况下，C区某些区域的人口便会快速增加，不排除其区位优势度上升到B区级别。

（二）加快人口城镇化速度

总体来看，关中—天水经济区城镇化率不高，为此，必须大幅提升人口城镇化速度，按照每年1%的速度规划和实施。

首先，依托城镇二、三产业的充分发展，实现人口城镇化。如果没有二、三产业的发展，大量农村居民涌进城镇势必会带来更多的社会问题。

其次，发挥第三产业的作用，吸纳城镇就业人口，扩大城市人口规模。如美国第三产业的就业人员占总就业人数的比重已达到80%以上，关中—天水经济区的就业结构中第三产业明显偏低。在总量不足的同时，第三产业的内部结构也不尽合理，金融、保险、通信、房地产、信息服务和社区服务等新兴第三产业还处于起步阶段。针对这种情况，经济区内的各级政府应从战略高度调整产业结构，大力扶持城镇第三产业的发展，挖掘第三产业的就业潜力。第三产业中不少行业，如商业零售、交通运输、旅游、信息咨询、物业管理等，都有较大的发展空间，可创造大量的就业岗位。

再次，加快对周边地区人口的吸附作用，实现人口城镇化。

最后，积极创造条件，鼓励大中专学生在关中—天水经济区创业，实现人口的年轻化和城镇化。

（三）实现人口资源跨区域合理流动和优化配置

由于关中—天水经济区存在严重的城乡分割，尤其是二元户籍制度强化了农民工和其他外出就业人员的受歧视性，严重抑制了城镇（市）化政策所应有的促进农村劳动力长期稳定转移就业的积极作用，制约着城乡经济社会的协调发展。为此，必须进一步加快建立城乡统一的户籍登记制度、教育培训制度以及覆盖城乡和统筹的社会保障体系，建立健全城乡统一的就业服务体系和农民工维权保障机制，深入清除阻碍城乡统筹就业的二元结构体制性障碍和扭曲市场的歧视性政策，依法维护城乡劳动者的合法权益，降低城乡跨区域流动就业的成本，缩小城乡收入差距，最终形成城乡居民自由迁徙、平等就业、协调发展的一体化劳动力市场。

（四）健全机制应对老龄化问题

在关中—天水经济区内，一是要通过扩大大中专学生的就业和落户经济区，进一步优化经济区内人口年龄结构。二是要扩大体制内的养老金覆盖率，解决应该纳入而没有纳入养老保险制度的问题（目前仍有40%多的企业或城镇从业人员没有被纳入养老保险体系），以解决资金来源不足的问题。三是要大力发展老年产业，通过市场机制应对老龄化问题。在老年居住、老年医疗、老年教育以及公共服务项目方面，扩大招商引资力度，建成一批适合老年人休闲养老的社区和项目。

另外，在关中—天水经济区，由于农村人口结构发生重大变化，在农村人口比重下降、人口老龄化严重、农村家庭规模日趋小型化的情况下，农民明显存在养老、疾病和贫困风险。有必要按照城乡统筹的思路，加快构建关中—天水经济区农村社会保障体系；以民生工程为主体，优先安排和建设农村养老项目，促进关中—天水经济区发展。

参考文献

陕西省统计局编《陕西统计年鉴》（2010 年，2011 年），中国统计出版社，2010、

2011。

西安市统计局编《西安统计年鉴》（2010 年），中国统计出版社，2010。

甘肃省统计局编《甘肃发展年鉴》（2011 年），中国统计出版社，2011。

咸阳市地方志办公室编《咸阳年鉴》（2010 年），陕西出版集团三秦出版社，2010。

《铜川年鉴》编纂委员会编《铜川年鉴》（2010 年），陕西出版集团三秦出版社，2010。

《宝鸡年鉴》编纂委员会编《宝鸡年鉴》（2009 年），陕西出版集团三秦出版社，2009。

《渭南年鉴》编纂委员会编《渭南年鉴》（2010 年），陕西出版集团三秦出版社，2010。

关中—天水经济区人力资本发展报告

郝小宝*

摘　要： 本报告通过纵向和横向比较，分析关中—天水经济区内教育培训、专业技术和健康人力资本的现状、存在问题，提出完善人力资本形成、聚集人力资本增量、创新资本配置、提升健康资本四个方面的建议。

关键词： 关中—天水　经济区　人力资本

本报告所说的人力资本主要是指关中—天水经济区内蕴涵在各类人力资源中的教育培训资本、专业技术资本、健康资本和迁移资本等。

一　关中—天水经济区人力资本发展现状分析

（一）关中—天水经济区教育资本发展现状

2010 年，经济区内共有高等院校 106 所，中等职业学校 382 余所，普通中小学 11577 余所。拥有国家级重点学科 113 个，硕士点 1414 个，博士点 560 个，博士后流动站 170 个。各类科研机构 1094 家，国家级重点实验室、工程技术研究中心、专项重点实验室 155 个，国家大型科学工程和野外观测站台 7 个，国家行业质量监督中心、分析测试中心 43 个。省级重点实验室 76 个，工程技术研究中心 66 个，工业技术研究院 6 个。拥有国家级、省级经济开发区和高新技术开发区 24 个，高新技术产业孵化基地 5 个，大学科技园 3 个。整体科技教育实力在西北地区乃至全国具有明显的竞争优势①。

---

* 郝小宝，男，陕西师范大学国际商学院经济学博士研究生。

① 数据来自 2011 年陕西省教育事业统计年鉴和 2011 年天水市教育事业统计报告。

关中—天水地区教育资源的构成主要以高等教育、普通中小学教育为主，中
等职业教育所占比例较小。从发展趋势看，1999年以后，高等教育和职业教育
发展速度加快，招生人数逐年扩大。中小学教育在1978～1983年发展明显放缓，
1983年以后步伐逐年加快，到2008年小幅下降，之后呈现平稳发展态势（见图
1）。从教育投入看，主要以政府投入为主导，社会、企业和个人投入为补充。
2010年，地方财政用于教育事业投入占一般预算支出的17%；科技支出占地方
一般预算支出的1.13%，低于全国平均比例0.99个百分点。城镇居民平均用于
教育文化娱乐事业支出占家庭人均消费支出的13.5%，仅比2009年增长0.2%；
农村居民用于教育文化娱乐事业支出占家庭人均消费支出的10.5%，总量虽然
增加，但总占比却下降0.8%；城乡居民教育投入之比为4:1，差距呈扩大趋势。
具体数据见表1～表3。

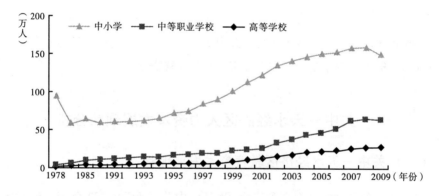

图1 关中—天水经济区各类学校招生变化趋势

资料来源：2010年陕西省教育事业统计报告。

表1 地方财政支出项目构成

单位：万元

项　　目	2008年	2009年	2010年
地方一般预算支出	14285208	18416388	22188283
教育	2649055	3109646	3777877
科学技术	171448	208371	252498
文化体育与传媒	318074	408872	478599
社会保障和就业	2455574	2870973	3156139

资料来源：2011年《陕西统计年鉴》，中国统计出版社，2011。

表2　城镇居民家庭人均消费支出

项　　目	2006年 (元)	比例 (%)	2007年 (元)	比例 (%)	2008年 (元)	比例 (%)	2009年 (元)	比例 (%)	2010年 (元)	比例 (%)
消费支出	7553.28		8427		9772		10705.6		11821.8	
教育文化	1280.14	16.9	1230.7	14.6	1281.6	13.1	1430.2	13.3	1595.8	13.5

资料来源:《陕西统计年鉴2011》,中国统计出版社,2011。

表3　农村居民家庭人均消费支出

项　　目	2006年 (元)	比例 (%)	2007年 (元)	比例 (%)	2008年 (元)	比例 (%)	2009年 (元)	比例 (%)	2010年 (元)	比例 (%)
消费支出	2181		2559.6		2979.4		3349.2		3793.8	
教育文化	296.10	13.5	304.54	11.8	351.99	11.8	380.4	11.3	397.6	10.5

资料来源:《陕西统计年鉴2011》,中国统计出版社,2011。

从教育收益看,受教育年限长、学历高、拥有较强职业技能的劳动者能够获得更高的收入。根据陕西省统计局调研监测,2008年关中地区外出农民工中文盲、小学、初中、高中及中专、大专及以上文化程度月收入分别为1137元、1142元、1244元、1275元和1499元(见表4)。

表4　关中地区不同文化程度农民工月平均工作天数和收入(2008年)

文化程度	未上过学	小学	初中	高中及中专	大专及以上
月平均工作时间(天)	26	26	26	26	24
月工资报酬(元)	1137	1142	1244	1275	1499

资料来源:陕西省统计局2009年农村剩余劳动力转移统计调查报告。

2010年,经济区内小学净入学率达99.65%,初中升学率达99.70%;高中毛入学率达85.3%。中等职业学校招生251820人,比上年增加5400人。高等教育毛入学率达31%,各类高等学校在校学生达132.98万人。全区主要劳动年龄人口平均受教育年限达12.53年,新增劳动力平均受教育年限达14.22年。[①]

---

① 资料来源:2010年陕西省教育事业发展公报。

（二）关中—天水经济区专业技术资本发展现状分析

2010 年，关中—天水经济区各类人才资源总量达 312.6 万人，占总人口的 8.2%。其中，党政人才 22.9 万人，占人才总数的 7.3%；企业经营管理人才 50 万人，占人才总数的 15.99%；专业技术人才 130 万人，占人才总数的 41.58%；高技能人才 47.2 万人，占人才总数的 15%；农村实用人才 62.5 万人，占人才总数的 19.99%。每万人劳动力中研发人员为 32 人，主要劳动年龄人口受过高等教育的比例为 11%，科技对经济贡献率超过 40%。每万人中拥有大专以上学历人员 390 多人，高等教育毛入学率为 26.3%。党政人才队伍中具有大专以上学历的占 86.2%，经营管理和专业技术人才队伍中具有大专以上学历的分别占 61% 和 70%。在陕两院院士 52 人，有突出贡献国家级专家 78 人，省级有突出贡献专家 915 人，享受政府特殊津贴专家 1789 人，入选国家"百千万人才工程" 97 人。获国家自然科学奖、技术发明奖、科技进步奖 50 项，居国际领先水平 16 项，居国际先进水平 81 项；受理专利申请、专利授权量居西部之首。科技三项投入为社会总投资的 0.8%，人均 R&D 经费内部支出规模相当于全国平均水平的 88%，特别是大中型企业人均 R&D 经费与全国差距扩大到 12.4 万元，与西部平均水平相差 3 万元。科技活动经费筹集额和 R&D 人员中科学家与工程师数居西部 12 省市第 2 位，综合科技进步指数居全国第 8 位。人才竞争力在全国各省区市中居第 11 位，在西部各省区市中居第 2 位。① 按国民经济行业划分的投资情况见表 5。

表 5　2009～2010 年按国民经济行业划分的投资情况

行　业	2009 年投资额（元）	比例（%）	2010 年投资额（元）	比例（%）
各行业投资总量	52511259	—	70080040	—
教育	1489588	2.8	1787418	2.5
科学研究与开发	235352	0.4	230745	0.3
专业技术服务	134494	0.2	237895	0.3
科技交流和推广服务	85614	0.1	45718	0.06

资料来源：《陕西统计年鉴 2011》，中国统计出版社，2011。

---

① 数据来自 2010 年陕西省人才工作调研报告。

（三）关中—天水经济区人力健康资本发展现状分析

2010 年，关中—天水经济区地方财政投入医疗卫生事业 1566560 万元，占地方一般预算支出的 7%；卫生、社会保障和服务业基本建设投资 821249 万元，占各行业投资总量的 1.17%；城镇居民用于医疗保健的支出 935.38 元，占家庭人均消费的 7.9%；农村居民用于医疗保健的支出 376.2 元，占家庭人均消费支出的 9.9%。城乡居民医疗费用支出比为 2.49∶1。具体见表 6 ~ 表 9。

表 6　2008 ~ 2010 年地方财政支出项目构成

单位：万元

项　　　目	2008 年	2009 年	2010 年
地方一般预算支出	14285208	18416388	22188283
医疗卫生	783906	1258329	1566560
教育	2649055	3109646	3777877
文化体育与传媒	318074	408872	478599
社会保障和就业	2455574	2870973	3156139

资料来源：《陕西统计年鉴 2011》，中国统计出版社，2011。

表 7　2009 ~ 2010 年按国民经济行业划分的投资情况

行　　业	2009 年投资额（万元）	占总投资比例（%）	2010 年投资额（万元）	占总投资比例（%）
各行业投资总量	52511259		70080040	
卫生、社会保障和服务业	611279	1.1	821249	1.17
文化、体育娱乐	555339	1	400566	0.57

资料来源：《陕西统计年鉴 2011》，中国统计出版社，2011。

表 8　2006 ~ 2010 年城镇居民家庭人均消费支出情况

项　　目	2006 年（元）	比例（%）	2007 年（元）	比例（%）	2008 年（元）	比例（%）	2009 年（元）	比例（%）	2010 年（元）	比例（%）
消费支出	7553.3		8427.0		9772.0		10705.6		11821.8	
医疗保健	612.3	8.1	678.4	8.0	862.7	8.8	863.4	8.1	935.4	7.9

资料来源：《陕西统计年鉴 2011》，中国统计出版社，2011。

表9　2006～2010年农村居民家庭人均消费支出

项　目	2006年（元）	比例（%）	2007年（元）	比例（%）	2008年（元）	比例（%）	2009年（元）	比例（%）	2010年（元）	比例（%）
消费支出	2181.0		2559.6		2979.4		3349.2		3793.8	
医疗保健	195.6	8.9	222.5	8.6	251.2	8.4	329.3	9.8	376.2	9.9

资料来源：《陕西统计年鉴2011》，中国统计出版社，2011。

2010年，全区平均每千人口床位数3.68张，6市1区最高为5.45张，最低为2.49张；平均每千人口卫生技术人员数4.59人，最高为7.23人，最低为2.85人。全省共有村卫生室26724个，较上年增加1390个，其中村办占72.04%，私人办占21.28%，乡卫生院设点和联办占4.92%，其他占1.76%；乡村医生35976人，较上年增加2262人；卫生员2896人，较上年增加997人；社区卫生服务中心（站）466个，较上年增加133个。平均每个机构有卫生技术人员12.44人。

男女人口平均期望寿命分别达到70.06岁和73.01岁。监测孕产妇死亡率为35.98/10万，新生儿死亡率为8.94‰，婴儿死亡率为11.9‰，7岁以下儿童保健管理率为92.16%，孕产妇系统管理率为94.71%。这些指标表明，群众看病就医条件明显改善，医疗卫生保障水平和人民健康水平显著提高。

新型农村合作医疗参合农民2566.11万人，参合率达95%，新农合基金补偿支出36.25亿元，补偿受益人口2433万人次。住院报销比例60%，比上年提高15个百分点。最高报销比例达到农民人均纯收入的6倍①。

二　关中—天水经济区人力资本发展存在的问题

（一）人力资本总量不足

人力资本总量不足，素质不强，与建设"一高地、四基地"要求相比还有很大差距。

---

① 参见2010年陕西省卫生事业发展公报。

从教育经历看，受高等教育、高中教育和职业教育的人口比例偏低。据2010年全国第六次人口普查显示，陕西省常住人口中具有大专以上文化程度人口占总人口的10.5%；具有高中（含中专）程度人口占总人口的15.7%；具有初中程度人口占总人口的40.1%。而1999年OECD国家25~64岁人口中具有高中及以上受教育水平者平均比例为69%，其中，具有高中教育水平的比例达到45%；美国、日本等发达国家具有高中教育水平的比例高达50%。关中地区单位就业人口中具有大专以上学历人员占29.8%；每万人中拥有大专以上学历人员390多人。2009年关中地区主要劳动年龄人口平均受教育年限达到12.53年，新增劳动力平均受教育年限达到14.22年；1999年，美国25~64岁人口受教育年限为12.74年，日本为12.78年，英国为12.46年，德国为13.16年，整体上比发达国家落后了10多年。

从学历职称层次看，人才资源中具有研究生以上学历仅占1.6%。专业技术人才中副高级以上职称仅为20%，高技能人才占技能劳动者比例为23%，低于全国平均水平1.4个百分点。两院院士、国家有突出贡献中青年专家、省有突出贡献专家、享受国务院特殊津贴人员、入选"百千万"人才国家级人选等仅占专业技术人才的0.6%，低于全国2%的平均水平（参见图2和表10、表11）。人才对经济增长的贡献率为18.4%，低于全国平均水平0.5个百分点。①

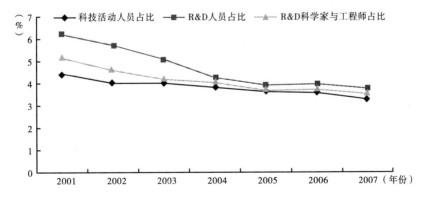

图2　2001~2007年陕西省科技人才队伍在全国的占比

---

① 数据来自2010年陕西省人才工作调研报告。

表10　2006～2007年关中地区科研机构科技活动人员状况

项目 年份	单位在职科技 活动人员（人）	科学家和 工程师	博士	硕士	比重（%）		
					科学家和 工程师	博士	硕士
2006	4657	3100	96	397	66.57	2.06	8.52
2007	4742	3334	129	490	70.31	2.72	10.33
增长额	85	234	33	93	3.74	0.66	1.81

资料来源：陕西省科技厅：2009年《创新型陕西与科技人才队伍建设》专题研究报告。

表11　　2010年陕西、江苏、湖北和四川两院院士规模比较

地　　区	江苏	湖北	四川	陕西
两院院士人数（人）	79	54	59	52

资料来源：2010年陕西省科技人才队伍建设调研报告。

（二）人力资本投入不足

关中地区以政府投入为主导，社会、企业、个人投入为补充的多元化人才发展投入机制尚未形成，直接制约教育规模和效益，影响人力资本质量，拉大了与发达地区的差距。据《世界银行发展报告》统计，世界教育支出占 GDP 平均比重为 5.5%，发达国家在 6% 以上，发展中国家为 4%，国内长三角地区达到 5%，而 2010 年，关中—天水经济区人才投入占一般预算支出的 5.5%；教育支出仅占财政支出的 3.7%；科技经费支出占财政支出的 1.13%，低于全国平均水平 0.99 个百分点。高等学校生均教育经费投入仅为部属高校的 22%；人均 R&D 经费支出规模相当于全国平均水平的 88%，大中型企业人均 R&D 经费与全国平均水平相差 12.4 万元，与西部平均水平相差 3 万元。从拥有高校总数看，关中—天水地区为 106 所，环渤海地区为 376 所，长三角地区为 161 所。每 10 万常住人口中，关中—天水地区在校大学生为 2588 人，长三角地区在校大学生为 3432 人，环渤海地区为 4000 人。[①]

---

① 陕西省教育厅：2010年教育事业发展公报。

（三）人力资本配置不合理，结构性矛盾突出

关中—天水地区横跨陕西、甘肃两个欠发达省份，经济发展对人才资源开发和潜在优势转化的承载能力有限，人才培养难、引进难、留住更难的问题十分突出。各级各类教育特别是区域、城乡教育发展不均衡。科技成果转化和知识服务能力不强。促进人才健康成长的生态环境比较薄弱。人才评价基本上是行政评价，以能力和业绩为主体的社会化评价体系没有完全建立。人才流动的瓶颈制约尚未打破，国内外人才之间、体制内外人才之间、三支队伍之间流动不畅。人才激励保障制度不够完善，影响了人才积极性和创造性的发挥。人才国际化、市场化、信息化程度不高，各相关部门所属的人力资源市场各自为政、人为分割，没有形成一个调控有效、信息畅通、功能完备、统一开放的人才市场体系，人力资本价值不能得到科学有效的配置和体现。

从隶属关系看，87.7%的科研人员分布在中央在陕科研院所、军工科技企业，科技创新活动主要集中在国家层面，地方科技教育资源十分有限。从地域分布看，62.3%的专业技术和经营管理人才集中在发展基础较好的关中地区；从城乡分布看，90%以上的专业技术人才聚集在大中城市及县以上党政机关、企事业单位，县以下特别是农村基层专业技术人员分不下去、留不住，基层一线医疗卫生、基础教育、应用开发和农业技术方面的人才奇缺。从产业分布看，全省专业技术人才主要集中在加工制造等传统产业领域，而信息技术、生物技术、新材料、新能源、金融等新兴产业急需的高级研发人才、高级管理人才、复合型人才十分缺乏。从单位分布看，科技人才主要集中于科研院所和高校，企业高层次创新人才不足。关中地区企业R&D科学家与工程师的占比为38%，低于全国平均水平约15个百分点，甚至低于西部平均水平约8个百分点。[①]

从结构类别上看，主要存在"三多三少"问题。即：一般人才多，高层次人才少。科技领军人才、高级经营管理人才、国内外知名学科带头人、顶尖人才、大师级社科人才十分匮乏，特别是缺乏信息技术、生物技术、环保技术、航空航天技术、新材料技术等方面原创性的高层次核心专家。继承型人才多，创新型人才少。据不完全统计，关中地区高级科技创新人才和高级经营管理人才占人

---

① 陕西省科技厅：2009 年《创新型陕西与科技人才队伍建设》专题研究报告。

才总量的0.51%，仅为日本的1/10，新加坡的1/3。全省科技活动人员数在全国位次从第9位下降到第11位，R&D人员数从第4位下降到第10位，R&D科学家与工程师数从第6位下降到第10位（见表12）。学术型人才多，应用型人才少。高等院校毕业生可直接用于重大项目的不足40%，中等职业学校毕业生能够满足产业化需要的仅为30.1%，高技能劳动者仅占人才总量的16.5%，比全国平均水平低5个百分点，人才培养与承接东部产业转移、建设全国先进制造业重要基地的需求不相适应。①

表12　2001～2007年关中地区科技活动人员和研究与
试验发展（R&D）人员在全国位次

年　　份	2001	2002	2003	2004	2005	2006	2007
科技活动人员位次	9	11	11	11	11	11	11
R&D人员位次	4	7	8	10	10	11	10
R&D科学家与工程师位次	6	9	10	10	10	11	10

资料来源：2008年中国科技统计年鉴。

（四）医疗卫生体系不健全，健康资本有待提升

1. 财政投入较少

2010年，关中地区财政投入卫生事业经费仅占GDP的1.5%，远低于全国5.15%的比例。由于政府投入水平过低，医院运行主要靠向患者收费，群众看病不仅要负担医药成本，还要负担医务人员的工资、补贴，甚至一些医院购买高级医疗设备、修建病房大楼的相当一部分支出也要靠患者医疗费用来支付。

2. 卫生资源不均衡

2010年，关中地区平均每千人口床位3.68张，卫生技术人员4.59人，执业（助理）医师1.62人，注册护士1.58人。同一时期，长三角地区的浙江省每千人口床位3.61张，卫生技术人员5.51人，执业医师2.29人，注册护士1.86人。

3. 医疗卫生资源配置不合理

医疗卫生资源呈倒金字塔形分布，医疗设备、高新技术、优秀卫生人才基本

---

①　陕西省统计局：关中—天水经济区科技资源现状分析报告。

上集中在大中城市的大医院，农村和城市社区缺医少药，群众"看病难"问题突出。目前，城市平均每千人口拥有的执业医师2.74人，而农村为1.01人；城市平均每千人口床位数5.91张，而农村为2.27张；副高以上技术人员城市占73.13%，而农村仅占26.87%。

4. 医疗保障体系不健全

城镇职工医疗保障体系覆盖面太小，很多私企、外企职工，特别是进城务工农民没有参加。城市下岗职工、失业人员、低保人员没有医疗保障。农村新型合作医疗虽已基本覆盖，但筹资力度小，保障水平不高。一些农村因病致贫、因病返贫的居民占贫困人口的2/3。对农村人口转为城镇人口后的医疗保障、日益增加的老龄人口医疗护理等问题缺乏统筹考虑。

5. 医疗机构管理不善，医药费用快速增长

2000年以来，医院人均门诊和住院费用平均每年分别增长13%和11%，大大高于居民人均收入增长幅度。卫生部门对医疗机构存在重扶持、轻监管的倾向，公立医院分别隶属于各级政府部门、行业和企业，这些因素增加了卫生行业监管难度。

三 关中—天水经济区人力资本发展的思路和建议

"十二五"期间，关中—天水经济区人力资本发展的基本思路是，把人力资本作为第一资本，以促进人的终身发展为根本，全面推进人力资源开发的深入发展。继续完善人力资本优先发展战略布局，创新人力资本管理体制机制，构筑更具竞争实力和创新活力的西部人才高地。建立健全适应市场经济体制、适应经济发展水平、适应人民健康需求和承受能力的医疗卫生服务体系，使关中—天水经济区率先成为我国优质人才资源集聚区。

（一）完善人力资本形成机制

第一，完善教育投入机制。争取国家投入，筹措社会资金，合理划分省市县财政分担比例，多渠道加大教育投入。将教育投入作为政绩考核、干部任用的重要依据，确保经费投入稳定增长。

第二，强化职业教育。优化整合职教资源，健全县、乡、村的职业教育培训网络。围绕新一轮西部大开发和关中—天水经济区未来一个时期主导产业发展需求，大规模培养工业化、城镇化需要的高技能人才。全面实施"人人技能工程"，推动农村剩余劳动力有序流转。围绕农业产业专业化、质量化、标准化，加强先进实用技术培训，培养新农村建设需要的新型农民。继续扩大免费职业教育范围。

第三，推进义务教育协调发展。提高中央转移支付比例，加大省级投入力度，改善农村中小学办学条件。完善城乡中小学校师资对口支援和定期交流制度，推动优质教学资源向乡村倾斜。着力解决农村留守儿童和困难儿童辍学问题，确保适龄儿童百分之百完成九年义务教育目标。调整师范院校课程设置，进一步明确农村教师培养方向和定位问题。提高农村教师工作、生活待遇，让农村教师安居乐业。

第四，大幅提升高等教育综合实力。着眼推动关中—天水产业集群发展，引导高等院校科学定位，优化学科专业设置，形成布局合理、特色鲜明、优势明显的学科专业体系。整合关中—天水地区高校、科研院所、企业科技资源，加大对重点科研项目和研究创新团队的扶持，深入推进产学研结合和科技成果转化，不断提升原始创新和集成创新能力。

第五，建立全民教育培训体系。探索建立人人培训机制，发展非学历培训，建设网络培训教育体系，探索社区教育、老年教育等发展新模式。

（二）聚集经济区人力资本增量

第一，大力培养创新型科技人才。以高层次创新型科技人才为重点，吸引一批国内一流、国际有影响的科技领军人才和青年科技骨干，造就一支创新能力强、团队结构优的科技创新人才队伍。

第二，加快引进科学发展急需人才。建立国际化的人才引进机制，围绕"一高地四基地"建设，为重点区域、重点行业、重大项目、重点领域引进各类拔尖人才，特别是掌握关键技术、带动新兴学科和产业发展急需的战略科学家和领军人才。实施各项引智计划和项目，大力开发海外高层次人才资源，拓宽引进海外智力渠道。

第三，大力培育创新型人才。依托关中—天水经济区科教资源优势，以提高技术创新水平和科技成果转化能力为核心，加快培养引进高层次创新人才，全面提升人才核心竞争力。进一步加强博士后工作站和流动站建设，增强自主培养能力。着眼培养造就国内一流、国际知名的高层次科技创新人才，建设一批院士专家工作站（室）。依托国家重大人才工程和"三秦学者"计划、"百人计划"及相关计划，培养和引进一大批具有发展潜力的高层次科技创新人才和优秀管理人才。依托重大科研项目、重点工程和重大建设项目，支持建设一大批重点领域创新团队。以高新技术产业开发区、大型企业、高校、科研机构为依托，建设一批高层次创新人才培养基地。

第四，加强提升经营管理人力资本水平。着眼于提升企业竞争力和可持续发展能力，培养造就一批具有国际战略眼光、市场开拓创新能力、现代经营管理水平和社会责任感的优秀企业家，能够忠实代表和维护国有资产权益的出资人代表，具有职业素养、创新精神、市场意识和经营管理能力的职业经理人；加快培养一批企业自主创新急需的战略规划、资本运作、科技管理、项目管理等方面的复合型经营管理人才和政治坚定、熟悉企业管理、擅长做思想政治工作的党群工作者。

第五，强化形成高技能型人力资本。根据先进制造业基地建设和现代服务业发展的需要，加快培养造就一支技术技能型、复合技能型和知识技能型的高技能人才队伍。发挥高级技师、技师的带动作用，加强高级工的培养，形成与关中—天水经济区经济社会发展相适应的技能人才梯次结构。建立健全以企业为主体，中、高等职业学校为基础，校企合作为纽带，政府推动和社会支持相结合的高技能人才培训体系。继续实施人人技能工程和高等职业院校建设工程，提升技能劳动者素质，做好高技能人才培养。

（三）创新人力资本配置机制

第一，推动人才共育共享。建立重大产业、重点领域海外培训基地，加强与长三角、环渤海湾地区人才交流与合作，提升人力资本跨界利用水平。破除阻碍人才竞争、流动和交流的各种障碍，整合贯通现有人才市场，以要素价格推动各类人才在地区、行业、部门之间自由流动。依托经济区内高校、培训机构密集的优势，整合优质培训资源，按照优势产业布局和重大项目建设需要，分类建立跨区域的人才培训基地，统一培养、统一调配、分类使用，为产业结构调整优化提供人才支持。

第二，推动人才创新创业。建立扶持创业风险投资基金，完善促进科技成果转化转移的税收、贴息政策，制订知识产权质押融资、创业贷款办法，健全创新成果股权化分配机制，支持各类人才创新创业。发挥科研院所多、学科门类全、基础平台好、科技成果多的优势，大力建设各类研发中心、科研工作站、重点实验室、产业技术创新联盟等，拓展创新创业平台。大力吸引海外人才到经济区创业，鼓励高校毕业生自主创业，帮助城镇失业人员再就业和创业，扶持农民工回乡创业，以创新创业助推经济区经济社会高位运行、持续发展。

第三，推动人才协调发展。推进区域人才协调发展，充分发挥西安作为中心城市的引领作用，重视带动关中经济的人才发展，加强陕北能源化工人才发展以及推动陕南走循环经济之路的人才发展。加大城乡人才对口帮扶力度，完善人才跨地区、跨部门交流的各项保障制度。制定期轮换、优先发展的扶持政策，鼓励引导高校毕业生到农村基层、边远山区和中小企业就业。

（四）提升健康资本

第一，加强乡村卫生服务体系建设。加大财政投入，加强乡村卫生基础设施和医疗设备建设，提高村医补助和农村公共卫生经费标准；推进乡镇卫生机构人事分配制度改革，研究建立适应农民承受能力的农村医药价格管理体系和农村医疗管理规范；提高农村合作医疗大病报销比例，推行全民体检制度。指定高校定向培养乡村全科医生，大规模选派乡村医生到权威医院进修，建立城市医生对口支援农村医疗机构的长效机制。

第二，发展社区卫生服务。解决社区卫生机构的经费和编制问题，加强全科医生培养。依托二级以上大医院，组建社区区域性、一体化医疗集团。引导小型公立医院、企业医院和民营医院整合转型为社区医院。建立社区居民健康档案信息化系统，提倡个性化、亲情化服务。推行社区首诊、分级诊疗和双向转诊制度，建立以病人为中心的连续管理机制。组织高层次医疗专家定期在居住社区坐诊，鼓励公立医院高级离退休医师到社区工作，解决医疗资源分布不均、群众"看病难"的问题。

第三，改革"以药补医"机制。完善医疗机构经济补偿机制和药品价格调控机制，引导医生根据患者病情合理用药，从源头上抑制医药费用过快增长，减轻群众医药费用负担。加强医院管理，规范医疗标准，提高医疗质量，确保医疗安全。建立信息公开公示制度，拓宽社会监督渠道。加强医德医风建设，大力查处行业不正之风。

第四，加强全民健康教育。大力宣传普及卫生知识，广泛开展健康教育与健康促进活动，提高全民疾病防治和保健水平。

参考文献

白永秀：《科技特区，西安的困与变》，《西部大开发》2010 年第 4 期。

海莎：《北部湾经济区人力资源开发模式研究》，《沿海企业与科技进步》2008 年第 2 期。

姜玲、梁涵、刘志春：《环渤海地区科技人力资源与区域经济发展的关联关系研究》，《中国软科学》2010 年第 5 期。

"长三角区域中长期科技发展战略研究"课题组：《长三角地区中长期科技发展战略研究》2008 年第 4 期。

陕西省社科院课题组：《新世纪陕西人力资源现状与趋势分析》，载《陕西人力资源和社会保障发展报告》，社会科学文献出版社，2010。

陕西省科技厅：《关中天水经济区科技人才发展的体制、机制和政策研究》，2010 年 7 月。

陕西省统计局：《陕西统计年鉴 2011》，中国统计出版社，2011。

甘肃省统计局：《甘肃统计年鉴 2011》，中国统计出版社，2011。

陕西省卫生厅：《陕西省卫生事业发展"十二五"规划》，2011 年 5 月。

陕西省教育厅：《陕西省教育事业发展"十二五"规划》，2011 年 5 月。

关中—天水经济区资本发展报告

姚 宇 李重庆 郭玉晶*

    摘　要：本文以金融存款余额、贷款余额以及各地区实际利用外资额为考察指标，分析了关中—天水经济区金融资本，以公路里程为指标研究了经济区实物资本，选取固定资产投资额为指标分析了经济区资本增量。基于以上分析认为应该采取以下措施：改善金融生态环境，变资本输出区为资本输入区；不断提高生产领域资本增量，改善公共领域实物资本利用效率；以市场为导向，优化固定资产投资；优化投资结构，不断提高制造业固定资产投资规模；扩大对外开放领域，不断探索引资新方式；积极争取国家层面对关中—天水经济区的支持。

    关键词：关中—天水经济区　资本　金融资本　实物资本　资本增量

一　关中—天水经济区的资本存量分析

    资本存量作为静态指标反映了一个地区的资本要素积累程度。本报告通过对关中—天水经济区金融资本和实物资本存量进行分析，以反映关中—天水经济区资本要素现状以及存在的问题。

（一）关中—天水经济区金融资本存量分析

    金融资本是以货币形式表现的资本形态。本报告选取关中—天水经济区各地区金融机构的存款余额和贷款余额指标，分别反映本地区金融资本的供给量和利

---

　*　姚宇，男，经济学博士，陕西师范大学国际商学院讲师。李重庆，男，陕西师范大学国际商学院硕士研究生。郭玉晶，男，陕西师范大学国际商学院硕士研究生。

用量，将其作为衡量金融资本的指标。

1. 关中—天水经济区金融机构存款余额情况

2001～2010 年，关中—天水经济区金融机构存款余额呈快速上升趋势，反映了金融资本供给量充沛，年均增长速度达到 17.60%，见图 1。

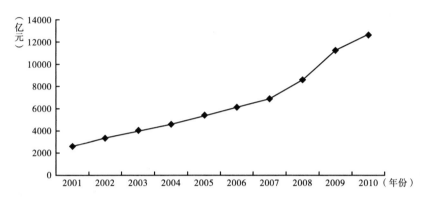

图 1　关中—天水经济区金融机构存款余额折线图

分地区看，2001～2010 年，西安（包括杨凌）、铜川、宝鸡、咸阳、渭南、商洛和天水 7 个市金融机构存款余额均呈大幅上升趋势，年均增长率分别达到 18.55%、18.14%、15.21%、13.00%、16.55%、17.74%、17.56%（见图 2）。

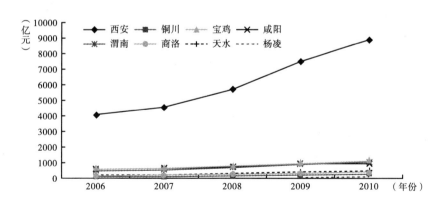

图 2　关中—天水经济区 2006～2010 年金融机构存款余额

由于所处地域和各市经济发展阶段不同，在金融资本存量结构上差异明显（见图 3）。其中，西安市金融机构存款额，在 7 市 1 区中远远领先于其他 6 市 1 区。以 2010 年为例，西安市金融机构存款余额为 8933.23 亿元，是经济区内金

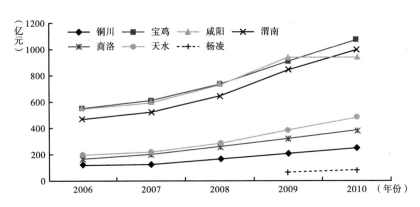

图3 关中—天水经济区 2006～2010 年金融机构存款余额（除西安）

资料来源：中国区域经济统计年鉴；陕西省各市经济和社会发展统计公报。

融机构存款余额排名第二的宝鸡市的 8.3 倍（2010 年宝鸡市存款余额为 1076.77 亿元），是市区金融机构存款额最少的铜川市的 35.6 倍（2010 年铜川市的存款余额为 250.92 亿元），占经济区存款余额的 68%，并且呈逐年上升趋势，反映经济区金融资本要素向西安市聚集效应明显（见表1）。

表1 关中—天水经济区 2001～2010 年金融机构存款余额比重

单位：%

年份	2001	2002	2003	2004	2005	2006	2007	2008	2009	2010
西安	62.74	66.49	67.41	67.31	67.41	66.49	66.83	66.88	67.58	68.00
铜川	1.82	1.44	1.82	2.01	1.85	1.90	1.84	1.94	1.86	1.90
宝鸡	10.06	9.03	8.64	8.62	8.61	9.04	8.92	8.63	8.20	7.12
咸阳	10.57	9.63	9.20	8.86	8.83	8.90	8.61	8.59	8.41	8.20
渭南	8.31	7.68	7.48	7.69	7.70	7.71	7.58	7.63	7.61	7.60
商洛	2.88	2.45	2.30	2.35	2.47	2.73	2.99	3.00	2.87	2.91
天水	3.61	3.29	3.15	3.16	3.14	3.24	3.22	3.32	3.47	3.63 *
杨凌	—	—	—	—	—	—	—	—	—	0.63

* 本报告对天水 2010 年的数据采取如下处理，即通过计算 2004～2009 年数据间的平均变化率，最后用 2009 年数据与之相乘，得出 2010 年相应数据。对于后面显示的天水 2010 年数据，均采用此方法得出。

2. 关中—天水经济区金融机构贷款余额情况

金融机构贷款余额反映了地区金融资本的利用总量。2001～2010 年，关

中—天水经济区金融机构贷款余额呈快速上升趋势，年均增长速度达到
15.50%，见图4。

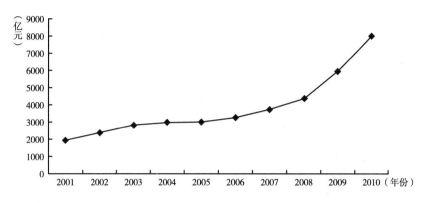

图4 关中—天水经济区金融机构贷款余额折线图

资料来源：中国区域经济统计年鉴；陕西省各市经济和社会发展统计公报。

分地区看，2001～2010年，西安（包括杨凌）、铜川、宝鸡、咸阳、渭南、
商洛和天水（2010年数据暂缺）7市金融机构贷款余额均呈大幅上升趋势，年
均增长率分别达到18.50%、5.50%、8.40%、5.31%、10.50%、11.20%、
10.80%（见图5）。

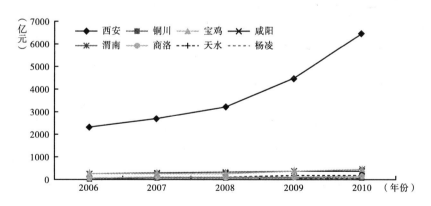

图5 关中—天水经济区2006～2010年金融机构贷款余额

资料来源：中国区域经济统计年鉴；陕西省各市经济和社会发展统计公报。

2006～2010年，关中—天水经济区金融机构贷款余额的情形和存款情况基
本相类似（见图6）。西安市金融机构贷款余额依旧领先于其他6市1区。以

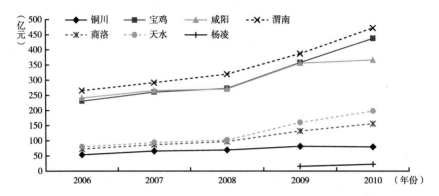

图6 关中—天水经济区 2006~2010 年金融机构贷款余额（除西安）

资料来源：中国区域经济统计年鉴；陕西省各市经济和社会发展统计公报。

2010 年为例，西安市金融机构贷款余额为 6482.28 亿元，这个数字是金融机构贷款余额排名第二的渭南市的 13.75 倍（渭南市 2010 年贷款余额为 471.52 亿元），是市域中金融机构贷款余额最少的铜川市的 80.6 倍（铜川市 2010 年贷款余额为 79.4 亿元），占金融机构贷款余额总量的 78.92%，并且呈逐年上升趋势，同样反映经济区金融资本要素向西安的聚集效应明显（见表2）。

表2 关中—天水经济区 2001~2010 年金融机构贷款余额比重

单位：%

年份	2001	2002	2003	2004	2005	2006	2007	2008	2009	2010
西安	60.98	66.85	69.26	69.27	71.75	71.32	71.63	74.07	75.27	78.92
铜川	2.39	1.94	1.52	1.88	1.62	1.62	1.78	1.61	1.36	0.97
宝鸡	10.04	8.53	7.99	7.77	7.06	7.04	6.94	6.24	6.01	5.32
咸阳	11.24	9.22	8.27	8.06	7.18	7.32	7.09	6.19	5.97	4.47
渭南	8.92	7.93	7.87	8.14	7.87	8.07	7.77	7.32	6.49	5.74
商洛	2.80	2.42	2.26	2.25	2.21	2.21	2.30	2.23	2.22	1.91
天水	3.64	3.12	2.83	2.65	2.32	2.42	2.49	2.34	2.68	2.41
杨凌	—	—	—	—	—	—	—	—	—	0.27

3. 关中—天水经济区金融机构存贷比分析

总体看，关中—天水经济区金融资本的供给和有效利用都呈逐年快速上升趋势，但存贷差却日益拉大。2001 年金融机构存贷差是 652.79 亿元，2010 年扩大到4923.97亿元，年均存贷差增长率达到25.97%。存贷差拉大趋势显著，说明该经济区正在成为金融资本的输出区（见图7）。

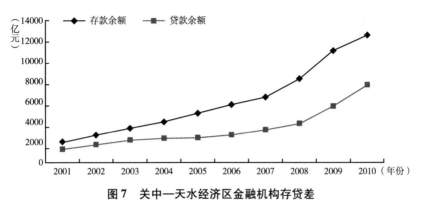

图7　关中—天水经济区金融机构存贷差

资料来源：中国区域经济统计年鉴；陕西省各市经济和社会发展统计公报。

从分地区看，各地区不仅存在较大的存贷差绝对值，而且存款增长率与贷款增长率也有较大差距，见表3。

表3　关中—天水经济区金融机构存贷款余额增长率比较

单位：%

	存款余额增长率	贷款余额增长率		存款余额增长率	贷款余额增长率
西安	18.55	18.50	渭南	16.55	10.50
铜川	18.14	5.50	商洛	17.74	11.20
宝鸡	15.21	8.40	天水	17.56	10.80
咸阳	13.00	5.31			

在经济区内，西安市金融机构贷款余额比重由2001年的60.98%上升到2010年的78.92%，明显高于金融机构存款余额增长率的比重上升（由2001年的62.74%上升到2010年的68.0%），同样反映西安市对金融资本有明显的聚集效应。

4. 关中—天水经济区金融资本利用效率

资本利用效率反映了地区金融资本在经济发展中的贡献情况。2001～2010年，关中—天水经济区单位金融资本的GDP产出呈缓慢上升趋势，反映了经济区金融资本利用效率①在缓慢提升。但数据反映了各市在金融资本利用效率上的

———————————

① 本报告所采用的金融资本利用效率由贷款余额与地区GDP比较得出。

不平衡，西安市显著低于其他市。在2010年，宝鸡、咸阳、铜川、渭南、天水、商洛等市的这一比值都大于1，特别是铜川、宝鸡、咸阳三市比值更是大于2，杨凌由于数据缺失，但其2010年的比值也大于2，反映这些地区对金融资本有着较好的利用效率（见表4）。

表4 关中—天水经济区金融资本利用效率比较

年份	2001	2002	2003	2004	2005	2006	2007	2008	2009	2010
西安	0.591	0.485	0.475	0.534	0.589	0.618	0.657	0.677	0.608	0.500
铜川	0.799	0.881	1.133	1.059	1.430	1.566	1.539	1.832	1.910	2.364
宝鸡	0.995	1.070	1.158	1.392	1.958	2.060	2.239	2.619	2.252	2.234
咸阳	1.061	1.134	1.233	1.419	2.003	2.010	2.213	2.828	2.454	2.995
渭南	0.981	0.959	0.935	1.027	1.320	1.320	1.459	1.617	1.649	1.700
商洛	1.083	1.133	1.185	1.309	1.507	1.575	1.577	1.745	1.702	1.827
天水	1.237	1.309	1.353	1.601	2.098	2.096	2.101	2.216	1.630	1.526
杨凌	—	—	—	—	—	—	—	—	—	2.140
总计	0.762	0.681	0.679	0.768	0.913	0.951	1.012	1.078	0.954	0.845

我们分析认为，人均金融资本量不平衡是导致金融资本利用效率差异的重要原因。西安市金融资本利用效率低，主要原因在于西安市人均金融资本量低，并且在2001~2010年人均资本量呈明显下降趋势。铜川、商洛、天水等市拥有较高的人均金融资本量，其金融资本利用效率低下，说明该地区的金融资本聚集性较差，利用不充分（见表5）。

表5 关中—天水经济区人均金融资本量比较

单位：亿元/万人

年份	2001	2002	2003	2004	2005	2006	2007	2008	2009	2010
西安	1.707	2.017	2.727	2.831	2.910	3.114	3.511	4.190	5.734	8.282
铜川	0.556	0.554	0.512	0.660	0.576	0.631	0.787	0.825	0.946	0.951
宝鸡	0.536	0.558	0.614	0.623	0.575	0.623	0.692	0.721	0.945	1.145
咸阳	0.412	0.414	0.437	0.445	0.402	0.445	0.486	0.490	0.639	0.655
渭南	0.363	0.394	0.459	0.492	0.479	0.531	0.575	0.627	0.748	0.891
商洛	0.230	0.244	0.265	0.275	0.275	0.298	0.354	0.323	0.434	0.513
天水	0.208	0.217	0.231	0.225	0.197	0.224	0.261	0.284	0.439	0.538
杨凌	—	—	—	—	—	—	—	—	—	1.100
总计	0.713	0.843	1.018	1.060	1.066	1.154	1.301	1.476	2.000	2.712

（二）关中—天水经济区实物资本存量分析

实物资本通常可分为固定资产和存货。由于经济学界对实物资本的估算存在较大争议，本报告分别采用公路里程数和规模以上工业企业资产反映在公共领域和生产领域的实物资本情况。

1. 关中—天水经济区公共领域实物资本存量分析

2006～2010年，关中—天水经济区内公路里程数持续增长，公路总里程数从2006年的62545公里增加到2010年的92092公里，增加约0.47倍，年均增长率超过10.34%。单个地区公路里程增加最多的是渭南市，宝鸡市公路里程数从2006年的7760公里增加到2009年14255公里，增加了6495公里。而公路里程数增加最少的则是铜川市，2006～2010年，该市的公路里程从3271公里增加到3521公里，只增加了250公里（见图8）。

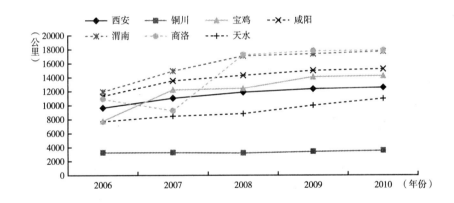

图8　2006～2010年关中—天水经济区公路里程

资料来源：中国区域经济统计年鉴；陕西省各市经济和社会发展统计公报。

交通基础设施作为公共领域实物资本存量的集中体现，可以较好地反映公共领域实物资本存量对地区经济发展的贡献。2001～2010年，关中—天水经济区随着公路里程数大幅上升，但其所带来的经济效益却在逐年下降，反映了公共领域实物资本存量利用效率递减。据测算，经济区内单位公里的GDP均值，从2001年的0.104亿元/公里下降到2010年的0.044亿元/公里。

经济区内公共基础设施经济效率也有很大差异，2010年，效率最高的咸阳市是 0.072 亿元/公里，效率最低的商洛市是 0.016 亿元/公里，相差 4.5 倍（见表 6 和图 9）。

表6　关中—天水经济区单位公路里程 GDP 产出①

单位：亿元/公里

年份	2001	2002	2003	2004	2005	2006	2007	2008	2009	2010
西安	0.211	0.232	0.190	0.188	0.190	0.078	0.069	0.065	0.063	0.026
铜川	0.309	0.297	0.258	0.242	0.241	0.153	0.156	0.160	0.151	0.053
宝鸡	0.091	0.086	0.082	0.078	0.074	0.048	0.031	0.030	0.027	0.068
咸阳	0.139	0.136	0.121	0.115	0.113	0.048	0.040	0.039	0.037	0.072
渭南	0.016	0.016	0.015	0.015	0.014	0.007	0.006	0.005	0.005	0.045
商洛	0.045	0.043	0.042	0.040	0.038	0.022	0.018	0.018	0.017	0.016
天水	0.110	0.111	0.111	0.113	0.113	0.046	0.042	0.041	0.036	0.027
平均	0.104	0.105	0.096	0.093	0.091	0.046	0.037	0.035	0.033	0.044

①杨凌高新区在 2009 年才有统计数据，故本文无统计数据。

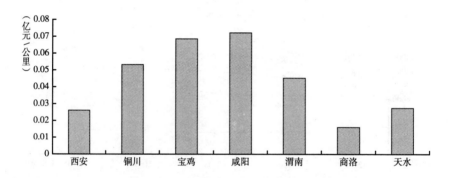

图9　2010 年关中—天水经济区单位公路里程 GDP 产出比较

2. 关中—天水经济区生产领域实物资本存量分析

本报告选择规模以上工业企业资产作为研究关中—天水经济区生产领域实物资本存量的指标。由于数据的原因，我们以陕西省的情况进行分析。①

由图 10 可见，2001～2010 年，陕西省规模以上工业企业资产呈快速上升趋势，资产规模从 2001 年的 1457.62 亿元扩大到 2010 年的 11199.84 亿元，年均增长速度达到 24.6%，反映了生产领域实物资本量的高速增长。

---

① 由于数据的可获取性，本节将以与关中—天水经济区经济上有较大重合的陕西省数据进行分析。

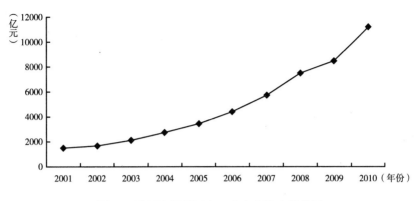

图 10　陕西省规模以上工业企业资产折线图

资料来源:《陕西统计年鉴》。

　　对于陕西规模以上工业企业实物资本的资本产出效率可以通过计算资产与产值的弹性进行分析,见图11。

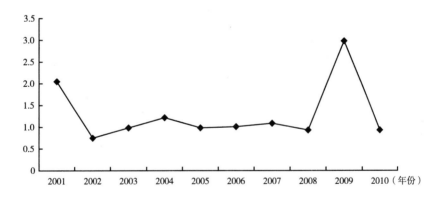

图 11　陕西省规模以上工业企业资产与产值弹性折线图

　　由图11可见,2001～2010年,陕西省规模以上工业企业资产与产值弹性呈现平稳的上升趋势。2009年表现为快速增加,其值达到2.98,首次表现为富有弹性,反映了工业企业的实物资本增加有利于提高经济产出。

二　关中—天水经济区资本增量分析

　　投资是人们通过减少当前消费来增加未来的生产能力,反映了资本的增量情况，为维持经济区长期稳定增长具有重要的意义。基于数据的可获取性和典型性，本报告选择固定资产投资来反映关中—天水经济区的投资情况。

（一）固定资产投资情况分析

1. 固定资产投资总量分析

2004～2010年，关中—天水经济区固定资产投资呈快速上升趋势，投资总额从2004年的1081.8亿元扩大到2010年的6322.2亿元，年均增长率35.5%，见图12。

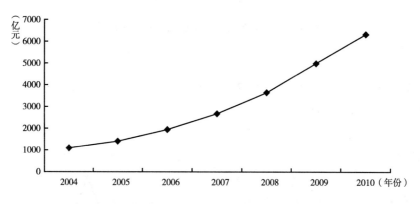

图12 关中—天水经济区固定资产投资折线图

资料来源：《中国区域经济统计年鉴》；《陕西统计年鉴2011》。

据测算，经济区固定资产投资弹性①见图13。总体看，固定资产投资缺乏弹性并呈下降趋势，反映了经济区内固定资产投资对经济增长的有效拉动乏力，而且这一状况没有缓解迹象。

2. 固定资产投资区域结构分析

2004～2010年，关中—天水经济区各市固定资产投资总额均呈大幅上涨趋势（见表7）。以西安市最为典型，年增长速度均超过了30%。渭南市在2008～2009年更是超过了50%（见表8）。说明各市对固定资产投资保持了持续的冲动，反映了经济区经济增长仍是投资增长型，也与经济区各级政府对经济发展的高预期保持了一致。

---

① 投资弹性系数是指投资每变动1%所引起的GDP变化的百分率，通常用投资变动的百分率引起GDP变化的百分比来表示，这两个百分率的比值称为弹性系数。一般情况下，系数大于1时表示投资富有弹性，在0和1之间时缺乏弹性，接近0时表示完全无弹性。

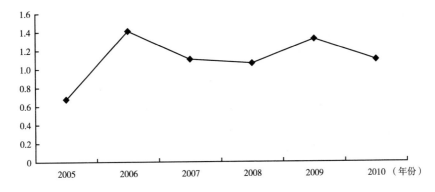

图13 关中—天水经济区固定资产投资弹性折线图

表7 关中—天水经济区固定资产投资额

单位：亿元

地　区	2004 年	2005 年	2006 年	2007 年	2008 年	2009 年	2010 年
西安市	552.60	772.51	1046.69	1435.33	1906.19	2500.13	3250.56
铜川市	26.50	34.20	43.00	57.03	63.40	88.12	117.23
宝鸡市	154.80	186.86	224.38	316.21	451.03	639.14	835.22
咸阳市	170.20	202.19	274.24	394.17	569.75	801.53	1050.54
渭南市	100.80	107.76	159.69	215.99	333.59	509.39	742.25
商洛市	32.80	40.32	99.97	133.19	164.65	220.34	290.07
天水市	44.10	57.64	79.70	111.86	143.20	202.89	275.54

资料来源：《中国区域经济统计年鉴》、《陕西统计年鉴2011》。

表8 关中—天水经济区固定资产投资增长率

单位：%

地　区	2005 年	2006 年	2007 年	2008 年	2009 年	2010 年
西安市	39.80	35.49	37.13	32.80	31.16	30.02
铜川市	29.06	25.73	32.63	11.17	38.99	33.04
宝鸡市	20.71	20.08	40.93	42.64	41.71	30.70
咸阳市	18.80	35.63	43.73	44.54	40.68	31.07
渭南市	6.90	48.19	35.26	54.45	52.70	45.71
商洛市	22.93	147.94	33.23	23.62	33.82	31.64
天水市	30.70	38.27	40.35	28.02	41.68	35.81

资料来源：《中国区域经济统计年鉴》、《陕西统计年鉴2011》。

同时，经济区内各市固定资产投资额占比基本保持了稳定状态，说明了固定资产投资在区域发展上的均衡性，也说明了投资缺乏聚集效应，政府主导对于固定资产投资影响较大（见表9）。

表9　关中—天水经济区固定资产投资额在经济区占比

单位：%

地　区	2004 年	2005 年	2006 年	2007 年	2008 年	2009 年	2010 年
西安市	51.08	55.12	54.30	53.88	52.49	50.39	51.42
铜川市	2.45	2.44	2.23	2.14	1.75	1.78	1.85
宝鸡市	14.31	13.33	11.64	11.87	12.42	12.88	13.21
咸阳市	15.73	14.43	14.23	14.80	15.69	16.15	16.62
渭南市	9.32	7.69	8.28	8.11	9.19	10.27	11.74
商洛市	3.03	2.88	5.19	5.00	4.53	4.44	4.59
天水市	4.08	4.11	4.13	4.20	3.94	4.09	—

计算固定资产投资弹性系数见表10。经济区内固定资产投资弹性除个别市、个别年份（宝鸡、咸阳和渭南市2005年，铜川市2008年，以及2010年的大部分市）富有弹性外，大部分市在大部分年份均呈现缺乏弹性，说明了固定资产投资对其经济发展的带动性不足。分地区看，除西安市固定资产投资弹性呈上升趋势外，宝鸡市呈下降趋势，其他市区均呈波动性。

表10　关中—天水经济区固定资产投资弹性系数

地　区	2005 年	2006 年	2007 年	2008 年	2009 年	2010 年
西安市	0.40	0.40	0.58	0.74	0.78	1.45
铜川市	0.62	0.79	0.70	2.26	0.51	0.87
宝鸡市	1.44	0.73	0.54	0.53	0.31	1.16
咸阳市	1.48	0.33	0.49	0.68	0.35	1.10
渭南市	3.78	0.25	0.61	0.40	0.44	1.42
商洛市	0.65	0.09	0.56	1.07	0.95	1.14
天水市	0.54	0.36	0.44	0.55	0.35	—

3. 固定资产投资产业结构分析

从产业结构方面分析。2010年，关中—天水经济区各行业固定资产投资，农、林、牧、渔业，采矿业，制造业，电力、燃气及水的生产和供应业，建筑业，交通运输、仓储和邮政业，信息传输、计算机服务和软件业，批发和零售业，住宿和餐饮业，金融业，房地产业，租赁和商务服务业，科学研究、技术服务和地质勘察业，水利、环境和公共设施管理业，居民服务和其他服务业，教育，卫生、社会保障和社会福利业，文化、体育和娱乐业，公共管理和社会组织，其占比分别是3.43%、4.88%、28.99%、6.67%、0.84%、8.84%、1.27%、3.62%、1.91%、0.14%、3.71%、1.61%、0.97%、17.36%、0.43%、3.14%、1.22%、1.33%、9.64%。其中，固定资产投资比例较高的行业主要是制造业，交通运输、仓储和邮政业，公共管理和社会组织，水利、环境和公共设施管理业，见图14。

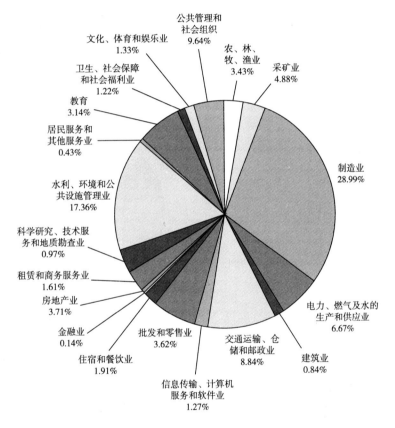

图14 2010年关中—天水经济区固定资产投资产业结构*

* 由于数据获取原因，本小节数据不包含天水、杨凌两区市。

从固定资产投资区域分布看，农林牧渔业的固定资产投资分布较为平均，对采矿业投资则主要分布在咸阳、渭南、宝鸡等市，对制造业的投资主要集中在西安咸阳等核心区，对运输仓储业投资则分布在西安、宝鸡等市，对电力燃气和水以及水利环境和公共设施的投资主要集中在大中城市，特别是西安市（见图15）。

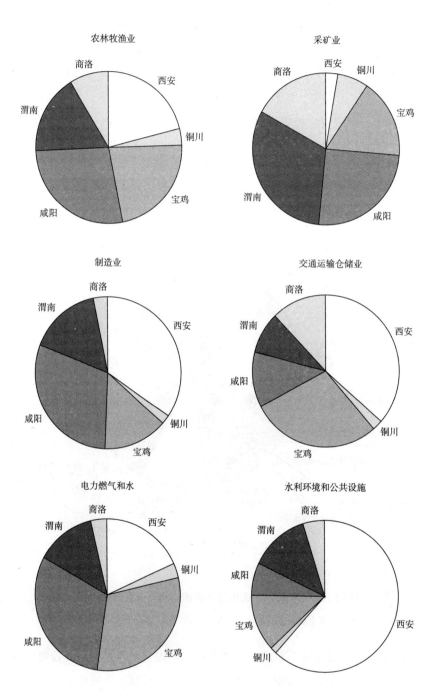

图15　2010年关中—天水经济区固定资产投资区域结构

（二）关中—天水经济区固定资产投资资金来源分析

1. 投资资金结构分析

2006～2009 年，关中—天水经济区城镇固定资产投资资金总量上呈波动趋势，2009 年由于受金融危机后促进经济复苏的特殊政策影响，呈现了快速增长态势。资金来源以自筹资金为主，其比例维持在 60% 左右；利用外资的比例则呈逐年下降趋势；国内贷款比例和国家财政预算资金比例相对稳定（见表 11 和表 12）。

表 11　关中—天水经济区城镇固定资产投资资金来源*

单位：万元

年份	上年末结余资金	国家预算内资金	国内贷款	利用外资	自筹资金	其他来源	合计
2006	704550	1422760	1586749	240722	7782921	1109976	12847678
2007	905720	1853787	1879203	213470	11868040	2144719	18099439
2008	495769	2441039	1851402	72524	7165491	1677873	12965379
2009	669342	4065745	4110608	135837	25442925	2621430	37045887
2010	1065256	3845494	3034615	94626	18904368	2957043	29901402

* 由于数据获取原因，本小节数据不包含天水、杨凌两区市。

资料来源：《中国区域经济统计年鉴》、《陕西统计年鉴2011》。

表 12　关中—天水经济区城镇固定资产投资资金来源比重

单位：%

年份	上年末结余资金	国家预算内资金	国内贷款	利用外资	自筹资金	其他来源
2006	5.48	11.07	12.35	1.87	60.58	8.64
2007	5.00	10.24	10.38	1.18	65.57	11.85
2008	3.82	18.83	14.28	0.56	55.27	12.94
2009	1.81	10.97	11.10	0.37	68.68	7.08
2010	3.56	12.86	10.15	0.32	63.22	9.89

从投资的空间结构看，西安市固定资产投资比例达到四成以上，但自筹资金比例低于加权值，利用外资额和国内贷款额则显著高于加权值，分别为 69.62% 和 52.71%，反映了西安对金融资本有较强的聚集能力。商洛和铜川两市的国家财政预算资金比例显著高于其加权比例，反映了国家对两市的扶植力度和态势。宝鸡、咸阳、渭南、商洛等市利用外资都显著低于其加权比例，反映了除西安市外，其他市对外资的吸引能力非常有限（见表 13 和表 14）。

表13　2010年关中—天水经济区城镇固定资产投资资金来源

单位：万元

地区	上年末结余资金	国家预算内资金	国内贷款	利用外资	自筹资金	其他来源	合计
西安	606788	1165961	1324392	27884	9254385	1705240	606788
铜川	5655	96564	52868	—	521565	75834	5655
宝鸡	334723	799980	695853	11250	3845503	20119	334723
咸阳	20889	565980	197588	40232	2647396	550245	20889
渭南	45046	569936	683172	3710	2021364	348128	45046
商洛	44696	628772	73045	11550	556669	227457	44696

资料来源：《中国区域经济统计年鉴》、《陕西统计年鉴2011》。

表14　2010年关中—天水经济区城镇固定资产投资资金来源比重

单位：%

地区	上年末结余资金	国家预算内资金	国内贷款	利用外资	自筹资金	其他来源	合计
西安	56.96	30.32	43.64	29.47	48.95	57.66	56.96
铜川	0.53	2.51	1.74	0.00	2.76	2.56	0.53
宝鸡	31.42	20.80	22.93	11.89	2.76	0.68	31.42
咸阳	1.96	14.72	6.51	42.52	14.00	18.61	1.96
渭南	4.23	14.82	22.51	3.92	10.69	11.77	4.23
商洛	4.20	16.35	2.41	12.51	2.94	7.69	4.20

2. 实际利用外资的情况分析

关中—天水经济区在引进外资方面一直常抓不懈，实际利用外资额从2001年的21392万美元上升到2010年的176834万美元，年均增长率达到26.3%（见图16）。

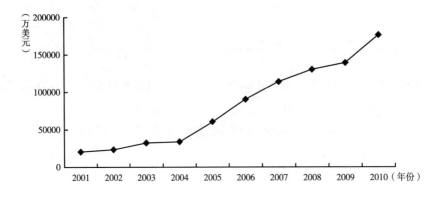

图16　关中—天水经济区实际利用外资额折线图

2006~2010 年，除商洛市利用外资增长速度较慢外，其余城市均呈快速增长。西安市实际引进外资额从 2006 年的 82463 万美元增加到 2010 年的 156665 万美元，增加幅度达 0.9 倍。其他六市的实际利用外资额基本保持在 6000 万美元以下（见图 17 和图 18）。

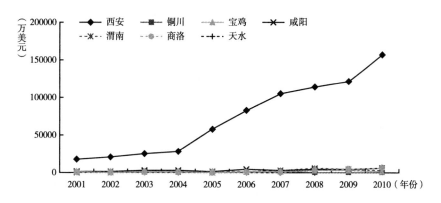

图 17　关中—天水经济区 2001~2010 实际利用外资额

资料来源：《中国区域经济统计年鉴》、《陕西统计年鉴 2011》。

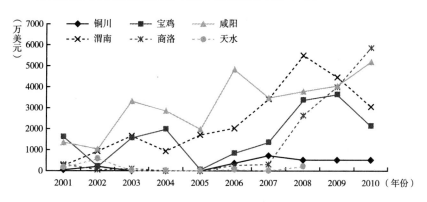

图 18　关中—天水经济区（除西安）2001~2010 实际利用外资额

资料来源：《中国区域经济统计年鉴》、《陕西统计年鉴 2011》。

三　关中—天水经济区资本发展的政策建议

（一）改善金融生态环境，变资本输出区为资本输入区

尽管关中—天水经济区金融资本近年来呈快速增长趋势，但目前经济区仍属

于典型的资金输出区，而且这一趋势还没有明显改善。作为西部地区，关中—天水经济区有效的资本积累如果不能供本地区经济发展使用，未来经济的边缘化态势将更加严重。为此，首要的任务是，要改变目前资金输出区的状态，要通过不断优化经济区金融生态环境、积极争取国家扶持政策、着力改善经济区产业结构、加强产业和区域聚集效应等措施，诱导金融资本投向关中—天水经济区，使之成为资金输入区。

（二）不断提高生产领域资本增量，改善公共领域实物资本利用效率

近年来，关中—天水经济区实物资本增量快速增长，但资本利用效率，特别是公共领域的资本效率有所下降，而生产领域实物资本的经济贡献度有上升趋势。为此，在保证基本的公共领域实物资本投资的情况下，要积极使资本增量向生产领域倾斜，大力推动产业融资，加大技术改造和升级的投资，大力发展符合经济区特色的支柱产业，这样才能保证提高实物资本利用效率，推进经济区持续快速发展。

（三）以市场为导向，优化固定资产投资

近年来，关中—天水经济区固定资产投资呈连年上升趋势，但固定资产投资与产出弹性始终呈现缺乏弹性的状态，固定资产投资对经济的拉动效果有限，造成了一定的投资浪费。一是要坚决杜绝盲目的固定资产投资。二是合理利用财政政策，加强财政资金投资管理，将散布在交通、城建、水利等部门的建设资金科学规划，合理利用，提高资金效率。三是加强对重点项目和工程的资金管理和利用。四是大力发展产业基金，通过市场化手段，优化配置投资资金。

（四）优化投资结构，不断提高制造业固定资产投资规模

近年来，尽管制造业固定资产投资比重居于首位，但其比重尚不足经济区全部固定资产投资的三成，如前分析，生产领域的实物资本较之公共领域的实物资本经济效率有上升趋势。因此，调整固定资产投资结构，提高制造业固定资产投资比例，有利于实现经济区可持续发展。

（五）扩大对外开放领域，不断探索引资新方式

尽管关中—天水经济区实际利用外资额逐年快速上升，但其绝对值依然保持在低位，占投资资金来源的比重非常低，仅在 1 个百分点左右，引进外资的空间巨大。为此，一要制定更具操作性的外商投资产业指导政策和吸引发达地区投资的优惠政策。二要进一步简化项目审批手续，全面落实在财税、土地等方面的优化政策。三要结合新一轮国内外产业转移，经济区根据自身特点、优势与潜力，在产业聚集方面利用外资。

（六）积极争取国家层面对关中—天水经济区的支持

关中—天水经济区作为国家实施新一轮西部大开发战略的重要载体，要积极争取国家层面对关中—天水经济区的支持。一是重点建设项目和工程的支持，要尽可能多地将国家重点支持的项目落户经济区，进一步优化经济区的经济结构。二是争取政策支持，充分利用好国家相关政策，优化经济区政策环境，为企业投资发展提供政策保障和支持。

参考文献

姚慧琴、任宗哲：《中国西部经济发展报告（2010）》，社会科学文献出版社，2010。
杨尚勤、石英、裴成荣：《陕西经济发展报告（2011）》，社会科学文献出版社，2011。
杨尚勤、石英、江波：《陕西社会发展报告（2011）》，社会科学文献出版社，2011。
国家发展改革委：《关于印发〈关中—天水经济区发展规划〉的通知》（发改西部〔2009〕1500 号），2009 年 6 月 10 日。

关中—天水经济区自然资源发展报告

王保忠*

摘　要： 自然资源是社会物质财富的源泉，是生产过程不可缺少的物质要素，是人类赖以生存的自然基础。自然资源主要包括土地、水、能源、矿产、生物、气候和海洋7大类。各地自然资源禀赋差异较大，自然资源的丰裕度与区域社会经济发展有着密切关系。本文选取对关中—天水经济区社会、经济发展具有全局性、战略性支撑作用的土地、水、能源和矿产资源进行研究。本文以关中—天水经济区主要自然资源现状和利用情况为基础，着重分析了"十二五"期间自然资源供需情况及其对关中—天水经济区社会经济发展的支撑和保障能力，最后提出了增强自然资源对关中—天水经济区社会经济发展保障能力的对策建议。

关键词： "十二五"规划　土地资源　水资源　矿产资源

一　关中—天水经济区主要自然资源现状和特点

（一）土地资源的现状、特点和利用情况

关中—天水经济区包括陕西省西安、铜川、宝鸡、咸阳、渭南、杨凌、商洛（部分区县）和甘肃省天水所辖行政区域，面积7.98万平方公里。2009年末总人口为2963.21万人，其中农业人口为1915.21万人，2009年耕地面积为3501.5万亩。2009年经济区GDP总量为5727.27亿元。人均国土面积4.04亩，低于全国平均水平12.4亩；人均耕地面积1.18亩，低于全国平均水平1.38亩。关中

---

* 王保忠，男，陕西师范大学国际商学院经济学博士研究生，运城学院副教授。

地区总面积 6.55 万平方公里（见表 1）。天水市位于甘肃东南部，东临陕西省宝鸡市，西、北、南分别与定西、平凉和陇南相接，有"陇上小江南"之称，总面积 14392 平方公里，全市横跨长江、黄河两大流域，新欧亚大陆桥横贯全境。经济区内地貌类型复杂多样，平原、盆地、山地、丘陵都有，其中：耕地面积中山地和丘陵面积约占 37.3%；平原和盆地面积占 62.7%。平原面积较多，土地开发利用潜力较大。

表 1　关中—天水经济区国土资源空间布局结构

单位：平方公里

地　区	分　类	2007 年	2012 年	2020 年
城市地区	中心城区	773	1030	1730
	产业集中区	530	583	710
	区域交通	550	665	800
	发展备用	1667	1320	1067
	小　计	3520	3598	4307
	占区域面积比重（%）	4.41	4.51	5.40
农村地区	农村居民区	3522	3256	3050
	农业地区	54573	54762	54159
	小　计	58095	58018	57209
	占区域面积比重（%）	72.80	72.70	71.69
生态地区	自然保护区	11240	11240	11240
	重要水源地	1383	1383	1383
	生态恢复区	5561	5561	5661
	小　计	18184	18184	18284
	占区域面积比重（%）	22.79	22.79	22.91
合　计		79800	79800	79800

资料来源：《关中—天水经济区经济发展规划》。

根据 2012 年关中—天水经济区国土资源数据测算，农业用地 54762 平方公里，占区域国土面积的 68.62%，发展备用土地 1320 平方公里，占区域国土面积的 1.65%，生态地区占区域国土面积的 22.79%。总体来看，关中—天水经济区人均国土资源占有量低于全国平均水平，人均耕地面积也低于全国平均水平，但是土地构成中平原地较多，为土地综合利用挖潜提供了可能；农用地比例大，发展备用地比例小，未利用土地少；地区间分布不平衡。

（二）水资源的自然特征及其供应情况和使用现状

关中盆地的年平均温度为 12℃～13.6℃，属暖温带。经济区内降水在空间上总的分布趋势是由山区向平原河谷递减，由关中西部向东部递减。多年平均降水量分区计算结果如下：西安市 774.2 毫米，铜川市 618.5 毫米，宝鸡市 726.0 毫米，咸阳市 580.9 毫米，渭南市 601.6 毫米。关中地区的降水量在时间上分配上具有年际变化大、年内分配不均的特征，且地区差异明显。关中地区年降水的变差系数 Cv 值在秦岭北麓、渭河一带及西部为 0.25 左右，丰枯比为 2.4～3.0；而西部地区多在 0.24～0.27 之间，丰枯比为 2.0～2.4；东部地区除渭河南岸大于 0.3 外，Cv 多在 0.24～0.28 之间，丰枯比多大于 2。区内降水年内分布不均，一年中 6～9 月是主要的降水季节，降水量占全年降水量的 60% 左右，且雨量大、频次高，往往出现洪涝灾害。而在雨季中，受副热带高气压的控制，往往有一段高温少雨期，容易发生严重的伏旱，对农作物危害较大；初秋随着副热带高气压的缓慢南退，有连阴雨天气出现。主要的旱季出现于每年的 1 月、2 月和 11 月、12 月，旱季降水的百分比多在 7% 上下。天水市年平均降水量 574 毫米，自东南向西北逐渐减少。中东部山区雨量在 600 毫米以上，渭河北部不及 500 毫米。

全区水资源总量 82 亿立方米，人均、亩均占有量分别为 370 立方米和 330 立方米，低于国际公认的人均 500 立方米的绝对缺水线，只占全国平均水平的 1/6，与最缺水的海河、滦河流域相当。关中地区人口占陕西省的 60%，生产总值占陕西省的 75.3%，但人均水资源占有量仅为 317 立方米，不足陕西省人均水资源占有量的 1/3，不到全国水平的 1/8。据《陕西省水资源开发利用规划》保守测算，关中地区 2010 年需水量为 93.92 亿立方米，缺水量为 33.89 亿立方米，缺水率为 36%～49%；2020 年关中需水量为 60 亿立方米，缺水量为 51.57 亿立方米，缺水率将达到 46%～67%。关中地区用水结构也存在不均衡现象，目前关中各行业总用水量已达到 52 亿立方米，其中农牧业 34.9 亿立方米，约占总用水的 67%；工业和城乡生活 16.2 亿立方米，较 1950 年翻了一番多。在目前条件下，年供水缺口约 20 亿立方米，800 余万城乡居民存在饮水不安全问题。

（三）矿产资源条件、开发利用情况

关中—天水经济区内矿产资源种类较多，分布广泛。经济区内的优势矿产有

煤、石油、天然气、金、钼、铅、锌、汞、锑、水泥灰岩、玻璃硅质岩等。资源总量丰富，潜在经济价值极大，主要有占陕西省资源总量95%以上的岩盐矿和煤矿。这两种矿产均属大宗低价值矿产，且煤矿开发效益低，岩盐矿因深埋地下2000米以下，近期难以规模开发。已探明的金属矿产中大矿少，小矿多；富矿少，贫矿多；单一矿床少，共伴生矿床多，组分复杂。特别是金、银、铅、锌、铜、钼、汞、锑矿床都不同程度伴生多种有用组分，增加了矿床的选冶难度。一些对国民经济具有重要作用的矿产，如富铁、铜、铬、钨、锡、富磷、钾盐、金刚石等矿种资源短缺。矿产资源接续储量增长乏力，许多矿种储量消耗速度大于储量增长速度。石油、天然气、金、钼等矿产勘查程度较高，煤、铅、锌、汞、锑、水泥灰岩等矿产的主要矿床达到详查程度，其他矿产勘查程度相对偏低。关中—天水经济区已开发利用的矿产有75种，其中能源矿产5种，黑色金属矿产4种，有色金属矿产8种，贵金属矿产2种，冶金辅助原料非金属矿产5种，化工原料非金属矿产10种，建材非金属及其他矿产41种。

经济区内各主要矿产已经探明保有储量情况如下：

煤炭是渭南市优势矿种之一，原煤地质储量255亿吨，目前已探明储量50.3亿吨。韩城矿区煤层气资源总量为2080.27亿立方米，预测可开采储量为1907.66亿立方米。铜川市目前已探明保有储量分别为原煤25.6亿吨、油页岩4.7亿吨、水泥石灰岩4.2亿吨、耐火黏土3400万吨、陶瓷黏土34.7万吨。咸阳市境内已发现的矿产资源主要有煤、铁、石灰石、石英砂岩、陶土、油页岩及石油等，主要集中在北中部台坳区，其中经济价值最大的煤炭资源探明储量为110亿吨左右，为陕西省第二大煤田，是国家确定的大型煤炭开发基地、陕西关中能源接续地，石灰石储量约有3000亿立方米。宝鸡市现已发现各类矿产地126处，探明储量的有85处；发现各类矿产26种，探明储量的有18种；主要矿种探明储量的有：金5.242吨、铜8.6万吨、铅锌250万吨，另外还有大量的硫、磷、硅石、石灰石、大理石、红柱石、煤、石墨等非金属矿种，其中：铅、锌、金是宝鸡的优势矿种，已探明的储量在陕西省占有重要地位。据统计，宝鸡市已探明矿产资源保有储量潜在经济价值达1072.1亿元。商洛全市已发现各类矿产60种，已探明矿产储量46种，其中大型矿床15处，中型矿床24处。储量居全省首位的有铁、钒、钛、银、锑、铼、水晶、萤石、白云母和钾长石等20种，其中柞水大西沟铁矿储量3.02亿吨，占陕西省的46%。居陕西省第二位的有铜、锌、钼、铅等13种。天水市地质构造复杂，岩浆岩活动强烈，地层出露较为齐全，为各种矿产贮存和分布提供了良好的条件，这里蕴藏着丰富的矿产资源，现已探明矿产资源35种，其中非金属矿20多种，有滑石、钾长石、硅石、石灰岩、白云岩、透辉岩、大理岩等；金属矿有10多种，有铁、铬、铅锌、锑、金、钼等。张家川的铁铜矿、清水大理石矿、武山蛇纹岩等有很高的开采价值。

矿产资源是工业化社会发展的物质基础，对国民经济发展具有重大的支撑作用。根据经济区矿产资源的分布特点，矿产资源开发利用的特点为：以宝鸡、渭南、铜川、商洛、天水等地为重点，加快重要矿产资源开发及深加工。宝鸡市重点发展铅锌、钛产业，建设钛材料生产和集散基地。渭南市重点发展煤炭、化肥、钼精深加工等产业，建设钼产业生产科研基地。铜川市重点发展铝加工、建材、陶瓷等产业，建设现代建材基地。商洛市重点发展钼、钒等采冶加工和多晶硅等新型材料产业。天水市以非金属矿产资源开发利用为重点，大力发展建材产业。依托辐射区内延安、榆林、平凉、庆阳等地的煤炭、石油、天然气资源，促进能源化工产业向资源综合利用延伸。

二 "十二五"期间自然资源供需情况及其对经济社会发展的支撑和保障能力分析

（一）"十二五"期间经济区土地资源的供应及面临的问题

关中—天水经济区土地资源非常有限，国土总面积7.98万平方公里，其中可利用的水网平原和河口平原土地少。在有限的可利用国土资源中，占了大部分比重的生态和农业用地必须得到保障，相应的建设用地开发不得不受到节制。低丘缓坡地和河流湿地等后备土地，随着生态环境保护力度加大，开发整理难度越来越大。根据表1中2012年数据，发展备用土地控制在1320平方公里以下，到2020年控制在1067平方公里以下。因此，经济区开发建设土地总量极其有限。在"十二五"期间，新增建设用地的供给将会日趋减少，这将给经济区发展规划的进一步落实带来巨大挑战。

与此同时，目前经济区总体经济实力还有待进一步提升，对土地资源的需求巨大。经济区内企业市场竞争力不强，产业集聚度不高，体制机制创新活力不足，非公有制经济发展相对滞后。经济区以众多中小企业为支撑的县域经济、块状经济为主体的发展方式，具有规模小型、位置分散的特点，这使得土地利用方式相对粗放，产业集聚难度加大，制约了建设用地的集约发展。在"十二五"期间，如果不能够集约规划、节约用地，建设用地将会更加紧张，供不应求的状况会使得土地使用费用进一步提高，进而挤压企业利润空间，甚至制约经济区进一步深化发展。

（二）"十二五"期间经济区水资源供需情况及面临的问题

"十二五"期间，随着甘肃、陕西两省于 2011 年 11 月 21 日在西安签署《实施关中—天水经济区发展规划战略合作框架协议》，标志着两省实施《关中—天水经济区发展规划》进入了新的阶段。经济区发展对水资源的需求量也会持续增长。

随着经济区社会经济的发展和人民生活水平的提高，城乡居民人均生活用水量、工业用水量、农业用水量等都将会逐步上升。关中地区需水定额城市人口用水由 1995 年人均年用水 40.47 立方米提高到 2020 年的 50.32 立方米，年均增长 0.88%，农村人口用水由 1995 年 19.61 立方米提高到 2020 年 25.65 立方米，年均增长 1.28%；工业万元产值需水由 1995 年 134.5 立方米降到 2000 年 114.8 立方米、2010 年 80.58 立方米、2020 年 50.87 立方米，25 年降低 62.2%，年均降低 3.81%；农业灌溉用水亩均需水，水田由 1995 年的 919.5 立方米降到 2020 年 784 立方米，年均降低 0.66%，水浇地由 1995 年的 333.3 立方米降到 2020 年 290.3 立方米，年均降低 0.65%，菜田降低到 698.83 立方米，年降低 0.46%；生态环境及其他用水保持 1.68% 的年增长率。而关中—天水经济区的供水能力受自然资源所限，最多能达到 80 多亿立方米，因此，在"十二五"期间，水资源的供应在总量上存在着较大缺口，对于保障全区经济社会发展存在着较大挑战。

另一方面，关中—天水经济区地区水资源利用率不高。按照 2005 年不变价计算，2008 年每万元 GDP 用水量 116.04 立方米，约为日本的 7.26 倍，具有较大的提升空间。预计到 2012 年，关中—天水经济区水资源每万元 GDP 用水量能够降到 102 立方米，到 2015 年有望降到 68 立方米，达到较为先进水平。

关中—天水经济区水环境保护形势也不容乐观。"十二五"期间，形势会更加严峻。近年来，关中废水排放总量逐年增加，废水排放情况可分为两个阶段：

第一阶段 1997～2001 年，工业废水排放量在总体上呈下降趋势；第二阶段为 2001 年至今，工业废水排放量呈上升趋势，2006 年开始有所回落，但污水排放量仍处高位。同时，工业废水达标量在第一阶段（1997～2001 年）远远小于工业废水排放量，随着经济的发展，关中地区污水情况得到重视和治理。2001 年至今，工业废水达标量与排放量逐渐逼近，形成好的治理势头。因此我们可以得知，迅速发展的第二产业产生巨大的污水排放量，对沿线河流造成的污染巨大，几乎超过了水环境的承载力。生活用水也已成为水的重要污染源。

关中地区最大的水体流域——渭水污染加剧，使关中几大城市在已是资源型缺水城市的同时，又成为污染型缺水城市，由于城市化发展中工业"三废"问题以及生活污水排放，导致关中地区水体污染严重，不仅造成了水环境的恶化，而且使城市供水更加雪上加霜。根据陕西省水资源公报，渭河水系干、支流评价河长 543.4 公里，枯水期除支流黑河黑峪口段 91 公里的河长属Ⅱ类水质，干流上游凤阁岭段 60 公里的河长属Ⅳ类水质，林家村段 60.8 公里属Ⅲ类水质外，其余 61% 的评价河段污染严重，均为劣Ⅴ类水质；丰水期有 45.6% 的评价河段属Ⅴ类水质；全年平均有 46% 的评价河段属Ⅴ类水质。严重的水质污染对进一步提高水资源的开发利用水平造成严重影响，加剧了水资源的短缺。如果不采取有力措施，渭河 COD 排放量将增加约 14 万吨，超环境容量的倍数由 2.5 倍升至 4.3 倍，河流水质将超过环境功能要求。

河水水质污染情况日趋加重。现在的渭河成了关中地区唯一的废污水承纳和排泄通道，以 20% 的水资源量容纳了占全省 80% 的工业废水和生活污水，排到渭河的废污水已达到 9.3 亿立方米，是 20 世纪 80 年代的 3 倍多。由于污染水体的下渗和固体废物淋滤等原因，渭河流域沿岸一些重要城镇和重点工业区的地下水污染问题也日益严重。

水体受农村面源污染影响。陕西全省化肥施用量为 520 万吨左右，比 1986 年增加了 1.75 倍。其中关中地区的施用量是全国平均水平的 1.38 倍，发达国家的 5.6 倍。过度使用的化肥，随着大气降水或灌溉退水进入地表径流，造成肥力损失，加重地表径流污染。由于有机农药的长期过量使用，造成农药残留超标，已对食品安全构成很大威胁。

显然，近年来水资源的供需矛盾、水环境退化甚至破坏等问题逐渐暴露，这些问题正逐渐成为影响关中—天水经济区可持续发展的制约因素。基于政府规划方案的预测，在 2010 年和 2020 年陕西省渭河流域（含关中地区）的缺水率将达到 43% 和 54%。在此种情况下，社会经济的方方面面都会受到不同程度的影响。"十二五"期间，经济区水资源的全面保障能力将会受到挑战。客观资源条件方面，水资源时间空间上分布不均：不同年份之间降水量变化大，一些干旱年份水资源供给压力大；不同地区自然水资源量参差不齐。社会发展需求方面，经济发展较快的地区水资源供需缺口大，将会面临严重缺水问题。可见，伴随着经济社会发展，如果不能有效解决水资源供给将会影响区域内社会经济持续的高速增长，水资源问题将是制约关中—天水经济区经济社会可持续发展的"瓶颈"之一。

（三）"十二五"期间经济区矿产资源及能源消费状况及新能源发展情况

总体上看，陕西地质条件优越，矿产资源丰富且种类齐全，是我国的资源大省之一。截至 2005 年底，陕西省保有矿产资源储量列全国前 3 位、5 位、10 位的矿产分别有 27 种、36 种、55 种。天水市现已探明矿产资源 35 种，其中非金属矿 20 多种，矿产资源丰富。因此，关中—天水经济区整体矿产资源条件比较乐观，能够较好地满足"十二五"期间经济区加快发展的资源需求。但同时也应看到，丰富矿产资源的开发具有明显的双向影响效应，是一把"双刃剑"。一方面，区域经济的快速发展必须依托矿产资源的开发，矿产资源是经济腾飞的硬基础；另一方面，丰富的矿产资源也会带来"资源诅咒"效应，特别是开发不当将会给资源地的生态环境等方面带来不可估量的损失。在经济区水资源严重匮乏的约束下，矿产资源开发力度受到较大的限制。

2010 年，随着工业生产回升，陕西全省能源消费增长较快，规模以上工业综合能源消费 5594.49 万吨标准煤，同比增长 11.5%。2010 年，随着整体经济继续回暖，全省工业能源消费增势加快，38 个工业大类行业中有 32 个行业能源消费同比上升，上升面达 84.2%，六大高耗能行业全年综合能源消费 4481.71 万吨标准煤，同比增长 11.5%，其中有色、电力、石油炼焦行业能源消费分别增长 22.6%、16.9% 和 16.7%。经济区内各市工业能源消费差异较大。2010 年，由于产业结构的差异，区内各市规模以上工业企业综合能源消费（等价值）增幅差异较大，增速较快的有：杨凌区增长 40.2%、商洛市增长 16.1%、宝鸡市增长 11.1%。详见图 1。

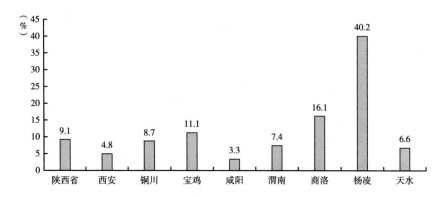

图1　2010年分地区综合能源消费增长速度

资料来源：2010年《陕西统计年鉴》、《能源统计年鉴》。

商洛市受有色行业大幅回升的影响，工业能源消费上升较大，严重影响了当地的节能降耗进程；杨凌区在木材加工业的带动下，用电量大幅上升；汉中市工业能源消费被黑色、有色金属加工业、非金属矿物制品业一路推高；炼焦、化工、有色行业的高增长势头对榆林、渭南两个高耗能地区能耗上升起到了推动作用；安康、铜川两市的水泥产量同比增幅较高，拉动了两个地区的煤炭消费量，对地区工业能源消费也产生了很大的影响。

电力消费增速得到有效控制。2010年，受工业快速增长和同期基数较小的影响，陕西省电力消费高速增长，2月份工业电力消费增速为近几年少有的35.8%，高耗能行业更是达到38.3%，上半年工业电力消费虽然有所回落但仍高达28.6%，全年节能形势十分严峻。全年全社会累计用电859.22亿千瓦时，同比增长16.1%，其中工业用电573.05亿千瓦时，增长16.42%。六大高耗能行业用电387.41亿千瓦时，占全部工业用电的67.6%，同比增长17.6%，高于全省工业用电量增幅1.2个百分点。其中：石油炼焦行业用电21.25亿千瓦时，增长35.2%；电力行业用电129.28亿千瓦时，增长18.5%（电厂生产用电量67.17亿千瓦时，增长24.7%）。

（四）超七成工业行业单位工业增加值能耗下降

在38个工业行业大类中，万元工业增加值能耗同比有27个行业下降，下降面为71%，有21个行业降幅超过全省平均水平。其中通用、专用设备制造、塑料制品、煤气生产、木材加工、烟草6个行业下降幅度超过20%。对全省单位工业增加值能耗下降贡献较大的行业有：煤炭开采业拉动全省单位工业增加值能耗下降3.3个百分点，石油和天然气开采业拉动下降2.13个百分点，交通运输设备制造业拉动下降1.6个百分点。工业产品单位耗能水平也有下降。2010年，在统计监测的61项产品单耗指标中，有42项产品耗能水平较上年同期下降，下降面达68.9%。

2010年，陕西省工业节能降耗虽然取得了明显成效，但我们必须清醒地认识到，关中—天水经济区能源资源消耗与经济增长是紧密关联的，特别是以重工业为主的区域工业对能源的依存性更大，伴随着经济的高速增长，节能降耗的难度会越来越大。

2010年上半年随着工业的回暖，能耗大幅上升，为了完成节能减排目标，有些地区下半年开始采取超常规措施，对高耗能企业进行限产或停产，在短期内对节能降耗起到积极作用，但由于长效机制不健全，这种节能降耗的成效并不具有可持续性，在"十二五"期间能耗反弹压力依然较大。

2010年，在煤炭和石油开采业的带动下，经济区内经济单位工业增加值能耗降幅较上年同期加大1.3个百分点，但38个工业行业大类中，有20个行业降幅同比收窄，其中有色采选、冶炼、石油炼焦、食品、家具、工艺品、化学纤维制造业、印刷、资源回收加工9个行业由降转升。高耗能行业的快速增长，是工业增加值能耗降幅收窄的主要因素。省内六大高耗能行业单位增加值能耗是规模以上工业的3.3倍，电力生产行业更是高达7.6倍，由于彬长、宝鸡等几个大电厂的正式投产，电力生产行业较上年同期增加能耗313万吨，占全省规模以上企业增加能耗的54%，而增加值仅增加37.72亿元，占全省规模以上企业新增增加值的5%，拉动全省单位工业增加值能耗上升4.5个百分点；石油炼焦行业拉动0.6个百分点；有色行业拉动0.3个百分点。

近年来，随着节能工作的深入推进，陕西省不少工业企业加大技术节能工作力度，采用先进生产技术和先进工艺，单位产品能耗快速下降，部分产品能耗已经达到或接近全国先进水平，单位产品能耗的降幅越来越窄，技术节能降耗的难度越来越大。2010年，在统计监测的61项产品单耗指标中，有19项单位产品能耗较上年同期上升，占31.1%。其中：每吨纱（线）混合数生产用电量较上年同期上升9.1%，单位烧碱生产耗交流电（隔膜法30%）上升6.2%，原油加工单位耗电上升4.3%，万米布混合数综合能耗上升4.1%，单位电石生产综合能耗上升2.7%，转炉炼钢综合工序单位能耗上升2.5%，单位油气产量综合能耗上升2%。

综合分析，在"十二五"期间，随着国家能源战略的西移，关中—天水经济区经济发展与全国能源战略目标的协调将是一个突出问题。在太阳能、风能、核能和可再生能源等新能源不能大幅推广的情况下，煤和石油等传统能源的主导地位短期内还无法得到改变。能源供需矛盾将会在"十二五"期间继续加深。"十二五"期间，随着一批高能耗的重化工业的发展和城市化进程加快，能源消耗会持续快速增长；同时，第三产业比例难以在短期内迅速提高，产业结构调整进程缓慢，技术节能空间进一步缩小，给能源利用率的提高带来更大困难。

三 提高自然资源对关中—天水经济区社会经济发展保障能力的对策建议

（一）提高土地资源对经济区发展的保障能力的政策建议

土地资源是关中—天水经济区进一步加快发展的基础保障。关中—天水经济区土地资源有限，占了大部分比重的生态和农业用地必须得到保障，相应的建设用地开发不得不受到节制。后备土地随着生态环境保护力度加大，开发整理难度越来越大。在这种情况下，经济区发展必须从国家、陕西省、甘肃省"十二五"发展规划纲要出发，对经济区土地资源进行战略规划。

建立和完善土地利用规划管理制度，推进规划编制和管理的法制化。在省级规划制定后，市、县、乡作为下位规划，同时兼顾关中—天水经济区战略规划，做好行政区域内协调和关中—天水经济区内协调两方面工作。

加强土地利用规划的实施管理，提高规划实施管理水平。对土地用途进行管制，完善土地利用计划管理制度，严格执行建设用地预审、农用地转用的规划审查工作。规定城乡扩展边界，加强规划城镇建设用地和农村居民点建设用地增长边界的控制。通过遥感等信息技术手段，加强和改进规划实施动态工作。建立规划实施的反馈制度、调控制度和评估制度，实行领导负责制，主要领导人对本行政区域负总责。

提高规划的制定和实施的透明度。实行规划公告制度，加强专家咨询评议和公众参与，加强规划的民主性、合理性和公平性。集约调控、节约用地，调整土地利用结构，开发未利用土地，清理闲置建设用地。

通过转型升级、大力发展第三产业、科学发展第二产业来减少建设用地的占用，通过总部经济、虚拟经营、外包加工等方式，把区域内制造空间扩大到全国乃至全世界。

依靠科学技术支撑发展，提高土地利用率。提高建筑容积率，在科技和经济允许的情况下，向天和地要空间，企业可以发展多层厂房和地下厂房。通过提高科技水平和工艺水平，来提高单位建设用地的产出率。

（二）提高水资源对经济区发展的保障能力的政策建议

随着陕、甘两省社会经济的快速发展及国家能源战略的西移，水资源问题必将成为制约关中—天水经济区经济社会可持续发展的"瓶颈"之一。为此，首先，应清醒认识到关中—天水经济区是资源型缺水地区，经济和社会的发展应当与水资源承载力和可持续利用程度相适应，合理确定社会经济发展速度和规模。其次，要提高区域水资源对区域社会经济的保障能力，应做好以下几方面的工作：①水资源配置应坚持政府调控与市场调节相结合，合理调整用水结构。今后20多年，关中—天水经济区城市化进程将加快，工业将加速发展。到2020年城市化水平将由1995年的25.5%提高到60%以上。解决城镇用水将成为各级政府和水主管部门特别值得关注的一件大事。此外，必须将水资源纳入市场经济的范畴，按照经济规律管理水资源，制定合理的水价政策，实行"浮动价格，枯水高价，丰水低价，超计划用水加价，按质论价"的政策，努力做到"以水养水"。②合理开发利用各种水源，充分利用大气降水，合理调节利用河川泾流和地下水，合理调引境外水。研究分析今后20年，关中地区水资源仍将短缺。为此，必须更加科学合理地开发利用各种水资源，挖掘水资源潜力。③加强水源保护，防止水体污染。认真组织实施《渭河流域综合治理规划》，积极推动黄土高原丘陵沟壑区水土流失综合治理，加强生态建设与环境保护，促进和谐发展。进一步建立完善两省间多层次的协调机制，为促进经济区长期稳定发展提供重要保障。④建立完善的洪水工程体系和服务体系。⑤加快建设节水高效灌溉农业，积极发展城市节水，不断提高工业用水重复利用率。⑥加强渭河流域水资源的统一管理与调度。⑦建立关中—天水经济区防御特大旱涝灾害的预警预防系统。⑧建立和完善关中—天水经济区有关水资源管理的跨省区域性地方法规。⑨提高关中—天水经济区水资源开发利用和水资源保护的科技水平。可以学习借鉴以色列节约用水的经验。发挥关中地区科技人才富集的优势，利用国家杨凌农业高科技产业示范区的有利条件，加强对关中—天水经济区水资源开发利用中有关科技问题进行研究和攻关，以提高水资源开发利用的水平。

（三）提升矿产资源和能源资源对经济区发展的保障能力的政策建议

合理开发利用矿产资源和能源资源，有力保障关中—天水经济区经济社会又好又快发展，需要从以下几方面着手。

一是制定矿产资源开发与战略规划。从规划上保障可持续发展和经济社会协调发展。要超前考虑资源开发的环境承载能力，对开发建设中可能出现的环境污染、地质灾害等问题，要有防范的预案，要制定地质环境、生态环境保护规划。要坚持基础设施先行。按照基础设施规划，加大建设的投入力度，加快建设进度，满足企业和社会各方面发展的需要。要把加快能源化工基地建设的过程转化为推进城镇化的过程，紧紧围绕服务能源化工基地建设，培训和转移农民，解决失地农民的就业问题。在资源开发过程中，要充分考虑群众利益，使开发过程成为老百姓共享经济发展成果的过程。

二是石油煤炭能源资源开发要更加符合科学发展、可持续发展，坚持科学规划。第一是要科学规划生产力布局，把资源开发与产业链延伸结合起来，走高起点开发之路，发挥后发优势。第二是要分别制定好产业基地规划、生态环境保护规划、基础设施建设规划、城镇化建设规划，并把各项子规划的相互关系理清楚，保障产业发展顺利推进，同时把产业发展与改善民生结合起来，从政策上保障百姓能共享发展成果。各项规划都要纳入经济社会发展总体规划。要积极借鉴资源开发搞得好的地方的成功经验，认真吸纳国内外专家意见，切实提高规划水平，避免出现资源开发无序、项目水平低、竞争性不强的问题。

三是大力发展循环经济，引领关中—天水经济区低碳发展。关中—天水经济区内各市应根据实际情况，制定切实可行的低碳经济发展战略。建立发展低碳经济的长效机制，推动社会经济朝着低碳方向转型。要从我国建设资源节约型、环境友好型社会和节能减排的工作需求出发，结合国家的发展规划、能源规划、循环经济规划和节能减排规划等，加快制定本区域低碳经济发展的实施方案和行动路线图，建立低碳经济统计评价指标体系，形成一个具体的可操作的发展低碳经济的总体思路与实施方案，并将发展低碳经济纳入各市"十二五"规划，全面推行和实施。

发展循环经济，引领低碳经济发展。按照"减量化、可循环、再利用"的原则，以低消耗、低排放、高效率为目标，改变传统的经济增长方式，发展循环经济。积极推进企业开展清洁生产小循环；鼓励企业之间实施资源延伸利用的中循环，建设资源循环利用的工业生态园区；引导全社会实现资源综合利用的大循环，推进废旧物资利用的专业化、产业化、市场化水平。引导产业链的延伸，提高工业废渣、废水、废气的综合利用率；鼓励应用节水、节肥、免耕、低毒农药等农业新技术，推广沼气工程，推广各种能量转化的生态农业模式；引导修建和发展节能环保型建筑，鼓励发展资源节约型服务业；严格限制高耗能、高耗水、高用地、高污染的项目建设，建立比较完善的循环经济政策支持体系、评价指标体系和有效的约束机制。

参考文献

权永生、王文科、冯天元、马素梅、张智军、张建中、姜雁民：《关中地区宏观经济及水资源优化配置决策支持系统研究》，2001 年。

刘默、赵加敏、蒋福春：《水资源优化配置的分析》，《国土与自然资源研究》2005 年第 2 期。

刘晓惠：《关中—天水经济区发展低碳经济的对策建议》，《中国市场》2011 年第 32 期。

关中—天水经济区基础设施发展报告

粟 娟*

摘　要：基础设施是地区集聚经济要素的支撑和引导，其发展程度也成为衡量一个国家或者一个地区经济社会发展的现代化水平和综合实力的重要标志之一。本文从论述关中—天水经济区交通基础设施、水利基础设施、能源基础设施以及市政基础设施四个方面的发展现状入手，探析其发展存在的问题和面临的挑战，提出了加强规划、科学统筹、加强城市间协调、加大创新技术应用、理顺管理部门体制、拓展投融资渠道、有序推动经济区发展的对策建议。

关键词：关中—天水　经济区　基础设施

本报告主要针对关中—天水经济区的技术性基础设施，具体分为交通、水利、能源、市政等，分析其现状及未来发展趋势，为制定关中—天水经济区"十二五"时期基础设施发展规划提供政策建议和决策参考。

一　关中—天水经济区交通设施发展现状和存在问题

我国的交通网络主要由铁路、公路、水运、民用航空、输油气管道5种运输方式构成。关中—天水经济区的交通基础设施，经过60多年的建设和发展，已初步形成网络体系，具备一定的规模和能力，已成为该区国民经济和社会发展的重要支撑，也成为西部开发以至全国经济社会发展的重要条件。

---

* 粟娟，女，陕西师范大学国际商学院经济学博士研究生，吉首大学副教授。

（一）关中—天水经济区交通设施发展现状

1. 交通运输基础设施建设面貌焕然一新

关中—天水经济区建立以来，一批重大项目相继建成并投入运行，基础设施建设取得了显著成就。2008 年，全社会固定资产投资为 3523.84 亿元，2009 年，全社会固定资产投资为 4850.14 亿元，2009 年投入比 2008 年增加了 37.6%。在建规模保持在 2000 公里以上，创出年均通车 400 公里的速度。该区三、四级公路总里程比重分别为：西安 77.9%，咸阳 76.9%，宝鸡 83.5%，渭南 71.3%，铜川 74.5%；城乡公路网密度分别为：西安 1.192 公里/平方公里，咸阳 1.402 公里/平方公里，宝鸡 0.681 公里/平方公里，渭南 1.313 公里/平方公里，铜川 0.820 公里/平方公里。到 2010 年，该区公路通车里程数达 110990.78 公里，比 2009 年多了 14.34%，占陕西全省公路通车总里程的 75.5%，高等级路达 84310 公里，比上年多出 2.8%，高速公路达 1783 公里，占陕西全省高速公路 3403 公里的 52.4%，比上年增加了 6.89%（具体见表1）。变"米"字形网为"三纵四横五辐射"再到"两环三纵六辐射七横"，路网规划达到 8000 多公里。关中—天水经济区各市区的交通状况逐步改善，农村公路设施也有了很大改观，城乡一体化发展有了长足进步，交通瓶颈制约现状得到了明显缓解。

表1　2009～2010 年关中—天水经济区公路状况比较

单位：公里

地　区	2010 年			2009 年		
	公路里程	等级路	高速公路	公路里程	等级路	高速公路
西　安	12575	12118	371	12378	11839	377
铜　川	3521	3140	96	3427	3037	96
宝　鸡	14255	13861	199	14102	13355	132
咸　阳	15201	13602	301	14976	13253	301
渭　南	17716	14627	324	17388	14206	270
安　康	19458 *	15482 *	151 *	19458	15482	151
商　洛	16474.3	11480	341 *	11759	10852	341
杨　凌	331			314		
天　水	11459.48			3266		
总　计	110990.78	84310	1783	97068	82024	1668

资料来源：《陕西统计年鉴 2009》，《陕西统计年鉴 2010》；天水数据来自 2009 年，2010 年国民经济与社会发展统计报告。带 * 符号数据为缺失数据，为总量数据可比，仍用 2009 年数据替代。另表中其他空白处为数据缺失。

2. 公路交通在国民经济中的地位和作用显著提高

陕西公路建设在西部大开发中发挥了重要作用，在国家规划的"四纵三横"8条西部大通道中，就有"两纵一横"3条经过陕西，加上原来"五纵七横"国道主干线经过陕西的3条公路，陕西共有6条高速公路列入国家干线公路系统，完全涵盖了陕西省原来规划的"米"字形公路主骨架，陕西境内国道主干线和西部大通道密度在全国独一无二，以省会西安为中心辐射八方、连接周边中心城市的公路大枢纽在全国也是首屈一指。陕西成为连接东西、沟通南北的交通枢纽，成为亚欧大陆桥在我国境内的重要集散地带，成为承担西部大开发中心区域交往的主要交通通道。

陕西公路主骨架连接了全省10个地市所在地、所有的13个城市，以及所有的国家、省级高新技术开发区，绝大部分工农业生产重要基地和重要旅游区。直接覆盖76个县（市、区），占全省107个县（市、区）的71%；地域面积达13.9万平方公里，占全省20.58万平方公里的67.6%。这些地区的人口有2900万人，占全省的80.6%；非农业人口696万人，占全省的91.2%；国内生产总值约1323亿元，占全省的95.7%；社会商品零售总额约477亿元，占全省的91.7%。

目前，按照加密、扩能、增网的要求，在"米"字形主骨架基础上构建"两环三纵七横六辐射"高速公路网，强化陕西在全国的公路枢纽地位。重点加快陕西省境内国家高速公路建设，积极推进省级高速公路，完成省境内连霍、包茂、京昆等重要路段扩能改造，出省通道达到23条。实施国道、省道以及县城、园区、重点景区的高等级道路工程，搞好路网连接线建设，提高通乡、通村等农村公路的等级标准和抗灾能力。完善公路客货运站场体系，加大农村公路养护投入，理顺交通安全管理体制，提高综合服务水平。五年计划投资2400亿元，建成高速公路2000公里，通车里程突破5500公里，新建改建干线公路3000公里、农村公路3万公里。目前区内主要建设项目有：国家高速建成十天线安康—白河和汉中—略阳段，以及沪陕线西安—商州二通道、西汉高速秦岭二通道等。省级高速建设宝鸡—汉中—陕川界段，以及咸阳—旬邑、西咸大环线和法门寺专用高速公路等一批区际通道、县城连接线、景区快速通道。启动延安—天水—武都、大石碑（陕甘界）—天水高速公路建设。对108、310、210、312等路段一级化改造，农村公路实施通村油路、农村公路网络化建设，推进旅游路、产业路和园区路建设，完善农村公路桥涵配套工程。

3. 铁路交通在国民经济中的地位和作用显著提高

加密路网，扩大运能，强化枢纽，在"两纵五横四枢纽"基础上构建"两纵五横八辐射"铁路网络，建成通江达海的客运专线、增密成网的铁路干线和扩容增量的能源通道，仅以西安市为例，到 2010 年，铁路货物周转量达 180.01 亿吨公里，增长 9.5%。全年客运量达 2781.35 万人次，比上年增长了 7.4%，货物发送量为 7058 万吨，增长了 14.9%。其近五年来的客运周转动态如下表 2：

表 2　西安市铁路客运周转动态

单位：百万人公里

年份	2000	2005	2006	2007	2008	2009
西安	17889	27908	29488	33487	40446	39564

资料来源：2001~2011 年《西安统计年鉴》。

目前，高速铁路已建成郑西客运专线，西兰（西安—兰州）、大西（大同—西安）和西成（西安—成都）等客运专线正在建设。已有快速铁路建成了西安—宝鸡、宝鸡—兰州、西安—成都、西安—太原 4 大客运专线和西安—银川快速铁路，推进西安—重庆快速铁路和西安—武汉、西安—包头客运专线前期工作。增建复线建成了西安—安康、西安—合肥，开工建设了西安—平凉、宝鸡—中卫等复线。枢纽建设完成了西安北客站、西安车站改扩建，建设客运专线调度中心、动车组维修基地、机车检修基地等 4 大基地。路网加密建成了西安—平凉、黄陵—韩城能源通道以及定边—延安、安康—张家界、兰渝连接线、三门峡—商南—宜昌等干线加密铁路。地方铁路方面，新设宝鸡—麟游等一批地方专支线铁路。建设了宝鸡—天水—兰州铁路客运专线，平凉—天水—武都、天水—哈达铺铁路。

4. 航空交通设施建设逐步加强，对经济社会产生重要影响

区内机场个数不多，除了西安咸阳民用机场，还有正在改建的天水军民合用机场，宝鸡、商洛等支线机场前期工作也已展开。西安咸阳机场几乎承载了关中—天水经济区整个航运任务。近年来，西安咸阳机场 3 号航站楼、第二跑道以及配套设施建设加快，积极拓展了西安直达东南亚、大洋洲及欧美等国际航线，增加国内航班密度，强化全国区域性枢纽机场地位，形成了以西安为中心连通国内外重要城市的航空网络，国际国内航线达到200多条，2005～2009年，民航飞行公里数时增时减，交替攀升，2006年和2008年分别比上年低了13.8个和6.8个百分点，2007年和2009年分别比上一年增高了32.1个和14个百分点。旅客运输周转量有小幅波动，2007年、2008年和2009年都低于2006年，但整体是稳步渐进扩大，详见表3。到2010年，西安市货物运输周转量达1.39亿吨公里，比2009年增长了45.6%。民航旅客吞吐量1801.03万人次，增长17.8%，货物吞吐量15.81万吨，增长24.6%，该年西安市民航运输力得以很好释放。

表3　西安市2000～2009年民用航空运输力及周转量

年　份	2000	2005	2006	2007	2008	2009
民航飞行公里(线路)	139764	485749	418852	553355	515524	587904
增长率(%)	—	—	-13.8	32.1	-6.8	14.0
旅客周转量(百万人公里)	4666	8540	9125	8803	8773	8238
增长率(%)	—	—	6.9	-3.5	-0.3	-6.1

资料来源：2001～2011年《西安统计年鉴》。

（二）关中—天水经济区交通设施发展存在的问题

1. 交通基础设施总体规模还不能满足经济区经济社会发展的需要

虽然关中—天水经济区的交通运输业有了较快的发展，但现有的交通基础设施总体规模很小，仍然不能满足该区经济社会发展对交通运输的不断增长的需要。经济区农村交通条件较差，道路等级低、路况差，大部分为砂石路面，严重制约农村经济发展。该区交通运输全社会客运量、旅客周转量、货运量、货物周转量总体上均低于全国平均水平。具体分不同地区看：

天水市2010年全年公路通车总里程11459.48公里（不包括乡村公路）。全社会公路客运量5130万人，比上年下降20.9%，客运周转量220085万人公里，下降2.2%；货运量1350万吨，增长43.7%，货物周转量287736万吨公里，增长1%。

商洛市2010年全市公路累计完成客运量2917万人次，增长了17.1%，客运周转量173741万人公里；货运量436万吨，增长16.2%，货物周转量48382万吨公里。

咸阳市 2010 年全年公路客运量 10677 万人，货运量 5042 万吨。年末实有公共汽车营运车辆 404 辆，公共汽车客运总量 10749 万人次，实有出租汽车 1305辆。

西安市 2010 年全年货物运输周转量 430.17 亿吨公里，比上年增长 14.3%。其中，铁路 180.01 亿吨公里，增长 9.5%；公路 248.77 亿吨公里，增长 17.8%；民航 1.39 亿吨公里，增长 45.6%。全年铁路旅客发送量 2781.35 万人次，比上年增长 7.4%，货物发送量 705.87 万吨，增长 14.9%；公路客运量 26536 万人次，增长 5.0%，货运量 33610 万吨，增长 12.1%；民航旅客吞吐量 1801.03 万人次，增长 17.8%，货物吞吐量 15.81 万吨，增长 24.6%。年末全市民用汽车保有量达 96 万辆，比上年末增长 26.9%，其中私人汽车保有量 78.28 万辆，增长 31.2%。西安市轿车保有量 49.20 万辆，增长 31.3%，其中私人轿车 42.86 万辆，增长 33.8%。

宝鸡市境内公路总里程 14817 公里，公路密度 81.7 公里/百平方公里（含村公路）。宝鸡市 100% 的乡镇、98.7% 的行政村通上了油路；建成 26 个农村五级客运站、299 个农村客运招呼站。2010 年全年宝鸡市公路旅客运输量 8119 万人，比上年增长 11.3%，旅客运输周转量 21.3 亿人公里，增长 12.7%；货物运输量 6578 万吨，增长 12.0%，货物运输周转量 66.5 亿吨公里，增长 12.0%。宝鸡市共有营运载货车辆 19683 辆，营运客车 5735 辆，其中出租汽车 2864 辆。

渭南市 2010 年全年公路客运量达 10260 万人，旅客周转量 56.8 亿人公里，同比分别增长 18.56%、21.71%；货运量 8784 万吨，货物周转量 247.96 亿吨公里，分别增长 18.27%、18.07%。

杨凌示范区 2010 年区内公路里程达 331 公里，比上年增加 16.8 公里，增长5.4%。全年完成客运量 434 万吨公里，比上年增长 3.3%；全年完成货物运输量55 万吨，与上年持平。

铜川市 2010 年市内公路总里程 3534.66 公里，其中，高速公路 99.09 公里，国道 117.11 公里，省道 68.7 公里，县道 578.17 公里，乡道 882.84 公里，村公路 1730.68 公里，专用公路 58.08 公里。全年建成县乡油路 81.6 公里，通村油路 455.5 公里。

2. 交通运输能耗高，污染严重

在过去的一段时间内，交通运输业的快速增长是以严重的资源破坏和环境污

127

染为代价的。如城市交通运输业的发展所带来的污染已经严重地破坏了居民的生存环境。机动车排放的尾气是城市空气污染的主要来源之一，严重危害居民的生产生活环境以及心理健康。城市化的急速发展使得汽车的使用量每年以10%的速度增加，城市中的颗粒物和二氧化硫有相当一部分是由汽车尾气排放的，汽车污染也是城市空气中含铅量增加的一个重要来源。关中—天水经济区在交通运输方面，长期存在以下三个方面的问题：一是高投入。建设成本持续偏高，而建成后的通行能力比较有限，高投入并没有带来高效益，目前存在的主要问题就是重建设轻运输。二是高消耗。交通运输消耗了大量的土地资源、能源和资金，旧路再生利用率不高，高速公路建设和整个路网没有协调发展。三是高公害。交通运输安全事故多，环境破坏，污染严重，不符合人与自然、人与环境、人与社会和谐可持续发展的要求。

3. 交通运输业信息化程度低，技术装备水平不高

随着交通运输业的发展，关中—天水经济区交通在信息、信息技术、信息系统设施等方面的建设取得了一定的成效，主要表现在行业管理信息化、交通基础建设信息化以及运输企业信息化等领域，推动了交通运输业的发展及现代化进程。但是，交通信息化与人民群众的需求、交通发展的需求、信息产业发展的要求相比，仍存在较大的差距和问题。如铁路在货运重载、客运高速、自动化管理等方面，目前仍处于起步阶段；公路的许多重要路段混合交通仍比较严重，汽车专用公路占公路总里程比重较低，等外公路比率高达20%以上；信息化的组织管理力度不够，忽视信息资源的开发利用，没有建成在交通运输方面可共享的信息管理系统数据库，重大技术项目缺乏统一管理及权威性的决策和指导，信息资金投入不足，信息化专项资金的使用、项目申请、立项及监管工作缺乏规范化程序化等。由于信息化程度不高，技术状况参差不齐，再加上运力结构不合理，从而严重影响了运输效率的提高，浪费了大量能源，造成了严重的环境污染。

4. 经济区交通运输业发展的体制性障碍突出

交通运输业是国民经济的基础产业，其关联程度极高，不仅实现了商品和人员的跨地域流动，而且承担着协调产业布局、带动经济落后地区发展以及上下游产业发展的任务，同时还承担着国家重要物资、紧急调运物资、救灾物资、国防以及国土开发等运输任务，在支援国家重点经济建设、增强抵御与救治自然灾害能力、保证物资、国防以及国土开发等运输任务，保证国家稳定、加强边防、巩固国家的政治统一等方面发挥着极大的作用。关中—天水经济区与全国一样，交通运输业绝大部分属于国有资产，满足国家及社会的需要，是其应尽的责任，但是这些社会公益性的活动被淹没在经营性活动中，二者界限不清，交通运输经营单位得不到应有的补偿。社会效益与经济效益、社会发展目标与经营目标界限不清，导致对某些运输方式的定性模糊，市场主体地位不明确，在市场上表现为成本提高，利润微薄甚至亏损，缺乏竞争力。

关中—天水经济区交通运输业的体制问题还表现在：一是高速公路的国有资产管理属性不清；二是干线公路的养护体制与当前公路的发展不适应；三是农村公路配套资金不足，建设质量和养护责任很难落实；四是城市道路运输存在交通部门和地方政府管理不协调、不到位等问题；五是交通部门职能转变滞后，运输企业市场主体地位有待进一步落实。

二 关中—天水经济区水利基础设施建设现状和存在问题

（一）关中—天水经济区水利基础设施建设现状

1. 水利基础设施投资逐步增大

该区位于我国西北地区，生态环境脆弱，大批骨干水源工程、大型灌区续建配套节水改造工程、农村饮水安全工程、防洪保安工程和病险水库除险加固工程等水利工程得到重视和大量的资金投入。2009 年，该区（不含天水市）农林水利财政支出高达 78.2 亿元，占整个财政预算支出的约 10%。水源工程抓得紧，水库数量由 2009 年的 549 座增长到 2010 年的 556 座，2010 年较 2009 年仅增 1.3%。水库库容量有所下降，截至 2010 年，水库库容量达 220545 万立方米，比上年减少 1.1%，见表 4。重点进行了引汉济渭工程、引红济石工程、咸阳亭口水库、泾河东庄水库、宝鸡市石头河引水、杨凌石头河饮水工程等，逐步缓解了关中—天水经济区水资源短缺，改善了渭河流域生态。其中咸阳 2010 年全年完成水利建设投资 7.8 亿元，发展节水灌溉面积 16.3 万亩，新修基本农田 10.22 万亩，解决饮水安全人口 33.7 万人。新打、修复机井 406 眼，新建抽水站 14 座，衬砌渠道 685 公里，修建渠系建筑物 4310 座，铺设管道 465.1 公里，改善灌溉面积 16.3 万亩。

表4 2009～2010年关中—天水地区水利水保比较

地 区	水库数量（座）			水库库容量（万立方米）		
	2009年	2010年	增加率（%）	2009年	2010年	增加率（%）
西安市	92	92	0.0	38344	38344	0.00
铜川市	29	29	0.0	4016	4016	0.00
宝鸡市	104	104	0.0	58633	58423	-0.36
咸阳市	55	58	5.5	31006	30500	-1.63
渭南市	104	108	3.8	31124	29251	-6.02
安康市	113	113	0.0	7233	7233	0.00
商洛市	52	52	0.0	14267	14434	1.17
杨凌示范区	—	—	—	38344	38344	0.00
合 计	549	556	1.3	222967	220545	-1.1

资料来源：《陕西统计年鉴2010》，《陕西统计年鉴2011》。

2. 农业灌溉设施逐步完善，各地市农业抗旱能力不均衡

关中—天水经济区改造提升了大中型灌区配套水平，重点抓好大型灌区续建和节水改造、灌区灌排泵站更新改造、中小灌区节水改造工程，配套完善末级渠系，加强了小型塘坝、机井、抽水站、渠系等小型农田水利工程建设，增强非灌区农业抗旱能力，增加有效灌溉面积，如西安市、铜川市、安康市及商洛市，分别比上年增加了3%、32.2%、7.8%和10.1%（见表5）。因地制宜发展了高效

表5 2009～2010年关中—天水地区农业有效灌溉和旱涝保收面积比较

单位：千公顷

地 区	有效灌溉面积			旱涝保收面积		
	2009年	2010年	增加率（%）	2009年	2010年	增加率（%）
西安市	182.12	187.57	3.0	164.40	156.10	-5.0
铜川市	10.82	14.30	32.2	3.01	4.80	59.5
宝鸡市	164.60	159.32	-3.2	116.21	114.64	-1.4
咸阳市	235.92	232.64	-1.4	117.55	144.43	22.9
渭南市	352.17	313.94	-10.9	177.73	159.82	-10.1
安康市	55.91	60.26	7.8	37.46	31.04	-17.1
商洛市	35.09	38.65	10.1	22.61	20.80	-8.0
杨凌示范区	5.43	5.49	1.1	4.28	4.43	3.5
天水市	—	—		—	—	
合 计	1042.06	1012.17	-2.9	643.25	636.06	-1.1

资料来源：2010～2011年《陕西统计年鉴》。缺天水市数据。

节水灌溉和雨水集蓄利用，对灌区的水源及泵站、骨干渠道及渠系建筑物、斗渠及以下末级渠系工程进行更新改造，铜川、咸阳、杨凌示范区旱涝保收面积都有大幅增加，西安、渭南、商洛以及宝鸡旱涝保收面积略有萎缩，只是安康变化较大，2010年旱涝保收面积31.04千公顷，比上年减少了17.1%。

3. 防洪减灾以及水土保持工作有待加强

以防洪薄弱地区和山洪地质灾害易发地区为重点，突出抓好渭河中下游、汉江重点段及丹江干流等防洪工程，加大洛河、嘉陵江等中小河流治理和山洪地质灾害防治力度。巩固大中型水库除险加固成果，全面完成小型水库除险加固任务。强化防汛、气象、水文、地质等监测预警非工程措施，基本解决防洪减灾体系突出问题，切实保障人民群众生命财产安全（见表6）。

表6　2009～2010 关中—天水经济区水保治理情况比较

单位：千公顷

地　区	2009 年	2010 年	增长率（%）
西安市	25.56	26.70	4.5
铜川市	16.37	16.20	−1.0
宝鸡市	32.20	32.00	−0.6
咸阳市	41.50	41.90	1.0
渭南市	35.35	35.50	0.4
安康市	115.70	98.90	−14.5
商洛市	86.17	82.00	−4.8
杨凌示范区	0.50	0.50	0.0
天水市	—	—	—
总　计	353.35	333.70	−5.8

资料来源：2009～2010 年《陕西统计年鉴》。缺天水市数据。

（二）关中—天水经济区水利基础设施建设存在的问题

1. 防洪减灾体系仍然薄弱

关中—天水经济区暴雨及洪水灾害多发，陕南几乎年年有极端暴雨洪灾、泥石流、滑坡发生。沿渭河等主要江河的多数城镇设防标准普遍偏低，西安、宝鸡、咸阳等10座城市综合防洪标准不足50年一遇，铜川、商州等市区防洪标准低于30年一遇，绝大部分县城的防洪标准不足20年一遇，主要江河两岸

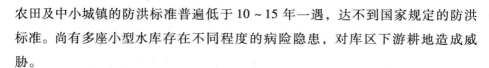

农田及中小城镇的防洪标准普遍低于 10 ~ 15 年一遇，达不到国家规定的防洪标准。尚有多座小型水库存在不同程度的病险隐患，对库区下游耕地造成威胁。

2. 水土流失依然严重，治理进度缓慢

陕西省是全国水土流失最严重的省份之一。全省水土流失面积为 13750 千公顷，占总面积的 67%。全省年平均输入河流泥沙量 8 亿吨，约占全国水土流失总量的 1/5；而且侵蚀强度大，年平均侵蚀模数 4100 吨/平方公里，陕北黄土高原沟壑区侵蚀模数高达 11000 吨/平方公里以上，最高超过 3 万吨/平方公里。黄河流域 138 个水土流失重点县，陕西占 48 个。虽经多年坚持不懈治理，面上水土流失强度明显降低，但部分地区水土流失严重趋势仍未得到遏制，新的水土流失仍在不断产生，安康市 2010 年水土保治的面积 98.9 千公顷，比 2009 年减少了 14.5%，商洛和铜川也分别减少了 4.8%、0.6%。治理任务依然十分艰巨。

3. 重建设，轻管理，有效灌溉面积缩小趋势明显

关中—天水经济区南部水利资源丰富，开发潜力大，近几年投资开发小型水电站比较多，但由于市场不规范，加之河流规划滞后，导致开发过程无章可循，造成资源浪费和梯级之间的纠纷，为安全运行带来隐患。农村部门的各中小灌区配套设施不完善，老化失修严重，各中小灌溉区的改建、新建等项目资金投入到位与规划建设不同步，影响了水利工程的项目达标。

三 关中—天水经济区能源基础设施建设现状和存在的问题

（一）关中—天水经济区能源基础设施现状

1. 电网建设迅速，供电能力提高

2008 年 9 月 25 日，陕西 750 千伏"三站五线"八项重点工程全面开工，750 千伏电网将在关中形成由宝鸡—乾县—渭南—西安南—宝鸡 4 座 750 千伏变电站组成的双环网结构。目前在建的渭南 750 千伏变电站工程是陕西 750 千伏主干网架建设的主要组成部分，是西北—华中联网工程的配套工程，既是陕西电网南部东西向潮流交换枢纽点，也是陕西与华中联网及特高压电网的结合点。在建的 50 千伏宝鸡—乾县输电线路工程，地处陕西关中西部，线路起自凤翔县拟建的 750 千伏宝鸡变电站，止于在建的 750 千伏乾县变电站，全长约 95 公里，为同塔双回架空输电线路。在建的 750 千伏渭南—乾县输电线路工程，地处陕西关中中部，线路始于 750 千伏渭南变电站，止于 750 千伏乾县变电站，总长 138.8 公里。

2. 低碳经济已现端倪

关中—天水经济区中煤炭资源最丰富的铜川市，近年来越来越多地注入了"节能"、"清洁生产"、"科技提升竞争力"等新思维。2009 年 3 月，铜川被确定为第二批资源型城市可持续发展试点城市，加强了与华能、中铝等中央企业和陕西有色、陕煤化、陕汽等企业集团的合作，引进实施了一批大项目，促进传统产业提升，煤、电、铝、水泥联产联营的循环经济产业链已初步形成。使得煤炭产能由低迷时的 600 多万吨提高到 2000 万吨，电解铝产能由 5.5 万吨提高到 25 万吨，水泥产能由 420 万吨提高到 1700 万吨。在"低碳、节能、循环"的理念指导下，一批新型环保低碳型项目纷纷涌现渭南。如八鱼油脂 5 万吨生物柴油项目，是利用酸化油和油脚以及大量的废白土等生产柴油，年可替代石油 5 万吨，属非常明显的节能和资源综合利用项目；拓日太阳城项目总投资 198 亿元左右，建设"六厂四站一校"，预计年发电量 1.056 亿千瓦时，2010 年已完成 3 兆瓦光伏建筑一体化电站建设，年发电 450 万千瓦时。投资 18 亿元的紫兆环保装备、投资 10 亿元的光兆新能源、投资 2 亿元的海浪微排锅炉等低碳新兴产业项目也已纷纷落户在渭南市经开区节能环保装备园。为充分利用潼关县丰富的风力资源，渭南市提出在潼关地区建设 50 个风塔规模的风力发电厂，现已开始实施各拟建工作点的风力测试工作。天水市位于甘肃，能源资源也很丰富，该市倡导开发与节约并重的理念，充分发挥平凉、庆阳丰富的煤炭、石油、天然气等资源优势，延伸产业链条，建设西部能源化工重要基地。

3. 优化火电站项目，加快淘汰小火电机组

科学布局煤电基地，采用高效、清洁技术改造现役火电机组。建设西安灞桥热电厂，改扩建渭河发电厂，扩建秦岭电厂"上大压小"项目、韩城二电厂二期、蒲城电厂三期，有序开发旬（邑）耀（州）、彬（县）长（武）、麟（游）

陇（县）等地煤炭资源，扎实推进彬长、平凉、庆阳煤电一体化等大型燃煤坑口电厂等项目。

4. 加强环境监管，环境污染治理有成效

关中—天水经济区地表水最大的污染源为渭河流域。"十一五"期间，在陕西省委、省政府及渭河流域各级政府的共同努力、广大人民群众的大力支持下，渭河流域水污染防治工作取得重大进展。集中采取"关、建、治"三大举措，并试行生物治理和上下游水污染补偿制度，"多管齐下"实施渭河流域综合整治，流域内的造纸企业由"十五"末的近700家减少到60家；流域内建成污水处理厂50座，日处理能力达到220万吨。经过5年的综合整治，渭河水质发生了巨大变化，2010年，渭河干流的综合污染指数下降到1.74，消灭黑臭的目标已经实现，其中渭河潼关入黄断面主要污染物高锰酸盐指数和化学需氧量已经达到Ⅳ类水质标准。铜川市，2010年内关闭落后水泥熟料生产线3条，水泥粉磨站1个，淘汰落后产能28万吨水泥和15万吨水泥粉磨生产线，限期治理污染企业8家，改造燃煤锅炉39台，新建水煤浆锅炉4台、天然气锅炉28台，化学需氧量、二氧化硫排放量削减2%和1.5%，全年空气质量达到二级和好于二级标准的天数330天。咸阳市区内的泾河、沣河断面污染综合指数分别下降3.9%、9.8%，渭河咸阳段75%时段消灭了劣Ⅴ类水体，分批关、并了一批耗能大、污染严重的企业，淘汰落后产能63.2万吨，全市二氧化硫排放9.6万吨，比上年下降5%；化学需氧量排放3.7万吨，比上年下降5.7%。

（二）关中—天水经济区能源基础设施建设存在的问题

1. 低碳技术的开发、应用和推广力度不够

低碳技术是低碳城市建设的决定性因素，低碳城市建设离不开低碳技术研发和产业化。现阶段，节能减排是实现关中—天水经济区低碳经济发展的主要手段。经济区正处于工业化、城市化进程加快过程中，能源需求持续增长，以煤为主的能源消费结构难以在短时间内得到根本改变。针对经济区高耗能、高排放行业比重较大、发展方式比较粗放的现状，节能减排的重点应放在大力开发能源高效利用技术和节能减排技术。同时，再生能源和替代新能源等低碳技术研发及产业化还需要大力发展。

2. 能源企业带动相关产业能力弱

在能源化工基地建设过程中，由于体制、政策、主体等诸多因素，使能源化工产业基地经济不能很好地融入经济区发展之中，形成一些中央企业游离于地方经济之外的现象，既割裂了县域经济的整体性、协调性，也使当地群众不能充分享受基地建设的发展成果。这在关中—天水能源接续区也已表现出一定的苗头。

3. 市场化程度不高

一是能源价格管制，且相对低廉，在一定程度上影响节能减排政策的实施效果，产生了一定的外部性；二是能源资源垄断，在一定程度上加剧了市场的供求矛盾，社会经济资源的流向和分布不是按照市场化的内在要求进行的，致使社会福利整体下降；三是能源价格比例失衡，在一定程度上扰乱了下游各种产品的价格和产业结构。

4. 环境污染依然比较严重

由于经济区的能源目前依然是火力发电为主，机组发电量只会高不会低，因此，原煤消耗也是越来越多，二氧化硫的排放也是只增不减，大气污染依然严重。渭河水污染治理成绩喜人，但仍存在忧患，迄今为止，渭河干流半数以上的断面仍为劣 V 类水质，尤其是氨氮浓度居高不下。

四 关中—天水经济区市政建设现状及问题分析

（一）关中—天水经济区市政建设现状

1. 市政建设力度加大，各城市形象得到明显提升

经济区各市以水、路、气、热为重点的城市基础设施建设速度明显加快，基础设施的载体服务功能逐渐增强。以安居工程、康居工程、经济适用住房为重点的城市住宅建设发展迅速，居民居住环境得到改善。以污水处理、垃圾处理、人行道整治、路灯改造、绿化广场等为主的大环境改造工程取得较大成绩，城市面貌明显改观，具体见表7。

表7　2009～2010年关中—天水经济区市政建设变化

地　区	道路长度 （公里）		道路面积 （万平方米）		城市桥梁 （座）		城市照明灯 （盏）		城市排水管道 （公里）	
	2009年	2010年	2009年	2010年	2009年	2010年	2009年	2010年	2009年	2010年
西安市	2297	2428	5057	5342	314	314	271444	277968	2848	3388
铜川市	271	278	409	438	57	57	12835	18974	166	180
宝鸡市	457	462	1139	1233	48	50	53175	53770	475	494
咸阳市	203	217	775	836	29	29	40531	41620	208	230
渭南市	311	320	666	673	4	4	18356	20297	281	289
商洛市	91	107	173	184	24	24	4398	6700	116	178
杨　凌	—	—	—	—	—	—	—	—	—	—
天　水	—	—	—	—	—	—	12292	12292	—	—
合　计	3629	3811	7441	8706	476	478	400739	419329	4094	4759

资料来源：2009～2010年《陕西统计年鉴》、《天水国民经济与社会发展统计公报》。

2010年，西安市全年完成市政公用设施投资246.8亿元，以"绿满西安，花映古城，三年植绿大行动"为抓手，以道路、河流水系等为主的重点区域进行城市绿化，加快了世园会会址、关中环线北段、渭河南岸、汉城湖沿岸等绿化景观工程，完成阿房宫公园、环城西苑二期和三期建设，启动了清凉山公园、杜陵遗址公园等项目建设，在城区主要道路、广场继续实施大树栽植和绿化增量，新增城市园林绿化面积300万平方米，在实现国家园林城市目标的基础上，向建设"森林城市"的目标迈进。制定秦岭北麓综合规划，保护和利用好秦岭山水。继续加大水系和水资源治理，推进渭河城市段综合治理工程，实施浐灞国家湿地公园、国家水生态保护与修复试点工程。

2010年，宝鸡市城市道路长达462公里，人均道路面积达15.7平方米，路灯总盏数5.38万盏，公交营运车辆623台；城市集中供热普及率72%，城市居民用气总户数24.45万户，燃气普及率98.56%，供水管网总长552公里，用水普及率99.85%；建成区绿化率41.96%，绿地率38.7%，人均公共绿地面积14.47平方米。

2. 经济区生态环境建设成效高

该区大力淘汰落后产能，加大污染企业治理力度，鼓励发展循环经济和清洁生产，生态环境明显改善。以西安市为例，2009年，万元生产总值能耗降低

4.8%，COD 削减 1.8 万吨，SO_2 削减 1.85 万吨。各县市污水处理厂全部建成投运，彬县、淳化、泾阳等县垃圾填埋场建成运行，其他 8 个县市垃圾填埋场建设工程已全部启动。"七河一渠"水环境持续好转，渭河咸阳段提前 3 年完成了渭河 5 年治理规划，市区空气质量二级和好于二级的天数达到 315 天。在中心城区实施了"造千亩林、植万棵树"工程，共栽植大树 30000 多棵，连片造林 1000 多亩。2010 年，西安市以举办世园会为契机，按照"增绿、扩水、种花"的思路，提出实施万亩水面、万亩绿林、万亩花卉的"三万工程"。2010 年，按照安全、生态、文化、发展四个特色，启动沣河流域综合治理。提升污水处理水平，第五、第十一、蓝田、周至污水处理厂通水运行，开工建设第六、第十、第十二污水处理厂和第二、第三污水处理厂二期工程，加快城市污水管网、城河截污退水工程建设，实施江村沟垃圾填埋场环境治理。加大二次扬尘和机动车尾气污染治理力度，该年城市环境空气质量全年好于国家二级标准（良好）以上的天数 304 天，与上年基本持平。全年建成并投入运行污水处理厂 14 家，污水处理能力达到 121.6 万吨/日，比上年增加 27.6 万吨/日；可吸入颗粒物年均值较上年上升 11.5%，空气中二氧化硫年均值较上年下降 10.4%。全市集中式饮用水源地的水质达标率 100%。区域环境噪声等效声级均值为 55.2 分贝，道路交通噪声等效声级均值为 68.0 分贝。

3. 实施精细化管理，推进公共服务设施建设

各市区城镇道路、供排水、污水和垃圾处理、集中供热、供气等基础设施和公共服务设施建设受到政府重视，在当下民生关怀的思想指导下，各地逐步建成和完善便捷通达的城市道路网络和公共交通体系、配套完善的供排水系统、清洁安全的城市能源供给系统、完善可靠的城市防灾减灾和预警、应急处理系统，努力营造良好的人居环境。该区各市还积极研究缓解城市交通拥堵的机制，加大对占道经营、户外广告、违法建设及乱搭乱建等的治理力度，督查管理渣土车野蛮拉运问题。全面推行标准化执法，逐步加快数字化城市管理建设。

（二）关中—天水经济区市政建设存在的问题

1. 区域基础设施投资与城市定位不协调，投资效应不显著

西安市是关中—天水经济区的核心城市，也是西部的核心城市，区内基础设施相对较好。据统计，2009 年，全年开工城市道路建设项目 26 条，目前 5 条已建成通车，9条道路在加紧施工，9条道路征地拆迁已全面完成，即将开工建设，剩余3条拆迁工作正在进行。全年在城市管理提升整治投入建设资金6000万元，完成了8914延米的未央墙建设和4万延米的景观围墙建设，整治5.6万平方米建筑物立面，大大改善了未央辖区的城市面貌。加大了对背街小巷的改造，全年施工项目12个，投资1000万元，比上年增加554.2万元，改造面积7.9万平方米，同比增长132.4%。2010年全年完成市政公用设施投资246.8亿元，新增人行天桥3座，建设公交港湾6处，新增城区集中供热面积815.3万平方米，新建改造绿地广场147个，新增城市园林绿化面积1245万平方米。根据经济区的空间布局"一核一轴三辐射"的架构，西安市（咸阳）作为"一核"，是该区核心都市圈，其城市定位为"国际化大都市"；"一轴"上的三大城市定位为中型城市。但目前的现实情况，无论是从市容市貌上，还是城市软实力上，西安与北京、上海等国际化大都市还有很大距离，甚至与国内沿海、中部地区的一、二线城市也存在差距，城市建设现代化、数字化、信息化水平还比较低。"一轴三辐射"区的中等城市与同类级别的城市也存在很大差距，投资没有整体规划，投资效应不明显。

2. 缺乏以人为本的思想，追求市政建设的规模化

由于种种原因，关中—天水经济区内许多城市绿化率很低，商业中心争相攀建，市中心很少有一块公共绿地可供市民纳凉小憩，除少数城市外，大多城市街道旁只有稀疏的树木和灰色的电线杆，行人难以享受到绿荫的庇护；在一些城市，市区的河流成了天然的生活污水集纳地；工业区与商住区混杂的现象也屡见不鲜；市中心繁华地区找不到停车场，搞开发区和工业新区漏掉了垃圾处理场，开辟新的公共线路不设置停靠弯道和候车亭，搞住宅小区忽视了绿化和物业配套管理，设计住宅楼又想不起预留煤气和电信缆线以及楼下的自行车库等。有的城市环境污染严重。长期以来，经济区城市发展中忽视了环境问题，从而带来一系列环境问题，诸如：随着城市人口与产业不断扩大，用水量递增，水源受污染，可取用水量不断减少，水资源日益短缺；城市集中耗能，排放各种废气，空气混浊，大气质量不断下降，酸雨频频发生；大量固体废物未得到妥善处置，其中还有不少有毒有害的危险废物；物理性污染日益严重，如噪声、电磁辐射，以及因缺少植被覆盖和大量耗能而造成的热岛效应等；在狭小的空间里进行高强度的开发，不惜挤占生态系统的支柱——森林和湿地，绿地面积越来越少，等等。关中—天水经济区城市大气污染的形势已十分严峻，多个城市的总悬浮颗粒物年均值超过国家二级标准。如西安大气的颗粒物污染在全国是有名的。城市噪声污染 2010 年亦呈扩大趋势。

3. 投融资体制不顺，城市建设资金依然严重紧缺

各地城市化建设总是比当地经济社会发展滞后，城市维护和建设的资金投入严重不足是主要原因。如西安市，根据测算，城市基础设施建设每年需要投资30 多亿元，而每年实际投入仅 10 亿元左右，造成道路设施年久失修，主干线全部按红线宽度拓宽投入使用并且形成网络的道路仅占 50% 左右。由于西安市是典型的大城市小财政，城市建设维护税的税源少，已经出台的地方政策性收费也会随着国家有关"费"改"税"改革的实施而征收难度越来越大，多年来的举债建设也使还贷包袱日益沉重，使城市基础设施可持续发展的压力增大。多年来，由于城市规划控制不力，使得旧城区的城市功能仍然过于集中和复杂，政治中心、商业中心、金融中心、文化中心、信息中心等功能掺杂其间，中心市区的吸引力在不断增强，引导车流、人流、物资流等从城外向城内集中，人口密度不断增大，中心市区的道路交通、环境保护等问题比较突出，也在一定程度上破坏了明城区的历史风貌和特色。由于政府没有能够完全垄断土地的一级市场，开发商大量"圈地和占地"，不仅没有形成健康和有序的土地市场，而且严重浪费了城市的土地资源，造成城市发展和建设的主要资源严重流失。

五　关中—天水经济区基础设施投资与发展对策

（一）加强规划，科学统筹，进行有序投资和发展

基础设施的投入与建设必须严格按照经济区的规划统筹进行。在资金投入、技术投入、人才投入方面及时到位，明确交通、水利、能源以及市政等基础设施建设的重点，逐个落实。水、电、气等区域性的能源基础设施建设及其与城镇布局系统协调，避免影响设施自身建设维护和城镇发展。交通方面，以公路为主，打造关中—天水经济区便捷、快速的交通通道，形成经济区内各城镇能相互抵达的便利圈层。生态环境治理应该放置在西北生态脆弱的大背景下，规划整个经济区的城市环境保护，如对渭河水域的治理必须与上下游统筹起来，各地区域性的

防洪设施建设不能滞后，加大各城市的污水处理和垃圾处理能力。总之，资金、规模和品质严格按照经济区规划的功能和空间布局来投入，做好每个城市的定位，科学推进基础设施的建设与发展。

（二）加强经济区城市间的基础设施协调

按照经济区城镇建设的空间规划：以"一心三极、两环多点，轴向串珠、组团扩展"进行基础设施的协调。以"一心"（西安都市圈）为枢纽、"三极"（宝鸡、铜川、渭南三大中等城市）为中心，以打造"米"字形高速公路、陇海铁路和西安咸阳国际机场为骨架，提高运输网络密度，优化交通结构，建设东西向城际快速干道体系。加快"两环多点"建设，即绕城高速和关中环线公路，提高道路等级和通达深度。在完善骨架路网的同时，加快"轴向串珠、组团扩展"，即加快县际公路的规划和建设，使关中地区县城之间实现快速、便捷连接。从关中—天水经济区整体出发，根据污水处理设施的服务半径，相对集中建设排水和污水处理设施，充分利用各行政区的电能、水能、气能等能源优势，互相支援和互补，实现城镇间市政设施共建共享。

（三）加大创新技术应用，提升基础设施的现代化水平

投资建设上，需要构建先进理念，要有长远眼光，如当前低碳、绿色以及循环经济领域内的各种先进的技术设备大量引进，对这样的节能减排建设项目实施政策"绿色通道"，加快上的速度。在运行管理上，我们也要引进先进的管理体系，实施信息化管理，加强信息技术在基础设施各部门的协调管理。信息化主要包括基础设施政务信息化、基础设施建设与管理信息化、基础设施生产管理信息化、基础设施产品营销信息化、基础设施的科学技术信息化等内容，也是一个庞大的系统工程。如交通信息化管理，必须以省交通公众信息网的建设、完善为依托，按照"统筹规划、资源共享、面向市场、依托公网、条块结合、安全可靠、务求实效、分期实施"的思路，整合关中—天水经济区交通系统信息资源，提高资源利用效率，提高信息发布的及时性与准确性；如能源信息化建设，需要紧紧围绕能源实现低碳、循环式发展这一主题，以国家能源信息设施为基础，以信息服务为切入点，在政府行政管理和服务、工业产业结构调整、能源产品生产、安全与效益等方面推广和应用信息技术，用信息化带动能源行业全面、协调和可持续发展。

（四）理顺基础设施管理部门的体制，增强惠民职能

结合关于公益性国有资产管理的有关规定，对公益性质的基础设施的建设、管理、经营、收费、还贷一体化进行改革，改革这些基础设施的承建、服务管理的体制。在产权关系、运营方式、体制转变等方面进一步深化改革，使得经济效益和社会效益不断提高。

（五）拓展投融资渠道，加快基础设施建设步伐

基础设施建设时期长，投资大，资金缺口量也大。随着经济区经济社会的建设和发展，基础建设资金需求在持续快速增长，靠政府财政性资金的投入和部分设施的规费收入已远远不能满足建设需求，资金短缺仍是今后相当长时期内制约基础设施建设的主要因素。面对资金短缺、筹措困难的新形势，必须采用灵活优惠的政策，拓宽资金筹措渠道，有效筹措建设资金和合理利用资金，降低建设成本和提高投资效益。

首先，必须以更加开放的态度利用好现有的筹资渠道，坚持"国家投资、地方筹资、社会融资、利用外资"等行之有效的筹资方式，充分发挥各方面的积极性。继续加强与金融部门的合作，多渠道争取银行贷款。

其次，多渠道筹集资金，大力吸引民间资本进入基础设施建设和经营领域。积极探索新的市场投融资方式，降低筹资成本，优化资金组合，防范资金风险，最大限度地发挥社会资本的积极作用。当然在多资金渠道下，要求我们必须妥善处理好基础设施的公益性和商业性资本逐利性的矛盾，做到趋利避害，实现双赢结局。要规范投融资行为，保护投资者正当权益。一方面，为保护基础设施的公益性和公众利益，在吸收非政府投资时，必须经过政府的特别许可，并对经营主体的收费价格、服务水平和设施安全进行严格的监管。另一方面，切实保护投资者的合法权利和正当收益。加强成本管理和投资控制，降低工程造价，采用招投标，实行阳光操作，通过充分的市场竞争和公平、公开、公正的运作，决定特许权的授予者，以降低融资成本，防止国有资产流失。

最后，建立政府投资调节机制。在基础设施建设中，各主管部门和各地市县政府部门都应当承担起相应的责任。其中完全公益性的基础设施建设，由政府承担投资；对于既有公益性又有经营性的基础设施建设，政府承担必要的投资。

参考文献

陕西省统计局编《陕西统计年鉴》，中国统计出版社，2001～2010。

天水市统计局：《天水市国民经济与社会发展的统计公报》，2009，2010。

渭南市统计局：《渭南市国民经济与社会发展的统计公报》，2009，2010。

铜川市统计局：《铜川市国民经济与社会发展的统计公报》，2009，2010。

西安市统计局编《西安统计年鉴》，中国统计出版社，2001，2010。

西安市统计局：《西安市国民经济与社会发展的统计公报》，2011。

国家发展改革委：《关于印发〈关中—天水经济区发展规划〉的通知》（发改西部〔2009〕1500号），2009年6月10日。

国家统计局主编《中国区域经济统计年鉴》，中国统计出版社，2010。

国家信息中心：《西安市城市建设和管理规划思路（2000～2010年)》，中国地区经济发展报告，http://dqbg.cei.gov.cn/showdoc.asp? blockcode = DQBGXAGH&filename = 200307281963。

关中—天水经济区装备制造产业发展、驱动及经济增长效益分析：以陕西省为例

王琴梅　刘海蓉*

摘　要： 在回顾中国关中—天水经济区装备制造业发展历史的基础上，重点分析了该经济区装备制造业发展的现状，并从市场集中度和区位商两个指标计算了经济区装备制造产业的集聚度，进一步分析了经济区装备制造产业发展的驱动因素以及经济区装备制造产业发展的经济增长效益。

关键词： 关中—天水经济区　装备制造业　驱动因素　经济增长效益

装备制造业是关中—天水经济区今后重点发展的六大产业之一，具体包括金属制品业、通用设备制造业、专用设备制造业、交通运输设备制造业、电气机械及器材制造业、通信设备、计算机及其他电子设备制造业、仪器仪表及文化办公用品制造业等七大行业。

一　关中—天水经济区装备制造产业发展现状

装备制造业是关中—天水经济区"七市一区"的支柱产业。2010 年，西安市规模以上装备制造业实现增加值 430 亿元，是 2005 年的 2.9 倍，同时呈现向高端发展的新趋势。2010 年宝鸡装备制造业企业共 87 家，占全市规模以上工业

---

* 王琴梅，女，经济学博士，陕西师范大学国际商学院教授、硕士研究生导师。刘海蓉，女，陕西师范大学国际商学院硕士研究生。

企业数的 17.5%。2010 年咸阳装备制造业企业共 53 家，占全市规模以上工业企业数的 7.9%。2010 年渭南装备制造业企业共 60 家，占全市规模以上工业企业数的 11.4%。① 关中—天水经济区装备制造业的这种良好的发展基础是新中国成立以来长期发展的结果。

（一）关中—天水经济区装备制造业发展的历史沿革

1. 清末民初装备制造业的萌芽时期

1869 年左宗棠奏请清政府拨银 30 万两，在西安创办了西安机器局，生产洋枪、铜炮、子弹和火药等。后因左宗棠进驻兰州，西安机器局也随之迁至兰州，并更名为兰州机器局。1894 年和 1895 年，陕西巡抚鹿传霖、护抚张汝梅在西安办起了陕西省机器制造局，制造子弹和修理军械。19 世纪 20 年代初，又从山西、河南迁建了私营庆泰铁工厂和华阴兵工厂，还在西安创建了陕西汽车修理厂。1922 年，陇南镇守使孔繁锦在天水市东门外设立了造币厂一所，取名为陇南机器局。

2. 抗日战争时期的迅猛发展

抗日战争时期，是关中地区机械工业发展的兴盛时期。1938 年建成了宝鸡机械厂、三桥汽车修理厂；1940 年新建了通用汽车厂等几十家汽车修理厂、西北建工机器厂等 20 余家农业机械厂、陕西第一兵工厂等十几家军工机械厂、西北机器厂等。

3. "一五"、"二五"及三年调整时期

装备制造业超前发展，成为关中—天水经济区的支柱工业。"一五"时期，国家把苏联援建的 156 项重点工程，在陕西安排了 21 项，占 13.5%；"二五"时期，国家又加大了投资力度，新建了一大批装备制造工业企业和科研院所，投资总额高达 11.21 亿元。1961 年 1 月 14 日，中共中央八届九中全会提出了"调整、巩固、充实、提高"的方针，甘肃省委作出关于工业企业调整的指示，天水通用机器厂和天水风动工具厂就在这一时期撤并。

4. "三线"建设时期

关中—天水经济区装备制造业形成了完整体系。这一时期以军事装备为主，

---

① 数据来源于 2011 年《西安统计年鉴》、2011 年《宝鸡统计年鉴》、2011 年《渭南统计年鉴》和 2011 年《咸阳统计年鉴》。

促进了装备制造业的全面发展。这一时期新建的行业有航天工业、核工业、汽车制造业（如陕西重型汽车制造厂和陕西汽车齿轮厂）。重点发展的行业有电子工业（在商洛、宝鸡、铜川、渭南建成了以生产电子元器件为主的16个生产企业）、机床工具工业（从沿海迁建了秦川机床厂、关中工具厂、天水星火机床厂、天水二一三机床厂）。这一时期还在关中—天水经济区迁建了黄河工程机械厂、宝鸡叉铲车厂、陕西鼓风机厂、陕西压延设备厂、海林轴承厂、天水长城电工仪器厂、天水长城精密电表厂、天水长城控制器厂、天水长城开关厂、天水兴中轴承仪器厂、天水风动工具研究所、天水电气传动研究所等。

5. 改革开放以来的高速发展

改革开放以来，关中—天水经济区装备制造业高速发展，装备制造业工业企业不断开拓创新，已形成了相当水平的装备制造业工业体系，形成了航空航天、输变电设备制造、汽车及零部件制造、电子电器设备制造、机床工具制造等若干优势行业。

（二）关中—天水经济区装备制造业发展现状

目前，关中—天水经济区装备制造业规模不断壮大，门类齐全，在区域经济发展中支柱作用明显，技术不断进步，形成自己的品牌优势，在国际国内竞争中优势较为明显。其现状特征可以概括为以下几个方面。

1. 装备制造业企业众多，且已出现装备制造产业集群

关中—天水经济区装备制造业企业数量的具体情况见表1。

表1 2010年"七市一区"装备制造业企业数

地　　区	西安	铜川	宝鸡	咸阳	渭南	杨凌	商洛	天水
企业数量	527	17	87	53	60	16	26	24

资料来源：根据2011年《陕西统计年鉴》和流金岁月企业网整理所得。其中西安、铜川、杨凌、商洛、天水数据为2009年。

关中—天水经济区装备制造产业不仅企业数量众多，而且已初步形成装备制造产业集群。如以西电公司为龙头的输变电设备产业集群；以陕西秦川机床工具集团、宝鸡机床为中心的数控机床产业集群；以陕汽集团为核心的重型汽车产业集群；以陕西建设机械股份有限公司为中心的工程机械产业集群；以及电子通信设备元器件产业集群、航空航天产业集群等。经过长期发展，天水市形成了五大工业产业集群，其中装备制造业产业集群占三个，分别是以华天科技、庆华电子为龙头的电子工业集群；以天水星火、锻压、风动和海林为核心的机械工业集群；以长城开关、二一三、电传所为核心的电器集群。产业集群是产业发展的高级形式，由于产业集群可以带来聚集经济、规模经济、节约交易费用等好处，从而使企业和产业获得市场竞争优势。

2. 装备制造业企业市场占有率高，优势明显

经济区各大中型装备制造业企业生产的产品，在市场上具有较明显的优势地位，企业销售收入较高，全国排名靠前，市场占有率较高。如拥有 17 家子公司的陕西汽车集团，是国内最先进的重型车桥生产基地，2008 年，陕汽实现销售收入 204 亿元，占陕西装备制造业全行业的 29.25%，实现工业增加值 207 亿元，拥有从业人员 2.4 万人，2008 年中国机械 500 强排名第 32 位，2009 年中国汽车工业 30 强排名第 13 位；西安电力机械制造公司是我国高压、超高压输配电设备的研发生产基地，2009 年中国机械工业百强企业排名第 14 位，在 2009 年上半年的国网断路器集中招标中，西电集团获得 2.6 亿元订单，以 34% 的市场份额名列第一，在 750 千伏高端市场和 500 千伏细分市场中，西电集团寡占优势明显，分别拥有 36% 和 43% 的市场份额；陕西鼓风机（集团）有限公司作为我国风机行业的骨干企业，其生产的轴流压缩机市场占有率达到 95% 以上；宝鸡石油机械有限责任公司是国内最大的石油钻机生产企业，国内市场占有率在 50% 以上；西安标准工业股份有限公司工业缝纫机的国内市场占有率为 30% 左右。2009 年天水星火机床有限责任公司完成总产值 10.56 亿元，实现销售产值 10.63 亿元，利润 1.2 亿元，在国内机床行业金切机床产值排名第 8 位；风动有限责任公司生产的凿岩机连续三年在同行业中销量第一；海林轴承有限责任公司的主要经济指标在全国轴承行业中名列第 6 位。

3. 装备制造企业技术创新能力增强，品牌优势逐步形成

关中—天水经济区装备制造业企业在发展过程中，一直重视企业创新能力的培养，在关键技术和领域不断加大研发投入，如陕西省装备制造业省级以上的技术中心研发投入占销售收入的比重达到了 2.8%，投入的增加使得企业技术创新能力大大提升。目前，陕西全省共有 13 个国家级企业技术中心，装备制造业有 10 个；天水市装备制造业建成国家级企业技术中心 1 个，省级企业技术中心和工程技术中心 18 个，省级以上创新型试点企业 12 个，省级以上高新技术企业 23 个。

随着技术创新能力的增强，关中—天水经济区装备制造业企业在激烈的市场竞争中，形成了自己的品牌优势，屹立于行业之列。如陕汽集团重卡汽车、西电集团的输配电设备、秦川机床工具集团的数控机床、西飞集团的军民用飞机（军用飞机如"中国飞豹"、轰六系列，民用飞机主要有运七系列等）。天水市培育了"长城"电器、永红塑封集成电路、"星火"机床、"燎原"凿岩机、"海林"轴承、"石林"接触器等一批名牌产品。星火机床公司 SPARK 牌数控机床（普及型及以上）荣获"中国名牌"产品称号，实现了天水市中国名牌产品零的突破。

4. 装备制造业产业实力雄厚，基础良好

2009 年，西安市规模以上装备制造业完成销售产值 1421.20 亿元，产销率达 97.0%，其中交通运输设备制造业产销率高达 99.5%，通用设备制造业产销率为 98.3%，金属制品、电器机械、专用设备、仪器仪表制造业的产销率分别为 95.1%、93.7%、92.7% 和 91.2%。而且绝大多数主要产品的产量都呈现增长态势，其中汽车产量达 50.68 万辆，比 2008 年增长 89%。宝鸡市装备制造业企业完成产值 320.58 亿元，增长 16.7%。咸阳市装备制造产业完成工业产值 143.5 亿元。渭南市装备制造业完成产值 29.53 亿元，增长 13%。2009 年，天水市装备制造业从业人员 2.51 万人，资产总额 81.33 亿元，实现工业增加值 20.55 亿元，销售收入 57.39 亿元，利税 5.88 亿元，在年销售收入过亿元的 18 户企业中，装备制造业占 11 户，工业增加值占全省总量的 1/3（参见表 2）。

表 2 　 2010 年西安市规模以上装备制造业工业总产值和工业增加值

行　　业	金 属制品业	通用设备制造业	专用设备制造业	交通运输设备制造业	电器机械及器材制造业	仪器仪表及文化、办公用品制造业
工业总产值（亿元）	36.10	139.34	225.55	562.2	341.24	71.18
工业增加值（亿元）	7.3	31.15	37.28	220.81	47.32	8.08
工业增加值比上年增长（%）	25.4	28.8	19.8	25.9	16.1	12.8

资料来源：《西安市 2010 年国民经济和社会发展统计公报》和 2011 年《西安市统计年鉴》。

5. 装备制造产业结构不断优化，与区域经济联系增强

关中—天水经济区装备制造业"一五"时期主要是在关中陇海沿线布局建

设，"三线"建设时期又有所延伸。为了实现资源整合，关中地区从"七五"开始，经过10多年时间，投资36亿元，对分散的企业进行了调整搬迁改造。目前，已经在西安周围形成了现代化的电子城、航天城，在宝鸡、咸阳、渭南也建立了各具特色的工业园区。近年来，为了很好地适应市场发展的需要，关中—天水经济区装备制造业企业加快了兼并重组的步伐，如陕西法士特集团公司的成立就是陕齿总厂与湘火炬强强联合的结果；2009年陕西汽车集团完成了铜川东风车桥公司和汉江汽车公司的重组，组建成立了陕西通家汽车股份有限公司；西电集团重组宝光、陕开，控股济变，成功上市融资103.25亿元，成为我国高压、超（特）高压交直流成套输配电生产企业中，产品电压等级最高、品种最多、全国最大的成套输配电设备制造企业；宝鸡石油机械公司重组整合咸阳钢绳厂等企业，实现了石油钻采设备系列发展；陕鼓集团完成对西锅、西仪重组，控股上海鼓风机公司，并成功上市融资；西安重工装备制造集团以西安煤矿机械公司为核心，整合省内煤机制造企业，为陕西省大型煤炭综采设备的研制生产打下良好基础。装备制造企业的战略性重组整合提高了产业集中度，增强了企业的竞争力，为产业转型升级奠定了坚实的基础。

由关中—天水经济区装备制造业发展史可知，新中国成立初期，国家基于整体战略的考虑，在关中—天水经济区布置了大量装备制造业企业，即经济区的装备制造产业属于国家嵌入型，因此，与当地经济发展联系不紧密，根植性不强。但经过长期发展，装备制造业已经成为关中—天水经济区各市（区）的支柱产业，成为带动经济发展的引擎。2010年陕西装备制造业规模以上工业总产值占全省工业的比重达23.4%，比"十五"末的2005年提高了2.76个百分点，利润总额在全省工业中排第二位。从从业人员的角度来看，2010年，陕西装备制造业从业人员达到了44.22万人，占全省工业人数的30%，是城镇职工就业的主渠道，也是政府财政收入的主要来源。装备制造业一直是天水市工业经济的"半壁江山"，装备制造业的工业增加值占甘肃省全省总量的1/3。

二 关中—天水经济区装备制造产业集聚度分析

为了更好地认识经济区装备制造产业现状，我们用市场集中度和区位商两个指标来计算经济区装备制造产业集聚度。由于关中—天水经济区主要以关中地区为主，且陕西装备制造业95%集中在关中地区，考虑到数据的可得性，本报告以陕西省装备制造产业各行业的数据来衡量关中—天水经济区装备制造产业集聚度。

（一）市场集中度分析

1. 衡量指标

本报告主要采用行业集中度来分析陕西省装备制造业的市场结构。行业集中度是指行业内规模最大的前几位企业的有关数值 X 占整个市场或行业的份额。计算公式为：

$$CR_n = \frac{\sum_{i=1}^{n} X_i}{\sum_{i=1}^{N} X_i} \tag{1}$$

其中：CR_n 表示产业中规模最大的前 n 位企业的行业集中度；

X_i 表示产业中第 i 位企业的产值、产量、销售额、销售量、职工人数或资产总额等数值；

n 表示产业内的企业数；

N 表示产业的企业总数。

2. 陕西装备制造业产业集中度

基于行业集中度的计算公式，结合贝恩关于市场结构的分类，本报告通过选取2000～2010年陕西装备制造业前8名企业的销售收入，计算了前8名企业的销售收入占全行业销售收入的比重，即陕西装备制造业的行业集中度。2000～2010年陕西装备制造业企业销售收入各年排名不一，但涉及的主要企业有：陕西汽车集团有限责任公司、西安电力机械制造公司、中国一航西安飞机工业（集团）有限责任公司、陕西法士特汽车传动集团、陕西鼓风机（集团）有限责任公司、宝鸡石油机械有限公司、陕西秦川机床工具集团有限公司、西安比亚迪汽车有限公司、西安西玛电机（集团）有限公司、陕西压延设备厂等。相关数据见表3。

根据公式（1），n 取8，计算出2000～2010年各年前8名企业销售收入合计占整个装备制造业行业销售收入的比重，得到各年的行业集中度，计算结果见表4。

表3　2000～2010年陕西装备制造业前8名企业销售收入

单位：亿元

排名	2000年	2001年	2002年	2003年	2004年	2005年	2006年	2007年	2008年	2009年	2010年
1	26.12	32.00	36.40	48.60	56.50	60.80	81.21	157.11	204.00	221	300
2	26.00	26.20	29.00	48.50	50.70	50.09	79.77	105.68	136.17	215	261
3	16.60	11.23	26.50	38.49	50.10	65.00	74.72	100.90	106.80	159	200
4	9.74	4.60	8.00	36.45	25.10	25.14	36.50	57.53	80.00	110	186
5	4.22	4.10	6.02	26.61	19.10	21.81	36.08	45.91	65.92	75	180
6	3.41	3.20	4.80	17.40	7.80	14.31	30.14	38.48	50.00	53	126
7	3.22	3.17	2.50	11.70	6.20	14.09	26.10	31.95	43.67	37	115
8	2.05	3.05	2.30	8.16	6.10	11.00	13.53	23.83	10.85	36	107
合计	91.36	87.55	115.54	235.91	221.60	262.24	378.05	561.39	697.41	906	1475
行业收入	207.93	269.73	359.39	437.41	545.91	672.39	878.15	1216.05	1561.00	1854	2607

资料来源：根据《陕西经济贸易年鉴》（2002年、2003年）、《陕西工业年鉴》（2001年）、《陕西工业交通年鉴》（2004年）、《陕西企业年鉴》（2003年）、《陕西统计年鉴》（2001～2011年）及中国机经网、陕西省工业信息化厅网站资料整理所得。

表4　2000～2010年陕西装备制造业行业集中度

单位：%

年份	2000	2001	2002	2003	2004	2005	2006	2007	2008	2009	2010
CR_8	43.94	32.46	32.16	53.93	41.59	39.00	43.05	46.17	44.68	48.87	56.58

贝恩依据产业内前8位企业的行业集中度指标，对不同垄断、竞争结合程度的产业的市场结构进行了分类，按照贝恩的分类，当 $CR_8 \geqslant 85\%$ 时，市场结构为寡占Ⅱ型，当 $75\% \leqslant CR_8 < 85\%$ 时，市场结构为寡占Ⅲ型，当 $45\% \leqslant CR_8 < 75\%$ 时，市场结构为寡占Ⅳ型，当 $40\% \leqslant CR_8 < 45\%$ 时，市场结构为寡占Ⅴ型，当 $CR_8 < 40\%$ 时，市场结构为竞争型。

由计算结果表4可以看出，陕西装备制造业2000～2010年行业集中度基本处于 $40\% \leqslant CR_8 < 45\%$，只有极少数年份行业集中度超出或未达到这个区间，如2001年和2002年陕西装备制造业行业集中度分别为32.46%、32.16%，而2003年、2007年、2009年、2010年分别为53.93%、46.17%、48.87%和56.58%。总之，根据计算结果可以判断，陕西装备制造业行业集中度较高，基本属于寡占型，而且近年来，行业集中度还呈现提高的趋势。

（二）区位商分析

1. 计算方法

区位商是空间分析中用以计量所考察的多种对象相对分布的方法。公式为：

$$LQ_{ij} = \frac{\dfrac{x_{ij}}{\sum\limits_i x_{ij}}}{\dfrac{\sum\limits_j x_{ij}}{\sum\limits_i \sum\limits_j x_{ij}}} \tag{2}$$

式中：i 为第 i 个产业；j 为第 j 个地区；x_{ij} 表示第 j 个地区的第 i 个产业的产出指标；$\sum\limits_i x_{ij}$ 则是第 j 个地区的总产值；$\sum\limits_j x_{ij}$ 是第 i 个行业在全国或大区的总产值；$\sum\limits_i \sum\limits_j x_{ij}$ 则是大区或全国各行业的总产值。当 $LQ_{ij} \geqslant 1$ 时，则表示 i 产业在 j 地区的专业化生产水平大于全国或大区的平均水平。LQ 值越大，则专业化程度越高。当 $LQ_{ij} \leqslant 1$ 时，意味着 j 地区的 i 产业专业化生产水平低于全国的平均水平。当 $LQ_{ij} = 1$ 时，意味着 j 地区的 i 产业的生产水平与全国平均水平相当。[①]

2. 计算结果

由表5可知，陕西装备制造业七大行业除了专用设备制造业、交通运输设备制造业、仪器仪表及文化办公用品制造业各项指标的区位商值接近于1以外，其他各行业的指标基本小于1，甚至小于0.5。如金属制品业除了企业个数区位商大于0.5以外，其他5项指标的区位商均小于0.5；而通信设备制造业区位商均小于1，且利润总额为 -0.02。

比较陕西和上海装备制造业各指标的区位商可知，陕西省专用设备制造业、交通运输设备制造业、仪器仪表及文化办公用品制造业各项指标的区位商大于上海市，如陕西专用设备制造业的销售收入区位商是 1.56，而上海是 0.66，高出0.9；电器机械及器材制造业区位商基本接近于上海市；金属制品业、通用设备制造业和通信电子设备制造业显著低于上海市，如陕西通信电子设备制造业的工业总产值区位商是 0.33，上海是 1.46，是陕西的4倍。

---

① 李凯、李世杰：《装备制造业集群网络结构研究与实证》，《管理世界》2004 年第 12 期，第 68 ~ 76 页。

表5　2010年陕西省和上海市装备制造业区位商

行　业	企业个数		工业总产值		资产合计		产品销售收入		利润总额		年平均从业人数	
	陕西	上海	陕西	上海	陕西	上海	陕西	上海	陕西	上海	陕西	上海
金属制品业	0.73	1.13	0.39	0.63	0.42	0.77	0.38	0.60	0.36	0.67	0.35	1.09
通用设备制造业	0.96	0.98	0.77	1.07	0.70	1.38	0.79	1.05	0.74	1.27	0.77	1.12
专用设备制造业	1.59	1.04	1.52	0.69	1.51	0.81	1.56	0.66	0.99	0.72	1.63	0.92
交通运输设备制造业	0.95	0.87	1.96	1.05	1.59	1.09	2.04	1.15	1.86	1.79	2.33	0.99
电气机械及器材制造业	0.96	0.99	0.88	0.64	0.89	0.66	0.80	0.61	1.08	0.78	0.62	0.88
通信电子设备制造业	0.80	0.92	0.33	1.46	0.46	1.10	0.29	1.42	-0.02	-0.07	0.45	1.03
仪器仪表及文化办公用品制造业	1.27	1.10	1.25	0.75	1.35	0.73	1.26	0.73	0.92	1.16	1.28	0.90

资料来源：根据2011年《陕西统计年鉴》、2011年《上海统计年鉴》和2011年《中国统计年鉴》以及公式（2）计算所得。

经济区装备制造业的企业个数区位商较高，表明装备制造业企业较多，但表示企业效益的产品销售收入和利润总额区位商较小，基本上都小于企业数区位商，表明关中—天水经济区装备制造业集群量的优势明显，但是效益较低。

三　经济区装备制造产业发展的经济增长效益分析

（一）装备制造产业与经济增长关系的定性分析

装备制造业是为国民经济各行业提供技术装备的基础性产业，是工业的基础、制造业的核心。一个时期装备水平代表了生产力的发展水平，因此，装备制造业发展水平的高低决定了其他产业的竞争力，也决定了国民经济的质量和效益。可以说，装备制造业的发展水平是衡量一个地区经济竞争力和科技水平的重要标志之一。

理论和实践表明，装备制造业推动经济增长，其原因之一是装备制造业产业关联度大、带动性强。装备制造业涉及门类众多，不仅包括机械加工业，还涉及材料、电子和机械零部件加工等配套行业。同时，装备制造业还涉及钢铁、纺织、服务等上下游行业。因此，选择装备制造业作为发展引擎，将能带动当地一大批相关及支持性产业的发展。

装备制造业带动区域经济增长的另一个原因是其属于典型的技术和资本密集型产业。重大的技术装备制造品科技含量高，其技术水平直接决定了其他产业的发展水平。装备制造业技术水平的进步，将有力地推动钢铁、煤炭、电力和基础设施建设等行业的快速发展。因此，装备制造业是拉动经济增长的重要力量。

（二）装备制造业产业与区域经济增长关系的实证分析

1. 装备制造产业占国民生产总值的比例分析

为了更直观地了解，我们采用装备制造产业工业总产值占 GDP 的比重进行分析。具体数据见表6。

表6　陕西省 GDP、装备制造业工业总产值

单位：亿元

年份	GDP	装备制造业总产值	比重(%)
2000	1804.00	380.23	21.08
2001	2010.62	424.67	21.12
2002	2253.39	489.18	21.71
2003	2587.72	574.01	22.18
2004	3175.58	718.31	22.62
2005	3933.72	827.10	21.03
2006	4743.61	1101.41	23.22
2007	5757.29	1431.94	24.87
2008	7314.58	1751.83	23.95
2009	8186.65	2113.80	25.82
2010	10021.53	2837.78	28.32

资料来源：2001～2010 年《陕西统计年鉴》、2010 年陕西国民经济和社会发展统计公报。

由表6可知，自 2000 年以来，陕西装备制造产业的工业生产总值占陕西 GDP 的比重一直在 20% 左右，并且除特殊年份外，装备制造产业占国民生产总值的比重呈现不断上升的趋势。2000 年陕西装备制造产业工业总产值为 380.23 亿元，而全省国民生产总值为 1804 亿元，装备制造业工业生产总值占 GDP 的比重为 21.08%；2010 年装备制造业工业生产总值为 2837.78 亿元，而国民生产总

值为 10021.53 亿元，装备制造业工业总产值占 GDP 的比重为 28.32%，与 2000 年相比，装备制造业在国民经济中所占的比重提高了 7.24 个百分点。

2. 装备制造产业与区域经济增长关系的计量分析

（1）构建模型。本报告采用该柯布—道格拉斯（Cobb-Dauglas）生产函数来分析关中—天水经济区装备制造产业的经济增长效应。该生产函数的一般形式如公式（3）。

$$Q = AL^\alpha K^\beta e^\mu \tag{3}$$

式（3）中，Q 为产出水平，L 为劳动投入量，K 为资本投入量，Ae^μ 为其他影响因素，α 为劳动产出弹性系数，即劳动对产出所作的贡献，β 为资本产出弹性系数，即资本对产出水平所作贡献。

该生产函数中的参数 α 和 β 满足条件 $0 < \alpha, \beta < 1$，其经济含义是：当 $\alpha + \beta = 1$ 时，α 和 β 分别表示劳动和资本在生产过程中的相对重要性，即劳动和资本在总产量中所占的份额。

本报告也采用该生产函数，但是考虑到计量的实际需要，对式（3）进行变形。对式（3）两边同时取对数整理得到式（4）：

$$\ln Q = \ln A + \alpha \ln L + \beta \ln K + \mu \tag{4}$$

考虑到模型的经济意义与数据的可得性，本报告用国民生产总值表示产出水平，用装备制造产业年平均从业人数表示劳动投入，用装备制造产业固定资产投资额表示资本投入，其他影响因素用随机扰动项 μ 表示。本报告中 α 和 β 表示，在其他条件不变时，装备制造产业每增加劳动投入 1%，那么经济产出的增加量为 α%，资金的投入增加 1%，那么产出增加量为 β%。

（2）实证分析。经济区装备制造业包括金属制品业、普通机械制造业、专用设备制造业、交通运输设备制造业、电气机械及器材制造业、电子及通信设备制造业、仪器仪表及文化办公用品制造业。

为了更好地了解装备制造业的经济增长效应，我们对经济区装备制造业各行业对区域经济增长的影响进行详细分析。本报告选取 2000～2009 年的固定资产投资额、从业人员数和 GDP，运用 Eviews3.1 回归，分别得到陕西省生产总值和装备制造业各行业之间的关系模型。当显著性水平 $\alpha = 0.05$ 时，F 分布的临界值 $F_{0.05}(2, 5) = 5.79$，t 分布临界值为 $t_{0.025}(8) = 2.306$；在两个解释变量的条件下，查 DW 表得 $d_l = 0.95$，$d_u = 1.54$。

第一，金属制品业对区域经济增长的影响分析。见表7。

表7 陕西省金属制品业固定资产投资额、从业人员数和 GDP

年份	固定资产投资额（亿元）	从业人员数（万人）	GDP（亿元）
2000	0.0835	2.2224	1804.00
2001	0.7743	1.7445	2010.62
2002	1.2152	1.6643	2253.39
2003	2.4369	1.1648	2587.72
2004	2.4160	1.3824	3175.58
2005	5.6268	1.3426	3933.72
2006	13.6322	1.6246	4743.61
2007	20.4091	1.5383	5757.29
2008	33.0889	1.4285	7314.58
2009	38.1462	1.7075	8186.65
2010	89.1246	4.3016	10021.53

资料来源：根据 2001～2011 年《陕西统计年鉴》整理所得。

运用 Eviews 软件回归，得到回归模型如下：

$$\ln Q = 7.4563 + 0.7786\ln L + 0.3061\ln K$$
$$(43.0242) \quad (2.3825) \quad (9.9595)$$
$$R^2 = 0.9474 \quad DW = 1.8556 \quad F = 54.0504$$

从统计检验来看，该回归方程 $R^2 = 0.9474$，拟合优度高。$F = 54.0504 > 5.79$，表明模型总体显著，$\ln Q$ 和 $\ln L$、$\ln K$ 之间高度正相关。$t_1 = 2.3825 > 2.306$，$t_2 = 9.9595 > 2.306$，因此变量 L、K 均显著。$d_u = 1.54 < DW = 1.8556 < 4 - d_u = 2.46$，表明变量之间无自相关现象。

回归结果表明 GDP 随金属制品业固定资产投资和行业从业人数的增加而增加。在固定资产投资保持不变的条件下，金属制品业的劳动投入每增加1个百分点，GDP 将增加 0.78%；在劳动投入保持不变的情况下，金属制品业固定资产投资每增加1个百分点，GDP 将增加 0.31%。

第二，通用设备制造业对区域经济增长的影响。回归模型如下：

$$\ln Q = 9.5152 - 1.1504\ln L + 0.323\ln K$$
$$(5.4769) \quad (-11.0437) \quad (9.6123)$$
$$R^2 = 0.9412 \quad DW = 1.5919 \quad F = 56.0061$$

从统计检验来看，该回归方程 $R^2 = 0.9412$，拟合优度高。$F = 56.0061 > 5.79$，表明模型总体显著，$\ln Q$ 和 $\ln L$、$\ln K$ 之间高度正相关。$t_1 = 11.0437 > 2.306$，$t_2 = 9.6123 > 2.306$，因此变量 L、K 均显著。$d_u = 1.54 < DW = 1.5919 < 4 - d_u = 2.46$，表明变量之间无自相关现象。

回归结果表明 GDP 随通用设备制造业固定资产投资和行业从业人数的增加而增加。在固定资产投资保持不变的条件下，通用设备制造业的劳动投入每增加 1 个百分点，GDP 将减少 1.15%；在劳动投入保持不变的情况下，通用设备制造业固定资产投资每增加 1 个百分点，GDP 将增加 0.32%。

第三，专用设备制造业对区域经济增长的影响。回归模型如下：

$$\ln Q = 8.4466 - 0.5813\ln L + 0.3596\ln K$$
$$(7.8899) \quad (-10.3984) \quad (9.9074)$$
$$R^2 = 0.9344 \quad DW = 2.1413 \quad F = 49.8686$$

从统计检验来看，该回归方程 $R^2 = 0.9344$，拟合优度高。$F = 49.8686 > 5.79$，表明模型总体显著，$\ln Q$ 和 $\ln L$、$\ln K$ 之间高度正相关。$t_1 = 10.3984 > 2.306$，$t_2 = 9.9074 > 2.306$，变量 L、K 均显著。$d_u = 1.54 < DW = 2.1413 < 4 - d_u = 2.46$，表明变量之间无自相关现象。

回归结果表明 GDP 随专用设备制造业固定资产投资和行业从业人数的增加而增加。在固定资产投资保持不变的条件下，专用设备制造业的劳动投入每增加 1 个百分点，GDP 将减少 0.58%；在劳动投入保持不变的情况下，专用设备制造业固定资产投资每增加 1 个百分点，GDP 将增加 0.36%。

第四，交通运输设备制造业对区域经济增长的影响分析。回归模型如下：

$$\ln Q = 5.0366 + 0.4677\ln L + 0.6486\ln K$$
$$(3.1295) \quad (10.3771) \quad (9.8314)$$
$$R^2 = 0.9525 \quad DW = 1.9160 \quad F = 70.2227$$

从统计检验来看，该回归方程 $R^2 = 0.9525$，拟合优度高。$F = 70.2227 > 5.79$，表明模型总体显著，$\ln Q$ 和 $\ln L$、$\ln K$ 之间高度正相关。$t_1 = 10.3771 > 2.306$，$t_2 = 9.8314 > 2.306$，因此变量 L、K 均显著。$d_u = 1.54 < DW = 1.916 < 4 - d_u = 2.46$，表明变量之间无自相关现象。

回归结果表明 GDP 随交通运输设备制造业固定资产投资和行业从业人数的增加而增加。在固定资产投资保持不变的条件下，交通运输设备制造业的劳动投入每增加 1 个百分点，GDP 将增加 0.47%；在劳动投入保持不变的情况下，交通运输设备制造业固定资产投资每增加 1 个百分点，GDP 将增加 0.65%。

第五，电气机械及器材制造业对区域经济增长的影响分析。回归模型如下：

$$\ln Q = 7.3124 + 0.0693 \ln L + 0.3769 \ln K$$
$$(25.6382) \quad (3.9852) \quad (18.3527)$$
$$R^2 = 0.9816 \quad DW = 2.1589 \quad F = 186.6388$$

从统计检验来看，该回归方程 $R^2 = 0.9816$，拟合优度高。$F = 186.6388 > 5.79$，表明模型总体显著，$\ln Q$ 和 $\ln L$、$\ln K$ 之间高度正相关。从 t 检验来看，$t_2 = 18.3527 > 2.306$，表明变量 K 显著。$t_1 = 3.9852 > 2.306$ 表明变量 L 也显著。$d_u = 1.54 < DW = 2.1589 < 4 - d_u = 2.46$，表明变量之间无自相关现象。

回归结果表明 GDP 随电气机械及器材制造业的固定资产投资和行业从业人数的增加而增加。在固定资产投资保持不变的条件下，电气机械及器材制造业的劳动投入每增加 1 个百分点，GDP 将增加 0.07%；在劳动投入保持不变的情况下，电气机械及器材制造业固定资产投资每增加 1 个百分点，GDP 将增加 0.38%。

第六，仪器仪表及文化办公用机械制造业对区域经济增长的影响分析。回归模型如下：

$$\ln Q = -2.5126 + 0.8339 \ln L + 0.2597 \ln K$$
$$(-0.6993) \quad (2.3114) \quad (7.4609)$$
$$R^2 = 0.8939 \quad DW = 1.993 \quad F = 29.4928$$

从统计检验来看，该回归方程 $R^2 = 0.8939$，拟合优度高。$F = 29.4928 > 5.79$，表明模型总体显著，$\ln Q$ 和 $\ln L$、$\ln K$ 之间高度正相关。$t_1 = 2.311 > 2.306$，$t_2 = 7.4609 > 2.306$，因此变量 L、K 均显著。$d_u = 1.54 < DW = 1.993 < 4 - d_u = 2.46$，表明变量之间无自相关现象。

回归结果表明 GDP 随仪器仪表及文化办公用品机械制造业固定资产投资和行业从业人数的增加而增加。在固定资产投资保持不变的条件下，仪器仪表及文化办公用品机械制造业的劳动投入每增加 1 个百分点，GDP 将增加 0.83%；在劳动投入保持不变的情况下，仪器仪表及文化用品机械制造业固定资产投资每增加 1 个百分点，GDP 将增加 0.26%。

（3）结果分析。模型结果表明：第一，金属制品业、交通运输设备制造业、电气机械及器材制造业、仪器仪表及文化办公用品机械制造业的 α 和 β 为正值，即国民生产总值和该行业从业人数和固定资产投资正相关，固定资产和从业人员对经济增长有较强的拉动作用，应该在增加就业人员的同时保证其与固定资产合理配比。第二，通用设备和专用设备制造业的 α 值为负，而 α 值为负表明随着就业人员的增加，国内生产总值下降，表明这两个行业的从业人员已经处于饱和状态，应该精减通用设备制造业和专用设备制造业的就业人员。固定资产投资对经济增长起到一定的拉动作用，应该加大该行业的固定资产投入。

四　经济区装备制造产业进一步发展的政策建议

（一）加大资金、劳动投入驱动

装备制造业是资金密集型行业，只有加大资金投入和劳动投入，才能做大做强。尤其是从关中—天水经济区装备制造业集群的规模还不够大、集聚度还有待提高的情况下，进行一定规模的资金和劳动投入，是获得经济区装备制造业规模经济和集聚经济的必然选择。从上述经济增长效益的实证分析结果来看，也充分说明了这一点。因此，必须通过大力疏通直接融资和间接融资渠道，如大力发展股份制、引进国内外直接投资以及争取大型金融机构的支持，为经济区装备制造业筹集更多的资金投入。同时，积极发展专业技术教育并充分利用经济区高等教育发达的优势，培养和吸引大批高素质的专业技术人员和技术工人，为经济区装备制造业的振兴提供人力资本支持。

（二）强化政策推动作用

装备制造业是为国民经济各行业提供技术装备的战略性产业，产业关联度高，吸纳就业能力强，技术资金密集，是各行业产业升级、技术进步的重要保障和国家综合国力的集中体现，政府必须强化政策推动作用，促其做大做强。现在，从国务院到关中—天水经济区内的省、市各级政府，都已经颁布了装备制造业调整和振兴规划，为经济区装备制造业的发展指明了方向和目标，明确了政策支持的领域和范围，只要切实采取措施落实这些政策，经济区装备制造业的发展就会得到巨大的推动力量。

（三）充分发挥技术推动作用

装备制造业是技术密集型行业，因此，关中—天水经济区装备制造业的发展，必须紧紧依靠科技进步的力量。

1. 技术进步有利于实现经济区装备制造业发展方式的转变

经济增长方式集约化的决定性因素是技术进步的加速，集约化的物质基础是先进的、高效的技术装备的不断开发和优化。因此，装备制造业首先要用先进的尖端技术武装自己，其自身的增长和发展必须要靠技术驱动，要在电子技术、信息技术与其他高新技术的发展和应用中，与机械制造技术相结合，使制造工业，特别是装备制造业及产品在技术上产生新的飞跃。

2. 技术进步是经济区装备制造产业发展的必由之路

装备制造业是科学技术和知识转化为生产力的最具深度、最有影响的产业。技术装备作为技术载体，是科研成果转化为生产力的媒介和桥梁，是科研成果从潜在效益转化为现实效益的重要手段，装备制造产品是知识、技术的凝结，是科研的成果，其发展只有走创新和技术进步推动的道路。

3. 技术进步提高装备制造业以至国民经济各行业的劳动生产率

劳动生产率的高低反映了一个国家的经济发展水平，是提高国家竞争力和国民收入的重要基础，而技术进步可以提高装备制造产业以至国民经济各行业的劳动生产率。因此，必须加大技术进步和自主创新能力，振兴我国自己的装备制造业，进而实现各行各业的现代化

参考文献

2001～2010 年《陕西统计年鉴》、2010 年陕西国民经济和社会发展统计公报。
2011 年《上海统计年鉴》和 2011 年《中国统计年鉴》。
《西安市 2010 年国民经济和社会发展统计公报》和 2011 年《西安统计年鉴》。

关中—天水经济区装备制造业
发展报告：以西安市为例

刘育红*

  摘　要：中国在以城市为核心优先发展重工业、推进工业化的进程中，大城市起到了积极的作用，逐步建成了一批新的工业基地和中心。在西部大开发战略中，中心城市担负着引导、组织、协调和带动西部开发的支撑和纽带作用。西安作为关中—天水经济区的核心城市、西部地区重要的现代制造业基地以及西部地区综合交通枢纽，其城市化规模不断扩大，对外辐射带动作用日趋明显，成为推动经济区经济增长的重要力量。本报告针对西安市装备制造业发展的现状与特征，深入分析了西安市装备制造业发展存在问题，提出了促进关中—天水经济区装备制造业发展的建议。

  关键词：关中—天水经济区　装备制造业　技术创新　战略合作

  关中—天水经济区是中国军民融合型装备制造业基地。如何突出特色错位发展，提升整个产业结构水平，加快经济发展方式转变，促进区域经济总量的跨越式发展，推进西部大开发战略实施，缩小东、西部地区差距，强化西部装备制造实力，巩固国防安全等重任，业已成为关中—天水经济区装备制造业发展的一大要务。西安作为关中—天水经济区的核心城市，其装备制造业的生产、效益快速增长，竞争优势逐渐显现，成为推动经济区经济增长的重要力量。

---

 * 刘育红，女，陕西师范大学国际商学院经济学博士研究生，西安财经学院讲师。

一 西安市装备制造业发展的现状与特征

（一）西安市装备制造业发展的现状

1. 经济实力逐渐增强

2009 年，西安市规模以上装备制造业企业 527 家，比 2000 年增加 214 家，占全市规模以上工业企业的 46.6%。其中，规模以上装备制造业企业中，国有企业 55 家，占 11.8%；集体企业 43 家，占 9.2%；私营企业 127 家，占 27.2%；有限责任公司 158 家，占 33.8%；股份有限公司 24 家，占 5.1%；港澳台商投资企业 8 家，占 1.7%；外商投资企业 47 家，占 10.1%；联营企业和其他企业共 5 家，占 1.1%。拥有资产总计达 1801.54 亿元，比 2000 年增长 3.1 倍，占全市规模以上工业总资产的比重为 61.8%；吸纳从业人员 25.50 万人，比 2000 年增长 28.3%，占规模以上从业人员的比重为 58.7%；实现主营业务收入 1393.12 亿元，比上年增长 23.3%，比 2000 年增长 7.3 倍，年平均增长 26.5%；实现利润总额 97.46 亿元，增长 58.9%，比 2000 年增长 49.3 倍，年平均增长 54.5%；实现利税总额 149.26 亿元，增长 44.6%，比 2000 年增长 16.1 倍，年平均增长 37.1%，是推动全市经济增长的重要力量。

2. 生产平稳快速增长

1990～2010 年，西安市规模以上装备制造业工业总产值以年均 11.94% 的增长速度快速发展。2010 年，装备制造业完成工业总产值 1737.92 亿元，是 2005 年的 2.5 倍。对 2000 年以来规模以上工业总产值增长的贡献率达 63.2%，拉动规模以上工业总产值增长 2.1 倍。装备制造业总产值占规模以上工业总产值的比重逐年上升，从 2000 年的 40.6% 开始，经过五年的发展比重过半，2005 年达到 50.6%，其后更是一路攀升，历经四年发展，2001 年比重迅速提升到 59.5% 的高点，详见图 1。

2010 年，西安市规模以上装备制造业实现工业增加值 438.53 亿元，占规模以上工业增加值的比重为 50.69%，是 2005 年的 2.54 倍；对 2000 年以来规模以上工业增加值和全市 GDP 的贡献率分别为 56.0% 和 15.4%，拉动规模以上工业增加值和全市 GDP 分别增长 1.5 倍和 49.4%。装备制造业增加值占规模以上工业增加值

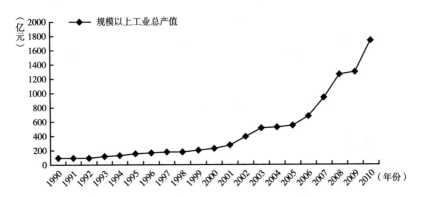

图1　1990～2010年西安市装备制造业规模以上工业总产值变化态势

的比重也呈现逐年上升的态势，由2000年的35.4%提高到2010年的50.69%。装备制造业在规模以上工业中所占份额上升，成为推动工业增长的主要力量。

从行业看，占装备制造业比重大小依次是：交通运输设备制造业、电气机械及器材制造业、专用设备制造业、通用设备制造业、电子及通信设备制造业、仪器仪表及文化办公用机械制造业、金属制品业。交通运输设备制造业从2006年起迅猛发展，而且，年均增长幅度最快。2010年，交通运输设备制造业完成主营业务收入占装备制造业的55%；实现利税总额占装备制造业的47.2%。而金属制品业、仪器仪表及文化办公用机械制造业工业总产值变化不明显，详见图2。

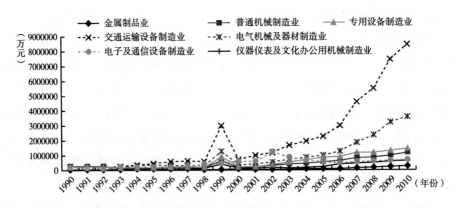

图2　1990～2009年西安市装备制造业规模以上各行业工业总产值变化态势

分企业看，2010年，西安产销超过百亿元企业达到5户。其中，陕汽集团产值完成360亿元，比亚迪234亿元，西电181亿元，法士特135亿元，西飞

116 亿元。一批大企业大集团融资能力大为增强，西电、陕鼓等企业成功上市。

从利润总额和利税完成情况看，2009 年规模以上装备制造业实现利润总额 61.59 亿元，同比增长 15.8%，占规模以上工业利润总额的 73.8%。完成利税总额 103.51 亿元，同比增长 23.5%，占规模以上工业利税总额的 62.6%。实现利润总额 97.46 亿元，增长 58.9%，比 2000 年增长 49.3 倍，年平均增长 54.5%；实现利税总额 149.26 亿元，增长 44.6%，比 2000 年增长 16.1 倍，年平均增长 37.1%。是推动全市经济增长的重要力量。

分地区看，与同期全省、全国相比，西安装备制造业在整个规模以上工业中所占比重较大。2008 年，利润总额比重比全省高 40.2 个百分点，比全国高 29.2 个百分点，装备制造业已成为西安工业发展的主导产业。

3. 投资增势迅猛，产销情况良好

2008 年，全市装备制造业投资 169.87 亿元，占全市工业投资的 47.7%，同比增长 31.9%。其中，增幅最高的两个行业是通用设备制造业投资 63.9 亿元，同比增长 1.9 倍；电气机械及器材制造业投资 34.4 亿元，同比增长 59.4%。建设资金来源主要是自筹资金 113.97 亿元，占 67.1%；国内贷款 17.67 亿元，占 10.4%；国家预算内投资 3.49 亿元，占 2.1%；利用外资 1.86 亿元，占 1.1%。

2009 年，完成销售产值 1421.20 亿元，产销率达 97.0%，保持良好的产销衔接状况。分行业来看，交通运输类产品优势明显，交通运输设备制造业的产销衔接情况最好，产销率高达 99.5%，通用设备制造业的产销率也高达 98.3%，金属制品、电气机械、专用设备、仪器仪表制造业的产销率分别为 95.1%、93.7%、92.7% 和 91.2%。从主要产品产量来看，绝大多数产品产量都呈增长态势，其中汽车产量达 50.68 万辆，比上年增长 89%。

4. 经济效益进一步提高

2008 年，西安市规模以上装备制造业工业经济效益综合指数为 189.45%，比上年同期提高 14.17 个百分点。其中：总资产贡献率为 8.45%，和上年同期持平；资本保值增值率 134.99%，比上年同期提高 7.19 个百分点；资产负债率 62.24%，比上年同期下降 2.4 个百分点；流动资产周转率 1.19 次，比上年同期下降 0.1 个百分点；成本费用利润率 5.76%，比上年同期下降 0.44 个百分点；全员劳动生产率 161394 元/人，比上年同期提高 18.37 个百分点；产品销售率 95.99%，比上年同期下降 0.64 个百分点。

在总量规模快速增长的基础上，主要经济效益相对指标也达到较高水平，2009年企业亏损面和亏损率分别为20.7%和3.3%，分别比上年下降1.3个和1.5个百分点；百元固定资产实现利税和成本费用利润率分别为32.7元和9.1%，分别比上年提高5.0元和2.6个百分点；全员劳动生产率为143267元/人，比上年提高4897元/人。

5. 促进大量社会人员就业

2009年，全市规模以上装备制造业企业中，从业人员年平均人数25.50万人，占全市规模以上工业的58%，同比增长8%。

（二）西安市装备制造业发展的特征

1. 起步水平较高，高科技特征突出

西安装备制造业建设起点较高，"一五"、"二五"时期建设的大部分军工项目，在苏联提供设计帮助并提供成套技术和关键设备下，总体上接近当时国际先进水平。新建的民用装备制造业项目在国内处于领先地位；西安的航空、核工业和电子信息业等高科技产业在全国占有重要地位，国防科技工业实力雄厚，武器装备制造业位居全国第一。

2. 空间布局集中，门类基本齐全

关中—天水经济区的核心区西安，是全国15个副省级城市中军事装备最强的城市，其装备制造业区域集中度较高，主要集中于莲湖区、高陵县、长安区和未央区，成为全市装备制造业发展的技术源和辐射源。而宝鸡、咸阳、天水等市军工实力也同样雄厚，军事院校和为军工服务的院校众多，相关科研院所实力强，人才多，军民结合的基础条件优越。2009年，这四个区县分别有规模以上装备制造企业21家、39家、47家和86家，四区县装备制造业总产值占全市的比重达到59.6%；实现主营业务收入占全市的比重为59.4%。装备制造业分布在8个大类、37个中类中。拥有一批诸如高压开关等输变电设备，挖掘机等工程机械，数控机床等机床工具类产品，重型汽车、豪华客车等汽车及汽车零部件产品等优势行业和产品。

3. 主体是国有企业，骨干是国家投资建设的中直企业

多数国有大中型骨干企业在本行业领域是"国家队"的主力队员，其中有些还是行业的"排头兵"，有的厂、所甚至是国家的"独生子"。经过近

10 多年的市场洗礼，其中不少发展成为主业突出、核心竞争力较强的企业集团。

4. 交通运输设备制造业优势凸显，专业化水平稳步提升

1990~2010 年，西安市装备制造业区位商总体呈逐年提升态势，其专业化程度整体高于全国平均水平。其中交通运输设备制造业、电气机械及器材制造业和仪器仪表及文化办公用机械制造业专业化水平呈现稳步提升态势。交通运输设备制造业和仪器仪表及文化办公用机械制造业在全国具有较强的比较优势，专业化程度远超过全国平均水平，产品具有较高的外向度；专用设备制造业、电气机械及器材制造业和通用设备制造业在全国具有一定的比较优势，产品有一定的外向度。金属制品业的专业化水平低于全国，其专业化水平在逐步下降。

5. 区域影响力和成长发展潜力优势明显

2009 年，对五个城市进行区域影响力和成长发展潜力优势测算的结果显示：西安市装备制造业区域影响力和成长发展力高于成都、郑州、哈尔滨和厦门四个城市，西安的装备制造业区域影响力和成长发展力优势明显，区域影响力最高，成长发展力最高，表明当前西安市装备制造业发展实力虽然较弱，但发展潜力巨大，具有很强的后发优势。西安市装备制造业经营运行力仅高于五市中的哈尔滨市，企业的赢利能力还有待进一步提高。

二　西安市装备制造业发展存在的问题

佩鲁的"增长极"理论认为，城市作为区域的中心，是一定地域内的经济聚集体。城市和区域相互依存，彼此推动。在市场经济条件下，相对一般城市而言，中心城市是区域空间系统中的一个极核点与辐射中心。西安是国家重要的科研、教育和工业基地，我国西部地区重要的中心城市，是关中—天水经济区中的经济极核点、增长极，它的强大辐射作用，是带动一个城市所在地区经济发展的龙头。西安的装备制造业在西部大开发战略中发挥了良好的区域性中心城市的重要职能，然而，当前西安装备制造业的发展仍存在以下突出问题。

（一）资本结构单一，经济规模偏小

非国有制经济在装备制造业中比重很低，装备制造业发展经济规模偏小，规模以上、大中型企业少，赢利能力强的企业偏少。2009年，西安市过百亿元的企业仅有4家（陕西汽车集团有限责任公司、比亚迪汽车有限公司、中国西电集团公司和西安飞机工业（集团）有限责任公司）。形成了产业组织程度低、大企业不大不强、创新能力薄弱的状况。

（二）企业自主研发能力不强，竞争力滞后

装备制造业创新企业少，创新能力不强，技术开发投入不足，产品科技含量和装备现代化程度不高，所实现新产品产值占装备制造业总产值不足30%，科技成果向现实生产力转化的有效机制尚未真正形成，整体竞争力下降。在全国评选的2006年度中国制造业500强中，西安装备制造业企业仅有三家：其中西安飞机制造公司排名第276位，西安电力机械制造公司第295位，陕西汽车集团有限责任公司第399位。

（三）产业发展不平衡，附加值低

国家重大技术装备较少，高新技术产业装备比重偏低，普通机械制造业和金属制品业与交通运输设备制造业和仪器仪表及文化办公用机械制造业发展差距悬殊，这与2009年国家装备制造业调整和振兴规划要求构建形成由重大技术装备、高新技术装备、基础装备、一般机械装备等专业化合理分工、相互促进、协调发展的产业格局不相符。而且，产业层次落后，高加工度产业成长不足，工业增加值低，高技术含量、高附加值产品供给不足。

（四）人才流失严重，高端技能人才短缺

经济区地处中国腹地，经济发展水平较低，在利益驱动机制下，经济区的装备制造企业对高素质经营管理人才和技术开发人才很难构成吸引，随着国内外大企业入驻经济区，人才流动更是日益凸显。在一些特困企业，能够外出应聘的人才已基本流失殆尽。现有的人才结构矛盾突出，高端技能人才严重短缺，已经成为制约经济区企业发展的瓶颈。2008年底，规模以上装备制造业工业企业具有

中级技术职称以上科技人员占企业全部职工的比例为12.2%，其中，具有高级技术职称科技人员占企业全部职工的比例仅为3.3%；中级工以上技术工人占企业全部职工的比例为24%，其中，技师以上技术工人占企业全部职工的比例仅为3.5%，专业技术人才所占比例较低。这样的高技能人才资源很不适应产品高技术化的需求，装备制造将面临无人制造的窘境，经济区制造业的发展将受到很大限制。

（五）负债过重，综合经济效益低下

表1中的数据显示：尽管资产负债率逐步减轻，但是仍超过60%的界限。规模以上装备制造工业经济效益综合指数为189.45，基本与规模以上工业经济效益综合指数持平。2008年，西安规模以上工业经济效益综合指数在全国40个主要城市排第31位，比地处西部的成都同期的工业经济效益综合指数落后了17位，综合经济效益在全国处中下游水平。

表1　2008年规模以上工业经济效益综合指数对比

单位：%

排名	城市	指数	排名	城市	指数	排名	城市	指数	排名	城市	指数
1	呼和浩特	331.94	11	沈阳	245.86	21	上海	223.10	31	西安	189.50
2	烟台	313.52	12	长春	241.10	22	南京	222.34	32	贵阳	189.16
3	长沙	296.80	13	昆明	239.14	23	青岛	222.20	33	深圳	188.30
4	天津	294.93	14	成都	238.70	24	银川	213.10	34	福州	183.50
5	湛江	288.45	15	广州	234.22	25	温州	201.50	35	汕头	172.66
6	舟山	284.52	16	威海	232.36	26	宁波	197.85	36	乌鲁木齐	170.66
7	济南	278.16	17	南昌	232.23	27	重庆	195.20	37	厦门	165.09
8	合肥	261.89	18	连云港	231.50	28	太原	194.56	38	珠海	155.70
9	杭州	260.05	19	南宁	229.76	29	苏州	192.22	39	兰州	145.10
10	南通	255.25	20	无锡	227.00	30	秦皇岛	191.89	40	西宁	84.16

资料来源：根据国家统计局网站相关数据整理。

导致上述问题的原因是：国家产业政策和区域发展战略的变化，直接影响西安装备制造业的兴衰；产权制度和管理体制改革滞后，严重阻碍产业资源的区域合理配置；投资强度偏低，研发经费严重不足；人才发展环境存在缺陷，技能人才政治和经济地位低下；政府职能转变还不到位，"越位"和"缺位"现象同时存在。

三　促进关中—天水经济区装备制造业发展的建议

在关中—天水经济区战略推动下，随着统筹城乡综合配套改革实验区的设定，西安的特殊地理区位对于经济区的经济辐射力日渐凸显。如何结合西安装备制造工业的基础和特点，设计对于关中—天水经济区快速发展的途径显得非常重要。因此，我们建议促进关中—天水经济区装备制造业大力发展的基本思路是：从科教实力强、人力资源素质高、土地价格便宜（指土地的真实使用价格）和资本短缺的生产要素现状出发，确定"军民结合，再创优势，突破高端，强化中场，培育集团，争创名牌，承接转移，注重创新，整合布局，突出集群"的发展战略。因此，需要做好以下七个方面的工作。

（一）更新观念，力争体制、机制突破和政策创新

体制是经济发展的手段和保障。关中—天水经济区工业的振兴要靠制造业，尤其是装备制造业，经济区最大的科技资源是军工科技资源，关中—天水经济区发展规划中确定四个基地中的统筹科技资源改革示范基地，所以，应该树立"大装备"观念，确立军民结合型装备制造业的战略思路和产业内涵，突破体制、机制性障碍，实现政策创新，加强经济区装备制造业军民融合，最大限度地整合和利用军工资源，促进军民互动、融合，做强做大关中—天水经济区工业，促进该地区军工的发展。

（二）培育大型企业集团，大力推动中场产业发展

按照《关中—天水经济区发展规划》实施要求，结合经济区装备制造业发展特点，着力加快建设航空航天、汽车及零部件、输配电设备、石油钻采设备、冶金煤炭重型装备及新能源装备等先进装备制造业特色优势产业、重要的零部件、元器件生产和采购基地。加快西安、宝鸡的三个国家级开发区和其他大城市的近郊工业园区承接，选择产业集群模式，以非公有制的劳动密集型中小企业为主，形成块状经济新的增长点，促进中场产业做强做大，影响和带动相关配套协作的中小企业发展，形成企业集群。

（三）整合装备资源，调整产业布局

进一步明确西安南、北开发区的产业定位，高新区侧重高端装备的研发、孵化及产业化，经开区侧重大中型装备制造，突出专业化园区建设；中场产业主要配置在区县工业园区；考虑将西咸世纪大道以南划定200平方公里作为未来20年装备工业预留发展空间。

（四）依托科技实力，提高企业技术创新能力

加大新产品的开发和研制，提高自主创新能力，推进产业结构调整。重点建设国家和省级高技术产业基地，依托关中—天水经济区建设和"一线两带"大发展的有利时机，充分发挥西安市区位资源、体制机制和人力资源优势，广泛吸引国际国内的先进和优势产业到关中—天水经济区落户发展，加快承接东部产业转移，提高企业的管理水平和经营能力，促进区域块状特色经济向产业集群转型。

（五）加强战略合作，延长产业链

加强与国内外知名企业进行战略合作，力促技术互补、产品互补、市场互补、地域互补的兼并重组，增强资本实力，优化资源配置，提高企业技术水平，推进汽车、航空、输配电等重点集群发展。不断延伸产业链，把握装备制造产业链延伸新动态，突破制约产业链发展的关键环节，加快推动装备制造业分工细化和服务外包，鼓励企业积极拓展生产性服务业市场，推动装备制造产业链从制造环节向研发设计、营销服务等高端环节延伸。

（六）加大研发资金投入，加强高级技能人才队伍建设

建立和完善经济区重大技术装备发展专项资金，加大技改，更新设备，提高技术装备水平，以划拨、国债、专项基金等多种形式保障骨干大企业的研发投入。落实国家税收优惠政策，继续鼓励支持机电产品扩大出口，贯彻落实重大技术装备进口税收政策，延续执行重点产业调整振兴规划制定的装备制造企业土地使用税减免政策等。拓宽融资渠道，支持企业利用资本市场扩大直接融资，加强银企合作，扩大装备制造业信贷规模。突出特色和产业集群优势，加大招商引资

力度，引导外资和民间资本进入装备制造业重点领域。

切实转变重学历教育轻技能教育的思想理念，重视高级技能人才的多途径培养，优化教育资源，调整教育经费，大力发展中专、中技、职高等技术职业教育等各种形式办学。适当提高技术工人政治和经济待遇，科学化职业资格证书制度和就业准入制度。

（七）优化投资软环境，加强诚信建设

借鉴深圳市政府将决策、执行和监督分立的改革做法，经济区可考虑选一个区县做试点，成功后全面铺开，建立服务型和落实型政府；强化行政问责制，加强诚信建设，整治投资软环境。削减不必要的行政性审批手续，将管理企业的职能按照市场体制的要求逐渐让渡给行业协会或同业商会等中介组织，杜绝参与中介机构的市场化运作。

参考文献

《关中—天水经济区发展规划》，发改西部〔2009〕1500 号。

陕西省统计局：《西安装备制造业实力增强成为全市经济支柱》，2009。

高唯：《西安装备制造业发展现状、问题及思考》，《陕西统计与社会》2009 年第 1 期。

曹文通：《振兴西部装备制造业，聚焦西北国际机床交易中心》，《中国设备工程》2010 年第 4 期。

《陕西统计年鉴2010》，中国统计出版社，2010。

《西安统计年鉴2010》，中国统计出版社，2010。

关中—天水经济区金融业发展报告

王蕾 于淼*

摘 要：本文结合关中—天水经济区金融业发展的实际情况，通过深入分析金融业发展中存在的总体发展不平衡、金融机构存贷款差值逐年增大、经济区一体化的金融体系尚未建立、经济区资本市场发展水平低、金融生态环境欠佳等一系列问题，提出了建立关中—天水经济区金融协调机制、健全金融服务体系、创新融资方式、加快西安市区域金融中心建设、加强金融生态环境建设等相关政策建议。

关键词：关中—天水经济区 金融业发展 经济增长

一 关中—天水经济区金融业发展现状

《关中—天水经济区发展规划》颁布实施两年来，开局良好，各项工作富有成效，进展顺利。从整体上来看，经济金融在稳步发展，关中—天水经济区内的各个城市金融机构存贷款总额在逐年增加，金融业发展也都在各自原有基础上有所进展与突破。

（一）经济发展情况良好

2009年，关中—天水经济区内各个市（区）（包括西安、铜川、宝鸡、咸阳、渭南、商洛、天水等7个市区，其中杨凌示范区的相关数据统计在咸阳管辖区域）的主要经济指标来看，关中—天水经济区的经济金融发展情况良好，见表1。

---

* 王蕾，女，经济学博士，陕西师范大学国际商学院副教授，研究方向：商业银行经营管理。于淼，女，陕西师范大学国际商学院硕士研究生，研究方向：商业银行经营管理。

表1　2009年关中—天水经济区各个城市主要经济情况

		西安	铜川	宝鸡	咸阳	渭南	商洛	天水
生产总值	地区生产总值（当年价格,万元）	27240800	1558600	8065640	8732000	6554980	2251190	2600022
	人均地区生产总值（元）	32411	18548	21526	17429	12069	9411	7584
	地区生产总值增长率(%)	14.5	15.2	15	14.2	14.3	14.1	10.4
三次产业占比	第一产业占GDP的比重(%)	4.05	6.94	10.56	18.03	15.34	20.72	18.43
	第二产业占GDP的比重(%)	42.02	61.07	60.89	49.7	47.75	37.49	38.87
	第三产业占GDP的比重(%)	53.92	31.99	28.55	32.27	36.91	41.79	42.7
固定资产投资	全社会固定资产投资总额(万元)	25001278	881180	6391360	8015268	5093856	2203400	2028886
	其中：房地产开发投资完成额(万元)	6963350	190872	584904	734019	281980	59000	150620
	住宅(万元)	5683026	162776	500022	701756	226437	49400	119588
外商直接投资	当年新签项目(合同)个数(个)	65	2	4	24	264	7	151
	当年实际使用外资金额(万美元)	121872	500	3600	4058	4470	4014	1164
商业经济	限额以上批发零售贸易业商品销售总额(万元)	15237432	127540	2437202	434537	2739080	227431	533998
	社会消费品零售总额(万元)	13811242	444771	2600973	2505892	1877800	728000	1096252
	限额以上批发零售贸易企业法人数(个)	422	35	69	136	97	21	67
财政（全市）	地方财政一般预算内收入(万元)	1813992	100785	301362	316707	282463	89585	113718
	地方财政一般预算内支出(万元)	2768502	338082	1022083	1071672	1165422	650652	993037
	科学支出(万元)	38080	1980	9008	7298	4734	3426	6414
	教育支出(万元)	392412	68793	217620	270563	281223	168322	203530

续表

		西安	铜川	宝鸡	咸阳	渭南	商洛	天水
财政 (市辖区)	地方财政一般预算内收入（万元）	1731146	95652	218875	175082	21164	15603	45207
	地方财政一般预算内支出（万元）	2400763	297739	561933	342443	129574	91649	300493
	科学支出（万元）	36603	1696	6446	2884	220	310	1263
	教育支出（万元）	300409	59656	90916	51375	35871	28790	62749

资料来源：2010 年《中国城市统计年鉴》。

（二）金融机构存贷款总额逐年增加

由于银行业在金融系统中处于主导地位，所以存贷款总额的增加反映出关中—天水经济区金融业取得了一定的进步与发展。自 2007 年以来，关中—天水经济区内各个市区的金融机构存贷款呈大幅度上升趋势。

1. 关中—天水经济区内各个市（区）金融机构存款余额持续增加

总体上来看，关中—天水经济区内金融机构存款余额在 2007～2009 年处于稳步上升趋势。西安市的金融机构存款余额由 2007 年的 4560.31 亿元，上升到 2008 年的 5711.27 亿元，再上升到 2009 年的 7522.08 亿元，上升幅度平均每年达 28.48%；铜川市的金融机构存款余额由 2007 年的 126.38 亿元，上升到 2008 年的 165.86 亿元，直至上升到 2009 年的 206.62 亿元，上升幅度平均每年达 27.91%；其他城市的金融机构存款余额趋势也是如此（见图 1）。

从图 1 中可以看出，关中—天水经济区内各个市区的存款余额差距很大，西安市金融机构存款余额远远高于其他几个市区，宝鸡、咸阳和渭南的金融机构存款余额居中，相比较来说铜川、商洛和天水的金融机构存款余额比较低。

关中—天水经济区内各个市区的存款余额增长率，其中天水最高为 32.27%，宝鸡最低为 22.19%（见图 2）。

2. 关中—天水经济区内各个市（区）金融机构贷款余额逐年增加

总体上来说，关中—天水经济区内金融机构贷款余额在 2007～2009 年呈逐

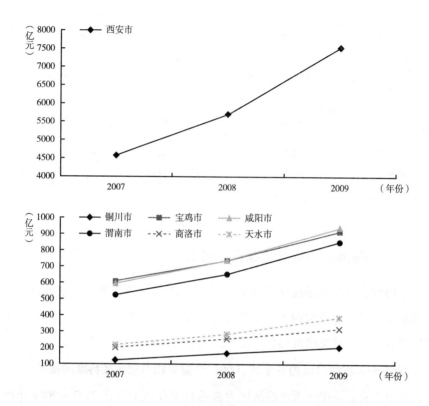

图1 2007～2009年关中—天水经济区各个市（区）银行存款余额走势

资料来源：2008年、2009年、2010年《中国城市统计年鉴》。

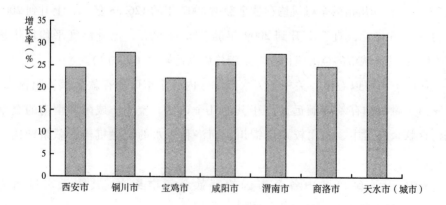

图2 关中—天水经济区各个城市金融机构存款余额年增长率比较

资料来源：根据2008年、2009年、2010年《中国城市统计年鉴》整理。

年上升趋势。西安市金融机构贷款余额由 2007 年的 2649.41 亿元，上升到 2008 年的 3235.84 亿元，再上升到 2009 年的 4482.63 亿元，上升幅度达平均每年 30.33%；铜川市金融机构贷款余额由 2007 年的 66.82 亿元，上升到 2008 年的 70.27 亿元，直至上升到 2009 年的 80.83 亿元，上升幅度达平均每年 10.10%；其他市区的金融机构贷款余额趋势也是如此（见图 3）。

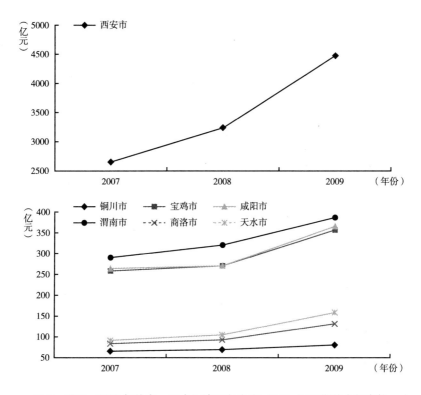

图 3   2007~2009 年关中—天水经济区各个市（区）银行贷款余额走势

资料来源：2008 年、2009 年、2010 年《中国城市统计年鉴》。

从图 3 中可以看出，关中—天水经济区内各个市区金融机构贷款余额的差距也很大，西安市金融机构贷款余额同样远远高于其他几个市区，宝鸡、咸阳和渭南的贷款余额居中，相比较来说，铜川、商洛和天水的金融机构贷款余额比较低。

关中—天水经济区内各个市区的贷款余额增长率，其中天水最高为 31.94%，铜川最低为 10.10%（见图 4）。

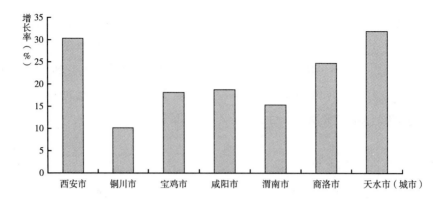

图 4　关中—天水经济区各个城市金融机构贷款余额年增长率比较

资料来源：根据 2008 年、2009 年、2010 年《中国城市统计年鉴》整理。

（三）金融业总体发展态势较好

关中—天水经济区成立以来，各个城市在之前的金融发展基础上有很大进步，取得了一定的成就，发展态势较好。

1. 西安市金融业发展态势

西安市经济金融各项指标远远高于关中—天水经济区内其他各个市区，金融机构数量、金融市场规模等均高居首位。

关中—天水经济区的建立，为西安经济社会发展注入了强大的活力。2009年，西安市生产总值 2719.10 亿元，比上年增长 14.5%，远远高于关中—天水经济区内其他市区。截至 2009 年末，西安市共有金融机构的法人机构和省一级的分行分公司的机构接近 100 家，营业网点超过了 1 万个，金融从业人员达到 4 万多人。金融机构存款余额达 7522.08 亿元；金融机构贷款余额达 4482.63 亿元；城乡居民存储余额达 3084.20 亿元，这些指标均远远高于关中—天水经济区内其他市区，是金额最低的铜川的 30 多倍。

西安市的资本市场发展较好，2009 年西安股票市场累计开户数 130 多万户，比上年末增长近 9%，上市总股本从 2007 年的 44.66 亿元增加到 88.25 亿元。

西安金融商务区建设迈出重要步伐，一批重要金融、商务机构开始进驻。

总体上来说，西安是整个关中—天水经济区经济发展的核心城市，也是关中—天水经济区金融发展的核心城市。积极打造西安为西部金融中心，对发展整个关中—天水经济区的金融业可以起到极大的带动与促进作用。

2. 铜川市金融业发展态势

随着金融体制改革的不断深入，铜川市金融业也呈现良好的发展态势。

铜川市金融与经济的融合力显著增强。截至 2009 年末，铜川市存款余额为 206.62 亿元，是"十一五"初的 1.8 倍，年均增长 20.3%，比"十五"期间高 1 个百分点。全市贷款余额 80.82 亿元，是"十一五"初的 1.5 倍，年均增长 13.6%。全市 GDP155.9 亿元，是"十一五"初的 1.86 倍，年均增长 22.4%，比"十五"期间高出 10.9 个百分点。

铜川市金融组织体系逐步完善。金融组织体系日渐完备，机构之间的互补、合作逐渐增强。保险机构由 3 家发展到 14 家，小额贷款公司试点正式推开，农村资金互助社试点稳步推进，市投融资开发公司，市级、县级担保机构相继成立。

铜川市金融改革成效显著，竞争力显著增强。截至 2009 年末，铜川市金融机构赢利 1.81 亿元，同比增加 6835 万元。各种新的信贷品种不断显现，汽车、住房等各类消费信贷极大地刺激了经济增长。

铜川市信用体系建设逐步完善，金融生态环境得到改善。铜川市制定了金融生态环境建设三年规划和诚信企业评定办法，对辖区四家担保机构进行了风险评估，对辖区金融生态环境进行了全面评价，金融生态环境日益改善。截至 2009 年末，全市评定信用户 36323 户，占农户总数的 31.64%；评定信用村、镇 89 个，占村镇总数的 16.5%；金融机构不良贷款率为 13.09%，比年初下降 4.79 个百分点。

铜川市保险业得到长足发展，为经济发展保驾护航的作用基本得到了体现。近几年来，铜川市保险业发展迅速，由最初的 3 家保险机构发展到 2008 年末的 13 家，截至 2008 年末，全市保费收入达到 3.01 亿元。保险业的较快发展在一定程度上为铜川市经济金融的发展起到了保驾护航作用。

3. 商洛市金融业发展态势

商洛部分区县被纳入国家关中—天水经济区，使得自身在大区域中确立发展定位不再局限于自我发展的"小圈"，在区域资源整合与大市场中肩负起更为重要的使命。近年来，商洛市的经济金融发展也在稳步前进。

商洛市经济发展速度持续加快。"十一五"前 4 年，商洛 GDP 增长速度分别达到 10.5%、12.4%、15.2%、14.1%，年均增长 12.9%。经济总量从 2005 年的 100.16 亿元增长到 2009 年的 225.12 亿元，提前 2 年完成"十一五"规划目标，超 180 亿元的目标任务 45.12 亿元。

商洛市财政收入持续快速增长。"十一五"前 4 年，全市地方财政收入连续 3 年保持 30% 以上增长速度。2007 年，财政总收入突破 10 亿元，总收入和地方收入提前实现"十一五"规划目标。2009 年，财政总收入达到 16.44 亿元，其中，地方财政收入 8.96 亿元。

商洛市投资和消费双向拉动作用明显增强。2006 年，全市固定资产投资迈上百亿元台阶，达到 133.2 亿元，实现翻番增长；2007~2009 年固定资产投资继续在百亿元台阶上稳步增长，2009 年达到 220.34 亿元，4 年累计完成 618 亿元，超"十一五"规划目标 58 亿元。在投资的拉动下，消费市场同步活跃，社会消费品零售总额增长速度呈现逐年递增态势，"十一五"前 4 年，分别增长 13.2%、17.6%、24.9% 和 19.7%。

商洛市城乡居民生活水平明显改善。经济的持续增长，直接带动了人民生活水平的提高，2009 年，城镇居民人均可支配收入达到 12857 元，农民人均纯收入达到 3002 元，分别比 2005 年增加了 5821 元和 1489 元，提前两年实现了 10000 元和 2000 元的"十一五"规划目标。

商洛市对外开放环境进一步优化。招商引资年度到位资金由 2006 年的 10.4 亿元增长到 2009 年的 64 亿元，实现了质的飞跃。中国电力、中国黄金、延长集团、有色集团、投资集团等一批大型企业带大项目落户商洛，全市产值亿元以上企业由最初的 3 户增长到 15 户以上。

4. 宝鸡市金融业发展态势

宝鸡市各项存款保持较快的增长势头。截至 2010 年 6 月末，宝鸡市金融机构各项存款余额为 1011.62 亿元，比年初增加 98.79 亿元，增速达 10.82%，这是宝鸡市各项存款余额首次突破千亿元大关。宝鸡市各项存款的大幅增加，壮大了银行资金营运实力，使得该市金融机构信贷投放能力增强。截至 2010 年 6 月末，宝鸡市各项贷款余额为 404.38 亿元，比年初增加 46.22 亿元，增速为 12.9%，创出了历史新高，为全市经济又好又快发展提供了有力的资金支持。

2010 年，宝鸡市各银行紧紧把握国家产业政策和信贷政策的协调配合，及时调整信贷结构和方向，积极支持重点项目建设和重点企业技术改造，共向宝钛集团、大唐发电、宝鸡第二发电公司等大型企业，以及宝汉高速公路等重点建设项目投放贷款 14.39 亿元。农信社发放涉农贷款 20.9 亿元，占全市新增贷款的 45.22%，为农户收入增加提供了有力的信贷支持。同期，该市金融机构还投放消费贷款 10.57 亿元，支持城乡居民购房、购车，扩大内需成为金融信贷投放的新热点。

5. 天水市金融业发展态势

2009 年以来，天水市整体经济发展情况良好，银行业金融机构在逆境中呈现存贷款快速增长、资产结构明显优化、经营效益大幅提升的良好态势，保险、证券业平稳发展，业务覆盖面不断扩展。这为各金融机构进一步发挥优势、全力融入关中一天水经济区建设，奠定了一个良好的基础。

2009 年，天水市的地区生产总值达 260.00 亿元，人均地区生产总值 7584 元，地区生产总值增长率为 10.4%，全社会固定资产投资总额 202.89 亿元，整体经济发展情况处于比较好的态势；天水市金融机构存款余额 386.07 亿元，比上一年增长 36.27%，金融机构贷款余额 159.54 亿元，比上一年增长 50.15%。天水市的金融机构存贷款大幅度增长体现了天水市金融业的迅猛发展。

邮政储蓄银行是天水银行业金融机构的一支新军，截至 2010 年 5 月末，全行各类贷款累计 3.5 亿元，其中针对商户和农户的小额贷款发放 2.15 亿元。在信贷业务发展中，邮政储蓄银行甘肃天水分行充分发挥全网优势和小额信贷放款速度快、服务好的优势，取得了良好的社会经济效益。

6. 咸阳市金融业发展态势

关中一天水经济区的建立，加快了西咸一体化的进程，极大地促进了咸阳市金融业发展。

2009 年，咸阳市的生产总值 873.20 亿元，人均生产总值 17429 元，生产总值增长率为 14.2%，固定资产投资总额 801.53 亿元，全市财政收入 31.67 亿元，经济发展的步伐处于关中一天水经济区各个市区的前列。咸阳市金融机构存款余额 936.00 亿元，比上一年增长了 27.58%，贷款余额 366.79 亿元，比上一年增长了 35.68%。金融机构存贷款的高速增长显现了咸阳市金融业的快速发展势头。

2003~2010 年，咸阳市共签约招商引资合同项目 4270 个，其中亿元以上的项目 208 个。实际到位资金 1269.24 亿元。7 年来，招商引资对全市经济增长的贡献率年均达到 6.53%，2009 年，招商引资企业上缴国、地两税达 12.46亿元。

7. 渭南市金融业发展态势

《关中—天水经济区发展规划》实施以来，渭南市搭上了经济发展的高速"动车组"。2009 年，渭南市生产总值 655.50 亿元，人均生产总值 12069 元，生产总值增长率 14.3%，全市财政收入 28.25 亿元，固定投资总额 509.39 亿元。渭南市金融机构存款余额 847.23 亿元，比上一年增长 30.00%；金融机构贷款余额 386.38 亿元，比上一年增长 20.80%。

二 关中—天水经济区金融业发展中存在的问题

近年来，关中—天水经济区经济社会发展取得了显著成就，是改革开放以来发展最快的时期。但是与珠三角、长三角、环渤海、武汉城市圈、长株潭、北部湾、成渝等经济区相比，还是存在较大的发展差距，主要是发展不足、发展不快、发展不优。在《关中—天水经济区发展规划》颁布实施两年来，关中—天水经济区的经济金融发展协调性日益增强，但作为跨省行政区的关中—天水经济区，仍处于起步阶段，在其金融业发展中存在着不可避免的现实问题。

（一）各个市区金融业发展差距较大，整体发展不平衡、不协调

关中—天水经济区内各个市区金融发展不平衡是一种客观存在，金融深化程度不平衡进一步放大了经济发展的不平衡。表 2 是 2008 年末关中—天水经济区 7 个市区的经济金融数据（包括西安、咸阳、渭南、铜川、宝鸡、杨凌、天水等 7 个市区，商洛只有部分区县加入经济区，所以此处没有给出相关数据），涉及银行、证券、保险等 15 个指标变量，下面将关中—天水经济区内各市区按金融发展程度进行分类考察，以充分反映关中—天水经济区内金融发展的不平衡。

依据金融发展的各项指标（相关数据见表 2），按照金融发展的不同程度，将关中—天水经济区内七个市区分为以下四类。

表 2 2008 年末关中—天水经济区主要金融数据统计

市 区	西安市	咸阳市	渭南市	铜川市	宝鸡市	杨凌区	天水市
各项存款余额(万元)	57493650	7336493	6517469	1658600	7371096	461626	2833035
居民储蓄存款(万元)	25137035	4867505	4381725	992690	4768709	275165	1996707
各项贷款余额(万元)	32751165	2703352	3198544	702743	2726098	149076	1062631
个人消费贷款(万元)	3553796	317345	256100	36021	163673	19644	49533
房地产贷款(万元)	5380582	358566	192983	21158	252543	47529	89967
支农再贷款余额(万元)	0	0	32000	0	0	0	5000
不良贷款率(%)		18.25	18.47	17.88	11.60	6.5	14.27
现金收入合计(万元)	80212291	1402955	17244211	230046	1322553	733739	6534433
现金支出合计(万元)	77808080	1531319	17708834	313174	1381611	741240	6391181
金融机构网点数(家)	928	696	709	120	592	27	311
银行从业人员数(人)	21690	7114	7541	1636	7025	346	3494
证券机构数(家)	3	3	1	1	5	1	2
证券交易量(万元)	73235500	6235452	2027762	310000	5001302	157410	3046112
保险机构数(家)	35	25	23	13	20	18	13
保费收入(万元)	1014455	243200	205693	30100	231224	12750	51645

资料来源: 各市区 2008 年度金融统计月报。

第一类, 西安市。关中—天水经济区金融发达城市。西北地区金融、商贸中心和交通信息枢纽, 是全国教育科研和高新技术产业的重要基地, 汽车、航空航天、新材料、电子信息、生物医药等产业优势明显, 是世界著名的历史文化名城, 拥有得天独厚的发展优势。2008 年, 各项存款余额 5749.4 亿元, 各项贷款余额 3275.1 亿元, 分别比 10 年前增长了 7.2 倍和 5.5 倍, 金融机构网点数 928 家, 从业人员 21690 人, 全市证券交易量 7324 亿元, 保费收入达 101 亿元, 为关中—天水经济区的"领头羊"。

第二类, 咸阳市、宝鸡市。关中—天水经济区金融快速发展城市。一个是毗邻西安的城市, 一个是关中—天水经济区的第二大城市, 都是关中—天水经济区金融业快速发展的城市, 有着许多相同点, 从 1994 年开始, 金融业迅速发展, 2008 年各项存款余额均超过 730 亿元, 各项贷款余额均超过 270 亿元。

第三类, 渭南市。关中—天水经济区金融较快发展的城市。渭南市的农业资源优势较强, 发展迅猛, 素有"陕西粮仓"之称。2008 年, 各项贷款余额超过宝鸡和咸阳市, 达 319.9 亿元, 其中涉农贷款占 76%, 支农再贷款余额 3.2 亿元，金融机构网点达 709 家，从业人员数为 7541 人。

第四类，铜川市、杨凌区和天水市。关中—天水经济区金融欠发达城市。铜川市是陕西省的资源型城市，以产煤为主。2008 年，各项存款余额 165.9 亿元，各项贷款余额 70.3 亿元，金融网点数为 120 家，银行从业人员 1636 人。杨凌区，国家农业高新技术产业示范区，区域面积较小，与其他六个市区没有可比性。不过，为了分析的完整性，作为经济区的农业示范区，杨凌区应该是金融快速发展的城市，各项存款余额从 2000 年的 14 亿元，增长到 2008 年的 46 亿元，增长了 2 倍多，各项贷款余额由 2000 年的 7.4 亿元增长到 2008 年的 14.9 亿元，增长了 1 倍。在国家高新区管理的优惠政策下，科技示范机制成效显著，未来金融业一定会蓬勃发展。天水市位于甘肃省东南部，2008 年各项存、贷款余额分别为 283.3 亿元和 106.3 亿元，金融网点数 311 家，银行从业人员 3494 人，银行业金融机构除农发行、工、农、中、建、农信社、邮储银行之外，仅有兰州银行 1 家入驻天水，金融业发展速度不快、创新不多，直接影响金融支持经济发展的作用发挥。

通过以上分类可以看出，关中—天水经济区各个市区金融发展差异的客观存在，不同程度地制约着金融市场和金融业的发展，导致金融资源有效配置的低效率，严重制约了关中—天水经济区的快速发展，而金融协调是促进经济协调发展的最优策略选择，因此必须从宏观与微观、外部与内部等多方面着手，来促进关中—天水经济区金融协调可持续发展，进一步提高金融对经济的支持和保障作用，最大限度地发挥金融集聚的"共振"效应，从而推进关中—天水经济区金融经济的协调快速发展。

（二）关中—天水经济区内各个市区金融机构存贷款差值均比较大，并且在逐年增加

2007 年，关中—天水经济区的整体存款为 6834.57 亿元，贷款为 3712.40 亿元，差额达 3122.17 亿元；2008 年存款总额为 8539.26 亿元，贷款总额为 4369.89 亿元，差额为 4169.37 亿元；2009 年存款总额为 11130.81 亿元，贷款总额为 5566.23 亿元，差额达到 5564.58 亿元。总体上金融机构存贷款总额差值较大，并且差值呈现逐年上升的态势。其中，关中—天水经济区内各个市区（包括西安、铜川、宝鸡、咸阳、渭南、商洛、天水等 7 个市区，其中杨凌示范区的

相关数据统计在咸阳管辖区域）的金融机构存贷款也呈现此现象，近几年来，存贷款差值均比较大。见图5、图6、图7、图8。

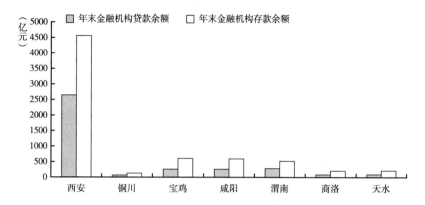

图5 2007年关中—天水经济区各个城市年末金融机构存贷款余额比较

资料来源：2008年《中国城市统计年鉴》。

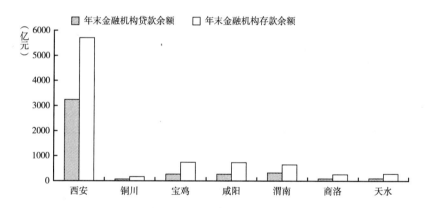

图6 2008年关中—天水经济区各个城市年末金融机构存贷款余额比较

资料来源：2009年《中国城市统计年鉴》。

（三）经济区一体化的金融服务体系尚未建立

目前，现有的金融服务体系与关中—天水经济区的金融发展不适应。跨区域经济区的发展是需要配套的跨区域金融服务体系来予以支撑的，作为跨省行政区的关中—天水经济区的发展迫切需要跨省行政区的一体化金融服务体系的支持。从关中—天水经济区跨省区一体化金融服务体系建设来看，经济区一体化的金融

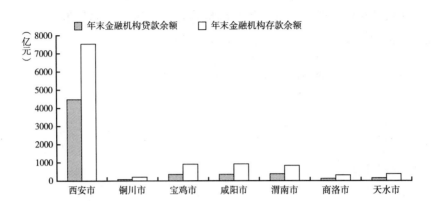

图 7　2009 年关中—天水经济区各个城市年末金融机构存贷款余额比较

资料来源：2010 年《中国城市统计年鉴》。

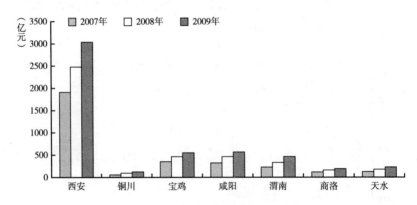

**图 8　2007～2009 年关中—天水经济区各个城市
年末金融机构存贷款差值走势**

资料来源：2008 年、2009 年、2010 年《中国城市统计年鉴》。

服务体系尚未建立，金融服务还存在有待改进和完善的地方。

　　跨区域金融基础设施建设目前尚处于空白。要实现资金在关中—天水经济区内的畅通、高效流动，就需要建立现代化的跨区域支付清算系统，而关中—天水经济区内中小金融机构还没有实现经济区内银行结算电子化，不能签发跨省区银行汇票；另外征信评级缺乏统一管理，信用评级报告还不能跨区域使用。

　　金融机构跨行政区服务经济区建设受到制度限制。目前国有商业银行省、市分行原则上不能跨省发放贷款，地方性法人金融机构更是不能跨省区发放贷款，作为关中—天水经济区中唯一的陕西省以外的天水市，在获得其他六市一区银行业金融机构支持方面因制度限制相对处于劣势。

跨省金融协调机制的缺失导致关中—天水经济区内金融部门之间的联动效应差，缺少应有的合作，金融服务效率低下，制约着金融体系的整体效率。

跨区域的金融产品和工具创新不足，缺少其他经济区针对整个关中—天水经济区服务的金融产品，如广西北部湾经济区的"边贸通"，制约了信贷对关中—天水经济区的有效投入。

关中—天水经济区内银行、证券和保险机构的业务开展仍以行政区域划分为主，这种区域分治的金融管理模式阻碍了资金在关中—天水经济区的快速流动，削弱了金融资源在关中—天水经济区内的优化配置。

跨省区金融风险不容忽视，金融维权难度加大。一是缺乏跨省区金融风险防范协调机制。缺乏跨省区风险担保体制，不能有效承接信贷风险，缺乏跨省区金融监管机制，一些新的跨省区资本流动存在监管真空。二是金融机构跨省区维权困难重重。各地方政府共赢意识不强，在跨省区维护金融债权时依法维权难度大、成本高。社会诚信意识有待加强，债务拖欠、逃废债务甚至商业欺诈等情况时有发生。目前，我国社会信用体系建设还处于起步阶段，社会公众甚至机构投资者的信用信息得不到有效归集和准确评估，失信惩罚机制尚未有效建立。

（四）关中—天水经济区内资本市场发展水平低

关中—天水经济区目前尚未形成多层次的资本市场。资本市场发展水平低，股票、债券、票据等融资工具市场规模较小，产业投资基金、创业投资等发展程度都比较低，民间资本参与不足，经济的发展过度依赖银行间接融资。2009 年，关中—天水经济区内拥有上市公司 29 家，仅占全国 1628 家上市公司的 1.78％。29 家上市公司共融资（包括 IPO、配股、增发）218.51 亿元，仅占同期关中—天水经济区各项贷款余额 6498.34 亿元的 3.36％。2007 ~ 2008 年，关中—天水经济区只有 4 家企业成功上市，融资 106.01 亿元，与同期全国 A 股上市企业数量及融资总额相比差距很大。2008 年上半年关中—天水经济区内上市公司平均每股收益 0.0655 元，平均净资产收益率 5.98％，而同期全国 A 股公司平均每股收益 0.1745 元，平均净资产收益率 8.16%，并且目前关中—天水经济区 29 家上市公司中有 ST 公司 6 家，占比 20.7%，面临暂停上市和退市的危机，关中—天水经济区内上市公司再融资能力不容乐观。另外，债券、票据等其他融资工具的发展更为缓慢，产业投资基金、创业投资等还处于启动阶段。据不完全统计，2004 年以来关中—天水经济区仅发行企业债 20 亿元，公司债 18 亿元；2005 年国家推出短期融资券后，关中—天水经济区只有 9 家企业成功发行 16 期、金额 135.52 亿元，仅占全国累计发行总额的 3.1%；而中期票据自 2008 年推出以来，全国已先后发行 1672 亿元，关中—天水经济区至今仍为空白；产业投资基金亦为空白，创业投资尚处在启动阶段。

（五）关中—天水经济区内金融资源配置失衡

金融机构主要集中于西安市，影响了金融服务于整个关中—天水经济区的效率和水平。目前，西安市不仅聚集了关中—天水经济区内所有的国有商业银行、政策性银行的一级分行，而且进入关中—天水经济区的 10 家全国性股份制商业银行、2 家外资银行的一级分行也几乎全部集中在西安。同时，全国性股份制商业银行、外资银行、区域性股份制商业银行，长安银行、西安银行在关中—天水经济区的其他市（区）几乎没有设立机构网点，只有兰州银行进入关中—天水经济区内的天水市，金融机构分布失衡直接影响对关中—天水经济区内其他城市的金融支持。

信贷资源的区域配置不合理，增加了金融支持关中—天水经济区发展的压力。2009 年末，西安市金融机构各项贷款余额 4563 亿元，占关中—天水经济区贷款余额的 70.2%，关中—天水经济区内其他市（区）的贷款余额的总和仅为西安市的一半。

各类金融机构发展失衡，凸显金融支持关中—天水经济区发展的矛盾。目前关中—天水经济区内金融机构以银行为主，证券、保险占金融业的比重偏低。银行业中尽管股份制银行、城市商业银行发展较快，但国有商业银行仍占主导地位。

信贷投向不合理，影响了关中—天水经济区的协调发展。由于金融机构同业竞争加剧以及受资金逐利性的影响，信贷对象趋同和行业集中现象日益明显，导致潜在的系统性风险上升。从行业分布看，关中—天水经济区内贷款主要集中在交通、电力、基础设施、电信、房地产等垄断性行业。以在关中—天水经济区内贷款占绝对份额的西安市为例，2009年末，全市金融机构前20大客户贷款余额为2317.17亿元，占全市各项贷款总额的50.8%。这种信贷资源"垒大户"现象，必然造成信贷资金较少地投向中小企业、"三农"经济等弱势领域，导致关中—天水经济区经济发展不协调。

（六）资金有效需求不足，融资渠道单一

首先，资金有效需求不足。2009年，关中—天水经济区内存贷差额为3000多亿元，扣除存款准备金、备付金等因素，闲置可用资金达2000多亿元。究其原因，一是关中—天水经济区内符合银行业金融机构授信条件的大项目、优质项目仍较少，资金沉淀在银行业金融机构贷不出去。二是中小企业有项目，产品有市场，但达不到金融机构发放贷款的条件，无法得到信贷支持。

其次，企业融资渠道狭窄。目前，关中—天水经济区内普遍形成了间接融资所占比例很高、间接融资以信贷资金为主、债券融资和股权融资尚处于起步阶段的融资格局。到2009年末，西安市有上市公司18家，宝鸡市有上市公司5家，天水市148家规模以上企业中，仅有华天科技1家上市公司，占比不足规模以上企业的1%。企业过度依赖以银行信贷为主的间接融资模式，不仅严重制约了企业发展，而且加大了金融机构的信贷风险。

（七）关中—天水经济区内金融生态环境欠佳

区域金融生态环境的好坏直接影响区域金融业的发展。近年来，关中—天水经济区的金融生态环境建设取得了一定的成效，金融生态环境明显有所改善，但与发达地区相比，尤其是与发达的珠三角经济区、长三角经济区和环渤海经济区相比，关中—天水经济区的金融生态环境仍存在不少问题，大大影响了银行信贷的投放和外部投资的进入。一是企业和个人逃废债务行为时有发生，信用体系建设仍需加大力度。二是金融依法维权较难，"赢了官司赔了钱"的现象仍然存在。在市场经济中，依法打击逃废金融债务行为是金融机构和投资者维护自身合法权益的主要途径。但在我国的司法实践中，由于各种主、客观原因，依法起诉的债权很难如数收回，同时也在于目前我国社会信用体系建设还处于起步阶段，社会公众甚至机构投资者的信用信息得不到有效归集和准确评估，失信

惩罚机制尚未有效建立。关中—天水经济区亦是如此。三是关中—天水经济区内的社会担保体系建设不完善。关中—天水经济区内中小企业、下岗失业、创业就业等领域的担保机构较少，2009 年关中—天水经济区内担保贷款仅为 110 亿元，占同期关中—天水经济区各项贷款总额的比例不到 1.8%。这就导致中小企业、下岗失业和创业就业人员的资金需求难以得到满足，阻碍了关中—天水经济区内中小企业和弱势群体的发展。

三　关中—天水经济区金融业发展的政策建议

（一）加强金融基础设施建设，为关中—天水经济区内金融活动提供基础支撑

大力推进金融改革，构建一个功能完善、有竞争力、能提供良好金融服务的组织体系。同时，进一步改善关中—天水经济区的金融生态环境，培育良好的市场经济环境，留住和吸引更多的金融资源，充分发挥好市场配置金融资源的基础性作用。

不断完善支付清算等金融基础设施方面的建设。扩大银行汇票业务的适用范围，允许中小金融机构签发经济区内银行汇票，为关中—天水经济区内资金往来提供完善的金融服务，提高资金使用效率。

积极推进关中—天水经济区内信用体系建设。努力将关中—天水经济区内非银行信息纳入企业和个人信用信息基础数据库，同时加强对关中—天水经济区内征信评级市场的统一管理，积极开展信用担保机构评级等业务，扩大评级报告在关中—天水经济区的应用范围。

加大金融创新力度，提高竞争力。金融机构要增强金融创新意识，实施金融产品和服务创新，不断满足关中—天水经济区日益增长的多元化金融需求，创新贷款方式，充分发挥金融整体功能，分散和防范贷款风险。

（二）建立关中—天水经济区金融协调机制

作为跨省行政区的关中—天水经济区，应在省部级联席会议的框架下，构建经济和金融的合作与协调机制，以建立关中—天水经济区金融协调机制为切入

点，促进陕甘两省及经济区内各市区地方政府、金融管理部门和金融机构的跨区域合作与协调，加快关中—天水经济区经济金融一体化的步伐。区域金融合作应该是有条件的、分阶段的过程。主要构想为：

第一，关中—天水经济区内金融合作一定要遵循平等、互惠、自愿、双赢的原则。

第二，关中—天水经济区金融合作的步骤应该分层次逐步推进，关中—天水经济区内各市区可考虑先从双边、三边合作入手进而发展到多边及更广泛的合作。

第三，关中—天水经济区内金融合作的框架主要应搭建关中—天水经济区金融协调联席会议制度、金融发展高端论坛、产业整合融资协作洽谈机制、融资信息沟通和咨询等四个平台，统筹研究关中—天水经济区内金融合作的规划和策略，研究配套政策导向和配套战略实施，促进关中—天水经济区金融一体化的进程。

（三）加快西安市区域金融中心的建设

西安市优越的区位资源、强大的经济实力、良好的金融基础、厚重的文化积淀等优势，决定了以西安为中心向外辐射和联系的特殊格局。因此，关中—天水经济区应以西安地区经济发展为依托，以关中—天水经济区金融供求为拉动，将西安建设成地域上覆盖整个关中—天水经济区，业务上汇集银行、证券、保险、期货、外汇等交易于一体，辐射整个大西北的金融资源集聚、金融服务高效的区域性金融中心。

当前，要加快对已具雏形的西安高新区金融创新试验区、中心城区金融机构聚集区和西安金融商务区进行合理定位，使其形成各具特色、有机互补的格局；加快西安金融业发展规划的编制，进一步明确西安金融业发展的方向和战略定位，并纳入政府发展规划；加快西安金融商务区建设，形成以金融后台服务和金融服务外包为基本特色的金融商务区。

（四）积极发展多层次的区域资本市场

在关中—天水经济区内要积极发展以西安为中心的区域资本市场。重点发展企业在股票市场的直接融资，同时，积极发展企业债券市场、期货市场、产权交易市场等，构建多层次的区域资本市场。重点发展企业在股票市场的直接融资。

首先，扶持和培育一批具有增长潜力以及产业关联度高的公司上市，目前关中—天水经济区内没有上市公司的市（区）要尽快实现上市公司零的突破。

其次，推动现有上市公司持续发展，发挥其再融资和市场放大功能，通过资产重组、配股、增发新股等形式将本地区的支柱产业注入上市公司，扶持上市公司进行产业转移、结构调整和升级。

再次，鉴于关中—天水经济区内 ST 公司较多的现状，可统筹利用上市公司的壳资源，鼓励区内区外的企业收购、兼并关中—天水经济区的壳公司，通过植入优质资产提高经营业绩，改善关中—天水经济区上市公司的结构和质量，提高上市公司的融资能力。

最后，在规范运作、明晰产权的基础上，将具有地区发展优势和支柱性产业中的优势企业进一步做大做强，做深主业，突出产业优势和提高核心竞争能力，使其成为上市公司的后备军。

（五）健全金融服务体系，创新融资方式

关中—天水经济区要以健全金融服务体系和创新融资方式为手段，优化关中—天水经济区金融资源配置。在健全金融服务体系方面，关中—天水经济区内各地方政府和金融监管当局要创造条件吸引全国性股份制商业银行、外资银行和区域性股份制商业银行到本地区设立分支机构，加快引进金融租赁公司、金融咨询公司以及全国性的保险、证券等金融机构，大力发展投资咨询、信用担保和资产评估等中介服务机构，鼓励和支持小额贷款公司、村镇银行等新型农村金融机构的发展。通过健全金融服务体系，来优化金融资源配置。

在创新融资方式方面，关中—天水经济区内各地方政府和金融机构要采取相关对策措施。要建立多渠道的企业资金融通体制；全面发挥金融服务功能；消除融资壁垒，加强跨区域资金流动，解决关中—天水经济区内资金余缺不均的矛盾；设立产业投资基金；运用银团贷款模式，针对资金需求额度大、建设时间长、资金回笼慢的企业项目，可采取银团贷款的资金收集及管理模式开展"项目融资"；发展票据融资工具，重点是发展商业票据市场，支持商业银行设立票据专营机构，允许证券公司代理发行和买卖大公司的商业票据并参与二级市场交易，增加关中—天水经济区内参与债券市场的业务数量和品种，引导和组织企业扩大短期融资券发行。

（六）加强金融生态环境建设

加强关中—天水经济区金融生态环境建设，不断优化金融发展外部环境。积极构建并实施"关中—天水经济区信用工程"，推进关中—天水经济区内良好的金融生态环境建设。

一是建立企业和个人征信信息、政务信息共享机制。以人民银行征信系统为依托，整合工商、税务、质监、司法、公用事业、公积金、社保等部门掌握的信用信息，实现跨行政区域的信贷和政务信息共享。

二是建立区域信用惩戒和信用激励机制，加大对失信行为的惩戒力度，提高失信行为成本，营造良好的金融法治环境。同时，也要对信用记录好的企业和个人，在金融服务上给予优惠和便利。

三是培育和引进优秀的外部信用评级机构，实现区域内金融机构与相关评级机构的功能互补，共同建设良好的区域金融生态环境。

四是促进政府职能转变，增强政府服务意识，提高工作效率，不断优化金融发展的外部环境。

参考文献

李霄峻：《金融支持铜川融入关中—天水经济区发展的对策分析》，《西部金融》2010年第11期。

杨科：《商洛市"十二五"经济社会发展思考》，《陕西发展和改革》2010年第2期。

马常青：《关中—天水经济区金融协调发展研究》，《甘肃社会科学》2010年第2期。

马常青：《金融支持关中—天水经济区发展相关问题研究》，《西部金融》2008年第2期。

张军、何剑伟：《金融支持关中—天水经济区发展的思考》，《西部金融》2009年第11期。

关中—天水经济区资源
加工业发展报告

王树斌*

摘　要： 本报告从关中—天水经济区资源加工业的发展现状入手，选取该区能源化工业和有色金属加工业为重点考察对象，初步探讨关中—天水经济区能源化工业和有色金属加工业的发展现状、存在的问题，并就存在的问题提出几点参考性的解决方案。

关键词： 能源化工业　有色金属加工业　解决方案

考察和研究关中—天水经济区资源加工业的发展，本报告选择了该经济区最具代表的能源化工业和有色金属加工业为考察的对象，初步探究该经济区经济发展过程中的资源加工业的发展态势。

一　关中—天水经济区资源加工业发展现状

从选择的指标来看，"十一五"期间到"十二五"期间关中—天水经济区的能源化工业发展势头良好（见图1）：①在过去8年间，经济区内能源化工业发展的各项指标都呈现逐年增长的趋势；②利税总额、本年应缴增值税在研究期间整体发展保持增长水平；③利润总额也在稍低于利税增长的水平下保持持续增长的势头；④工业总产值、工业销售产值则在平稳发展中显现增长的特点；⑤主营业务收入和利息支出同样保持增长趋势，可见主营业务收入对经济贡献的强大力度。

＊ 王树斌，男，陕西师范大学国际商学院经济学硕士研究生。

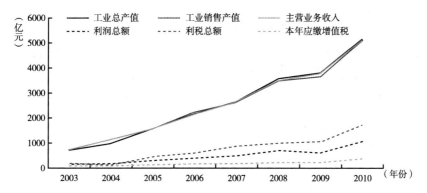

图1　2003～2010年关中—天水经济区能源化工业发展相关指标趋势

具体情况而言，煤炭开采业的发展近五年的发展状况呈乐观态势（见图2）：①工业总产值和工业销售值增长势头迅猛，到2010年底分别达到1408亿元和1371亿元，与2004年相比，分别增加了1316.9亿元和1281.5亿元；②利润总额逐年增加，2007年突破百亿元大关，到2010年，利润总额增加到约468.9亿元；③利税总额的增长对经济的贡献值最大，保持持续高速的增长势头，在2010年底约678.3亿元，超过500亿元大关；④本年应缴增值税则在经济发展的过程中逐年平稳增长（见表1）。

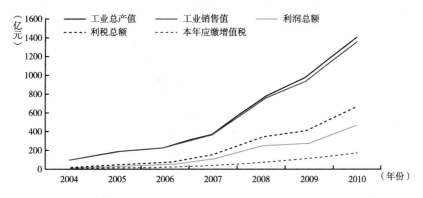

图2　2004～2010年关中—天水经济区煤炭开采业发展相关指标趋势

石油加工、炼焦及核燃料加工业的发展在研究期内逐年增加；利润总额和本年应缴增值税都以小幅的增长趋势逐年增加；利税总额则逐年呈现增长趋势（见图3）。说明石油加工、炼焦及核燃料加工创税率，在关中—天水经济区的发展过程中有比较平稳的增长过程。总之，能源化工的发展有其自身存在的特别之

表1 2004～2010年煤炭历年开采产值情况

单位：万元

年份	工业总产值	工业销售值	利润总额	利税总额	本年应缴增值税	利税率(%)
2004	916311	901205	55820	156505	81322	17.80
2005	1809694	1798322	253999	473898	171179	26.19
2006	2372497	2344519	370911	702632	241882	29.62
2007	3791522	3690837	1065653	1566660	384167	41.32
2008	7525514	7357124	2463978	3382228	703702	44.94
2009	10055833	9557953	2798145	4198223	1131004	41.75
2010	14085635	13716179	4689316	6783434	1727584	48.16

处，能源化工的各个行业的发展不尽相同，各项指标均差异较大。把握行业的发展现状和特点，有利于把握行业的发展方向，更有利于行业的发展道路规划和设计。

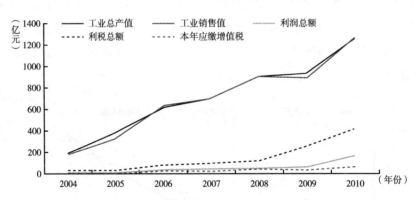

图3 2004～2010年关中—天水经济区石油加工、
炼焦及核燃料加工业发展相关指标趋势

从有色金属发展的数据和趋势来看，其行业的稳定发展还需要进一步努力。研究期内，行业的各项指标数据的波动都比较大。其中，本年应缴增值税较为平稳，说明了该行业产值利税贡献的稳定性，但行业创税能力值得进一步探讨。工业总产值、工业销售额以相同的增长趋势波动；而利润总额和利税总额则逐年呈现下滑趋势，虽然在2007年有小幅的反弹，但对总体趋势的改变并不明显（见图4）。

有色金属发展应当着重发挥地区的资源禀赋优势，建设具有地区优势的相

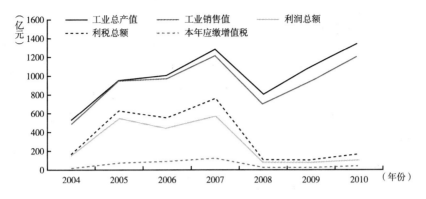

图4 2004～2010年有色金属业发展相关指标趋势

关行业以发挥产业优势。例如，柞水把小岭工业区建设成为省级重点县域工业园区作为突破口，举全县之力，不断壮大园区实力，提高矿产加工深度，延伸产业链条，2010年实现工业总产值15亿元，工业增加值5亿元，利税总额4.5亿元，努力把该县建设成关中—天水经济区重要的钢铁工业及有色金属材料基地。

二 关中—天水经济区资源加工业发展过程中存在的问题

在现阶段，高能耗、高污染的粗放型增长方式依然是我国经济发展过程中仍未解决的重大问题，同时如此的发展方式也面临日益严峻的挑战；低能耗、低污染、低排放的低碳经济发展方式已经成为发展的必然选择。中国经济的快速发展对能源需求的增长和自身能源储备的不足，使我国的能源安全问题日益严峻。作为能源消耗大国、温室气体排放大国，经济的发展也面临巨大的国际压力。同时，由于能源价格的不断攀升，降低能源消耗显得尤为重要，对于能源成本占成本比重高的耗能企业更是如此。

从地区的资源状况和经济发展特点来看，关中—天水经济区内的资源加工业的发展呈现出无异于我国经济发展的几大特点，但同时由于受到地区经济发展阶段和经济发展制度的影响，又表现出不同的发展特点，概括来讲，主要有以下几点。

（一）消耗总量大，增长迅速

国家统计局统计公报显示，2010 年，全国能源消费总量为 32.5 亿吨标准煤，比上年增长 5.9%。其中，煤炭消费量增长 5.3%；原油消费量增长 12.9%；天然气消费量增长 18.2%；电力消费量增长 13.1%。全国万元国内生产总值能耗下降 4.01%。主要原材料消费中，钢材消费量 7.7 亿吨，增长 12.4%；精炼铜消费量 792 万吨，增长 5.1%；电解铝消费量 1526 万吨，增长 6.0%；乙烯消费量 1419 万吨，增长 32.3%；水泥消费量 18.6 亿吨，增长 14.5%。

关中—天水经济区化工业的发展状况表现为能源化工高贡献率，经济发展迅速。经济区全区生产总值将近 5000 亿元。其中，能源化工以约 40% 的速度高速增长，"重工业增速快于轻工业"。据相关人士预测，能源化工业在今后的一段时间里，将继续维持高增长率和高贡献率；能源化工将成为该经济区经济发展的一个强势推动力甚至是第一推动力。上半年，关中—天水经济区能源化工业实现了 44.5% 的高速增长，其与装备制造、有色冶金三大重工业推动全区工业增长逾 33 个百分点。

（二）环境补偿不足，社会代价重大

关中—天水经济区所包含的地域范围大部分地处干旱和半干旱地区，生态环境脆弱，受传统经济体制的影响，人们对环境资源缺乏应有的珍惜，对环境资源长期实行重开发利用、轻保护、重索取、轻补偿的掠夺式的生产经营方式，致使相当一部分地区生态环境持续恶化，个别地区已出现了原有生态系统失衡的征候。补偿不足是造成关中—天水经济区农田土地退化、水土流失的重要原因；补偿不足是导致关中—天水经济区草原退化、沙化的重要因素；补偿不足是引起森林资源衰竭的深层次原因，长期执行的木材价格偏低的价格体系，使林区各林业局的经济效益低下，加上认识上的问题，营林、育林、造林乏力，由于森林资源消耗得不到及时补偿，森林后备资源严重不足；补偿不足是造成资源开发区生态环境无法有效循环的重要原因，解决资源开发区的生态环境问题刻不容缓，改变资源产品价格严重扭曲的局面，提高资源开发生产经营企业的经济效益，增强其经济实力，加大环境保护法规的建设和执法力度，是解决资源开发区突出的生态环境问题的前提和有力保证。

（三）能源消耗大，产值比率低

根据最新的世界能源统计数据显示，2009 年，中国一次能源消费量达到 21.77 亿吨油当量，比 2008 年增加了 8.7%，占全世界一次能源消费量的 19.5%，几乎与美国的消费量持平；另一方面，按照 BP 公司估算的碳排放水平，中国 2009 年碳排放 75.18 亿吨二氧化碳，比 2008 年增加 9.1%，占全球碳排放的 24.2%，虽然碳排放的数据统计存在不确定性，但中国是世界碳排放大国不容置疑。目前国内外对中国能源消费、碳排放影响因素分解做过一些研究，但大部分研究缺乏对方法的系统分析，属于"拿来主义"，因为每种分解分析方法都有适用范围；其次，缺少对最近几年中国经济发展引起能源消费、碳排放特征变化的系统分析。

（四）矿产资源勘查、开发有待改善

矿产资源勘查、开发的矿业权市场发育缓慢，商业性勘查运行机制不健全，利用国外和区外资金进行矿产资源勘查、开发的力度不足，矿业资本市场的运作体系尚待规范和培育。

（五）资源利用方式粗放

矿山企业规模总体偏小，大中型矿山仅占矿山总数的 1.7%，整体实力不强；矿山技术装备集约化程度偏低，技术改造和转轨能力弱，工艺水平落后，市场适应性差；矿产资源利用方式粗放，选冶加工的科技含量较低，矿产品产业链短，多数企业以销售原矿和初级加工品为主，经济效益差；小型矿山经营管理水平参差不齐，大矿小开、重复建设问题比较突出，采矿方法落后，资源利用率低。

三　大力发展关中—天水经济区资源加工业的政策建议

（一）调整和优化资源加工业的产业结构，实现经济多元化发展

产业结构升级是落后地区实现跨越式发展的重要途径，关中—天水经济区的产业结构调整应立足于该区域的比较优势，更应看到与其他的经济区相比较所拥

有的特色和技术。同时在重点地区和优势地区，能源化工业着力培育竞争优势。应该看到，关中—天水经济区作为西部资源富集区，产业结构相对落后而且单一，更为严重的是资源加工的附加值普遍偏低，相关资源化工产业的发展很不发达。因此，能源化工产业的结构调整和优化是单纯以资源开采为导向的经济发展方式向多元化发展方式转变的有效途径。

（二）以循环方式开发利用资源，发展能源化工业

能源化工业的发展要在资源利用管理上转变机制，以提高资源利用效率为核心发展循环经济，对资源生产、运输、加工和利用的全过程进行节能管理。加强管理，提高资源利用效率；通过技术创新，加强资源的综合利用、循环利用、重复利用，降低单位产值的资源成本，提高资源配置效率；通过科技创新和进步，推进废物资源化。限制高能耗小企业的发展，提高低能耗技术密集型产业的比例，推广清洁能源，树立资源循环利用的理念，将利用循环方式开发，放在资源加工业发展战略的优先地位。

（三）健全和完善激励机制，推动资源加工业发展

建立完善关中—天水经济区的资源加工业发展的政策和激励机制。一是优化资源加工业投资政策；二是建立激励兼容的资源加工企业发展积极性；三是淘汰对环境造成严重破坏的企业，建立资源加工业企业的退出机制；四是完善区域内资源加工产业技术人员引进激励机制。

（四）建立与完善税收政策和资源倾斜支持措施

通过价格政策和开征生态税等手段限制、制约企业破坏环境和消极保护环境的行为。要从当地资源开发收益中提取地方产业发展资金和产业转型资金，增加对地方特色产业和绿色产业的资金支持。通过在政府采购过程中给予照顾和倾斜，以及制定相应的税收优惠政策等手段，来支持和鼓励相关企业单位发展循环经济，促进能源化工业的良性发展。

（五）建立资源加工业发展的技术支撑体系

关中—天水经济区应该结合自身优势，研究开发适应地区经济发展及与环境

资源相适应的先进技术，引进国内外先进的技术和管理方法，建立和完善能源化工业发展的技术支撑体系。应当与煤炭等相关资源研究机构紧密合作，开展煤炭等深加工、煤制油等先进技术的研究与开发。加大对辖区内积极从事先进技术引进、吸收的中小企业的扶持力度。

（六）充分利用经济手段，控制环境污染

该地区能源化工业的发展要利用市场机制，把环境污染的社会成本内部化到经济主体的生产经营成本和市场价格中去，可以有效地引导各经济主体的决策行为，达到保护环境和资源可持续利用的目的。能源重化工基地应按照"污染者付费、开发者保护、损害者补偿"的原则，实施达标排污收费、超标排污加倍收费并予以处罚的制度，逐步使收费标准高于污染治理成本，真正实现利用排污收费刺激削减环境污染的目的。

（七）加快资源加工业发展的相关法规建设

加快制定能源化工业发展的法律法规，建立与完善能源化工业发展各项制度，并配套制定相关实施细则，明确实施的重要性，确立能源化工业发展在社会经济发展中的地位。明确政府、企业以及公众在关中—天水经济区经济建设和发展过程中的权利、义务和责任。做到有法可依，依法促进区域能源化工业的良性发展。

（八）协调关系，走低碳发展之路

关中—天水经济区的发展，需要处理好几个关系：即经济发展与低碳之间的协调；经济发展与低碳排放的管理、控制和引导之间的协调。在促进低碳排放方面，工作要有侧重。要继续加强资源环境污染管理和监控，继续转变经济发展模式，继续加大科技投入，继续加强产业升级，强化低碳环保和低碳产出对提升低碳经济发展水平的促进作用。与此同时，也应对低碳消费和低碳资源引起足够的重视，积极引导、控制消费行为、消费模式，鼓励和支持居民合理消费、理性消费、节约消费和节制消费，减少人均碳排放强度；优化能源使用结构，提高非化石能源消费，遏制低碳资源水平不断下降的趋势。要加强低碳经济发展能力区域协调工作，继续加大中西部地区的支持力度，使中西部地区走上快速发展的道

路。围绕主要能源产地，尤其是煤炭和石油产地，深度开发资源产业，积极延长资源产业链条，增加资源产品的附加值，增强能源产地的经济实力。

参考文献

程晓冰、张淑玲、陈庆伟：《我国能源化工"金三角"地区水资源管理探讨》，《中国水利》2011年第3期。

张会新、高超：《能源化工产业资源共享机制研究——以陕北能源化工基地为例》，《经济研究导刊》2011年10期。

张阳生、赵娟、惠怡安：《陕北能源化工基地的产业升级及其结构优化重组》，《干旱区资源与环境》2007年第3期。

张代谦：《西部地区能源产业优化配套发展的现状、主要问题及对策研究》，《经济体制改革》2010年第3期。

刘鹤、刘毅、许旭：《黄河中上游能源化工区产业结构的演进特征及机理》，《经济地理》2010年第10期。

陈一鸣、全海涛：《试划分我国工业发展阶段》，《经济问题探索》2007年第11期。

国家发展改革委能源研究所课题组：《"十二五"时期能源发展问题研究》，《宏观经济研究》2010年第3期。

刘育红、张强：《陕北能源化工基地建设问题研究——基于延安市的调查数据》，《西安财经学院学报》2010年第6期。

关中—天水经济区现代农业发展报告

韩翠翠[*]

摘　要：本文通过对关中—天水经济区现代农业发展现状的深入研究，指出现代农业发展中在人力资本、资金、技术等方面存在的主要问题，并提出了相应对策以期促进关中—天水经济区现代农业的长远发展。

关键词：关中—天水经济区　现代农业　发展

陕西关中至甘肃天水地区作为黄土文明的传统农业的发源地，具有深厚的传统农业文化，为中华农业文明发展作出了巨大的贡献。今天，现代农业作为关中—天水经济区重要的经济支柱产业，与东部地区相比，在产出水平、集约化程度、科技支撑能力、人力资本等方面还存在着较大差距。因此，进一步探讨关中—天水经济区现代农业发展并制定有针对性的对策，对我国西部地区乃至全国都具有十分重要的理论和现实意义。

一　关中—天水经济区现代农业发展现状

《关中—天水经济区发展规划》提出打造现代农业高技术产业基地的发展战略。以杨凌国家级农业高新技术产业示范区为依托，发展新型农业生产方式，建设现代农业技术推广服务平台。以此为目标，经济区各市、区加快农业结构调整，优化农副产品加工布局，促进农副产品加工聚集区建设；大力提升农业产业化水平，重点发展粮油、果蔬、畜禽、奶制品等深加工业；以培育龙

---

* 韩翠翠，女，陕西师范大学国际商学院经济学硕士研究生。

头企业发展带动农产品基地建设，积极培育一批知名品牌和竞争力强的企业；大力发展特色产业，壮大县域经济。

（一）西安市现代农业发展现状

在关中—天水经济区中，西安市现代农业发展占主导地位。近年来，西安市委、市政府紧紧抓住国家深入推进西部大开发和实施《关中—天水经济区发展规划》的机遇，坚持统筹城乡发展方针，按照"科学发展、率先发展、服务城市、富裕农民"的目标，突出加强农业基础设施建设，着力构建都市农业支撑体系，加快农业结构战略性调整，积极推进农业产业化经营，促进现代农业发展。

2010 年，西安市实现生产总值（GDP）3241.49 亿元，比上年增长 14.5%。其中第一产业增加值 140.06 亿元，增长 6.9%；全年粮食播种面积 621.71 万亩，比上年减少 7.0 万亩；油料播种面积 8.98 万亩，增加 0.39 万亩；蔬菜播种面积 95.71 万亩，增加 0.88 万亩；园林水果实有面积 74.95 万亩，增加 3.87 万亩。全年粮食产量 221.65 万吨，较上年增长 1.6%，创历史最高水平，其中，夏粮产量 106.60 万吨，增长 3.5%，秋粮 115.05 万吨，下降 0.1%（参见表1）。全市农用机械总动力 267.73 万千瓦，比上年增长 2.3%；农田有效灌溉面积 281.28 万亩，增长 3.0%；全年农用化肥施用量（实物量）78.11 万吨，增长 0.6%。

表1 2010 年西安市农业主要产品产量

产品名称	计量单位	产量	比上年增长（%）
油 料	万吨	1.17	4.5
蔬 菜	万吨	253.10	4.4
园林水果	万吨	84.78	7.4
肉 类	万吨	13.65	8.2
奶 类	万吨	63.37	2.5
禽 蛋	万吨	12.38	6.1
大牲畜年末存数	万头	21.60	3.7
猪年末存栏数	万头	94.32	2.7
羊年末存栏数	万头	29.45	5.4
家禽年末存栏数	万头	1034.20	5.4

1. 特色农业

目前，在西安市已经形成临潼 10 万头奶牛、周至 1.3 万公顷猕猴桃、阎良

6700 平方米瓜菜、秦岭北麓 2 万公顷旅游观光农业四大特色板块和西阎路果蔬产业带等 12 条产业带。粮食、蔬菜总产均稳定在 210 万吨左右。农作物良种覆盖率达到 98% 以上，水果良种实现了全覆盖。

2. 农业产业化经营

全市龙头企业已发展到 400 家，形成 5 条覆盖全市的农产品加工龙形产业链。年销售收入过 500 万元的龙头企业发展到 120 家，经营收入 145 亿元；农民专业合作组织发展到 321 个，会员 20 万人，带动农户 62 万户。

3. 农业科技创新

西安农业科技成果不断转化，农业信息网已经普及到村，农业机械总动力达到 234.89 万千瓦，农业科技贡献率达 50%，为促进农民增收起到积极作用。在 2010 年，一些主要的科技项目有"设施农业连作障碍土壤处理技术研究"、早熟高产优质高效厚皮甜瓜新品种"西蜜 3 号"选育与示范项目、"西安地区蔬菜优质、高产配方施肥技术研究"、"甜菜夜蛾发生规律及无公害防治技术研究"、"设施草莓标准化栽培技术研究"、"观赏蔬菜品种引进、示范及产业化开发"等。

（二）宝鸡市现代农业发展现状

宝鸡市位于关中的西部，辖 9 县 3 区，全市总面积 1.8 万平方公里，耕地总面积 37.87 万公顷，有效灌溉面积 18.6 万公顷，占总耕地面积的 49.11%。宝鸡市是农业大市，物质资源丰富，土质肥沃，雨量充沛，也是粮油主要产区，生产小麦、玉米、辣椒、苹果、猕猴桃、花椒等。

1. 无公害农产品

宝鸡市从 2002 年开始着手组织开展无公害农产品认证工作。截至 2009 年 9 月底，宝鸡市共认证 53 个无公害农产品产地，34 个绿色食品认证，认定面积 0.95 万公顷，"三品"种植规模 7.07 万公顷，覆盖 11 个县区。43 个农产品先后获得农业部无公害农产品认证，其中"太白山"牌甘蓝、菜豆、生菜、白菜、西兰花、萝卜 6 个蔬菜品种通过绿色食品认证；太白县先后被农业部命名为"国家农产品标准化生产示范区"、"国家无公害农产品综合绿色食品获证示范基地县"。

2. 现代农业园区

2010 年，宝鸡市各大农业园区通过整合项目、资金、科技等资源，积极推行品种区域化、生产专业化、产品标准化、营销企业化和管理服务社会化的新型发展模式，大力建设具有现代水准的农产品生产基地和农业企业。太白县绿色蔬菜科技示范园每年引进不少蔬菜优良品种，年增加销售收入百万元以上；麟游布尔羊现代农业园区通过与美国、澳大利亚等国家的专家合作，使胚胎移植成功率大幅提升，达到国际先进水平；作为现代农业辣椒科技园区的核心区，陇县张家庄村专业合作社通过示范推广高垄双行间套栽培等新技术，使 2010 年的鲜椒、小麦平均亩产分别达到 1300 公斤和 480 公斤，增加了群众收入。2010 年全市 12个现代农业园区内形成的农民专业合作社，实现总收入 3.16 亿元，赢利 9701.5万元，专业社成员户均纯收入达到 1.01 万元。

（三）咸阳市现代农业发展现状

在关中—天水经济区规划中，以"西咸一体化"为方向的大西安已经上升为国家战略，成为经济区的重要核心，这给咸阳市带来新的发展机遇。在农业方面，咸阳紧紧围绕发展现代农业、促进农民增收、推进新农村建设总体目标，进一步调整优化农业产业结构，加快培育优势主导产业，强力推进农业产业化经营，农村经济保持了持续健康快速发展的良好态势。

1. 农产品总量

2010 年全市粮食总产 222.5 万吨，较 2005 年增加 23.4 万吨，增长 12%；水果总产 482 万吨，较 2005 年增加 217 万吨，增长 82%，其中苹果 400 万吨，较2005 年增加 183 万吨，增长 84%；肉类总产 17.5 万吨，禽蛋总产 8.9 万吨，奶类总产 66 万吨，分别较 2005 年增加 2.2 万吨、0.75 万吨和 25.6 万吨，增长15%、9%和 64%；蔬菜总产 324.5 万吨，较 2005 年增加 82 万吨，增长 34%。

2. 标准化生产

全面推行标准化生产，初步形成了有标可依、按标生产、凭标流通的农业标准化工作局面。共认定无公害农产品产地 108 个，认证无公害农产品 56 个、国家标准有机苹果 1.9 万亩、国家绿色果品基地 118 万亩、欧盟标准有机苹果基地3200 亩、国家良好农业规范苹果基地 5.23 万亩，获得国家原产地域的保护产品（苹果）220 万亩，兴平辣椒、彬州酥梨、淳化荞麦和关中黑猪通过国家农产品地理标志登记。

3. 农业品牌

以创建区域优势品牌为核心，积极组织实施一村一品百村示范千村推进工程，加快形成跨区域、大规模农业板块经济。全市共建成一村一品达标示范村789个，其中省级示范村355个；建成省级一乡一业示范乡镇18个、省级一县一业示范县3个。2010年示范村主导产业收入比重达到82%，农民人均纯收入达到6648元，培育形成了"雅虎"大蒜、"井冠"莲菜、"莽塬红"红薯、"苏绘"手织布等一村一品知名品牌。

（四）渭南市现代农业发展现状

渭南市地处陕西省东部，是八百里秦川最宽阔的地带，素以农业著称，土地广阔，气候温和，光照充足，降水适中，可耕地面积占总面积的96%，为全面发展农林牧副渔，实现农业的区域化、商品化、现代化提供了有利条件，其中粮食、棉花、油料总产量居全省前列，号称"陕西粮仓"。目前全市已形成在全国驰名的粮食、棉花、苹果、烤烟、花生、秦川牛、奶山羊、笼养鸡、生猪、渔业10大商品基地。

1. 农业结构

渭南市2010年夏粮播种面积485.08万亩，平均亩产276.2公斤，同比增长3.3%，总产134万吨，增长6.1%。全市新增果园面积18万亩，目前水果总面积达到248万亩，预计产量增长5%左右，可望达246万吨，上半年水果产值5.6亿元，同比增长14%。

2. 农业设施

渭南市2010年蔬菜生产面积103万亩，产量107.6万吨，产值28.8亿元，与上年同期相比，分别增加了13.2万亩、38.1万吨和8.7亿元。新建日光温室1554亩，在建2806亩；新建大棚25547亩，在建2482亩。目前全市55个设施农业示范园的面积达到11.8万亩，实现销售收入8.3亿元，较上年同期增加3.6亿元。

3. 农业支持及农业观光业

2010年上半年渭南市共争取项目资金30636万元，到位资金包括农业生产救灾、地膜玉米补贴、农村沼气、果库建设和有关涉农补贴等达9600余万元。目前已完成招商引资1500余万元。全市已发展各类休闲农业94个，其中已形成规模的休闲农业产业观光园 13 个，休闲农家 20 家，休闲农庄 12 个，直接从业人员 1 万人，带动农民就业 3.2 万人。

（五）铜川市现代农业发展现状

铜川市域面积 3882 平方公里，地处关中平原和陕北黄土高原的过渡地带，俗称"渭北旱塬"。耕地面积 96.5 万亩，总人口 86 万人，其中农业人口 43 万人，拥有林地面积 244.45 万亩，牧草地 152.07 万亩，有利于农、林、牧综合发展，尤其具有生产优质苹果得天独厚的优势条件，为世界苹果最佳生产区。

1. 农业产业结构

铜川市确定"稳粮、优果、兴牧、增药"的农业产业结构思路，在稳定粮食生产的基础上，重点发展苹果和畜牧两大特色产业。同时，依托区位和人力资源优势，稳步发展中药材产业。近几年来，通过大规模干鲜果经济林建设和一村一品工程的实施，产业结构进一步优化，板块经济发展模式初步显现。目前，铜川市已基本形成了以果品、奶牛、药材为重点的耀州农业产业区；以果品、肉牛、玉米为重点的宜君农业产业区；以果品、生猪、烤烟为重点的印台农业产业区；以杂果、肉蛋鸡、农家乐为重点的城郊农业产业区；以樱桃、花卉为重点的新区农业产业区。

2. 粮食生产

铜川市实施小麦良种、地膜玉米补贴等，极大地调动了农民种粮积极性，在结构调整继续推进、干鲜果经济林建设继续推进的情况下，将粮食播种面积稳定在 90 万亩。坚持依靠科技，大力推广地膜覆盖、良种统繁统供、施肥统测统配、病虫害统防统治"四项技术"，提高粮食单产和品质。虽然粮食播种面积有所减少，但每年粮食总产仍保持在 23 万吨左右。粮油生产的稳定发展，为农业结构调整提供了更加广阔的空间。

（六）杨凌示范区现代农业发展现状

在关中—天水经济区中，杨凌示范区和其他的城市不同的是，它不是一个城市，而是一个示范区，它是我国唯一的国家级农业高新区。在规划中，杨凌示范区在战略定位上，要建设成为我国干旱半干旱地区农业科技创新中心、现代农业发展示范辐射高地、城乡一体化表率，着力打造现代农业创新、国际科技合作、现代农业企业孵化、良种繁育、标准化生产、农产品加工、现代物流和休闲农业等示范项目，形成"核心示范—区内带动—区外辐射"的示范推广新格局。

1. 农业生产总值

示范区农业生产总值主要包括四个部分：种植业、林业、畜牧业、渔业。示范区农业总产值已由成立之初的 1.53 亿元增加到 5.99 亿元，增幅达 291.5%。随着示范区对农业内部结构的进一步调整与优化，农业发展将呈现更迅猛的势头。示范区农业主要由种植业、畜牧业、林业构成，种植业在农业总产值中占有绝对比重，在 2010 年达 68.4%。

2. 农业发展优势

第一，体制优势。杨凌是我国唯一的国家级农业高新技术产业示范区，享受国家级高新技术产业开发区的各项优惠政策、国家对农业的倾斜扶持政策以及西部大开发的各项优惠政策，被国家批准为向亚太经合组织开放的十大工业园区之一，是国家重点支持的五大高新区之一和全国六个海峡两岸农业合作试验区之一。第二，区位优势。杨凌示范区位于渭河流域关中平原腹地，东距西安市 82 公里，西距宝鸡 86 公里，欧亚大陆桥陇海铁路线及西（安）宝（鸡）高速、中线公路从区内穿过。便利的交通条件，为杨凌向干旱和半干旱地区示范、辐射农业高新科技成果提供了有效的保障。第三，科技优势。有十大农业科研教学单位合并组建成"西北农林科技大学"和"杨凌职业技术学院"两所高校，实现了我国教育与科研单位的首例实质性合并。第四，历史文化优势。杨凌是中国农耕文明的发祥地，深厚的农耕文化成为杨凌发展农业旅游的基础。

3. 科技创新

杨凌每年通过审定动植物新品种 30 多个，获批发明专利和实用新型专利 200 多件，取得了体细胞克隆山羊、黄土高原生态修复等一批重要成果；"小偃"系列小麦品种累计推广 4 亿多亩；超高产栽培技术使玉米单产达到 1326 公斤，刷新了全国纪录。科教体制的成功改革，有力促进了农科教紧密结合，为构建国家农业科技创新体系积累了宝贵经验。

4. 农业多元化

充分发挥企业、大学、政府、媒体的主渠道作用，建立了"政府推动、以大学为依托、以基层农技力量为骨干"的农技推广体系，大力推行"公司＋专家＋农户"、"公司＋基地＋农户"和"一村一品"模式，以"农高会"和媒体为平台，广泛开展农业科技的示范、推广和展示。依托教育资源优势，分层次培训农村基层干部和农民累计400多万人次，逐步形成区域性农技培训中心。

（七）商洛市现代农业发展现状

商洛地处陕西省东南部，与豫、鄂两省接壤。全区辖商州、洛南、商南、山阳、镇安、柞水7个县（区），面积19298平方公里，人口236.46万人。2010年全市实现GDP 285.9亿元，同比增长14.9%，比上年同期提高了0.8个百分点；人均GDP达到12072元，比上年人均净增2689元；农村人均纯收入3605元，同比增长20.1%；城镇居民人均可支配收入14811元，同比增长15.2%。

1. 特色产业

商洛核桃质好量大，年产1.4万吨，占陕西年出口量的80%。商洛板栗色鲜味美，产量占全省的50%以上。中药材1119种，年产量4500吨，素有"天然药库"的美誉。2010年，新建畜牧小区25个，新增规模养殖大场大户5240户，规模养殖场畜禽存栏数占全市存栏数的65.2%。全市猪、牛、羊、家禽出栏140.77万头、6.66万头、33.18万只、530万只，分别增长12.1%、10.6%、17.5%、8.5%。牧业产值完成36.13亿元，占农林牧渔业总产值比重达到36%。

2. 休闲旅游

《关中—天水经济区发展规划》发布实施，首次提出在国家层面"着力建设西安国际化大都市"的目标，商洛作为秦岭东南距西安最近的城市，高速公路开通后，已经融入西安一小时经济圈，营造大西安第二生活区，山水园林生态旅游承接地，关中南部交通中心的建设定位成为必然。而规划提出"把关中—天水经济区建成国际一流的旅游目的地"的建设目标，为商洛融入关中和全国旅游圈创造了政策背景。

3. 农业基础设施

农田水利是商洛市农村基础设施建设的重点任务，以提高农业灌溉能力为目标，商洛市建设基本农田9万亩，新修"四田"4万亩，改造提高3万亩，新增灌溉面积2万亩，发展节水灌溉3万亩。为提高城乡供水安全保障能力，搞好商州庙湾和洛南姬家河水库的除险加固和提高防灾减灾能力，商洛市加快丹江口库区及上游水土保持工程建设步伐，加强山阳马滩河、商州南秦河等8条中小河流治理，治理水土流失1000平方公里。

（八）天水市现代农业发展现状

天水在发展现代农业方面，以"一特四化"为抓手，即大力发展特色农业，走产业化布局、规模化经营、标准化生产、技能化培训的发展路子，通过加强农产品的优良品种推广，提高农产品品质，打造知名农产品品牌，进行符合市场经济规律的产业化经营，达到提高农产品附加值的高效农业目标，不断提高农民收入水平。

1. 农业产业化

天水市特色优势产业基地规模不断扩大，果品业按照"集中连片，规模建园"的发展原则，建成了麦积区南山花牛苹果基地、清水县魏家塬生态有机苹果示范基地等七个全国标准化果园，以苹果为主的百万亩经济林果基地基本形成，花牛苹果、秦安蜜桃、下曲葡萄等成为知名果品品牌。蔬菜业按照"抓质量求发展，抓营销增效益"的思路，建成蔬菜"一村一品"专业村780个，蔬菜种植面积达到90.8万亩，总产量220.8万吨，总产值24.2亿元，商品量176.6万吨，分别较2005年增长63.6%、55.6%、156%和88.5%。畜禽饲养总量达1610.08万头，肉类总产量13.69万吨，分别较2005年增长73.31%和104.02%，建成各类标准化养殖小区282处，养殖专业村610个，规模养殖户达到9.29万户，规模养殖量占全市总饲养量的50%以上。

2. 现代农业龙头企业

近年来，天水市共建成各级农业产业化龙头企业236家，其中国家级1家、省级17家、市级47家、县（区）级171家。龙头企业从业人数达1.88万人，带动农户达60余万户；龙头企业竞争力不断增强，有5家企业具有省以上研发中心，7家通过计量认证，8家通过ISO9000、HACCP、GAP和GMP等质量体系认证，15家获得"三品"认证，13家获得省以上名牌产品或著名（驰名）商标。有85个农产品认证为有机食品、绿色食品AA级、绿色食品A级和无公害农产品，花牛苹果、秦安花椒、秦安蜜桃等4个农产品通过地理标志登记。

3. 农业产业园

天水以县区现有的园区为基础，建立辐射区，带动发展五个产业带，即渭河川区精细蔬菜产业带、南部山区花牛菜果产业带和特种蔬菜产业带、北部冷凉山区畜禽养殖产业带、北部浅山区特色果品产业带，探索现代农业发展的新途径。

"发展基地化、规模化的现代农业"，目前园区已在全国 25 个省区累计推广航天蔬菜 68 万亩，实现农业增值 3 亿多元。同时，"基地"航天育种产品不但进入了产业化，而且实现了研发的良性循环，每年都有新品种推出，航天蔬菜真正成了农民的致富菜。

二 关中—天水经济区现代农业存在的问题

（一）人力资本制约关中—天水经济区现代农业发展

有文化、懂技术、会经营的新型农民是推进现代农业发展的主要人力资本。但是在关中—天水经济区由于受到传统农业的影响，农业人力资本培养制度还很不健全，难以适应现代农业的发展。一是引导人力资本流向农业的制度没有形成。随着工业化、城镇化进程的不断加快，农业比较效益低的矛盾更加突出，大量高素质青壮年农村劳动力转移就业，转到城镇或从事非农产业。在农村从事农业生产的劳动力整体素质呈现结构性下降趋势。例如陕西省现有 650 万县域城镇人口，关中占 51.4%，"十二五"期间，陕西省通过加快县域城镇建设，推动一半左右农民工进城创业安居，带动 1000 万农民向城镇迁移。从城镇发展规划上看，陕西省的主要大中城市都集中在关中地区。因此农村人口转移重点在关中地区，仅按照目前简单的人口比例估算，关中地区也将会有 500 万以上的农村人口在今后 5 ~ 10 年内进入县域中小城镇或大中城市，转为城镇居民并基本脱离农业生产。粗略计算，关中—天水地区目前从业人口 1100 万人，意味着"十二五"期间将减少一半以上，且向城镇转移的人口中将以中青年、儿童为主，届时农村地区老龄化现象凸显，在以家庭为基本单位的农业生产条件下，劳动力不足的问题将更为严重。二是农民职业化制度没有建立。农民在相当程度上仍然是一种身份的象征，而不是职业概念。农业生产兼业化严重，由于具有优秀素质和专门技艺的职业化农民缺失，一些地方和领域农业生产经营管理粗放，大大降低了稀缺农业资源利用的程度。三是农民教育培训制度有待完善。农村劳动力转移使得农民培训的对象转变为以老年人和妇女为主的留乡务农劳动力。由于年龄结构上升和文化水平下降，他们接受新知识、新技术的能力较弱，加大了农民教育培训的难度，给农民教育培训工作带来了新的要求。目前的农民培训制度从目标、内容、渠道和方式等方面还不适应这种要求，需要进一步完善。

（二）资金制约关中—天水经济区现代农业发展

尽管关中—天水经济区加大了对农村基础设施和公共服务体系的建设，但是政府财政对于农业的投入在全国来说仍是很低水平。尤其在农业进入现代农业发展阶段，无论从单产还是总产的提高来说仍然需要相当高的农业生产要素投入来实现，这就使农业投入不足的问题更加突出。据统计显示，陕西省农业银行贷款余额占存款余额的比重逐年下降，由2006年的94.6%下降到2007年的54.2%，有46%流到省外，省内贷款的比重更小。尽管最近两年农村金融改革相对于前些年长期停滞的局面有所突破，村镇银行、农村资金互助组织、小额信贷公司以及邮政储蓄银行的出现打破了多年来农村金融机构单一、缺乏竞争、体制机制改革沉闷的局面，但农村金融供给还不能有效地满足农村经济发展的需要，仍是当前制约农村经济发展的瓶颈之一。一是目前在关中—天水经济区内有限的新型农村金融机构安排远远不能适应农业、农村发展的需要，而且在发展中面临着缺乏专门配套扶持政策、外部发展环境尚未改善等诸多问题。二是适合关中—天水农业发展特点的担保抵押机制还没有形成。多数农户家庭经济规模小，经济状况差，缺乏有效抵押品；很多中小企业也都是小规模经营，可用做银行贷款抵押的资产不足，实力有限。三是城乡金融资源配置不平衡的矛盾依然突出。

（三）技术制约关中—天水经济区现代农业发展

目前，我国在农业科技方面比较落后。在关中—天水经济区，主要还是依靠传统技术维系，农产品大都是老品种，农业产品也比较单一，农业生产效率低下。此外，农产品加工技术也比较落后，加工转化和增值率低。我国大多数农产品都只经过初级简单加工就进入市场，一般品质和售价都较低。农业发展缺乏科技创新的基础。由于农业科研经费投入长期不足，农业产业化企业科技人才少，技术创新能力较弱，大多以粗放型经营为主，农业科技成果转化率不高。作为农业产业化发展推进的主体，广大农民文化水平偏低，接受新事物能力差，劳动力整体素质不高。各方面的现实因素决定了关中—天水农业发展技术水平不高，农产品科技含量较低。所以区内发展现代农业，还需要科学技术创新作支撑。

（四）农业生产组织化程度制约关中—天水经济区现代农业发展

农业生产组织的形式主要有农业产业化经营、农民专业合作组织、农产品行业协会、集体经济组织等多种形式，可以推进农业生产组织制度创新，提高农民组织化程度。在关中—天水经济区，主要形成了农民专业合作组织和农业龙头企业两种组织形式。在关中—天水经济区，农业生产组织仍然存在一定的问题，制约着关中—天水农业的进一步发展。一是农业生产组织发展还不规范。农业生产组织发展还处于初始阶段，组织形式单一，专业化程度不高，经营理念落后，制度建设不规范，各类组织的规模经营、能力提升、资源共享的机制尚不完善，多元化农业生产组织尚未形成。二是农业社会化服务体系建设滞后。在农业服务业内部，科技研发、咨询服务、金融保险等新兴行业发育程度很低，所占比重极小；农资供应、农技推广、农机作业等常规性传统行业的比重虽然较高，但还不能有效覆盖农业产前、产中和产后全过程，不能满足农民对农业生产服务的需求。三是农户与市场的有效连接机制还没有充分建立起来。龙头企业和农民专业合作社带动农户的能力还比较弱，农业的组织化程度和集约化水平低不能满足现代农业发展的需要。

三　发展关中—天水经济区现代农业的对策建议

（一）提升农民和企业素质，促进农业产业升级

关中—天水经济区的现代农业发展需要提高农民素质，培育高素质企业带动关中—天水经济区的产业化升级。一要加强经济法规教育，提高农民的合同契约意识，使农民明了市场经济是法治经济、诚信经济，必须重合同、守信用。二要进行标准化生产教育，引导农民改变小生产的随意操作习惯，按照企业的操作规程，进行标准化生产。三要提高生产技术和技能，加强对农民的科学技术培训，使其成为合格的掌握先进农业技术的新式农民。运用高层论坛、企业培训等方式，培育关中—天水经济区农业产业化企业的国际化眼光和超前性思维，提高经营决策的科学性，以保证关中—天水经济区农业产业化企业的经营发展方向能紧贴国内外行业发展和消费变化的趋势；优化企业创新体系，提升农产品加工的附

加值；加强工艺生产过程管理，完善技术标准和质量标准，确保名牌产品的高品质；从源头抓起，加强原产地保护，向社会提供绿色环保的农产品，促进关中—天水经济区的农业产业化升级。

（二）改善融资通路，加强政策扶持

在关中—天水经济区内，各级政府可在财税政策、信贷政策、外贸政策等方面给予农业产业化企业以政策的倾斜和支持。例如，区内农业组织多为龙头企业形式存在，可运用各种专项基金，重点向具有比较优势的龙头企业或与龙头企业相关的支柱产业、农产品基地投放，解决新生企业的融资通路。加大在农产品加工领域的招商引资力度，赋予重点龙头企业自主进出口经营权，优先安排出口配额，强化农业产业化企业的竞争力。在充分运用市场经济规律，建立多层次、多渠道、多元化的融资机制的同时，对基础性、公益性的建设以政府投入为主。由于杨凌示范区农业高科技产业相对比较密集，政府就可以适当扩大科技贷款规模，积极争取科技成果转化专项贷款项目等。

（三）促进农业科技进步，加快农业科技成果转化应用

建设现代农业要着眼增强农业科技自主创新能力，加快农业科技成果转化应用，提高科技对农业增长的贡献率。一是加强农业科技创新能力建设，增加对农业科研的投入，形成稳定的投入增长机制，建立多元化农业科研投入体系和科研人员科技创新激励机制。二是健全农业技术推广体系，加大良种良法的推广力度，发挥农业院校在农业技术推广中的作用，着力培育科技大户以发挥对农民的示范带动作用。例如可以发挥杨凌示范区内西北农林科技大学和杨凌职业技术学院两所高校的作用积极推广农业科学技术。三是加快农业机械化步伐，改善农机装备结构，提升农机装备水平，拓展农业机械化的作业和服务领域，开发运用节约型农业技术，提高农业资源和投入品使用效率。四是加快农业信息化建设，完善农村一体化的信息基础设施，健全农业信息收集和发布制度，整合涉农信息资源，推动农业信息应用规范化、标准化、产业化。

（四）提升农业生产组织集约化程度，健全市场体系

建设现代农业，就要提高农业生产组织的集约化程度，构建开放统一、竞争

有序的市场体系。一方面大力发展特色农业，立足自然和人文优势，培育主导产品，推进"一村一品"，重视发展园艺业、特种养殖业和乡村旅游业。比如可以依靠秦岭的天然优势，开发休闲农业、旅游农业，可以是一家一户的分散经营模式的"农家乐"的形式。但是对于具有农业产业化的龙头企业，落实扶持农业产业化经营的贴息补助、投资参股和税收优惠等政策，引导龙头企业更好地服务于现代农业建设。这就需要采取农业组织集约化模式，完善农业市场体系。一是采取优惠财税措施，支持农村流通基础设施建设和物流企业发展，推进农产品批发市场升级改造，大力发展农村连锁经营、电子商务等现代流通方式。二是加快完善农产品质量安全标准体系，加快农产品流通和检验检测设施建设，实施农产品认证认可，提高农产品质量安全监管和市场服务能力。三是加强农产品出口基地建设，实行企业出口产品卫生注册制度和国际认证，推进农产品检测结果国际互认，加快实施农业"走出去"战略和农产品进出口调控。四是积极发展多元化、多层次的市场流通主体，培育一大批农村经纪人、农产品运销专业户、大型涉农商贸企业集团和农村各类流通中介组织。

参考文献

国家发展和改革委员会：《关中—天水经济区发展规划》，2009 年 6 月。

李忠民：《关中—天水经济区发展报告（2010）》，社会科学文献出版社，2010。

蒋和平、辛岭：《建设中国现代农业的思路与实践》，中国农业出版社，2009。

孙瑞玲：《现代农业建设的现状、制约瓶颈及出路探析》，《农业经济》2008 年第 8 期。

黄季焜：《制度变迁和可持续发展：30 年中国农业与农村》，格致出版社，2008。

曲军、胡胜德：《我国现代农业的发展现状及对策》，《现代农业科技》2009 年第 23 期。

刘宁：《推进我国现代农业建设的思考》，《思想战线》2008 年第 6 期。

关中—天水经济区文化和旅游产业发展报告

李　剑[*]

摘　要： 关中—天水经济区由于其特殊的历史地理条件，拥有丰富的文化和旅游资源，是该地区经济发展的两大支柱产业。但由于政策以及区位和经济发展水平的影响，其文化和旅游业发展极不均衡，对其经济并没有体现出强劲的带动作用。本文对关中—天水经济区文化旅游业现状、存在问题、政策导向以及发展前景进行了分析论述，总结出不能单独去发展文化业和旅游业，只有将文化旅游业充分结合，才能实现关中—天水经济的跨越式发展。

关键词： 文化产业　旅游产业　发展

一　关中—天水经济区文化产业发展现状

关中地区以其特殊的历史条件和地理位置，是陕西甚至大西北的文化中心。近年来，关中文化产业不断壮大，从"以文补文"、"多业助文"到经营创收、产业兴文，为陕西省的社会经济和文化事业的发展作出了贡献。天水市的加入，在地理上呈发散状将关中和大西北连成了一片，进而彻底打通了关中地区和大西北之间的通道，为关中文化的传播奠定了基础（参见图1）。

（一）历史自然资源丰富

自古以来，"丝绸之路"横穿关中—天水经济区，其得天独厚的文化资

---

* 李剑，男，陕西师范大学国际商学院经济学硕士研究生。

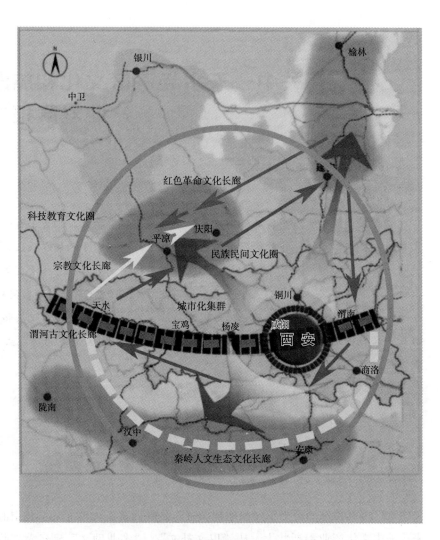

图1　关中—天水经济区文化产业布局

源是发展文化产业的物质基础，历史悠久，文化积淀深厚，无论是历史文化遗存，还是当代文化创造，关中—天水经济区的历史资源优势都非常明显，文物景点星罗棋布，其文物古迹之多、数量之大、价值之高，在全国位居前列，许多是国内仅有、世界罕有的稀世珍宝。关中—天水经济区特别是八百里秦川，真正是"一镢头就能挖出秦砖汉瓦"的地方。而古城西安作为"世界历史文化名城"，有着13个王朝的建都史，有世界文化遗产2处，其地域文化发达，历史悠久，有特殊的地位，不仅具有一定的独特性，更具有竞争优势。天水市作为唯一陕西省外的城市，在关中—天水经济区六城市中的角色最为奇特，这条主轴有"丝绸之路"极为丰富的历史遗迹和多条现代交通，是连通大西北的重要枢纽。发源于大地湾的仰韶文化，其时空和内涵在我国史前考古文化中体量最大、最丰富，影响最广泛、最深远，是我国远古文化的核心和主干。

（二）科技文化优势明显

陕西具有强大的科研优势，是仅次于北京、上海的全国第三大科技、教育中心，古城西安拥有全国排名第四位的高新技术产业开发区，同时拥有100余所高校（含民办高校），各类科研和技术创新机构4000多个，有强大的科技优势，为发展高科技文化产业提供了技术和人才保证。天水经济技术开发区升级为国家级经济技术开发区之后，以社棠工业园为核心，已投入近5亿元，完成征地近8000亩，启动了社棠工业园道路、污水处理、绿化等工程建设，多数工程已竣工使用，达到了项目入驻建设的"通平"条件。随着"硬""软"环境的全面改善，开发区将成为全市对外开放、招商引资的重要平台和经济社会发展的新引擎。以西安和天水为两点将整个关中—天水经济区连接起来，使其科技文化产业能够达到互通，促进整个经济区文化产业的发展。

（三）文化事业单位改制取得显著进展

2009年，由陕西省歌舞剧院、陕西省乐团、陕西省杂技艺术团、陕西省民间艺术剧院、陕西省京剧团、陕西人民艺术剧院、西安人民剧院、陕西省演出公司8家经营性文化事业单位转企改制组建的陕西演艺集团有限公司正式挂牌成立。2010年底，集团完成了工商登记注册，取得了营业执照，对8家子公司进行了清产核资，核销了事业编制，签订了全员劳动合同，各子公司先后进行了工商登记注册，已全部挂牌。大型歌舞音画《金格灿灿彩》在西安公演，获得好评。同时，对近年来涌现的优秀剧目《大唐赋》、《汉唐百戏》、《风雨老腔》及《唐乐舞》系列进行了再度打造提升，努力成为精品保留剧目。2010年11月26日，陕西文化音像出版社有限公司正式挂牌运营。该公司率先尝试以数字电影为载体拍摄传统戏剧舞台艺术精品剧目，目前已拍摄完成《十五贯》、《铡美案》

两部戏剧数字电影，并分别在央视电影频道午间黄金时间播出，在农村电影市场仅一周就下载放映 2056 场，《十五贯》还荣获第三届中华优秀出版物奖。同时，天水市创作了《伏羲颂》、《麦积圣歌》、《睢阳魂》、《草根》、《天水 1949》等一大批在全省乃至全国有一定影响力的舞台艺术作品，特别是《麦积圣歌》夺得全省新创剧目大奖，第五届中国秦腔艺术节最高奖项——优秀剧目奖，并在全国各地进行巡回演出。

（四）文化产业外围层增速加快

2010 年，从文化产业内部结构看，陕西省企业和单位文化产业增加值为 237.1 亿元，其中："核心层"实现增加值 115.27 亿元，较 2009 年增长 23.9%；"外围层"实现增加值 68.32 亿元，较 2009 年增长 30.1%；"相关层"实现增加值 53.5 亿元，较 2009 年增长 26.1%（参见表 1）。

表 1　关中—天水经济区城市部分文化产业 2010 年发展情况

项　目＼地　区	西安	宝鸡	咸阳	铜川	渭南	商洛	天水
艺术团体	11	12	—	3	13	—	—
公共图书馆	15	13	1	5	11	1	8
文化站	184	132	—	42	182	—	—
剧场、影剧院	14	15	12	5	19	10	6
博物馆	55	18	4	4	10	1	3

资料来源：根据各市 2010 年度统计公报数据整理得到。

陕西省文化产业"核心层"、"外围层"和"相关层"的企业和单位增加值所占比重由 2009 年的 49.3%、27.8% 和 22.9% 变化为 2010 年的 48.6%、28.8% 和 22.6%，分别下降了 0.7 个百分点、增长了 1 个百分点和下降了 0.3 个百分点。"外围层"主要依靠文化休闲娱乐服务业和网络文化服务业快速增长的拉动，比重上升；"相关层"由于受文化用品、设备及相关文化产品的销售增速下降的影响，其所占比重下降。

从文化产业九大行业看，增长速度超过 30.0% 的行业有 3 个，分别是文化用品、设备及相关文化产品生产（43.5%）、网络文化服务（34.8%）和文化休闲娱乐服务（31.3%）。

文化产业"外围层"反映了文化产业中文化发展多样性，陕西省尤其是关中地区休闲娱乐文化增长较快，而网络文化也异军突起，增速迅猛。文化产业"外围层"的发展，逐步影响和渗透到其他文化产业行业，从而使关中—天水经济区文化发展更具活力。

二 关中—天水经济区旅游产业发展现状分析

《关中—天水经济区发展规划》明确要求：要以西安为中心，加强精品旅游景区和精品旅游线路建设，完善配套设施和服务功能，提升旅游资源产业化经营水平；加强旅游管理机制创新，大力发展旅游经济，把经济区建设成国际一流的旅游目的地。关中—天水经济区成立两年多以来，区内各地旅游资源开发、线路整合、市场营销、基础设施建设等方面的合作不断深化，区域旅游发展的共生联动机制开始逐步生成，一个有机完整的关中—天水旅游区已经呼之欲出。

（一）旅游交通基础设施发达

便捷的交通条件是区域旅游一体化发展的基础。西安是西北的交通大动脉，是连接东西和南北的重要交通枢纽，其航空、铁路、公路等交通事业相对发达，成现代化立体状交通网络。中国六大骨干航空公司之一的西北航空公司、中国联合航空公司西安公司和长安航空公司的总部都设在西安，而天水机场位于陕、甘、川交通要道的甘肃省天水市，于2008年9月28日正式开航，彻底打通了西安通往大西北的空中路线。以咸阳国际机场为中心，为古城西安建起了一条连接五大洲的空中纽带。三条铁路交通线（陇海兰新线即亚欧大陆桥、包（头）北（海）线、青藏线）贯穿大西北，组成了一个"大"字形交通骨架，东西连接，直至中亚、南亚。西安地处亚欧大陆桥的心脏和核心区，自改革开放以来，旅游业发达，能够起到带动和表率作用。如此便利的交通也使得旅游者出行更方便，为入境旅游创造了有利的条件（参见图2）。

（二）旅游文化资源丰富

关中—天水经济区旅游资源类型丰富，包括地文景观、水域风光、生物景

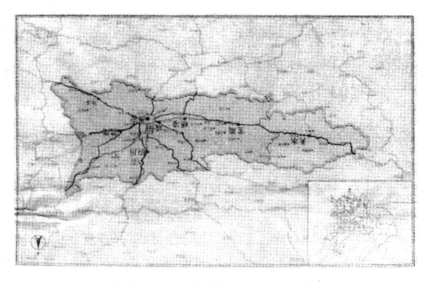

图2　关中—天水经济区交通旅游布局

资料来源：西部网。

观、天象与气候景观、遗址遗迹、建筑与设施、人文活动等类型，既具有统一性和完整性，又有差异性和互补性。众多的资源类型为旅游一体化整合、提高整体吸引力提供了基础，而其中最具优势的资源集中于历史人文方面，是国内典型的人文旅游资源富集区。旅游资源中的文化要素包括伏羲、女娲、炎帝、黄帝等中国始祖文化，大地湾、北首岭、梁带村、半坡等原始遗迹文化，周、秦、汉、唐等中国盛世文化，麦积山、法门寺、大雁塔、楼观台、龙门洞等宗教文化，以及关山、秦岭、渭河等山水文化。关天旅游一体化发展可以根据区域文化特征，在产品及线路设计、形象塑造、营销宣传等方面，从大区域整体文化入手，形成独具特色的整体性旅游形象。

（三）旅游综合规模持续增长

"十一五"期间陕西省主要旅游经济指标持续增长，关中地区则更是占了很大的比例，天水市并入关中—天水经济区也表现出强劲的势头。表2和表3中关中—天水经济区各市的旅游人数和旅游收入均呈现逐年增长趋势，西安2010年旅游人数突破了5000万人大关，旅游总收入达到405.18亿元，天水2010年旅游人数和总收入分别达到了682.30万人和36.95亿元，均超过了杨凌和铜川，从图 3 我们可以很清楚地看到关中—天水经济区 2010 年的旅游人数和收入趋势。图 4 显示的是 2009 年和 2010 年关中—天水各地区的旅游人数和收入相比上年的增长趋势，均达到了 15% 以上的增长幅度，商洛市旅游人数和收入则更是突破了 100% 的增长幅度。图 5 中关中—天水经济区面积仅占陕、甘两省总面积的 13.56%，而其旅游总收入达到了两省的 65.66%，更是体现出关中—天水经济区在两省甚至西北地区乃至全国旅游规模效益的重要地位。

表 2　关中—天水经济区年度国内外旅游总人数

单位：万人

地区 ＼ 年份	2005	2006	2007	2008	2009	2010
西　安	2423.60	2738.70	3118.01	3232.20	3929.29	5201.00
咸　阳	917.00	975.60	1032.00	1110.70	1256.80	1850.00
宝　鸡	715.10	820.40	940.20	1085.00	1297.00	1569.00
渭　南	600.00	692.50	803.40	905.10	1112.53	1328.52
铜　川	290.60	320.00	346.00	367.00	430.00	495.00
商　洛	73.00	117.20	260.00	453.23	733.90	1270.00
杨　凌	—	—	—	—	—	273.12
天　水	232.00	338.00	275.00	389.20	530.00	682.30

资料来源：根据各市年度统计公报数据整理得到。

表 3　关中—天水经济区年度国内外旅游总收入

单位：亿元

地区 ＼ 年份	2005	2006	2007	2008	2009	2010
西　安	178.50	204.30	237.20	243.52	297.40	405.18
咸　阳	31.80	35.90	45.80	52.69	60.20	83.00
宝　鸡	28.90	40.20	54.50	65.50	78.00	100.20
渭　南	18.50	21.40	26.75	37.11	57.43	67.56
铜　川	3.15	3.46	4.20	5.20	6.50	10.50
商　洛	1.46	2.40	5.33	10.46	23.10	48.26
杨　凌	—	—	—	—	—	4.29
天　水	7.30	8.80	11.32	13.62	19.60	36.95

资料来源：根据年度各市统计公报数据整理得到。

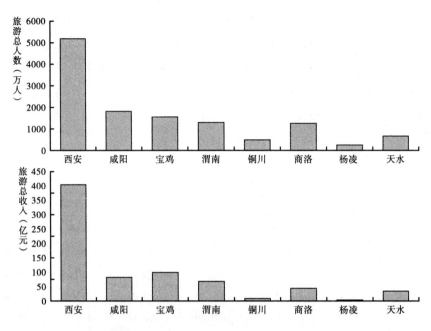

图3 2010年关中—天水经济区旅游总人数和总收入

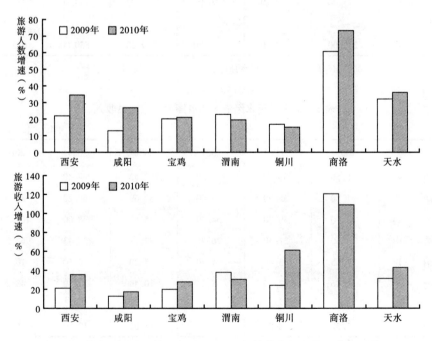

图4 关中—天水经济区2009～2010年旅游人数和收入增速比较

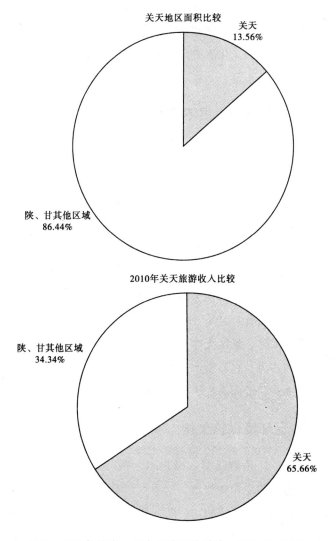

图5 2010 年关中—天水经济区旅游收入以及面积对比

三 关中—天水经济区文化和旅游产业发展中存在的问题

文化和旅游的密切结合是关中—天水经济区的一个显著标志。关中—天水经济区的主体省份陕西省，其基于文化的旅游业发展水平在全国排在第 13 位左右，作为文化产业和旅游产业大省，其排名落后于云南、湖南和河南。另外，从全国

31 个省、自治区、直辖市旅游业发展状况来看，陕西文化旅游产业在其基础设施、收益规模、对游客吸引的程度和深度、劳动生产率、地区产业竞争能力等方面有所不足。通过对陕西的文化旅游产业分析，我们可以总结出关中—天水经济区文化旅游产业存在以下不足。

（一）各地文化旅游业发展不平衡

关中—天水经济区，西安是典型的"古迹"和"古文化"旅游区，大量地拥有文化旅游资源，以至于古迹的地域分布天然地就不平衡。各地经济发展也不平衡，旅游从业人员的素质、基础设施、配套等发展都相对不平衡。古文化的开发既有赖于历史文化的沉淀，更依赖于社会大环境所提供的现实条件，例如文化研究成果的产生和当地经济社会条件发展成熟等。如何处理因为旅游资源分布不均衡造成的利益分配差异问题，也是一个经营理念和管理水平的问题。对于区域旅游来说，客流流向当然地会向强势区域集中，从而造成不同区域收入分配上的不均，并影响到双方的合作。还有一些其他的问题，包括旅游专业经理人的培训、导游基本生活的保障、景区无序开发、进入门槛低、环境污染严重、旅游经济溢出等问题，亟须解决。在旅游产业链中，无法保证收益与成本之间的合理分配，不仅不能共同享利，反而会加大贫富差距。

（二）旅游景区环境保护欠佳

在大多数景区景点，旅游旺季人满为患，接待人数远远超过环境的资源容量，几乎无法进行有效的运作和管理。这不仅影响了旅游气氛，而且使旅游环境质量严重下降。这在秦兵马俑博物馆、陕西历史博物馆、法门寺博物馆等最高级旅游景区景点也时有发生。目前在建的一些旅游度假区，布设在喧闹混乱的城乡结合部，没有自然山水风光作依托，大气、水和土壤污染严重，环境质量十分低劣。这样的规划布点缺乏新鲜的空气、清洁的水流、安静优美的环境，偏离了旅客基本的消费心理和审美情趣。更有甚者，以建庙造佛吸引人们上山烧香敬神作为开发导向，这实际上是在灭失具有高层次旅游开发潜力的景区景点。有的完全成为以旅游立项为名、实为强占土地资源的房地产圈地运动。另外，有些地方政府部门不遵循旅游市场运作规律随意插手旅游服务，争先恐后地开发旅游景区景点并控制门票的价格。

（三）历史文化产业的软硬件设施投资不足

首先，文化产业中经营性人才缺乏。陕西是文化大省，关中是陕西的核心区域同时也是关中—天水经济区的主干地区，虽然文化从业人员较多，在各个领域有一批卓有成效的文化人才，但文化经营性人才相对缺乏，尤其是缺少一批懂经济、懂文化又会经营的企业家。这就使文化资源难以转化成文化产品，文化产品无法进入市场，更无法创造出具有品牌的文化产品来。文化产业生产经营性人才的缺乏也是陕西文化产业发展缓慢的原因之一。

其次，历史文化产业的基础设施投资不够。基础设施属于固定资产投资，按其使用方向，可以分为基本建设投资、更新改造投资、房地产投资和其他投资。从陕西历史文化产业固定资产投资和使用方向看，在总量上，无论是基本建设投资还是更新改造投资都呈上升之势，但还是不能满足历史文化产业的需求。特别是 IT 基础设施建设和技术应用的落后，更是比较明显，不利于拉动消费者对文化产品的需求。

（四）缺乏统一的规划和组织领导

尽管关中—天水经济区的历史文化资源丰富，但是规模化经营和产业集群尚未形成。目前，陕西文化产业发展缺乏统一的机构进行统一的管理和规划。文化产业的管理机构交叉重叠，条块分割，职责不清。文化部门管演出娱乐市场，广电部门管音像市场，新闻出版部门管图书报刊市场，互相交错，难以协调统一。这种各自为政的管理体制，无法制定文化产业的发展规划，无法对文化资源进行创新和整合，无法制定扶持文化产业的有关政策，无法形成统一的文化产品市场，已成为陕西文化产业发展的"瓶颈"。因此，文化旅游产业应针对这几个方面做出政策调整，使其综合竞争能力继续提高。针对以上问题，关天旅游若要取得长期可持续发展，不仅要保持其优势，还要认识到自身的不足，克服不足，促进其发展。

四　关中—天水经济区文化旅游产业
互动发展措施和政策建议

无论是发展文化还是旅游产业，我们的最终目的是以优势产业带动整个关中—天水经济区的发展，从而促进整个大西北的发展。而文化和旅游产业之间存在着紧密的联系，我们不能孤立地去发展文化和旅游产业。一方面，我们要构建关中—天水经济区历史文化圣地形象，通过对外开放旅游的方式来宣传关中—天水经济区传统文化的丰富，同时也让更多的人懂得如何保护和珍惜关中—天水传统历史文化，而传统文化资源通过创新、市场运作和商业包装就可以获得新的生机，新兴文化为传统文化注入了新鲜的血液，保护了传统文化，使得其能更好地发展。另一方面，我们要构建以大西安为中心的关中—天水旅游目的地形象，重点是打造特色旅游品牌。按照"走进历史，感受人文，体验生活"的思路，编制新一轮旅游规划，以名城、名山、名水、名文物景点为载体，围绕历史、民俗、宗教、生态等主体整合资源，提高旅游产品、旅游环境和旅游服务的国际化程度，打造具有世界影响的特色旅游品牌。

（一）加强软硬件基础设施的建设

陕西在发展历史文化产业中，应大力实施历史文化产业的畅通工程，加大以道路为主的交通设施建设力度和网络基础设施建设，为入境旅客提供便利实惠的多种交通方式。另外，扩大历史文化产业服务设施总量，形成功能齐备、运作有序、服务规范的现代文化服务体系。同时，增加投资环境法制监管力度，为投资者营造一个安全、文明、优美、舒适的投资环境。

（二）以项目建设为切入点，实现旅游文化产业的规模化和集约化

新的历史文化产业建设项目是陕西历史文化产业持续发展的支撑，关中—天水历史文化产业要实现跨越式发展的目标，必须不断输入新鲜的血液，不断以新项目满足市场需求，为此，关中—天水经济区在板块带动战略的基础上，以项目建设为切入点，建设和正在建设一批高质量、高档次、国际标准的，对地区历史文化产业发展具有强烈拉动作用的新项目。如近年来，大雁塔北广市场、大唐芙蓉园、秦始皇陵、麦积山石窟等大型历史文化产业项目相继建成，实现了资源开发的规模化和集约化，提高了资源的利用效率，将进一步提升关中—天水的旅游形象，丰富关中—天水经济区文化产品内容，优化文化资源产品结构，极大地提高关中—天水历史文化产业的竞争力，进一步带动关中—天水经济区的文化旅游产业。

（三）加大文化旅游业经营理念创新力度

创新经营理念，打破时空限制，改变旅游产品单一的结构，全新打造新的旅游产品和重头产品，主要打造以下旅游产品。一是重点打造一个大旅游区，即以西安为中心的关中—天水旅游区，突出西安的带动作用；二是统一促销，一致对外，注重"关中—天水文化旅游"品牌和形象的培养；三是在宣扬地区文化的同时，以静带动，深度开发，提高游客参与性；四是以文化旅游产业为优势产业，带动其他相关产业的发展，从而促进整个地区的经济发展。

（四）加强文化旅游产业环境保护的立法和管理

在旅游规划、旅游法规制定、旅游产品研制与开发等方面坚持可持续发展原则，旅游开发建设之前必须依法对旅游景区的环境进行评估，对景点历史文物的开发可能造成破坏的程度和范围以及景区超载的情况进行有效的监测，通过法律来保护和治理旅游环境。要建立强有力的旅游环境保护管理机构和完整的管理体系，来执行有关法律和法规，并监督和管理旅游开发和发展中的环境问题，做到有法必依，确保旅游业的可持续发展。

（五）充分发挥市场体制调节功能和政府宏观调控功能

理顺行政体制，逐步消除制度性障碍，主要是处理好中央政府和地方政府、地方政府和地方政府之间相关的文化旅游政策和制度之间博弈的矛盾。初期以政府为宏观主导，引导合作，培育旅游产业，改变政府职能，由行政管理向服务社会向科学管理渐渐迈进。努力克服市场失灵所造成的不良影响。在建立关中—天水旅游区初期，政府应给予一定的法律、政策支持，并能建立科学的旅游区域合作机制。政府定期召开联席会议，各旅游企业信息能互通有无，实现跨地区的集团和连锁经营，打好"关中—天水旅游"的品牌。同时，政府应做好"关中—天水文化旅游"的前瞻性规划，积极给予引导。西安市政府在这个方面应该走在前面，体现自己的"领头羊"作用，积极推动这一旅游区的高速发展。

五　关中—天水经济区文化和旅游业未来发展展望

西安以自身独有的历史人文优势在全国乃至全世界都具有无可替代的地位，

近些年来文化和旅游产业的逐渐兴起，经济迅速发展，图6和图7更加清楚地给我们展现了西安在关中—天水经济区文化旅游业中的主导地位，并且未来将会以一个良好的趋势发展。文化旅游产业相结合是关中—天水优势产业发展中的必然路径和趋势，以文化业促进旅游业兴起，以旅游业带动关中—天水经济区整个文化事业的发展，这是我们发展关中—天水经济区的基本思路。与此同时，文化旅游业带动的相关产业如保险、住宿、餐饮、金融、交通等发展，从而促进整个关中—天水经济区的发展。例如陕西省人民政府于1993年批准设立的曲江旅游度假区，是西安市确立文化旅游主导产业战略的重大举措，现在大雁塔北广场已经建成，正吸引着大批旅客；天水麦积山石窟属全国重点文物保护单位，也是闻名世界的艺术宝库，是甘肃重要的旅游景区。这就是文化和旅游产业结合得比较成功的例子。

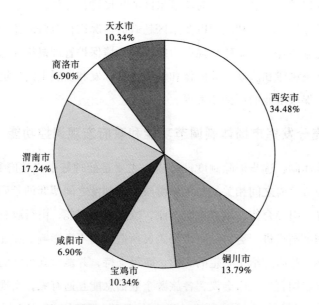

图6　2010年关中—天水经济区文化产业比例

而在未来，关中—天水经济区如何将资源优势转换为经济优势转换是我们的目标。在此，我们对关中—天水文化旅游业未来发展目标总结为以下几点：

一是开拓更加广大的客源市场，加大旅游促销宣传的资金投入和力度，提高关中—天水经济区在海内外的知名度，积极开拓国外市场和港澳台市场，吸引更多的旅游者到关中—天水经济区旅游。

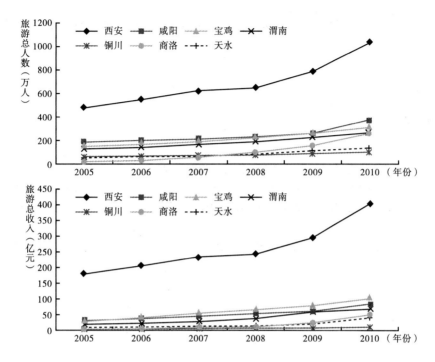

图7 2005～2010年关中—天水经济区旅游总人数和总收入趋势

二是继续加大文化旅游产品开发力度，改善文化旅游产品结构。关中—天水经济区对外开放的文化旅游景区（点）已达200多处，但文化旅游产品结构比较单一、雷同。文化旅游产品开发要适应市场需求，除观光产品外，还要开发休闲、娱乐、健身等多种功能的旅游产品，使旅游产品多样化。

三要不断加强区域协作，促进共同发展。西安、咸阳、宝鸡、天水是关中—天水文化旅游业比较发达的地区，客观上形成了相互依托、互为影响的大的文化旅游区域，因而区域协作尤为重要，要在资源开发、产品设计上统筹谋划，发挥优势，互为补充，在客源市场开发上走联合促销、共同开拓之路。

四要进一步实施合理可行的文化旅游管理体制，为旅游业发展创造良好的体制环境。

五要不断发挥创优机制的作用，通过创建优秀文化旅游城市，促进文化旅游业发展。

六要在文化旅游市场治理整顿上常抓不懈，不断针对突出问题进行专项治理，要着力研究治本之策，在机构机制建立、队伍建设、规章制定、标准化推进、执法检查等方面下工夫，不断提高管理水平，促进旅游市场的持久发展。

参考文献

国家发展改革委：《关中—天水经济区发展规划》，2011。

胡金荣：《关中—天水经济区产业结构优化路径选择》，《理论导刊》2011 年第 4 期。

崔亚军、余明远：《天水文化产业存在的问题与对策》，《天水师范学院学报》2008 年第 1 期。

刘笑明：《关中—天水经济区旅游发展比较研究》，《西南民族大学学报》2011 年第 3 期。

关中—天水经济区航空航天产业发展报告

宋 凯*

摘 要：本文主要从三个方面介绍关中—天水经济区航空航天产业大致情况。第一部分着重介绍了关中—天水经济区内西安阎良国家航空高技术产业基地与西安国家民用航天产业基地的简要状况；第二部分利用实际数据，具体分析、总结了近年来关中—天水经济区航天航空产业发展的成绩与相关问题；第三部分讨论了关中—天水经济区航空航天产业发展展望与相关对策建议。

关键词：关中—天水经济区 航空航天产业 对策建议

一 关中—天水经济区航空航天产业概述

随着我国神舟七号、神舟八号的相继上天，嫦娥登月工程取得阶段性成功，整个社会对航天产业的重要性以及由其带来的社会经济效益有了更充分的认识，航空航天产业在国民经济中的作用日益显著，因此航天技术的科研创新与航空航天产业的发展壮大显得越来越重要。航空航天产业作为当今世界最具挑战性和广泛带动性的高技术领域之一，已被《国家中长期科学和技术发展规划纲要》明确为我国未来创新的四大关键技术领域之一。

（一）关中—天水经济区是我国航空航天产业的重要基地

2009 年 6 月 10 日，国家发改委印发《关中—天水经济区发展规划》，将航

---

* 宋凯，男，陕西师范大学国际商学院经济学硕士研究生。

空航天产业作为关中—天水经济区的首要支柱性产业。陕西一直是我国航空航天领域的领先省份，是我国的"航天动力之乡"。因此关中—天水经济区毫无疑问会成为我国航空航天事业的中坚力量。现今，关中平原已形成了西安阎良国家航空高技术产业基地、西安国家民用航天产业基地、西安兵器工业科技产业园区等国家级军民融合高技术产业基地。更值得一提的是，关中—天水经济区内的西安阎良是中国著名的航空城，有大飞机、支线飞机、通用飞机整机制造、培训、维修的能力，是重要的航空产业资源聚合地，也是未来航空产业拉动周边城市建设的源头。关中—天水经济区内还拥有其他发展航空航天产业得天独厚的优势：由全国唯一的研究设计大中型飞机研究院——中国第一飞机设计研究院，全国最大的飞机制造企业——西飞集团公司，全国唯一的飞行试验研究、鉴定中心——中国飞行试验研究院，形成了集飞机设计、生产制造、试飞鉴定、科研教学为一体的完整的航空产业体系，是全国航空产业体系最完整的地区。因而在这些基础上，伴随国家发展大西部的新契机，关中—天水经济区势必会凭借自身优势研发高端航空技术，壮大航空航天产业集群。

（二）关中—天水经济区之西安阎良国家航空高技术产业基地建设进展

2004 年 8 月，西安阎良国家航空高技术产业基地（以下简称航空基地）获国家发改委批准，成为中国首家国家级航空高技术产业基地，2005 年 3 月，西安航空基地建设工作全面启动。基地重点发展大型运输机、涡桨支线飞机、通用飞机等主干产业，航空发动机及配套产业，机载系统等分支产业，航空关键部件、专用设备、维修业务等配套产业。

西安阎良国家航空高技术产业基地含有四个高新技术产业园区，它们分别是阎良航空制造园、蒲城通用航空产业园、咸阳空港产业园、宝鸡航空安全装备产业园。阎良航空制造园重点发展大型运输机、涡桨支线飞机以及大型客机零部件制造业项目。蒲城通用航空产业园依托蒲城通用机场和低空空域资源，重点发展通用航空飞行员培训、航空俱乐部等通用航空产业项目。咸阳空港产业园重点发展民用飞机维修、定检、大修、客改货、公务机托管、零部件支援、航空物流等项目。宝鸡航空安全装备产业园重点发展光纤通信系统、组合导航系统、飞行安全监测系统等项目。

（三）关中—天水经济区之西安国家民用航天产业基地建设情况

西安国家民用航天产业基地是陕西省政府、西安市政府与中国航天科技集团公司依托和发挥陕西航天科技雄厚的资源优势和突出的发展潜力，共同建设的以航天技术应用为主导的高科技产业园区，是西安"五区一港两基地"的重要组成部分，总规划面积86.64平方公里，其中新建区面积23.04平方公里，扩展区规划面积63.6平方公里。

其成长的足迹如下：

2006年11月30日，基地管委会正式成立。

2007年12月26日，基地被国家发改委批复认定为西安国家民用航天产业基地。

2010年1月5日，基地被科技部认定为国家级西安国家半导体照明（LED）工程高新技术产业化基地。

2010年2月2日，基地被工业和信息化部授予"以军民融合为方向的国家新型工业化产业示范基地"称号。

2010年6月26日，国务院正式批复航天基地升级为国家级陕西航天经济技术开发区，成为我国唯一的航天专业化经济技术开发区。

西安国家民用航天产业基地产业定位为：坚持"四节约、一环保"的发展理念，以"航天产业立区，战略产业兴区，文化产业繁区"为发展定位，以"大集团引领，大产业构建，园区化承载，规模化发展"为发展方针，着力发展"以卫星及卫星应用为主的民用航天产业，以太阳能光伏及大功率半导体照明为主的新能源新光源产业，以服务外包及动漫创意为主的数字航天产业，以生物医药及生物研发为主的生物医药产业以及集现代化、信息化、专业化、集约化为一体的高端物流产业"等主导产业，积极构建以航天产业为龙头的产业体系，做大做强特色产业，努力打造"特色鲜明、世界知名"的国家民用航天产业基地。

作为我国规模最大的民用航天产业基地，充分发挥陕西省航天科技的雄厚基础和资源优势，以民用航天产业为主导发展方向，以航天六院、航天五院西安分院、航天九院771所、中国卫通等掌握尖端高新技术的航天单位为依托，以航天科技西安卫星应用产业示范基地、中国—加拿大国际卫星与通信产业园、卫星导航与时间频率技术研发及产业化基地等项目为平台，着力发展以卫星及卫星应用为主的民用航天产业集群。

此外，西安国家民用航天产业基地牢牢把握服务外包及创意产业空前的历史发展机遇，开工建设了高起点、高标准、大规模的西安航天基地服务外包产业园，并引入亚森通信、开泰动漫园等一系列服务外包及创意产业项目。其中，基地与西影集团共同设立的西部注册规模最大的西影航天动漫公司项目的签约，标志着航天基地着力发展以影视动漫为代表的服务外包及创意产业已经驶入了发展的"快车道"。

（四）关中—天水经济区之西安航空航天产业西洽会部分成果

在第十四届西洽会上，西安航空基地与西安阎良区联手，围绕"关中—天水经济区第一产业、现代国际航空新城"主题，共同推出"中国航空城"这一地域品牌，从而进一步加速航空基地和阎良区的区域经济融合，为"中国航空城"成为西安经济重要增长极奠定了基础。

在第十五届西洽会上，西安航空基地与西安阎良区继续联合招商，共同推介"中国航空城"品牌。在 2011 年 4 月 8 日的签约仪式上，西安航空基地分别签下了热工科研试验及产业基地、飞机及汽车零部件制造、西安亚飞通用航空中心、通用飞机运营基地等 9 大项目，总投资达 40.94 亿元。加上之前陆续签约的一批项目，西洽会期间该基地共实现签约项目 28 个，签约总金额达 105.55 亿元，较第十四届西洽会翻了一番。

二　关中—天水经济区航空航天产业分析

航空航天产业是提升国家综合国力和国际竞争力、促进国民经济发展、维护国家安全的重要战略性产业，是高技术产业中最具特色和代表性的产业之一。分析、总结其发展过程中的成绩与问题，对关中—天水经济区航空航天产业的发展是极有裨益的。

陕西绝大部分地区处于关中—天水经济区之中，与此同时，关中—天水经济区航空航天产业的大本营也在陕西，并且甘肃省天水市所辖行政区域中航空航天产业并不发达。由此仅对陕西航空航天产业状况加以分析，就可以大致判断出关中—天水经济区航空航天产业的发展状况。

（一）关中—天水经济区航空航天产业发展成绩显著

第一，经济区内航空航天器制造业当年价总产值连年上涨。如图1所示，从2000年的66.64亿元上涨到2009年的269.57亿元，产业规模不断壮大，产业优势逐渐明显化。

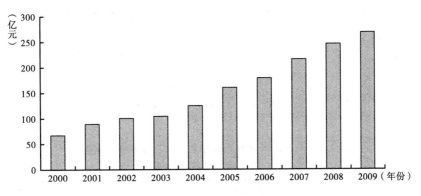

图1　航空航天制造业当年价总产值

资料来源：中国高新技术产业统计年鉴（2001~2010年）。

第二，航空航天制造业利润逐渐攀升。如图2所示，由2000年的亏0.53亿元到2009年的赢利18.92亿元。通过二次多项式曲线预测模型分析，在"十二五"规划末期，其利润预期值可达到53.14亿元，说明其赢利能力逐年提高，经济效益增加显著。其预测方程如下：

$$y = 0.852 - 0.844t + 0.257t^2 \, (t = 1,2,\cdots,n)$$

式中，y代表关中—天水经济区航空航天制造业利润，相关系数 R = 0.99；当 t = 1 时，代表此时时刻为2000年；当 t = 2 时，代表此时时刻为2001年；其余照此类推。

第三，专利申请数、拥有发明专利数与航空航天制造业科技机构数目增加。通过收集2005~2009年陕西航空航天产业制造业专利申请数与陕西航天航空制造业拥有发明专利数的相关数据，参考这段时间内航空航天制造业科技机构数目（见表1和图3），得知2005~2009年，专利申请数、拥有发明专利数与航空航天制造业科技机构数均有显著提高，说明此产业科技发展水平有较快进步。

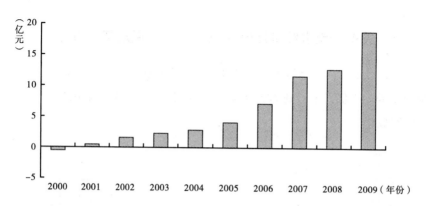

图2　航空航天制造业利润

资料来源：中国高新技术产业统计年鉴（2001～2010年）。

**表1　2005～2009年陕西航空航天制造业专利申请数与
拥有发明专利数汇总**

年份	专利申请数	拥有发明专利数	年份	专利申请数	拥有发明专利数
2005	33	13	2008	138	29
2006	77	9	2009	227	128
2007	105	17			

资料来源：中国高新技术产业统计年鉴（2006～2010年）。

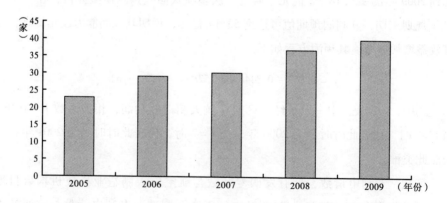

图3　航空航天制造业科技机构数

资料来源：中国高新技术产业统计年鉴（2006～2010年）。

　　第四，经济区内航空航天制造业投资额显著增加，由从2000年的8.57亿元增长到2009年的18.99亿元（见图4）。说明社会各界对于此产业重视度呈增加态势，继而表明关中—天水经济区航空航天产业发展前景广阔，未来增值潜力较大，对资本具有较强的吸纳能力。

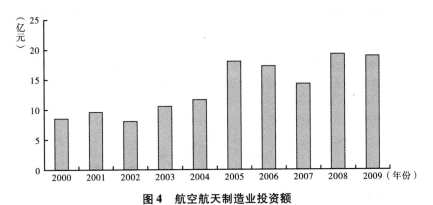

图4　航空航天制造业投资额

资料来源：中国高新技术产业统计年鉴（2001～2010年）。

对航空航天事业发展的重视是对航空航天事业发展的最有利的条件，其对新技术的开发、先进技术的引入、各项业务的发展都能起到良好的推动作用。

第五，关中—天水经济区航空航天制造业R&D经费内部支出从2000年的53826万元增加到2009年的137070万元，说明其自身不断重视研发投入与自主创新能力的提升，进而塑造产业核心竞争优势，增强产品竞争力。在图5中，我们可以清晰地看出虽然R&D经费内部支出在2000～2009年10年的某些时间段内有下降态势，但在其总体趋势上，还是保持向上的运行方向。

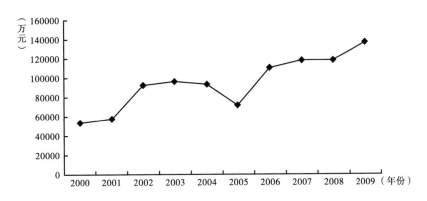

图5　航空航天制造业R&D经费内部支出

资料来源：中国高新技术产业统计年鉴（2001～2010年）。

（二）关中—天水经济区航空航天产业发展中存在的问题

首先，从航空航天制造业企业从业人数来看，2000 年陕西航空航天制造业企业从业人员年平均人数为 105459 人，而 2009 年的从业人员年平均人数仅为 86591 人（见图6）。从这里不难发现从业人员数目减少，人才流失现象加剧。因而后续人才培养、人才保障政策落实等方面应予以加强。

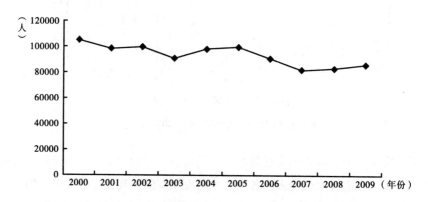

图6 航空航天制造业企业从业人员年平均人数

资料来源：中国高新技术产业统计年鉴（2001~2010 年）。

其次，从出口方面来看，航空航天制造业新产品出口销售收入呈下降趋势（见图7）。2006~2009 年，新产品出口销售收入连续三年下降，说明关中—天水经济区航空航天产业应加强自身国际影响力建设，争取更多发展机会；学习国外

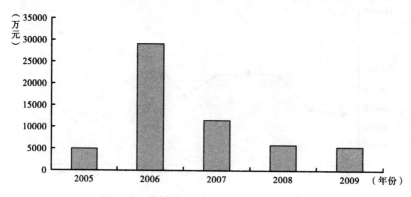

图7 航空航天制造业新产品出口销售收入

资料来源：中国高新技术产业统计年鉴（2006~2010 年）。

先进经验，加强自身科研能力，同时也应更进一步发展高端技术，与国际先进水平接轨，从而能在国际市场上占据一席之地。目前改革开放的大环境有利于航空航天事业的发展，尤其在我国加入世界贸易组织之后，更是机遇与挑战并存。

再次，航空航天产业是资金密集型和知识密集型产业，具有资金投入大、项目周期长、风险大等特点。从航空航天制造业科技活动经费筹集额中金融机构贷款数目看，金融机构对航空航天产业贷款呈下降趋势，扶植力度降低，这与其高风险性紧密相关。从图8中得出自2002年以后，金融机构贷款持续下降。由于2007年数据与2009年数据统计年鉴并未标出，所以先不予考虑。2002年科技活动经费筹集额中金融机构贷款数目为6380万元，而2008年仅为1339万元，金融机构贷款数目剧减。所以鼓励银行等金融机构投入关中—天水经济区航空航天产业发展也是我们面临的任务。

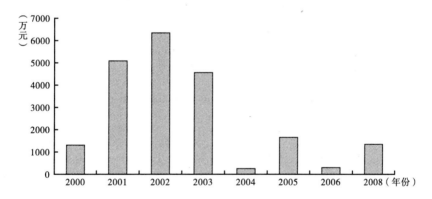

图8　航空航天制造业科技活动经费筹集中金融机构贷款

资料来源：中国高新技术产业统计年鉴（2001~2010年）。

总之，关中—天水经济区航空航天的发展是充满机遇和挑战的，虽然已有了一定的发展基础，但是还存在许多问题。我们应该努力向前看，克服困难，不断推动关中—天水经济区乃至全国航空航天事业的发展。

三　关中—天水经济区航空航天产业
发展展望与政策建议

关中—天水经济区作为中国航空航天产业的重要基地，具备很强的航空技术资源基础和实力，具有明显的比较优势和区位优势。在未来，关中—天水经济区航空航天产业将带动关联产业以及整个区域经济发展，成为我国乃至世界上重要的航空科研创新、先进技术开发、规模化生产的基地。所以如何让航空航天产业发展在关中—天水经济区内顺利进行，是亟须解决的问题。结合上文分析，本报告提出下列对策建议以供参考。

（一）加强政策支持

第一，结合关天地区实际情况，制定关中—天水经济区航空航天产业重点领域发展目录，对列入目录的航空航天细分产业予以重点支持。这样可以突出重点，使效率最大化。第二，制定人才保障政策。对所在航空航天产业的骨干创新人才加大保障力度，完善奖励措施，建立良好环境。通过人才保障政策，才能留住人才，更好地为关中—天水经济区航空航天产业发展作出贡献。第三，优化投资环境。鼓励银行等金融机构投入关中—天水经济区航空航天产业发展，引导各类创业投资资金对处于种子期和起步阶段的航空航天技术应用企业加大投资。

（二）强化自主创新

第一，坚持自主创新。实践证明，自力更生、自主创新，是我们真正在世界高科技领域占有一席之地的重要基石。改革开放以来，中国大量引进国外先进技术，对促进经济快速发展起到了重要作用。但是，在关系国计民生和国家安全的航空航天领域，真正的核心技术是买不来的，必须通过加大创新资源投入，加快自主开发研究，在研究过程中学习和积累形成本国的核心技术。第二，加快科技成果转化，完善知识产权保障工作。产业创新最终目的就是实现市场价值，要合理利用资源，将成熟的、有市场前景的资源投入市场，降低创新成本，这样才有科技转化为成果的动力，从而提高产出效率。另外，加大航空航天产业知识产权保护工作的宣传与教育，保证合法权益不受侵害。同时，政府要加快航空航天产业立法工作，尽快完善各项规章制度，为航空航天产业创新营造一个良好的法制氛围。

航空航天产业是综合国力竞争的战略制高点，关系国家安全和战略利益的维护与拓展。中国具备航空产业发展的基础，在航天领域已经进入世界先进国家行列。关中—天水经济区作为国家重要的航空航天产业基地，当然要按照国际标准和市场化运作模式，加快发展大飞机产业，积极推进支线飞机形成支柱产品，加快新机型、新技术开发，进一步扩大民用飞机及相关产品和服务的出口；加大新一代通信广播卫星、音频/视频直播卫星研制力度，推动形成气象卫星、资源卫星、海洋卫星、环境与灾害监测小卫星群等应用卫星系列，建立长期稳定运行的卫星对地观测体系；研制"无毒、无污染、高可靠、大推力"的新一代运载火箭，全面提高中国运载火箭的整体水平；统筹考虑飞机、发动机、机载设备发展，统筹考虑空间技术、空间应用和空间科学发展，推动航空航天业走新型工业化发展道路。

参考文献

周勇、徐丹、霍雅琪：《西安市航空航天产业园区发展模式选择研究》，《企业经济》2009 年第 6 期（总第 346 期）。

翁轶丛、朱晨辉、何志庆：《上海航空航天产业政策梳理与研究》，《中国工程咨询》2009 年第 4 期（总第 104 期）。

谢毅梅：《航空航天产业创新能力评价体系构建研究》，2010。

李剑：《上海航天科技产业园区产业集群发展研究》，2010。

冯长根：《选择培育战略性新兴产业的几点建议》，《科技导报》2010 年第 9 期。

张政治、谢毅梅、张文强：《我国航空航天产业创新能力提升路径分析》，《科技管理研究》2011 年第 5 期。

关中—天水经济区战略性新兴产业发展报告

杨 勇*

摘 要： 关中—天水经济区内科技资源的汇集为发展战略性新兴产业奠定了良好的基础，近些年来装备制造、新能源、新材料、新一代信息技术、节能环保、新能源汽车、生物医药等产业发展迅速，但同时区域内战略性新兴产业发展中也面临着诸多问题，不仅表现在资金投入不足且结构失衡、科技成果及其转化水平较低，还表现为科技创新人才缺乏等问题。关中—天水经济区战略性新兴产业的持续发展必须充分把握机遇，从重点产业领域大力促进自主科技创新、进一步推动产学研合作、打通资本与产业的衔接、加大人才培养力度等方面入手。

关键词： 关中—天水经济区 战略性新兴产业 发展

从关中—天水经济区发展战略性新兴产业的基础和条件看，经济区目前已聚集了陕西、甘肃两省 70% 以上科技资源，拥有国家和省级企业技术中心 158 个、重点实验室 75 个、工程技术研究中心 74 个、科研院所 1000 多个、各类专业技术人员 80 多万人，各类技术创新平台的成立为发展战略性新兴产业创造了良好的条件。

一 关中—天水经济区战略性新兴产业发展现状

近年来，关中—天水经济区战略性新兴产业发展迅速。截至 2010 年底，陕

---

* 杨勇，男，陕西师范大学国际商学院博士研究生，西安工业大学经济管理学院讲师。

西战略性新兴产业实现产值 2400 亿元，增加值 720 亿元，约占全省规模以上工业增加值的 17.3%，占全省 GDP 的 7.2%。部分产业在一些关键领域取得较大的突破，某些产业技术在全国甚至国际上处于领先位置，形成了较为鲜明的产业特色。

从总体上看，关中—天水经济区内的战略性新兴产业的情况如表 1 所示。

表1　关中—天水经济区各城市主要的战略性新兴产业分布

城　市	主要的战略性新兴产业
西　安	节能环保、新一代信息技术、生物医药、高端装备制造、新能源、新材料和新能源汽车
宝　鸡	节能环保、新一代信息技术、高端装备制造、新能源、新材料
渭　南	节能环保、生物医药、高端装备制造、新能源
咸　阳	新一代信息技术、生物医药、高端装备制造、新能源
铜　川	新能源
商　洛	生物医药、新能源、新材料
杨　凌	生物医药
天　水	新一代信息技术、高端装备制造、新能源

从表 1 中可以看出，西安作为关中—天水经济区的核心城市，在七大战略性新兴产业中都有所发展，而其余各城市均选取部分战略性新兴产业作为发展的主要方向，体现了优势互补、协同发展的特征。

近些年来，关中—天水经济区战略性新兴产业发展已初见成效，具体表现在以下几个方面。

（一）部分产业规模优势凸显，产品竞争力增强

区域内高端装备制造业、新一代信息技术产业、生物产业、新材料产业等已经在全国占有重要位置，具有较强的市场竞争力。航空产业以西安为中心形成了航空整机制造、大部件制造和零部件加工产业体系，行业资产规模、生产总值、科技成果占全国的 1/4，综合实力位居全国前列，民用航天产业形成了运载动力、卫星通信、测控导航及地面设备、微电子、特种材料产业体系，民用航天产品国内市场占有率达到 50% 以上；宝鸡形成了以石油钻机、F 系列泥浆泵配件产品为主导的全国重要石油装备产业基地，其中超深井 1.2 米交流变频电驱动钻机等部分重点产品，具有国际领先水平；天水星火机床目前已发展成为世界九家重

型卧式车床生产厂家之一，中国生产大型回转类机床的"领头羊"，中国大型数控车床、精密轧辊磨床主导生产企业，中国机床工具行业"八大金刚"企业，国家自动低压铸造机工业性试验基地；天水长城开关厂有限公司多年来保持了在国家重点火电建设项目中的市场占有率第一、国家重点石化建设项目中的市场占有率蝉联前两位和高压真空接触器、F-C回路市场占有率第一的地位；在物联网产业领域，形成了核心芯片、智能传感器、射频识别、应用软件与平台、物联网系统集成等较为完整的产业链；在医药产业领域，陕西艾尔肤公司的组织工程皮肤、组织工程角膜等高技术产品已经达到国际领先水平；在新材料领域，以宝鸡为中心形成了有色金属材料、复合材料和液晶高分子材料为主体的产业体系，钛材产量约占世界产量的22%、国内产量的80%，占我国国防军工市场的95%，能够生产世界钛材75%的牌号产品。除此之外，在新能源产业领域，太阳能光伏、风电设备制造等产业发展迅猛，具备了进一步发展壮大的基础，已经在全国具有一定的地位。

（二）部分产业集群化初步形成，园区经济实现快速发展

集群化与产业化是工业发展到一定阶段的特征。关中—天水经济区战略性新兴产业经过多年的发展已经形成了以西安、宝鸡、渭南、杨凌四个国家高新技术开发区和西安、天水两个国家级经济技术开发区为龙头的高新技术产业开发带，一批以信息技术、生物医药、新材料、新能源、先进制造为代表的高新技术产业迅速崛起。

2010年，西安高新区营业收入达到4008亿元，工业增加值834亿元，大口径财政收入118.47亿元，这3项指标均排名全国高新区前3位，电子信息、先进制造、生物医药、现代服务业四大主导产业实现营业收入3206亿元，占园区总收入的比重超过80%。目前，西安高新区共有电子信息企业800多家，已形成以中兴、华为、海天天线、彩虹资讯、威世、英飞凌等龙头企业为核心，科耐特、华晶电子、华山半导体等一大批中小科技企业为支撑的产业集群。生物医药在陕西40个行业的产值排名中居第四位，行业基础雄厚，有杨森、利君、步长、金花、皓天、绿谷、力邦等220多家较有规模的知名制药企业，拥有国家级生物医药孵化器，初步形成了以中药现代化、化学药和新药研发、生物技术为主的产业集群。先进制造业在在电力机械、制冷设备、石油设备、仪器仪表、汽车等领

域有产业优势，已经形成了集汽车电子、重要汽车零部件和整车在内的汽车产业集群。

2010年，宝鸡市高新区完成经营收入915.16亿元，同比增长25.94%；区域总产值961.96元，同比增长29.61%；出口创汇5.14亿美元，同比增长13.72%。宝鸡高新区钛和钛合金产业集群已经聚集了科研、生产、加工、贸易和流通企业400多家，从业人员近4万人。截至2010年年底，宝鸡高新区钛材加工能力突破11000吨，新材料产业实现销售收入183.62亿元，其中，宝钛集团钛材销售收入突破100亿元，龙头企业带动作用明显。宝鸡高新区钛材加工装备、技术水平及生产能力均居全国第一位，承担着中国90%以上高端钛材产品的生产任务。2010年1月，科技部批准设立宝鸡国家钛材料高新技术产业化基地。2010年7月，科技部将宝鸡钛谷产业集群列入全国50个产业集群试点之一。除此之外，宝鸡石油装备生产企业石油钻采装备产业实现销售收入129.53亿元，重型汽车及零部件产业销售收入达到223.19亿元。

渭南市国家高新技术产业开发区已形成现代医药、精细化工、设备制造、电子信息等6个产业园，入驻企业300余户，2010年全年总收入71.5亿元，实现工业总产值51.2亿元，工业增加值17.9亿元，是全市经济增长最快的区域。高新区有精细化工、装备制造类企业164家。

杨凌示范区目前已形成了以农业为主的多元化产业新格局，初步形成了以生物医药、绿色食品、新型环保农资、现代农业装备制造业、农产品加工为主的产业体系。2010年，杨凌示范区科技特色产业辐射带动效应实现了新突破，示范区内共有124家企业，从业人员1.4万人，区内实现总产值43.55亿元；销售收入44.36亿元；出口1.1亿美元。

天水市目前已经基本形成了电工电器、机床工具、集成电路封装等三大领域具有相对优势的装备制造业，拥有一批研发能力、装备水平、产品市场占有率均居全国同行业前列的骨干企业。2010年，全市170户规模以上工业企业中有装备制造企业60户，实现工业总产值79.6亿元、增加值19.9亿元、主营业务收入72.4亿元、利税总额7.2亿元，分别占全市规模以上企业的48.8%、36.3%、59.6%和80.3%。天水市经济技术开发区2010年4月被国务院批准为国家级经济技术开发区，正在着力打造机械电子装备制造产业、新材料产业及新能源产业三大战略性新兴产业集群。

（三）科技研发投入不断增加，成果不断显现

战略性新兴产业是以高新技术应用为鲜明特征的产业，科研的投入和研究成果的数量是衡量战略性新兴产业发展潜力的重要标志。从科技经费筹集情况看，政府对科技的投入不断加大。

2010 年，陕西省高新技术产业 R&D 经费内部支出 26.18 亿元，居全国第 8 位，全社会高新技术产业 R&D 经费投入强度（全社会高新技术产业 R&D 经费内部支出与地区生产总值之比）为 0.258%，这一比例在全国排在第 6 位。从科技活动经费筹集、政府投入支持和高新技术产业 R&D 经费投入强度来看，陕西在全国都处在中上游水平，但与全国相比，政府资金在 R&D 中所占较多。伴随着科技投入的增加，科技成果不断涌现。从专利申请、授权数量上来看，呈现快速增长。2010 年，陕西省科技成果审查登记办公室共登记科技成果 553 项，比上年增加了 35 项，增长了 6.76%（见图 1）。

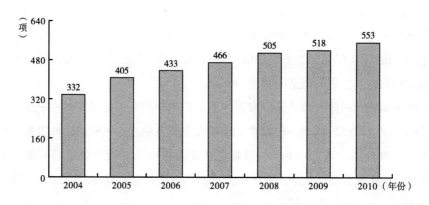

图 1　2004～2010 年陕西省科技成果

在 2010 年登记的 441 项应用成果中，国际领先成果 39 项，占 8.84%；国际先进 133 项，占 30.16%；国内领先 184 项，占 41.72%；国内先进 73 项，占 16.55%；国内一般 12 项，占 2.72%。2010 年度登记的应用成果中有 129 项获得了经济效益，占 29.25%。获净利润 468.46 亿元，实缴税金 89.65 亿元，出口创汇 133.09 亿元，节约资金 125.40 亿元。需要注意的是，2010 年登记的科技成果数仅为部分成果的研制情况，不代表陕西省当年取得的科技成果数。天水市 2010 年有 1 项科技成果荣获国家科技进步奖，10 项成果获甘肃省科学技术奖，

获奖等次和数量仍居甘肃全省市州第一位。另外，天水装备制造业的龙头企业天水星火机床公司 11 项科技成果荣获 2010 年天水市科技进步一等奖。

二 关中—天水经济区战略性新兴产业发展存在的问题及分析

关中—天水经济区战略性新兴产业发展有着较好的基础条件，近些年来也取得了一定的发展，但是仍然存在诸如资金投入不足、投入结构不合理、科技转化水平较低、缺乏创新人才等问题。①

（一）资金投入不足且结构失衡

虽然近年来陕西在战略性新兴产业上的投入有所增加，但是从发展需要来看，资金投入还是不足且存在结构失衡问题。2009 年陕西省确定的战略性新兴产业项目 35 个，计划总投资为 453 亿元，年度投资 52 亿元，占年度计划投资的 11.5%。从技术改造方面来看，2009 年全省企业改建和技术改造项目 2199 个，计划投资 1338.32 亿元，仅占年度计划的 11%。由此可见，企业在战略性新兴产业与改建和技术改造上投资比重仍然偏低。2009 年陕西省政府属研究机构 R&D 经费 99.90 亿元，2000 年以来年均增长 8.1%，低于全国 16.2% 的平均水平。②

从登记注册类型看，2009 年，陕西省内资高新技术企业投资额 130.23 亿元，总量居全国第 12 位，其中国有高技术产业投资额达到 46.94 亿元，占陕西省内资高新技术企业投资总额的比重为 36%，占全国内资高新技术企业投资总额 384.33 亿元的 12.2%，大大高于全国平均 12.4 亿元的水平，居全国第 1 位。而港澳台投资企业与外商投资企业投资额分别为 3.18 亿元与 5.95 亿元，在全国分列第 21 位与 18 位，表明非公有制经济高新技术企业投资额严重不足。

从行业看，在医药制造业、航空航天器制造业、电子及通信设备制造业、电子计算机及办公设备制造业、医疗设备及仪器仪表制造业五大高新技术产业中，

---

① 本部分由于数据所限，主要采用第二次全国科学研究与试验发展（R&D）资源清查主要数据公报、第二次陕西 R&D 资源清查主要数据公报、第二次甘肃 R&D 资源清查主要数据公报等。
② 陕西省统计局等，第二次陕西 R&D 资源清查主要数据公报（第三号）；国家统计局等，第二次全国科学研究与试验发展（R&D）资源清查主要数据公报（第三号）。

陕西省医药制造业与医疗设备及仪器仪表制造业两类投资水平远远低于全国平均水平。①

从投资主体看，2009 年，在陕西省登记的科技成果累计投入经费 108.56 亿元，其中国家投入 1.14 亿元，占总投入经费的 1.05%；部门投入 1.41 亿元，占 1.30%；地方投入 82.58 亿元，占 76.07%；基金投入 0.28 亿元，占 0.26%；自有资金投入 21.31 亿元，占 19.63%；银行贷款 1.05 亿元，占 0.97%；国外资金 0.43 亿元，占 0.40%；其他 0.35 亿元，占 0.32%。2009 年，陕西省登记的科技成果经费投入中，政府的各类计划基金投入接近实际经费投入总额的八成。可见，目前陕西所登记科技成果项目经费投入主要来源于政府资助，企业投资在科技经费筹集中比例偏低。

从 R&D 经费总量看，2009 年天水市 R&D 经费共计 1.25 亿元，仅占 GDP 的 0.5%，整个关中—天水经济区内除西安市与杨凌示范区外，其他县市 R&D 经费与 GDP 之比均低于全国 1.7% 的水平（见图 2）。②

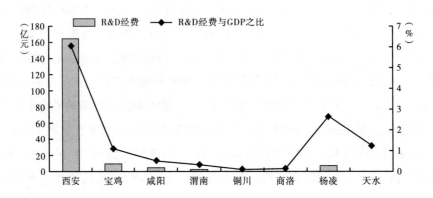

图 2　关中—天水经济区 R&D 经费总额与 R&D 经费与 GDP 之比

（二）科技成果及其转化水平较低

发展战略性新兴产业的一个关键是科技成果在企业创新和发展中的应用。国

---

① 国家统计局：《中国高新技术产业统计年鉴 2010》，中国统计出版社，2010。

② 甘肃省统计局等：第二次甘肃 R&D 资源清查主要数据公报（第一号）；陕西省统计局等：第二次陕西 R&D 资源清查主要数据公报（第一号）；国家统计局等：第二次全国科学研究与试验发展（R&D）资源清查主要数据公报（第一号）。

内专利申请受理及授权数、国内各地区技术市场成交合同书及合同金额、技术市场技术流向地域合同数与合同金额是监测科技成果技术及其转化水平的重要指标。

2009年，陕西省国内专利申请受理15570件，授权6087件，分列全国第15位与第17位；各地区技术市场成交合同6243件，合同金额69.8亿元，分列全国第10位与第12位；技术市场技术流向地域5293件，合同金额46.96亿元，分列全国第14位与第16位。从"四技"合同数量看，陕西技术转让数量占"四技"比重4.78%，低于全国6.21%的平均水平和西部5.47%的平均水平，技术转让合同金额占"四技"比重为15.22%，低于全国17.72%的平均水平。[1]从以上几个重要指标可以看出，陕西科技成果及其转化均处于全国中游水平，与北京、江苏、山东、浙江、广东等地差距较大，这与陕西科技大省、教育大省的地位很不相匹配。而且，虽然数据显示陕西省近些年来加大了对于高新技术产业的科技投入，但是并没有带来明显的积极效果，科技成果的产业化以及产学研链条仍然需要进一步加强。

西安市2010年度登记的应用技术类科技成果132项，已经应用的项目127项，因为资金到位问题未应用的项目5项。[2]从行业人才角度看，2010年西安市登记的科技成果完成人员与2009年相比博士研究生有所减少。据统计分析，从东、中、西部地区来看，资金问题显著高于其他影响因素，是成果未应用或停用的主要原因。中部地区资金问题导致成果未应用或停用的比例最高，为55.54%；东部地区资金问题导致成果未应用或停用的比例也比较突出，比例为41.06%；西部为52.17%。[3]除此之外，技术问题、政策因素、市场问题和管理问题也是成果未应用或者停用的重要原因（见表2）。

（三）科技创新人才缺乏

发展战略性新兴产业的关键是高新技术的应用，而高新技术的应用主要依靠

---

① 国家统计局：《中国高新技术产业统计年鉴2010》，中国统计出版社，2010。

② 2010年度西安市科技成果统计分析报告。

③ 2010年度全国科技成果应用情况统计。

表2 地区成果未应用或停用原因比例分析

单位：%

	东部	中部	西部	环渤海	长三角	珠三角	东北
资金问题	41.06	55.54	52.17	49.65	30.19	28.81	50.52
技术问题	35.41	25.62	31.52	32.51	37.95	47.46	29.06
市场问题	13.00	8.86	6.25	8.83	19.71	6.78	8.90
管理问题	2.65	2.63	2.72	2.30	3.14	1.69	1.57
政策因素	7.88	7.35	7.34	6.71	9.01	15.26	9.95
合　计	100.00	100.00	100.00	100.00	100.00	100.00	100.00

资料来源：2010年度全国科技成果应用情况统计。

科技人才，尤其是在创新和科技应用一线的企业科技人才。统计资料显示，2009年，陕西省研究与开发机构R&D人员达到26763人，在全国排第二位，仅次于北京，博士与硕士分别处于西部的第三位与第二位，但博士与硕士分别占R&D人员比重的2.19%与18.96%，低于全国10.96%与24.92%的平均水平以及西部5.57%与20.98%的平均水平。同样，陕西省地方部门属研究与开发机构R&D人员占从业人员比重为16.35%，位列全国倒数第二位，其中博士占比为1.81%，低于全国7.09%和西部4.01%的平均水平，硕士占比为22.60%，略高于全国22.01%的水平。陕西是科技教育资源大省，"十一五"前四年，累计毕业本科生37.88万人，累计毕业研究生7.11万人，然而，"十一五"前四年全省新增科技活动人员只有5.72万人，这充分说明陕西作为教育科技大省培养了大量的技术人才，但同时又将大量的人才输送到全国各地（见表3）。[1]

表3 2009年关中—天水经济区研发机构R&D人员数量

单位：人

	研究与开发机构R&D人员			地方部门属研究与开发机构R&D人员		
	R&D人员合计	#博士毕业	#硕士毕业	R&D人员合计	#博士毕业	#硕士毕业
西部地区	78670	4381	16502	18986	761	3721
陕　西	26763	587	5075	885	16	200
甘　肃	5849	772	1197	2271	80	353

资料来源：中国科技统计年鉴2010。

---

① 国家统计局：《中国科技统计年鉴2010》，中国统计出版社。

三 关中—天水经济区战略性新兴
产业发展的机遇与挑战

（一）关中—天水经济区战略性新兴产业发展面临的机遇

关中—天水经济区战略性新兴产业发展面临的机遇有以下几方面。

1. 政策支持力度加大

战略性新兴产业提出以后，"一行三会"、国务院分别颁布了银发〔2009〕386号文、国发〔2010〕9号文、国发〔2010〕13号文等文件，从金融服务支持、外资准入、民间资本准入等角度支持战略性新兴产业发展。而七大领域确定的重点行业大多是关中—天水经济区的优势产业，有望获得国家更多的政策支持。

2010～2030年，是西部大开发的第二个阶段，即加速发展阶段。即在前段基础设施改善、结构战略性调整和制度建设成就的基础上，巩固提高基础，培育特色产业，实施经济产业化、市场化、生态化和专业区域布局的全面升级，实现经济增长的跃进，也就是我们所说的新一轮西部大开发。在这一过程中，中央在西部建设先进制造业、战略性新兴产业和服务业基地，这对于地处西部地区的关中—天水经济区发展战略性新兴产业来说，无疑是一次难得的历史机遇。

从地方政府看，陕西省政府和甘肃省政府近年来也出台了许多政策支持战略性新兴产业的发展，如《陕西省战略性新兴产业发展"十二五"规划》，陕西省环保产业、生物医药产业、物联网产业、新材料产业发展规划，《甘肃培育发展战略性新兴产业行动计划》，甘肃省人民政府《关于贯彻落实〈国务院关于加快培育和发展战略性新兴产业决定〉的意见》等，这些政策、决定、规划对于关中—天水经济区战略性新兴产业的发展有着良好的支持作用。

2. 产业基础良好

从产业基础看，关中—天水经济区不少战略性新兴产业的技术与发达国家相比差距较小，在某些领域具有同发优势，甚至在局部领域占据领先优势。如TDSCDMA技术、移动通信基站天线、无线局域网络安全国家标准、卫星导航、高功率激光器、超导材料、抗体药物、特（超）高压输变电等领域的技术已达到国际领先水平；关中—天水经济区航空航天产业在国内具有明显优势，陕西是我国名副其实、无可争议的航空工业第一大省，是全国唯一的具有两个整机生产企业的省份，行业资产规模、生产总值、人才总量和科技成果均占全国 1/3 左右；在新材料产业领域，宝鸡的钛材加工装备、技术水平及生产能力均居全国第一位。从产业化能力看，在西安形成了软件与集成电路、航空航天、节能环保等产业集群，在宝鸡高新区形成了以钛及钛合金为基础的新材料产业集群，在杨凌形成了生物医药和生物农业产业集群。

3. 市场空间巨大

"战略"意味着不可或缺，"新兴"意味着发展还不成熟，战略性新兴产业就是那些在国家和区域经济发展中不可或缺而目前发展还处于初级阶段，但是很有发展前途即具有较好的需求前景的产业。根据国务院发展研究中心"重点产业调整转型升级"课题组测算，未来三年新能源产业产值可望达到 4000 亿元；2015 年环保产业产值可达 2 万亿元，信息网络及应用市场规模至少达到数万亿元；2020 年广义生物产业市场规模约为 6 万亿元。在拉动经济增长方面，2010 年核电投资可以拉动 GDP 增长 0.3 个百分点。世界银行对 120 个国家的计量经济分析表明，宽带服务普及率每增长 10 个百分点，能带动 1.3 个百分点的经济增长。从增加就业看，据 IBM 和中国有关部门的联合分析，如果中国在智能电网、宽带、智慧医疗上投资 1000 亿元，将带动就业人数超过 150 万人。[①]

（二）关中—天水经济区战略性新兴产业发展面临的挑战

关中—天水经济区战略性新兴产业发展面临的挑战有以下几方面。

1. 技术风险不容忽视

技术风险是指由于技术上的不确定性而导致研究与开发失败的可能性。战略性新兴产业一般都是高科技、高风险产业，因此最大的风险很可能来自技术风险。其产生的原因主要有：①技术成功的不确定性，即一项技术能否实现预期目标，在研制之前和研制过程中是不能确定的；②技术效果的不确定性，即一项高新技术项目在研究过程中其最终的技术效果难以估计；③技术寿命的不确定性，

---

① 赛迪顾问股份有限公司：《战略性新兴产业融资渠道与选择策略》，《投融资研究》2010 年第 1 期。

即高新技术产品变化迅速、寿命周期缩短，因此极易被更新的技术代替。企业技术的不确定性，导致了战略的不确定性，各企业的产品或市场定位、营销、服务方式都表现出这一点。

2. 产业化风险要合理规避

首先是基于产业关联效应的产业链建设风险。战略性新兴产业不仅本身具有不可或缺的、广阔市场空间的产业，而且具有较强的前向、后向和旁侧连锁效应，产业链比较长，所以如果单兵突进，很容易遭遇两大问题：一是被其他新兴产业内的企业扼杀，二是上下游产业价值缩水，难以起到引领经济可持续发展的作用。其次是基于产业生命周期的产业寿命风险。战略性新兴产业的成长和衰退具有突发性特征，如果它率先成长起来，市场占有率会迅速提高，市场机会大于风险；如果它起步晚，又不能后发制人，那么它很可能衰退下去，则市场风险大于机会。

3. 市场需求风险要积极应对

战略性新兴产业属于"未来"、"前景"较好的企业。所以在其面对未来真实市场需求上，表现出明显的市场风险。主要是：①市场接受能力的不确定性，战略性新兴产业开发出全新的产品使得顾客在产品推出后的短期内不能及时了解其性能和功用，这往往造成对该产品的市场潜力难以确定；②市场接受时间的不确定性，新技术产品在推入市场到产生大量需求之间存在着时滞，这就需要有大量的资金支持；③市场竞争能力的不确定性，新产品成本过高或其他方面存在着缺陷，都可能影响其在市场上的竞争能力。

四 关中—天水经济区战略性新兴产业发展对策分析

关中—天水经济区战略性新兴产业的发展面临者前所未有的机遇与挑战，那么到底可以采取什么措施才能更好地发展区域新兴产业？

（一）把握地区优势，聚焦产业重点领域

目前，在关中—天水经济区战略性新兴产业发展规划中，行业性的重点领域已经确定，但仅仅可以说是从宏观层面的谋篇布局，具体操作层面还需要进一步明确推进重点和发展方向。

从国民经济的产业分类角度看，战略性新兴产业的七大类，分为"大""中""小""细"四个层次的产业类型。如"新一代信息产业"分为六个方面，分别是下一代通信网络、物联网、三网融合、新型平板显示、高性能集成电路和以云计算为代表的高端软件。"物联网"又有四大关键领域：RFID、传感网、M2M与两化融合。"传感网"又涉及至少两大短距离无线通信：Zigbee与Wi-Fi等（见图3）。

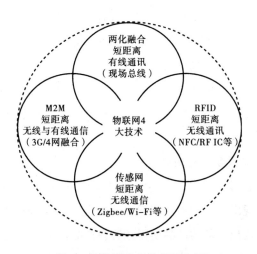

图3　物联网四大技术示意图

不仅如此，其新兴的性质在技术研发和生产环节、应用领域体现得较为明显，因此除研发制造外，还表现在市场运行中的技术支撑与售后服务。正因为如此，我们在发展区域性战略性新兴产业的同时，必须根据地区优势进行重点突破。

（二）大力促进自主科技创新

新兴战略产业代表着科技发展的方向，必须从提高科技创新能力入手，实现各领域关键技术的突破。通过自主创新突破战略性新兴产业关键核心技术，是加快产业结构优化升级、提高产业的国际竞争力的必经之路。通过科技进步和自主创新，使现有产业从产业链的低端环节攀升到高端环节，要在新兴产业领域实施关键共性技术重大专项，大力加强引进消化吸收再创新的能力；依靠技术突破，促进新兴产业的新生。新兴产业的发展必须立足当前，着眼长远，在着力抓好现有产业自主创新工作的同时，积极培育产业自主创新能力。

这就要求：一是加大财政投入和政府转移支付力度，集中支持战略性新兴产业发展，进而实现对其他产业和领域的带动提升，推动经济发展方式转变；二是围绕新兴产业的发展需要，不断完善配套服务，加快构建公共创新平台体系，提供优质发展环境。

（三）进一步推动产学研合作，打通资本与产业的衔接

日本的产学研给我们提供了很好的合作方式。日本的大学具有较高的科研水平和技术创新潜力，在政府的鼓励下，大学与产业界逐步形成了多样的合作方式。一是共同研究制度，即大学的研究人员可以就共同的课题开展合作研究，将大学的研究能力和企业的技术能力结合起来，创造出优秀的研究成果；二是委托研究制度，这种形式是指企业和政府部门委托大学进行某项研究，接受委托的国立大学使用企业提供的经费开展研究，向企业提供科研成果，以此协助企业的研究开发；三是委托研究员制度，这种制度是指企业的技术人员到大学接受研究生水平的指导，把握最新的研究动态，通过提高研究素质和研究能力，使企业未来的研发更具活力；四是共同研究中心，作为与产业界合作的窗口，既是共同研究的场所，又是企业人员接受培训的课堂，迄今为止，日本全国已有52所国立大学设立了"共同研究中心"。

我国科研成果转化率不仅在产业技术转化层面远远低于发达国家，在生产层面的转化率也低于发达国家，目前我国还不到5%，而发达国家是30%。因此，如何实现产学研的衔接，以及如何建立动力机制，是中国未来要解决的重要战略命题。

（四）加大人才培养力度

随着战略性新兴产业群的快速发展和延伸，人才需求不断扩大，而高层次创新人才的供需矛盾也日益凸显。因此，努力聚集国内外高端人才，促进人才结构的转型，将成为引领战略性新兴产业发展和产业转型升级的关键和突破口。

首先，重视企业家队伍的培养和建设，加快建立健全企业家制度，建立职业经理人市场，给企业家提供一个良好的制度环境，营造开放竞争、有效激励的人才开发格局。其次，科技人才是我国的核心竞争力，国内外发展的战略和实践表

明，创新型科技人才是建设创新型国家的核心要素，是我国核心竞争力的所在，也是我国最可倚重的战略性资源。要大力开展自主创新，就必须培养具有自主创新能力的人才。一方面要积极结合本地区战略性新兴产业的现状，适度调整科研院所学科专业，培养新兴产业发展所需要的科技人才；另一方面可充分利用国家引进海外高层次人才"千人计划"，通过陕西省"百人计划"、"三秦学者"、"115 人才工程"和"新世纪三五人才"工程积极引入学科、技术带头人。

参考文献

李扬：《战略性新兴产业集群的创新发展规律研究》，《经济与管理研究》2010 年第 10 期。

陈文锋：《战略性新兴产业发展的国际经验与我国的对策》，《经济纵横》2010 年第 9 期。

熊勇清：《战略性新兴产业与传统产业耦合发展的过程及作用机制探讨》，《科学学与科学技术管理》2010 年第 11 期。

王昌林：《加快培育和发展战略性新兴产业》，《宏观经济管理》2010 年第 11 期。

关中—天水经济区光伏产业发展报告

纪树东　徐　波*

摘　要： 报告分析了关中—天水经济区光伏产业发展的现状，以及存在的问题和面对的严峻形势，提出大力发展该区域光伏产业的政策建议和措施。

关键词： 关中—天水经济区　光伏产业　发展

一　关中—天水经济区光伏产业市场状况

（一）关中—天水经济区光伏产业链状况

1. 关中—天水经济区光伏产业链分布

光伏产业链主链包括硅料、硅片、电池片、电池组件、应用系统5个环节。上游为硅料、硅片环节；中游为电池片、电池组件环节；下游为应用系统环节。从全球范围来看，产业链5个环节所涉及企业数量依次大幅增加，光伏市场产业链呈金字塔形结构（见图1）。

关中—天水经济区的光伏产业链比较完整。在产业链主链上具备一定的纵向一体化优势，尤其是核心区的西安、咸阳、商洛的多晶硅以及电池片技术领先、工艺先进，在国内有一定影响。辐射区的榆林日照条件好，正在建设大规模光伏电站，在光伏系统应用领域有很大发展空间，同时也因石英砂资源优势，具有成为多晶硅生产基地的潜力。在光伏产业链的辅链上，关中—天水经济区具有研发和相关装备制造优势。国际知名企业美国应用材料公司在西安设立的薄膜电池设备研发中心，为关中—天水经济区在第二代光伏电池技术研发和产业化领域抓住机遇赢得先机。西安理工等单位开发的单晶硅炉在国内市场占有率较高。

---

* 纪树东，男，西北大学经济管理院硕士研究生。徐波，男，经济学博士，西北大学经济管理学院教授，西北大学循环经济研究所所长。

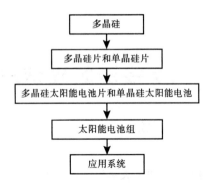

图1 光伏产业链状况

2. 关中—天水经济区光伏产业链主要企业

目前，关中—天水经济区已有近百家企业进入光伏产业，在硅材料制造、拉单晶、切片、电池片、组件、单晶炉设备制造、光伏系统等环节都有相关企业参与，已经初步形成完整的光伏产业链布局（见表1）。

表1 关中—天水经济区光伏产业链各环节主要企业情况

产业链环节	多晶硅	硅片	电池片	电池组件	光伏系统
企业数量	5	6	10	12	7
代表企业	陕西天宏 商洛比亚迪 陕西光伏 西安黄河 西安绿晶	陕西隆基硅 陕西锦祥 陕西华山 西安华晶 西安骊晶 渭南安信	特变电工 陕西拓日 商洛比亚迪 陕西电子 西京电器 陕西黄河 西安绿晶 中电投 陕西腾大 天水天光	特变电工 商洛比亚迪 西安祺创 碧辟佳阳 西安龙腾 西安西电 宝鸡华特 陕西新通 西安盛唐 西安华朗 西安实新 陕西神光	商洛比亚迪 陕西光伏 西安理工 西安华德 西北机器 陕西众森 西安交大
企业性质（按资金来源）					
外资企业	3	1	1	2	0
内资企业	1	5	4	2	1
本地企业	1	0	5	8	6

资料来源：《陕西太阳能光伏产业发展报告2010》，陕西省工业和信息化厅网站。

通过表1可以发现，关中—天水经济区太阳能光伏产业呈现以下三个特点：第一，关中—天水经济区已形成较为完整的光伏产业链，其中多晶硅生产企业主要有陕西天宏、商洛比亚迪、陕西光伏、陕西黄河、西安绿晶等企业，在2012年12月14日工信部公示的首批符合《多晶硅行业准入条件》的20家企业名单中陕西天宏入榜；硅片环节企业主要有西安隆基硅、陕西锦祥、陕西华山、西安华晶、西安骊晶、渭南安信等企业；电池片企业主要有特变电工、陕西拓日、商洛比亚迪、陕西电子、西京电器、陕西黄河、西安绿晶、中电投、陕西腾大、天水天光等企业；电池组件企业主要有特变电工、商洛比亚迪、西安祺创、碧辟佳阳、西安龙腾、西安西电、宝鸡华特、陕西新通、西安盛唐、西安华朗、西安实新、陕西神光等企业；光伏系统环节企业主要有商洛比亚迪、陕西光伏、西安理工、西安华德、西北机器、陕西众森、西安交大等企业。第二，关中—天水经济区太阳能光伏企业按资金来源主要分为三类企业，其中有以美国应用材料、碧辟佳阳等为代表的跨国公司；有以比亚迪、中电投、特变电工、隆基硅、深圳拓日等为代表的国内引入公司；有以陕西天宏、陕西黄河等为代表的本地企业。第三，关中—天水经济区太阳能光伏企业中真正具备纵向一体化特征的企业只有两家：商洛比亚迪和陕西光伏产业有限公司，凸显关中—天水经济区光伏产业商业模式亟须优化。

（二）关中—天水经济区主要光伏企业生产经营状况

关中—天水经济区光伏企业数量几十家，但主要产量和销售收入集中在几家龙头骨干企业中。关中—天水经济区内光伏产业的产值或者销售收入，能够看到的大多是这两个数字：2015年规划产值2280亿元，或者到"十二五"末光伏产业实现产值3000亿元。近几年的实际产量或者销售收入未见准确数字。表2、表3、表4给出了关中—天水经济区光伏产业主要企业的主要产能、投资金额以及进出口金额、内外销比例的情况。

表2　关中—天水经济区光伏产业主要企业生产经营状况

	陕西光伏	商洛比亚迪	西安隆基硅
多晶硅	3750 吨	700 吨	2100 吨
多、单晶硅片			2000 吨
电池片	200 兆瓦	2000 兆瓦	
电池组件	450 兆瓦	650 兆瓦	
光伏系统			
销售收入	70 亿元	200 亿元	120 亿元

资料来源：《陕西太阳能光伏产业发展报告2010》，陕西省工业和信息化厅网站。

表3 关中—天水经济区光伏产业主要企业 2012 年前投资额

单位：亿元

序号	企业名称	产业链环节	投资额
1	比亚迪实业有限公司	全产业链（含设备）	70
2	中电投西安太阳能电力有限公司	晶体硅片、电池片和电池组件	125
3	陕西电子信息集团公司联合延长集团、投资集团、煤业集团	从拉单晶到电池组件（含设备）	48
4	陕西有色金属控股集团有限公司	全产业链	122
5	深圳拓日新能源科技股份有限公司	薄膜设备、电池片、组件和光伏玻璃	108
6	西安隆基硅材料股份有限公司	拉单晶、晶体硅片	10

资料来源：《陕西太阳能光伏产业发展报告2010》，陕西省工业和信息化厅网站。

表4 关中—天水经济区光伏产业主要企业内外销情况

单位：亿元

企 业	销售收入	内销金额	外销金额
商洛比亚迪	200.49	80.45	120.04
西安隆基硅	118.36	22.13	96.23

资料来源：《陕西太阳能光伏产业发展报告2010》，陕西省工业和信息化厅网站。

通过表2、表3以及上文表1分析，关中—天水经济区内三类光伏企业中，数量上以本土企业为主，但是就主要产能来说，本土企业实力较弱，主要龙头企业为比亚迪、隆基硅、拓日等引进企业，其产能占绝大部分比例，关中—天水经济区光伏企业的发展属于外部嵌入式模式。

通过表4分析，关中—天水经济区主要光伏企业的多晶硅原料中大部分从国外进口，销售收入中外销金额占大部分，属于典型的"两头在外"发展模式。

通过表1、表2、表3和表4可以发现，陕西光伏有限公司、商洛比亚迪股份有限公司是关中—天水经济区光伏企业中仅有的两家纵向一体化企业。从2009年陕西省发改委网站公布的《陕南循环经济产业发展规划（2009～2020年）》中获悉，作为陕南循环经济产业发展十大工程之一的比亚迪5000兆瓦太阳能电池项目总投资225亿元，建设周期从2009年到2015年，标志着商洛比亚迪完成了从多晶硅到太阳能电池以及光伏系统的全面整合，比亚迪现已成为光伏产业纵向一体化企业。2011年10月21日，陕西榆林市榆神工业区太阳能光伏产业园开园，3000吨/年单晶硅切片等项目开工，这标志着陕西光伏有限公司向打通光伏产业链上游环节迈出了重要一步，陕西光伏有限公司现已成为光伏产业纵向一体化企业。光伏企业实现光伏产业链纵向一体化有利于创建和强化国际市场控制力，使企业自身能够灵活地应对市场的变化。一方面降低成本，另一方面减少环境污染。谁能做到低成本，谁就具备了较强的竞争优势。低成本来自技术、生产效率、管理等各方面，垂直一体化战略是低成本的必然要求。

二　关中—天水经济区发展光伏产业的现有政策及主要措施

为了提升光伏产业的产业竞争力，将其培育成为战略性新兴产业，并且能够在全球推广新能源的应用，关中—天水经济区相关部门抓住太阳能光伏产业发展的战略机遇，制定了相关政策，同时也采取了很多措施以促进光伏产业的发展。

（一）促进光伏产业发展的主要政策

1. 陕西省光伏产业发展规划

2009年10月，陕西省制定颁布了2009～2012年光伏产业发展规划。规划按照"产业发展集群化，集群发展园区化"的发展思路，首先规划到2012年，建成西安、咸阳、渭南、商洛、榆林和汉中六个太阳能光伏产业聚集区；西安高新技术产业开发区和西安国家民用航天产业基地两个大功率半导体照明产业聚集区并将西安建设成太阳能电池、专用设备研发生产基地。其次以美国应用材料公司为战略合作伙伴，在高新区建立全球研发中心，从事太阳能光伏电池设备的研发。最后依托重点企业，加快一批重点项目的建设，推进专业园区（基地）的建设，在关键技术上实现突破。采取的具体措施主要有以下8点：①培育本土企业，引进战略合作企业，做活市场，做大产业；②加强产业政策引导，培育龙头企业；③整合现有多晶硅项目，重点建设榆林、彬长、商丹工业园三个多晶硅产业园区；④依托西安国家民用航天产业基地，筹备设立100亿元新能源产业发展基金，建立产业融资平台；⑤逐步启动省内太阳能光伏应用市场；⑥鼓励使用半导体照明产品，探索半导体照明应用商业运营模式；⑦争取国家在半导体照明方面的政策支持；⑧整合各方资源，形成合力。这一发展规划为陕西省光伏产业的发展提供了重要的宏观政策支撑，将引领陕西省光伏产业又好又快发展。

2. 制定《陕西省太阳能光伏和半导体照明产业发展振兴规划》

陕西省政府决定在关中大力发展新能源产业，并通过陕西省政府先后 5 次召开专题会议进行研究和部署，制定出台了《陕西省太阳能光伏和半导体照明产业振兴规划》和相关的政策措施，根据该规划，陕西省到 2012 年将在西安、咸阳、渭南建成光伏产业聚集区，在西安高新区和西安国家民用航天产业基地建两个半导体照明产业聚集区。届时，陕西省光伏产业要实现产值 2280 亿元，形成多晶硅 4.3 万吨、电池片 6200 兆瓦、电池组件 5700 兆瓦的生产能力，并力争实现多晶硅 7 万吨、电池片及组件 10000 兆瓦的生产能力，形成合理的省内产业布局，进入全国光伏产业第一梯队，将半导体照明产业规模发展到 557 亿元，培育 5～6 家过百亿元企业以及过 4～5 家 50 亿元企业，并且预计要将这两大产业总规模达到 4200 亿元以上。这一规划的通过奠定了光伏产业在陕西省的战略性产业地位，对于促进光伏产业发展具有长远意义。

3. 颁布《关于加快培育和发展战略性新兴产业的意见》

2011 年 8 月 31 日，陕西省政府相关部门发布了《关于加快培育和发展战略性新兴产业的意见》。该文件明确了陕西省光伏产业作为战略性新兴产业未来五年发展的主要目标以及发展的重点。其主要目标：首先，组织实施重大创新发展工程，构建核心产业链，实现战略性新兴产业的规模化、集群化、高端化发展；其次，到 2015 年，将战略性新兴产业增加值在 GDP 中的比重增加到 15%。发展重点：①形成陕北风电和光伏发电、关中新能源装备制造、陕南核电三大聚集区；②建立核心产业链和产业联盟。

4. 制定并执行财政补贴政策

陕西省于 2011 年 7 月 11 日出台了《省住房和城乡建设厅省财政厅〈关于印发 2011 年省级太阳能光电光热建筑应用示范项目申报指南〉的通知》（陕建发〔2011〕156 号），这是与财政部、科技部、国家能源局三部门《关于做好 2011 年金太阳示范工作的通知》配套的地方补贴政策。政策支持的范围包括太阳能光电、太阳能光热和太阳能照明三大方向。在太阳能光电方面，文件明确指出重点支持光电建筑一体化项目，优先支持公共建筑应用和重点县镇示范项目，并要求项目在 2 年之内建成。具体补贴规定：对于光电项目的支持容量集中在 30～200 千瓦；申报主体可以是建设业主单位，也可以是合同能源管理公司；项目补助由省级财政承担，补助标准不超过 15 元/瓦；项目通过审核后先下拨 50% 补助资金，其余在项目建成通过验收后拨付。陕西省的光伏发电项目补贴标准高于财政部等部门制定的国家补贴标准，为每瓦 9 元（晶硅）、8 元（非晶硅薄膜）。

（二）促进光伏产业发展的主要措施

1. 集中归口管理光伏产业

为迅速抢占太阳能光伏的制高点，把陕西省建设成全国太阳能光伏产业发展的重要基地，陕西省政府高度重视光伏产业的发展，将光伏产业作为省内一号工程来抓。为此，陕西省工业和信息化厅组建了全国唯一的一个正处级太阳能光伏产业管理机构：太阳能光伏处。太阳能光伏处专门负责陕西省太阳能光伏产业规划、协调工作。另外，陕西省太阳能光伏处专门设立 10 亿元的光伏产业发展基金，用于鼓励和支持关中—天水经济区光伏产业的孵化发展，这一规定促进了经济区光伏产业的发展。太阳能光伏处的成立对于促进关中—天水经济区光伏产业的发展具有重要意义。

2. 制定光伏产业技术路线图

陕西省科技厅 2009 年制定了"陕西省太阳能光伏和半导体照明产业技术路线图"。该路线图首先基本摸清了陕西省太阳能光伏和半导体照明产业现状；其次明确了陕西省太阳能光伏和半导体照明产业发展路线：制定产业发展的"五大工程"，拟建六个光伏产业聚集区，依托西安国家民用航天产业基地，建立陕西大功率半导体照明产业基地，建设成太阳能光伏、LED 照明、半导体功率器件三大产业链的现代化生态产业园；同时针对陕西省光伏产业发展提出了加大投入力度、加强科技人才队伍建设、发展产业集群等相应对策。

3. 成立陕西光伏产业联盟

经陕西省政府同意，陕西组建成立了太阳能光伏产业联盟，这在全国省级行政区规划中是唯一的。该联盟有理事会单位 87 家，还包括 24 家政府机构、54

家企业、9家高等院校和科研院所，是按照"自愿、平等、合作"的原则自发组成的，这是一个集联合性、专业性、平台性为一体的非法人、非营利性的联盟组织。质监局、光伏产业处、联盟与相关企业通力合作，2011年在全国率先颁布了7项地方光伏行业标准。陕西省《太阳能电池用单晶硅片检验规则》标准中规定的硅片厚度为140微米到200微米，远远高于国际标准规定的400微米。标准的发布实施，不仅填补了国家、行业标准的空白，使陕西省成为西部第一个、全国第二个制定太阳能光伏产业地方标准的省份，而且将引导陕西省企业依照标准规范生产，成为陕西太阳能光伏产业占领技术高地的利器，为全面提升陕西省太阳能光伏企业研发能力和产品质量，做大做强太阳能光伏产业，把陕西省建设成全国太阳能光伏产业基地奠定了重要技术基础。

三 关中—天水经济区光伏产业发展面临的挑战

受欧债危机蔓延及德、意等光伏大国削减补贴的影响，欧洲市场新增装机容量大幅下降；国内2009年以来的光伏产业大量投资形成的产能释放，导致产能过剩。产品价格深度下调，多晶硅价格已经由年初80万元/吨跌至年底20万元/吨，低于许多企业的生产成本；组件、电池片、切片等加工费用也分别有50%以上的跌幅。全国已有50多家太阳能企业关闭，近1/3的企业处于半停产状态。关中—天水经济区的光伏企业不可避免地受到了一定影响，面临严峻的挑战。

（一）国际市场需求放缓

2011年欧洲主要光伏大国会继续下调光伏上网电价的补贴，这就使得2011年欧洲光伏市场规模增速将明显放缓，德国、西班牙、意大利等国的装机容量将大幅度下降（见表5），2011年是光伏市场的严冬，2012年国际市场形势亦不容乐观。由于我国90%以上的光伏产品用于出口，关中—天水经济区的光伏电池92%在国际市场销售，所以关中—天水经济区在规划光伏产业发展、安排产品生产方面必须密切关注国际市场需求的变化，及时采取开发国内市场的政策，以回避风险，取得良好的效益。

表5 2011 年欧洲主要光伏国家光伏政策和新增装机容量的预测

单位：兆瓦

国 家	政策调整预测	2009 年	2010 年	2011 年(E)
德 国	2010 年 7 月和 10 月两次下调了光伏发电上网补贴,累计下调补贴额度达到 16%,抑制国内光伏装机容量过快增长的目的基本已经达到,所以 2011 年德国继续下调光伏发电上网补贴的可能性不大,但是有可能会实施规定新增装机容量的方案	3800	7000	4000
法 国	法国政府已于 2010 年 9 月 1 日开始对光伏上网电价的补贴削减了 12%,小于 3 千瓦的私人住宅电价维持不变;从近期法国政府采取的措施看,2011 年法国政府肯定会下调光伏发电上网电价补贴,下调幅度应该在 20% 以内	185	700	860
捷 克	2010 年 10 月底捷克政府出台了一系列针对国内泡沫式光伏电站投资的惩罚性方案,该方案提出要对太阳能电站销售电力收取 26% 的“太阳能税”,甚至还要追溯性征收之前免去的税收,2011 年不太可能再次下调补贴	410	1000	425
西班牙	2009 年以来西班牙将国内光伏上网电价的补贴下调了 45% 左右,西班牙光伏市场迅速萎缩,所以 2011 年西班牙政府没有必要进一步下调补贴	70	650	750
意大利	意大利政府已经明确表示,2011 年 1 月至 4 月,规模在 5 兆瓦以上的光伏电站项目的上网电价补贴将下调 9.3%;2011 年 4 月后再一次下调	710	1500	1250

资料来源：中投顾问整理。

（二）技术差距明显

在多晶硅生产领域，区内目前领先企业的技术大多是改良西门子法，能耗高，副产物回收利用成本高，综合成本 40 美元/千克，远高于国外先进企业 19 美元/千克的水平。在电池组件领域，区内企业的主要技术指标转换率与国内优秀企业比较存在明显差距，黄河光伏的单晶硅电池组件转换率为 17.5%，无锡尚德采用先进技术批量生产的 PLUTO 电池组件转换率已经超过 18%。区内几乎所有的电池片生产企业都在做晶硅电池，很少涉足第二代薄膜电池。

（三）规模小，竞争力差

光伏产业是资本密集型、技术密集型产业，规模经济效应明显。2010 年走出金融危机阴影的世界光伏产业迎来了新一轮发展潮，中国各大光伏企业的产能开始扩产，来应对旺盛的市场需求，提高竞争力。根据中投顾问的预测，2011年国内主要光伏电池片和组件生产企业的产能扩张幅度能够达到100%。多晶硅领域，世界级的厂家如 HOMLOCK 的产量已经达到3.6万吨，瓦克产量2.6万吨，国内的保利协鑫2010年产量已经达到1.76万吨，陕西天宏产量不到4000吨。电池片以及组件，尚德、英利、赛维、晶澳的产量均超过1000兆瓦，陕西黄河产量仅有200兆瓦。规模小，必然导致成本居高不下，竞争力差，将面临严峻的生存挑战（见表6）。

表6　国内主要光伏电池片和组件生产企业的产能扩张一览

单位：兆瓦

年份	尚德	英利	晶澳	塞维	晶龙	天和	阿特斯	国内总产能
2010	2600	1900	1400	460	1600	1500	1050	14000
2011	3400	2900	1950	1900	800	1300	1250	23000～32000

资料来源：光伏产业数据库，http://www.xysti.com.cn/news/44/2011112102540.htm。

（四）产业竞争无序，存在低水平重复建设、恶性竞争

2007年和2008年全球光伏市场迅速发展，使太阳能电池的原材料——多晶硅出现严重短缺，价格节节攀升，使光伏产业的企业数量激增。关中—天水经济区光伏企业在近几年从几家迅速发展为近百家，呈现出一定的盲目性。随后，在2008年全球金融危机的影响下，伴随着油价的大幅下降、多晶硅价格的迅速下跌和国外市场的急剧萎缩，关中—天水经济区近3/4的光伏企业处于半停产和倒闭的状态。光伏产业出现周期性的产能过剩，部分原因是中国在光伏产业的市场准入方面缺乏有效的规制。

四　促进关中—天水经济区光伏产业发展的政策建议

在关中—天水经济区光伏产业下一步的发展过程中，需要政府、企业以及协会、科研单位等的协同合作，实施重大项目，建设光伏产业园区，形成具有国际影响力的光伏产业集群，帮助国内市场快速启动，以降低整个产业的风险。

（一）优化产业结构和产业布局

依托关中—天水经济区光伏产业现有产业优势，做好产业布局，提高产业技术工艺，在生产水平上下工夫，形成较为完整的光伏产业链。建设省级光伏产业园，以园区为平台，增强聚集度，使园区真正成为在全国有一定影响的光伏产业园区，并起到良好示范带动作用。同时，要集中资金、技术、土地等各种要素，有重点地培育几家优势企业，形成全省光伏产业龙头企业、骨干企业、配套企业的梯次结构，避免出现"小而全"、低水平复制的现象。

（二）加强推广应用和示范力度

重点实施"百万屋顶"发电计划，解决光伏发电与建筑结合以及与电网并网等问题，选择企业厂房和公共建筑（学校、医院等）的屋顶作为重点推广目标。强化光伏产品的政府采购政策，明确光伏发电强制性市场份额政策，提高光伏发电的使用比例及相应的电价和补贴政策。明确对光伏独立系统和光伏并网系统给予立项、贷款、税收及财政补贴等方面的支持。此外，以十大节能减排工程为契机，结合关中—天水经济区光伏产业的实际，运用省财政节能奖励资金，引导和支持陕西省部分市区建设先进的应用太阳能照明示范街、示范广场、示范大型建筑，包括选择部分景观点、企业和信号灯项目，制定具体实施计划，逐年实施光伏产品应用示范工程。

（三）加强产业政策引导，培育龙头企业

加强培育天宏、电子集团、比亚迪等本土企业，积极引进无锡尚德、中盛光电、赛维、拓日等企业。大力发展太阳能光伏装备制造业，重点支持高纯多晶硅和太阳能电池生产设备，以及多晶硅铸锭炉、单晶炉、多线切割机等装备研发及产业化，给予政策性贴息。加强技术创新，围绕"2012年1元1度"太阳能光伏发电成本目标，重点支持高纯多晶硅、高效太阳能电池片等的研发及产业化，建设企业技术中心。对提前达到太阳能光伏成本目标，并达到规模化生产的企业，给予技术创新。

依托重点企业，加快重点项目建设。

1. 多晶硅生产工程

依托比亚迪、天宏、威斯特、恒源煤电、商南中剑等，加快多晶硅材料生产

项目建设。

2. 硅材料加工工程

依托比亚迪、中电投、电子集团、隆基硅、华晶、阳光新能源、拓日等，加快硅材料加工制备项目建设。

3. 太阳能光伏电池片生产工程

依托比亚迪、中电投、电子集团、拓日、神光等，加快太阳能光伏电池片项目建设。

4. 太阳能电池组件及示范电站建设工程

依托比亚迪、中电投、电子集团、碧辟佳阳、拓日、祺创、盛唐等，加快太阳能光伏电池组件及示范电站等项目建设。将陕西地方电力集团公司发展成太阳能电站建筑商，使太阳能发电成为其新的经济增长点。

5. 专用设备研发工程

依托美国应用材料公司西安全球太阳能研发中心、比亚迪、理工晶科、电子集团、拓日、中法合资 CSMEC 公司等，研发生产太阳能光伏设备、单晶炉、MOCVD 等专用设备。

（四）激励企业进行技术研发和自主创新

政府应当遵循"企业是自主创新主体"的方针，鼓励企业加强技术创新，将自身领域的产品做精做细。龙头企业应向产业链上下游拓展开来，把握产业链全局发展，巩固产业地位，提升关中—天水经济区光伏产业的自主研发能力。

（五）加强研发应用补贴支持，抢占光伏发展先机

一方面，加强高效光伏电池、薄膜电池和聚光光伏电池的研发支持力度，抢占产业发展高端，通过对自主创新、技术改进及关键设备和原辅料研发等方面的补贴，提高产业配套产品的国产化水平；另一方面，创新光伏应用模式，发展绿色直流住宅、光伏建筑一体化、风光互补型大型并网电站等，不断扩大光伏产品的应用范围。同时注重光伏基础科研工作，奠定产业发展基础。

（六）制定行业准入条件，规范行业发展

完善光伏产品标准体系建设和行业准入条件的制定，规范产业发展。一方面

贯彻《多晶硅行业准入条件》，引导和规范国内多晶硅产业健康发展，择机推出光伏电池行业准入条件，及时排除行业发展中所出现的一些不良因素，促进产业健康协调发展；另一方面以我国自主知识产权为基础，按照市场需求及企业技术水平，会同有关标准主管部门，制定光伏产品和系统的相关标准；与此同时，加快中国光伏产业联盟等行业组织建设，加强行业协作和自律管理，不断提升我国光伏行业总体形象，更好地应对和参与国际竞争。

（七）加强国内区域合作以及国际合作

建议关中—天水经济区相关部门，积极推动光伏行业协会如陕西光伏产业联盟等工作的开展，联合行业主管部门、企业界、行业协会和中介机构、科研院所等各方力量，有效整合产业链上下游资源，促进多晶硅企业间的合作，加强行业协作和自律管理；围绕降低产品成本、推动节能减排、完善产业配套等目标，搭建中国光伏产业合作发展的平台，扩大行业交流空间，共同研发关键技术，分享自主创新成果；做好政策构建和沟通宣传工作，积极提升关中—天水经济区光伏行业总体形象，更好地应对和参与国内、国际竞争。

关中—天水经济区应促进商业关联，光伏企业应前向一体化，向产业下游扩张，创建和强化国际市场控制力，使企业能够灵活地应对市场的变化。在产业价值链的上游，采取战略联盟这种扩张战略。这与上游是资本密集型产业相关，战略联盟可达到风险共担的目的，又能确保有效地获得低价、优质的原材料。上游企业加强技术研发和提高生产流程效率，一方面降低成本，另一方面减少环境污染。谁能做到低成本，谁就具备了较强的竞争优势。低成本来自技术、生产效率、管理等各方面，垂直一体化战略是低成本的必然要求。

参考文献

李俊峰：《2011 中国光伏产业发展报告》，中国能源网，2011 年 3 月。

李俊峰、常瑜：《全球光伏产业发展回顾与展望》，《太阳能》2011 年第 8 期。

刘冬梅：《太阳能光电建筑应用财政补贴资金管理暂行办法》，《光伏信息》2009 年第 49 期。

崔容强、吴达成、沈辉：《2008 年中国晶体硅太阳电池年产量初步汇总》，《中国太阳能光伏》2009 年第 6 期。

刘慧芬、史占中：《我国发展太阳能产业政策刍议》，《科学技术与工程》2008 年第 8 期。

《2011 年中外光伏产业发展政策及市场前景分析》，《能源与节能》2011 年第 6 期。

陕西省人民政府，《陕西太阳能光伏产业发展报告》，2010。

陕西工业和信息化厅太阳能光伏处：《陕西省工信厅召开全省太阳能光伏产业进出口工作座谈会》，2011 年 2 月。

王斯成：《加快启动国内光伏市场，应对国际光伏形势新变化》，《太阳能》2011 年第 4 期。

专题研究篇

关中—天水经济区低碳经济发展模式

孙耀华　李忠民 *

　　摘　要：本文分析了关中—天水经济区碳排放变化特征并对碳排放量的变化进行了驱动因素的分解，找出了影响碳排放量变化的主要因素。分析了未来经济区在不同情景下碳排放变化与趋势。在全国最小减排成本原则下，制定了关中—天水经济区减排配额分配方案，设计了最优减排策略。最后对关中—天水经济区未来节能减排工作的开展和走低碳经济发展道路提出了相应的政策建议。

　　关键词：关中—天水经济区　低碳发展　模式

引　言

　　近几年，包括气候变暖在内的全球环境问题引起了各国政府和学术界的普遍关注。根据 IPCC（Intergovernmental Panel on Climate Change，政府间气候变化专

---

　　* 孙耀华，男，西安交通大学经济金融学院博士研究生。李忠民，男，陕西师范大学国际商学院教授，博士生导师。

门委员会）专家组第四次评估报告，全球气温呈现以变暖为主要特征的显著性变化。哥本哈根气候谈判大会以后，国际社会对减少二氧化碳排放和发展低碳经济的关注空前高涨。在全球气候变化和经济全球化的今天，气候问题已经从一个单纯的科学问题、环境问题演变成一个涉及政治、经济、外交、发展、环境、贸易、投资等领域的复杂问题，碳排放额度也成为具有商品属性、可进行交易的稀缺资源，因为在一定的发展阶段和技术水平的条件下，一定的碳排放空间就意味着发展的空间和机会。在国际舆论和国内资源环境矛盾日益突出的双重压力下，广大发展中国家主动适应由温室气体减排带来的一系列冲击。中国作为碳排放量最多的发展中国家，工业化城市化发展历程、整体的能源利用技术水平以及以煤为主的能源消费结构决定了在未来一段时期内，二氧化碳排放量和能源消费量必将大幅度上升。随着"后京都"气候谈判时代的到来，以美国为首的"伞形"国家集团①将中国纳入强制减排国家行列的呼声越来越高，这一点从 2009 年 12 月在丹麦首都哥本哈根气候谈判大会的情景可以看出。因此，不难料想，未来中国面临来自国际社会的减排压力会越来越大，而且会对中国的国际形象以及贸易环境等方面产生极为不利的影响。本报告以关中—天水经济区为例，探讨如何利用技术上的后发优势和制度创新在保持该地区经济发展的前提下，降低温室气体排放水平。对改善关中—天水经济区的生态环境，提升该地区能源化工产业的经济效益和环境效益有重要意义。

关中—天水经济区能源资源极其丰富。其煤炭、石油、天然气储量和年开采量均居国内各省区前列，堪称"中国能源极"。陕西省的煤、石油、天然气资源储量分别在全国各省区中位列第 3 位、第 7 位、第 2 位，其煤炭资源主要分布在渭河以北，素有"渭北黑腰带"之称。作为中国主要的能源基地与重化工产业基地，关中—天水经济区在利用丰富的资源发展经济的同时，也对生态环境带来极大的破坏与污染，对该地区经济社会的可持续发展构成严峻挑战，一是如何避免产生"资源诅咒"问题，二是如何实现低碳经济发展之路。

---

① "伞形"国家指欧盟之外的发达国家，包括美国、日本、加拿大、澳大利亚、新西兰，这些国家在其工业化历史进程中排放了大量的二氧化碳，但因为担心限量减排会削弱其经济发展和人民生活水平而在减排问题上持消极或观望态度。从地图上看，这些国家国土边界的连线很像一把伞，而且在气候变化和温室气体减排方面具有相同或相似的立场，故而得名"伞形"国家集团。

一　研究思路与模型

为达到上述目的，本报告研究的思路是：搜集与评估关中—天水经济区与二氧化碳排放量相关的数据资料，如能源消费量、产业结构变化、能源消费结构、人口等方面的资料。分析关中—天水经济区碳排放变化特征并对碳排放量的变化进行驱动因素的分解，找出影响碳排放量变化的主要因素。分析未来经济区在不同情景下碳排放的变化与趋势。在全国最小减排成本原则下，制定关中—天水经济区减排配额分配方案，设计最优减排策略。最后是对关中—天水经济区未来节能减排工作的开展和走低碳经济发展道路提出相应的政策建议。

基于上述研究内容，本报告首先采用 IPCC 推荐的方法，计算 2000～2008 年间关中—天水经济区碳排放量的值及其变化，运用对数平均指数分解法（LMDI）分析不同时期产业结构、人口、经济发展等因素对关中—天水经济区碳排放的影响，再分析未来 40 年各因素在不同的定义情景下对碳排放的影响，并在全国总体减排成本最小的原则下，进行关中—天水经济区减排配额及最优减排策略设计，最后是实现减排配额的政策建议。

依据 Kaya 公式，本报告选择的碳排放的影响因素包括经济发展水平、能源消费结构、由进步水平决定的能源效率及人口规模和增速。设定情景分为基准情景、国内低碳情景和国际低碳情景三种，具体描述见表 1。

表 1　三种情景的描述

情　　景	简称	描　　述
基准情景	BAU	经济发展依然是碳排放增长的主要驱动因素,工业化和城市化按当前速度发展,高能耗产品在近中期依然保持较高水平,新能源技术和减排技术没有重大进展,已经考虑当前的节能减排政策,主要是针对二氧化硫(SO_2)和化学需氧量(COD)的,不特别采取针对气候变化和碳排放增长的政策
国内低碳情景	DLC	综合考虑中国的可持续发展、能源安全与经济竞争力,主动改变经济发展方式、居民改变消费模式,强化技术进步,高能耗产品的发展受到抑制,产业结构优化升级取得实质性进展,CCS 技术有所运用
国际低碳情景	GLC	发达国家与发展中国家在减排与低碳技术合作方面取得实质性进展。发达国家在资金与技术方面对发展中国家给予支持,低碳技术得到大范围普及且成本大幅度下降,清洁能源得到大规模运用,使得碳捕获与封存量占碳排放总量的 30%

考虑到中国现阶段经济发展水平，在相当长的一段时期内，发展经济、改善民生依然是经济社会发展的主要任务。中国人口众多，且由于受传统生育观念的影响，因此，人口增长具有较大的惯性，短期内人口绝对数量依然增幅较大。GDP、人口与人均 GDP 的参数设定见表 2。

表 2　不同情景下的关中—天水经济区 GDP、人口与人均 GDP 参数设定

主要参数	基准情景	国内低碳情景	全球低碳情景
GDP	实现国家"三步走"目标,2005～2020 年年均增长速度为 9%,2020～2035 年为 6%,2035～2050 年为 4.5%	同基准情景	同基准情景
人口	2040 年达到高峰,在 14.7 亿人左右,2050 年为 14.6 亿人	同基准情景	同基准情景
人均 GDP	2050 年达到 27 万元人民币	与基准情景类似	与基准情景类似

资料来源：2009 年中国可持续发展战略报告，第 138 页。

伴随着技术进步，新能源行业成本逐渐下降，能源结构的改善将成为未来减排的主要动力之一。对能源结构改善的具体设定见表 3、表 4、表 5。

表 3　基准情景下关中—天水经济区不同种类能源所占比重

单位：%

年份	煤炭	石油	天然气	无碳能源(包含风能、核能、太阳能、地热能、生物质能等)
2010	85	8	5	2
2020	80	10	6	4
2030	75	13	7	5
2040	70	14	9	7
2050	60	20	11	9

碳排放强度由能源效率和能源结构两方面决定，而能源效率受到技术进步和产业结构变化的影响，在相同技术水平条件下，重工业所占比重大的经济体能源效率较低。考虑到关中—天水经济区的能源结构、技术水平和产业结构在未来的变化情况，本报告对碳排放强度在不同情景下的设定见表 6。

表4 国内低碳情景下关中—天水经济区不同种类能源所占比重

单位：%

年份	煤炭	石油	天然气	无碳能源（包含风能、核能、太阳能、地热能、生物质能等）
2010	82	9	6	3
2020	75	12	9	4
2030	60	20	13	7
2040	50	25	15	10
2050	30	30	20	20

表5 国际低碳情景下不同种类能源所占比重

单位：%

年份	煤炭	石油	天然气	无碳能源（包含风能、核能、太阳能、地热能、生物质能等）
2010	80	10	6	4
2020	60	20	10	10
2030	40	25	15	20
2040	20	30	20	30
2050	15	25	20	40

表6 碳排放强度在不同情景下的设定

情 景	简称	描 述
基准情景	BAU	能源效率与单位能源碳强度按照1978~2005年的衰减速率计算，碳排放强度年均变化率为0.968/年
国内低碳情景	DLC	"十一五"规划提出，碳排放强度每五年降低20%，但考虑到我国正处在工业化与城市化的加速时期，在新能源技术和提高能源利用效率方面短期内难以有大的突破，因此将碳排放强度的变化速率假定为：2010~2020年，每五年下降15%；2021~2035年，每五年降低20%；2035~2050年，每五年降低25%；CCS技术可能会小范围应用，但在这里忽略不计
全球低碳情景	GLC	考虑到全球一致减排的情况下，我国更容易获得发达国家的技术转让与资金支持，CCS技术变得更为成熟，得到普遍应用，2010~2020年，每五年下降20%；2021~2035年，每五年降低25%；2035~2050年，每五年降低30%

二 关中—天水经济区未来40年碳排放预测

根据 Kaya 公式和上面对碳排放各影响因素在不同情景下的参数设定，可以求出在不同情景下能源消费产生的碳排放总量，见表7。

表7 不同情景下关中—天水经济区由能源消费产生的碳排放总量

单位：10^6 吨

年份	基准情景	国内低碳情景	国际低碳情景
2010	215.5	210.4	202.4
2020	247.8	225.9	214.1
2030	278.4	237.2	221.0
2040	321.5	268.4	216.8
2050	314.9	289.3	200.8

从表7可以看出，无论是在什么时候，基准情景下的碳排放总量都大于国内低碳情景下的碳排放总量，国内低碳情景下的碳排放总量又大于国际低碳情景下的碳排放总量。与国内低碳情景相比，在国际低碳情景下，碳排放总量从2030年之后开始下降。2050年，国际低碳情景相对于国内低碳情景碳排放总量下降30.52%，而国内低碳情景相对于基准情景值下降了8.12%；并且也只有在全球一致合作的国际低碳情景下，未来40年内关中—天水经济区的碳排放总量才有可能出现拐点，而且相对于其他两种情景，峰值也是最小的。由此可见，全球一致的合作，对我国特别是关中—天水经济区发展低碳经济与开展节能减排工作至关重要。

三 2020年减排目标约束下的关中—天水经济区减排配额的制定

以往学者在这方面的研究大多集中在以下两个方面。第一，运用可计算的一般均衡模型（Computable General Equilibrium，简称 CGE 模型）分析征收碳税或资源税对国民经济各部门的影响（鲍勤，2010；高颖等，2009；林伯强等，2008）；第二，运用投入—产出模型分析，在一定的时间内完成给定的减排目标对国民经济各部门所做的结构性调整（夏炎等，2010）。以上分析大多是针对一个国家或某一行业的分析，缺乏对不同省区的具体分析，而且在分析时几乎没有考虑到减排方案的制订对区域发展的公平性的影响。体现公平性最根本的原则应该是各经济体参与减排的边际成本与其边际收益相等。在建立完善的碳排放交易市场体系之后，假设为完全竞争市场，减排的边际收益即为碳价格，但减排的边际成本却难以确定，因为各经济体在资源条件、技术水平、产业结构等方面存在很大差异，减排成本也相差很大。本报告认为，作为综合了能源结构、技术水平和产业结构的碳排放强度，在一定程度上决定了减排的边际成本，碳排放强度高的经济体减排成本就低，而碳排放强度低的边际减排成本就高。Jotzo、Pezzey（2008）也指出，碳排放强度是发展中国家较为可行的减排手段。相对于总量减排指标，Lutter、Kim（2009），Baumert、Jotzod（2008）等从理论上证明了碳排放强度作为减排指标对发展中国家较为有利。

（一）减排的边际成本曲线

减排的边际成本即额外减少 1 单位二氧化碳排放所增加的成本。随着减排份额的增加，减排的难度也随之上升，因此减排的边际成本具有递增的特点。反映曲线递增特点的函数有很多，如指数函数、二次函数、对数函数等。本报告采用美国著名经济学家 Nordhaus[①] 提出的对数函数来估计减排的边际成本曲线，表达式为：

$$MC(S) = A + B\ln(1 - S)$$

其中，S 为减排比例；MC 为减排的边际成本，是 S 的函数；A、B 为常数。

关于中国边际减排成本的数据来源，本报告采用麻省理工学院能源与环境政策研究中心所开发的模型（RPPA），估算出中国在未来 10 年的减排成本，如表 8 所示。

表 8　中国未来十年的减排成本

单位：美元/吨二氧化碳

S 减排比例(%)	MC 边际成本	S 减排比例(%)	MC 边际成本
1	0.08	30	12.9
5	0.14	40	39.57
10	0.39	50	77.48
20	3.8	—	—

---

① William D. Nordhaus. Life After Kyoto：Alternative Approaches TO Global Warming Policies，NBER Working Paper No. 11889December 2005. JEL No. H2，Q5.

应用表 7 的数据资料，对减排的边际成本曲线进行回归分析，得出常数 $A = -10.9$，$B = 108$，整理得出减排的边际成本曲线为：

$$MC(S) = -10.9 + 108\ln(1 - S)$$

（二）各省区边际成本的计算

设 $\hat{q}$ 为全国整体的碳排放强度，可视为各省区碳排放强度的加权平均，其表达式为：

$$\hat{q} = \frac{E}{\text{GDP}}$$

其中，E 为全国能源消费量，GDP 为国内生产总值。减排曲线如图 1 所示。

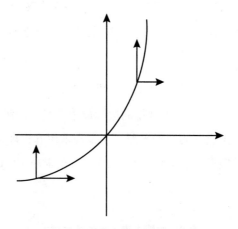

图1　不同省份的减排曲线

图 1 中横轴为减排比例，纵轴为边际减排成本，纵轴与横轴的交点为全国平均水平的减排比例和边际减排成本。

如果某一省区的碳排放强度低于其全国平均碳排放强度，则其边际减排成本应该高于全国平均的减排成本，该省区的减排曲线应位于第一象限。反之，如果某一省区的碳排放强度高于全国平均水平，则其减排曲线应位于第三象限。

对于碳排放强度低于全国平均强度的 L 省，其横坐标为 s_l（s_l 为正数），则其碳排放强度 q_l 满足：

$$\frac{q_l}{\hat{q}} = 1 - s_l$$

$$s_l = 1 - \frac{q_l}{\hat{q}}$$

即全国平均碳排放强度需要降低 s_l 才能与 L 省的边际减排曲线的斜率一致。同理可得：

$$s_h = 1 - \frac{q_h}{\hat{q}}$$

对任意省区 i，若其减排比例为 S_i，则其边际成本曲线的表达式为：

$$MC_i(S_i) = MC(S_i + s_i) - MC(s_i) = B\ln\left(1 - \frac{S_i}{1 - s_i}\right)$$

写成减排量的形式为：

$$MC_i(T_i) = B\ln\left(1 - \frac{T_i}{E_i(1 - s_i)}\right)$$

其中，T_i 为减排量，E_i 为该省的碳排放总量。

若该省的减排成本为 C_i，C_i 为其减排量 T_i 的函数，其表达式为：

$$C_i(T_i) = \int_0^T \left\{ B\ln\left(1 - \frac{t}{E_i(1 - s_i)}\right) \right\} dt = -B[E_i(1 - s_i) - T_i]\ln\left(1 - \frac{T_i}{E_i(1 - s_i)}\right) - BT$$

$$q_{2020} = q_{2005} \times (1 - 40\%)$$

$$r = 1 - \sqrt[15]{\frac{q_{2020}}{q_{2005}}}$$

在全国总的减排成本最小的原则下，构造非线性规划模型如下：

$$\min TC = \sum_i \left\{ -B[E_i(1 - s_i) - T_i]\ln\left(1 - \frac{T_i}{E_i(1 - s_i)}\right) - BT_i \right\}$$

$$\text{s. t.} \sum_i T_i = \hat{T}$$

其中，TC 为全国的减排总成本，T_i 为第 i 省的减排量，E_i 为第 i 省的碳排放总量，$\hat{T}$ 为全国的减排总量，是一固定的约束值。

（三）数据来源

根据我国政府向国际社会做出的到 2020 年碳排放强度相对于 2005 年下降

40%～45%的减排目标。本报告以40%计算。设2005年中国整体的碳排放强度为 q_{2005}，2020年中国整体的碳排放强度为 q_{2020}，则减排量为：

$$q_{预测} \times GDP_{2020预测} - q_{目标} \times GDP_{2020预测}$$

本报告以2000年到2008年碳强度实际变化趋势为参考，计算出在此下降趋势下2020年的碳强度。结合对经济增长的长期预测，计算出2020年的GDP总量。据此计算出我国2020年碳排放量的预计值并作为基准排放量，从而计算出2020年我国的二氧化碳减排量。各省区的人口与GDP数据均来源于国家统计局网站，不同种类的能源消费量来自《中国能源统计年鉴》，碳排放量的计算方法采用IPCC（2006）推荐的方法得到。

（四）结果分析

通过以上模型分析，我们得到了在全国减排总成本最小的原则下，各省区的减排量占全国总减排量的比例，如图2所示。

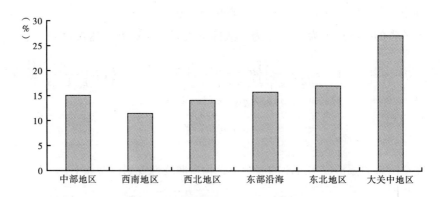

图2　各省区减排量占全国减排总量的比重

从图2可以看出以下几点结论：

第一，在全国减排总成本最小的原则下，西部地区和东北三省承担了大量的减排任务。这主要是因为这两个地区作为能源基地和重化工产业的基地，其能源强度和碳排放强度较高，边际减排成本较低。相反，东部沿海省份虽然其碳排放量占我国碳排放总量的一半以上，但其减排量所占的比例还不到1/6，这主要是因为东部地区技术较为先进，而且资源匮乏，减排潜力有限，边际减排成本较高的原因所致。

第二，中部作为农业聚集的地区，一方面碳排放量本身不高，另一方面减排潜力有限，减排成本较高。

第三，关中—天水经济区碳排放量只占全国碳排放总量的15%，却承担了27%的减排任务，明显有失公平。作为发展相对滞后的内陆省份和资源大省，关中—天水经济区相对于其他地区需要更多的碳排放空间来发展经济，改善民生，以缩小与东部沿海发达地区的差距。为此建议，中央有关部门在制定减排份额的分配方案时，应加以关注，并以减排为契机，努力缩小各地区之间的差距，而不是加大区域之间的贫富差距。

四 最优方案与基于其他指标方案的比较分析

我们基于不同的指标提出下列方案，并进行比较分析。

方案一：基于人口的分配方案。

从图3不难看出，基于人口的配额分配方案，东部沿海省区和中部省区占了绝大部分。这主要是中部作为农业大省，人口较多，而东南沿海作为我国的经济重心，拥有较多的就业机会和较为优厚的工资待遇，吸引了农村大量剩余劳动力，导致东部沿海能成为我国人口密度最大的地区。西部地区和关中—天水经济区人口稀少，所承担的减排份额较少，所以这种减排方案对西部（包括关中—天水经济区）较为有利。

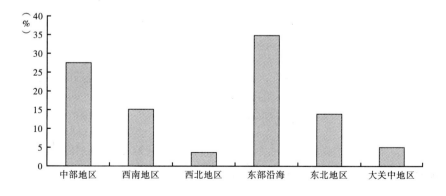

图3 基于人口分配方案下各省区减排量占全国减排总量的比重

方案二：基于 GDP 的分配方案。

基于 GDP 的减排配额分配方案对东部较为不利。从图 4 可以看出，东部沿海省区的减排配额占全国减排总量的一半以上。这主要是因为东部作为我国的经济重心，其经济总量约占我国国内生产总值的一半以上。

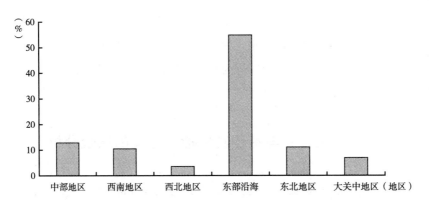

图4　基于 GDP 分配方案下各省区减排量占全国减排总量的比重

包括基于碳排放强度的方案，我们分析了三种不同指标的减排方案，可以得到以下几点结论：

第一，上述三种方案得出的结论相差很大，尤其是以碳排放强度作为减排边际成本的情景和基于 GDP 的减排方案所得出的结论几乎完全相反。这主要是因为东部省区经济发达，但资源缺乏，技术先进，减排潜力小，减排成本较高。

第二，不同的减排方案所得出的结果大不相同，每一种方案都有其优缺点。首先，基于碳排放强度的方案虽然能在全国范围内实现减排目标，但却有失公平，甚至可能加大区域发展水平的差距。其次，该方案的可靠性很大程度上依赖于对各省区减排边际成本的估计，在这方面参考的是国外的研究成果，如果能有更准确的关于减排成本的信息，无疑可以提高该方案的准确性。最后，由于未来经济发展、技术进步都具有很大的不确定性[①]，对研究的准确性也有很大影响。

第三，未来付诸实施的减排方案不可能只关注效率（如基于碳排放强度的减排方案）或只关注公平（如基于人口或 GDP 的减排方案），而是两者在一定

---

① 如金融危机、自然灾害等难以预料或控制的因素的发生。

程度上的"加权平均"。但具体更注重效率还是公平,这涉及价值判断的问题,现在还难以确定,有待于学者进一步的研究和有关部门的决策。但可以肯定的是,在减排总量一定的情况下,一定的碳排放空间在一定程度上就代表着一定的发展空间和优势,因此政府部门应审慎制定减排方案。

五 关中一天水经济区实现低碳发展的政策建议

中国的低碳经济道路与发达国家的低碳经济道路有所不同:发达国家走的是"先发展、后减排,先高碳、后低碳"的路子,以充分利用本国的资金、技术、人才优势,强调科技进步,以替代为主要手段实现减排;中国的低碳经济道路必须统筹考虑发展与减排,走"边发展、边减排","以发展促减排、以减排促发展"的道路,更强调对发展内容和发展过程的调整,如转变经济发展方式、合理调整消费结构等。具体到关中一天水经济区,以能源化工、装备制造产业为主的产业结构决定了其经济"高碳化"特征十分突出,向低碳发展道路转型的努力方向,从根本上讲主要在于转变经济发展方式和生产方式,转变生活方式和消费方式,建立高效、低排放的能源体系三个方面。目前主要做好以下几个方面的工作。

(一) 充分发挥政府对低碳发展的调控力度和统筹能力

无论是温室气体排放还是节能减排都具有典型的外部性属性,放任自由的市场机制不可能调动企业参与减排的积极性,在这方面必须充分发挥政府的主导作用,使外部成本或收益内部化,具体来说体现在以下三个方面。

1. 加强碳排放统计与核算工作

要确定不同省区减排的数额,进行碳排放数据的统计与核算工作是首要的任务。然而这并非易事,从目前国际上不同经济体对彼此碳排放量的争议可以看出,还没有公认的计算碳排放量的科学方法。所以国家相关部门应加强对这方面的研究,一方面为中国在国际气候谈判上维护正当权益提供合理依据;另一方面也为国内减排配额与责任分配的研究工作奠定基础。

2. 完善地方政府官员考评体系

建议适时将碳排放任务完成情况纳入地方政府官员考评体系。对节能减排任务完成较好的地方政府官员进行褒奖,而对节能减排工作完成不力的政府官员进行问责，可以为地方政府进行节能减排提供充足的动力和压力，使其从单纯追求经济增长的"GDP主义"转向注重经济发展的数量与质量两个方面，注重经济效益、环境效益与社会效益的统一。

3. 制定关中—天水经济区发展的中长期规划，避免投资的"锁定效应"

关中—天水经济区作为全国的能源和重化工产业基地，而这类重工业化的投资具有数额大、使用周期长等特点，大部分投资的收益都在数十年以上，有的可能达到百年。应以长远的战略眼光对正在或将要进行的投资项目进行审查，谨防追求眼前利益而忽视长远利益的"近视效应"，避免形成投资的"锁定效应"。低碳经济的发展与减排是一项系统工程，必须统筹规划，制定完善的中长期规划，避免投资造成的"锁定效应"。

（二）加大对能源技术研发的投资和推广力度，提高能源利用效率

关中—天水经济区特定的发展阶段和以煤为主的能源结构决定了要想在短时期内减缓二氧化碳排放，必须提高能源利用效率和实现传统能源的清洁化利用，这是短期内进行节能减排工作的首要任务。首先，加大在提高能源效率和传统能源清洁化利用技术方面投资与研发的力度；其次，实施能源结构多元化战略，加大对可再生能源的投资，重点发展如生物质能、太阳能、水能等低碳或无碳能源。此外，碳捕获和封存技术（CCS）也是非常值得关注的领域。

（三）充分运用信贷、金融、税收等手段，支持低碳产业发展

产业的低碳发展需要技术和设备作为支撑，而无论是技术的研发还是设备的采购都是回收周期长、风险高，且需要的资金量大，一般企业缺乏足够的能力或动力去从事，政府应该利用财政补贴或金融信贷政策，对其给予必要的帮助与扶持，使之顺利渡过"死亡之谷"。关中—天水经济区省际政府以及各级政府，一方面应对企业的低碳研发投资和采用节能设备的投资尽可能采用减免税的政策；另一方面应积极采取主动措施，对其投资采用优先贷款或贷款补贴的方式，为关中—天水经济区产业的低碳化发展提供核心技术支撑和设备基础。

（四）实施植树造林工程，增加碳汇

目前进行温室气体减排主要有两种方法，一种是直接减排法，即提高能源利

用效率和清洁化程度，减少单位 GDP 生产的能耗量和单位能源消费产生的碳排放量。这种方法是目前的主要方法，但通常受制于资金和技术条件的限制，在技术水平较低和资金约束的关中—天水经济区尤为如此。另一种可行的是间接减排法，是增加碳汇，主要是通过森林、水面、现代农业等绿色植物进行光合作用吸收二氧化碳，释放氧气，这种方法投资成本低、见效快，且具有良好的生态效益和经济效益。关中—天水经济区地处我国西北部，土地肥沃，农业条件较好，具有秦岭和渭河流域较丰沛的水资源，开展大规模的植树造林工程、构建现代农业和水域景观治理不仅可以增加对温室气体的吸收，而且可以减少水土流失，防治土地退化，具有一举两得的功效。

（五）充分利用市场交易机制减排，大力发展 CDM 项目和碳排放交易

适宜的气候已成为一种宝贵的发展资源，其最大属性就是其公共物品属性。因此，如果缺乏有效的制度安排，必然会出现"搭便车"的现象，最终导致"公地悲剧"的发生。《京都议定书》所倡导的清洁发展机制（CDM）、联合履行（JI）和国际碳排放交易（IET）机制对近年来减缓全球二氧化碳排放发挥了重要作用。在关中—天水经济区，我们建议在全国率先设计和构建类似的市场减排机制，不同发展水平的地区、省份或区域之间可以开展类似清洁发展机制、联合履行的合作机制，而企业则可以作为主体加入到碳排放交易的行业中来。关中—天水经济区还可以和东部省份开展类似的碳交易，形成中国"碳交易市场"之一。

（六）加大低碳理念的宣传力度，充分调动社会力量减碳

居民日常生活消费习惯的转变对于发展低碳经济具有重要意义。为此，我们建议率先在关中—天水经济区实施低碳消费和低碳社会建设。第一，政府要加大电视、广播等媒体对温室气体减排方面的宣传力度引导居民低碳生活。第二，将温室气体减排的理念、方法和技术纳入大学、中学、小学的课程中，使公民从小就树立节能减排的良好道德风尚。第三，定期组织开展节能减排的社会公益活动，如通过节能宣传周加强宣传能源节约、建设温室气体减排知识宣传的博物馆、开展气候变化体验活动等，使群众亲身参与、切身感受温室气体减排的重要意义和必要性。

参考文献

王锋、吴丽华、杨超：《中国经济发展中碳排放的驱动因素研究》，《经济研究》2010第 2 期。

钟茂初、张学刚：《环境库兹涅茨曲线理论及研究的批评综论》，《中国人口·资源与环境》2010 第 2 期。

庆东瑞：《山西省低碳经济分部门脱钩指标建构与评估》，陕西师范大学，2010 年 5 月。

国务院发展研究中心课题组：《全球温室气体减排：理论框架和解决方案》，《经济研究》2009 年第 3 期。

林伯强：《电力消费与中国经济增长：基于生产函数的研究》，《管理世界》2003 年第 11 期。

史丹：《结构变动是影响我国能源消费的主要因素》，《中国工业经济》1999 年第 11 期。

刘强、庄幸：《中国出口贸易中的载能量及碳排放量分析》，《中国工业经济》2008 年第 8 期。

陈红敏：《包含工业生产过程碳排放的产业部门隐含碳研究》，《中国人口·资源与环境》2009 年第 3 期。

徐国泉等：《中国碳排放的因素分解模型及实证分析：1995～2005》，《中国人口·资源与环境》2006 年第 6 期。

齐晔：《中国进出口贸易中的隐含碳估算》，《中国人口·资源与环境》2008 年第 3 期。

宋德勇：《中国碳排放影响因素分解及其周期性波动研究》，《中国人口·资源与环境》2009 年第 3 期。

胡初枝、谭丹：《中国碳排放特征及其动态演进分析》，《中国人口·资源与环境》2008 年第 3 期。

陈劭锋、刘扬、邹秀萍：《二氧化碳排放演变驱动力的理论与实证研究》，《科学管理研究》，2010 年第 1 期。

王伟林、黄贤金：《区域碳排放强度变化的因素分解模型及实证分——以江苏省为例》，《生态经济》2008 年第 12 期。

朱永彬、王铮：《基于经济模拟的中国能源消费与碳排放高峰预测》，《地理学报》2009 年第 8 期。

王俊松、贺灿飞：《能源消费、经济增长与中国 CO2 排放量变化——基于 LMDI 方法的分解分析》，《长江流域资源与环境》2010 年第 1 期。

徐国泉、刘则渊、姜照华：《中国碳排放的因素分解模型及实证分析：1995～2005》，

《中国人口·资源与环境》2006 年第 6 期。

杜婷婷、毛锋、罗锐：《中国经济增长与 CO2 排放演化探析》，《中国人口·资源与环境》2007 年第 2 期。

中国科学院可持续发展战略研究组：《2009 中国可持续发展战略报告》，科学出版社，2009。

国家统计局：《中国统计年鉴 2000~2009》，中国统计出版社，2000~2009。

蔡林海：《低碳经济、绿色革命与全球创新竞争大格局》，经济科学出版社，2009。

国家统计局工业交通统计司、国家发展和改革委员会能源局：《中国能源统计年鉴：2000~2009》，中国统计出版社，2000~2009。

庄贵阳：《低碳经济：气候变化背景下中国的发展之路》，气象出版社，2007。

林伯强、蒋竺均：《中国二氧化碳的环境库兹涅茨曲线预测及影响因素分析》，《管理世界》2009 年第 4 期。

魏一鸣、刘兰翠：《中国能源报告（2008）：碳排放研究》，科学出版社，2009。

孙耀华、李忠民：《我国各省区经济发展与碳排放脱钩关系研究》，《中国人口·资源与环境》2011 年第 4 期。

李忠民、孙耀华：《基于 IPAT 公式的省际碳排放驱动因素比较研究》，《科技进步与对策》2011 年第 2 期。

西咸新区：关中—天水经济区发展新模式

王树斌*

摘 要： 西咸新区的设立是西咸一体化进程中最具实质意义的一步。将使西安、咸阳真正实现空间上的连接，在突破行政体制障碍的同时，在更深层次上实现了城市间一体化发展，成为建设关中城市群中最具发展活力的发展区域。在西咸新区发展过程中，土地资源、人口资源、人力资本、资本、科学技术、自然资源、基础设施以及企业家精神 8 大区域发展要素将会在新的区域内聚集聚合，推动关中—天水经济区大发展。

关键词： 西咸新区 关中—天水经济区 发展 新模式

关中—天水经济区是国家深入实施第二轮西部大开发的重点，西安国际化大都市是关中—天水经济区发展的核心，西咸一体化是建设西安国际化大都市的重要途径，西咸新区建设是西咸一体化的关键所在。西咸新区是继上海浦东新区、天津滨海新区、重庆两江新区三个副省级新区之后的第四大新区，担负着建设大西安、带动大关中、引领大西北的重任。

一 西咸新区现状

（一）西咸新区的地理位置及空间布局

西咸新区是陕西省在国务院批准实施《关中—天水经济区发展规划》的历史契机下，为加快推进西咸一体化的建设进程而专门设立的。地处西安和咸阳两市结合部，以渭河为轴线，西起规划中的西咸环线，东至泾渭交汇处，东西横贯

---

* 王树斌，男，陕西师范大学国际商学院经济学硕士研究生。

50 公里，南北扩展 5～10 公里。西咸新区呈现"两心一带四轴三廊多片区"。该区以金融商务、秦汉文化为核心，以沣泾大道为主轴，以正阳、秦汉、兰池、沣渭为次轴，对接西安咸阳轴线，辐射带动西咸新区的多个功能区。

西咸新区规划控制范围 882 平方公里，规划建设用地 272 平方公里，涉及西安、咸阳两市 7 个县区的 23 个乡镇和街道办事处、89.3 万人。其发展定位：一是西安国际化大都市的主城功能新区和生态田园新城；二是引领内陆型经济开发开放战略高地建设的国家级新区；三是彰显秦汉文明、推动国际文化交流的历史文化基地；四是统筹科技资源的新兴产业集聚区；五是城乡统筹发展的一体化建设示范区。

西咸新区在空间布局上，以大都市核心区为中心，规划了空港新城、沣东新城、秦汉新城、沣西新城、泾河新城，构成"一区五城"组团式的现代田园城市格局。见图 1。

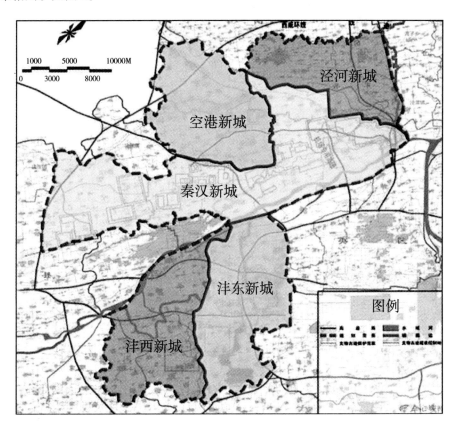

图 1　西咸新区空间布局

资料来源：http://news.hsw.cn. 陕西省人民政府网。

（二）西咸新区经济发展与产业规划

在经济发展方面，西咸新区将规划形成临空经济区、渭北综合商务区、秦汉文化观光区、先进制造业产业区、行政商务综合区、统筹科技资源特区、低碳环保产业区、奥体休闲生活区、阿房宫文化体验区、渭河百里景观长廊等10个功能分区的功能布局。

在产业发展方面，新区以错位布局、集群化发展为路径，西安、咸阳核心区和组团间互补，构建特色鲜明的现代产业体系。基础设施以快速干道为重点构建综合交通体系，同时加快生态化、信息化、网络化设施建设。城市文化依托周秦汉历史遗迹和渭北帝陵遗存带，形成大都市帝陵文化、秦汉文化、古都历史三条文化带。生态建设，重点打造城市绿色廊道和都市绿心，建设大面积湿地公园和水景公园，形成点、线、面结合的绿化体系和水脉渗透、绿水相融的城市灵动空间。统筹城乡发展主要是建设生态田园小镇和社区，合理布置教育、卫生、文化等公共服务设施，发展都市现代农业，就近转化农村人口。

二 西咸新区：经济发展要素聚集的新模式

西咸新区是西安国际化大都市建设的主城功能区，而不是副城区，更不是传统意义上的开发区，被赋予五个战略定位。第一，西咸新区是西安国际化大都市的主城功能区和生态田园新城；第二，它是引领内陆型经济开发开放战略高地建设的国家级新区；第三，它是彰显秦汉文明、推动国际文化交流的历史文化基地；第四，它是统筹科技资源的新兴产业集聚区；第五，它是城乡统筹发展的一体化建设示范区。土地、人口、人力资本、资本、科学技术、自然资源、基础设施及企业家精神等八大生产要素将围绕战略定位，在该区域的发展过程中聚集。

西咸新区规划布局的基本理念是现代田园城市，是实现城市理想的一种手段。西咸新区将是一个城市建设区和绿色空间高度融合，被赋予城市建设、产业发展、城乡统筹、文化传承以及实现人类追求的田园牧歌式生化理想的集中体现地，是新区建设、城市品质和城乡和谐的典范，将成为中国未来城市建设的标杆。

与此同时，西咸新区建设，在西部内陆地区提出打造空港新城，还有将渭河以北的汉陵遗址保护区和渭河以南的周秦汉都城遗址保护区连接起来呈现"人"字形的保护区手法。这些都将对发展要素的聚集模式形成一种挑战，也会创造出一种新的模式。见图2。

图2　西咸新区总体规划（2010～2020年）

资料来源：httt：//news．hsw．cn．陕西省人民政府网。

西咸新区发展要素聚集的新模式主要体现在以下几个方面。

（一）突破行政区划约束，加速发展要素的融合

西咸新区在西安和咸阳两市中间地带建设而成，旨在冲破两地行政区域的阻

隔，进一步促进西安咸阳的一体化过程，最终担负起关中—天水经济区优势发展极的作用。

（二）以新城市建设促使产业发展

西咸新区既要有农村开阔的风光，又要有城市高度复合的公共服务，建设现代田园城市是对新型城镇化道路和新型社会管理模式的探索，在新区建设中肩负人口承载和耕地保护的双重目标，肩负新城建设和产业开发的双重任务。西咸新区的建设是以城促业的发展思路，以此奠定的要素聚集模式注定不同于以往。

（三）以组团方式聚合发展要素

西咸新区有五个核心板块，没有统一的支柱产业，而是由五个组团发挥各自的优势错位发展，形成各自特色产业。五个组团的支柱产业既要避免互相雷同，也不必在新区中互不平衡，需要在大西安中乃至大关中做好合理化和特色化。这就要求在新区发展要素的聚集中各自优化，实现以组团的方式进行聚集和集中的新模式，实现发展要素聚集的一次新的模式飞跃。

参考文献

朱喜、史清华、盖庆恩：《要素配置扭曲与农业全要素生产率》，《经济研究》2011 年第 5 期。

刘瑶：《外包与要素价格：从特定要素模型角度的分析》，《经济研究》2011 年第 3 期。

林丹：《城乡协调发展背景下的征地补偿机制研究》，《经济经纬》，2011 年第 5 期。

千慧雄、刘晓燕：《农民工聚集的劳动力池效应分析》，《经济经纬》2011 年第 1 期。

曹钢、何磊：《第三阶段城镇化模式在中国的实践与创新》，《经济学动态》2011 年第 2 期。

刘红光、刘卫东、刘志高：《区域间产业转移定量测度研究——基于区域投入产出表分析》，《中国工业经济》2011 年第 6 期。

"西安—宝鸡"经济线到
"西安—包头"经济线的战略选择

李忠民　韩翠翠　宋 凯　夏德水*

摘　要："西安—宝鸡"、"西安—包头"两线是西安分别向西和向北延伸的经济带，对我国西北部地区发展具有非常重要的战略地位。本文通过对两条经济带的发展现状及对比分析得出结论，在原有"西安—宝鸡"线经济发展的同时，抓住大西北经济发展的战略机会，认真研究"西安—包头"线经济带的发展战略，从而形成新的经济合作区域。

关键词："西安—宝鸡"　"西安—包头"　战略选择

一　问题提出

西安—宝鸡、西安—包头两线是西安分别向西和向北延伸的经济带，因高速路而得名。毋庸置疑，西—宝和西—包两线对我国西北部地区发展具有非常重要的战略地位（见图1）。

西—宝线是西安向西方向的高速公路，该公路跨越陕西关中西部西安、咸阳、宝鸡三个大城市，途经西安市未央区、咸阳市、兴平、武功、杨凌、扶风、眉县、蔡家坡、陈仓区，直至宝鸡市斗中路，全长151.97公里。西安—宝鸡线是关中—天水经济区发展的核心，地处亚欧大陆桥中心，处于承东启西、连接南北的战略要地，承担建设大西安、带动大关中、引领大西北的主要任务，承接东中部地区产业转移，促进区域协调发展。

---

* 李忠民，男，陕西师范大学国际商学院教授，博士生导师。韩翠翠、宋凯、夏德水，陕西师范大学国际商学院经济学硕士研究生。

图1 西—宝、西—包地理位置

西—包线是西安向北方向的交通干线，以西—包铁路和西—包高速路为桥梁，高速路全长800.9公里，设计时速为160公里，贯穿陕西省北部和内蒙古自治区西北地区，是中国"能源经济增长极"。目前在国家推进西部大开发战略中，在大力推进关中—天水经济区的契机下，西—宝与西—包两线都将发挥战略发展要道作用，各自发挥其优势。

二 西—宝线和西—包线的比较分析

"西安—宝鸡"线主要包括西安、咸阳和宝鸡等主要沿线城市。"西安—包头"线主要包括西安、延安、榆林、鄂尔多斯和包头等沿线主要城市。我们主要选择这些城市考察这两线上的经济发展，并且选取相关指标来进行对比分析。

（一）"西安—宝鸡"线经济发展现状

在全国区域经济布局上，西安具有承东启西、东联西进的区位优势，在西部大开发战略中具有重要的战略地位。西安的比较优势突出地表现在三个层次上：世界级的旅游观光资源优势；国家级的科研教育和高新技术产业基地优势；区域级的金融、商贸中心和交通、信息枢纽优势。通过深化改革和扩大开放，西安正在成为我国重要的内陆开放城市。所以无论哪条线都是以西安为起点，在各个城市起着领头的作用。如表1所示，西安在2009年GDP达到2724.08亿元，大于两条线上任何一个城市。人口规模最大，2009年底达到843.46万人，城市建设用地占市区面积比重达到10.33%，2009年城镇固定资产投资2243亿元。2009年末金融机构各项贷款余额4482.63亿元，财政支出170.89亿元。

表1　西安市经济发展各项指标值

年份	GDP（亿元）	人口（万人）	城市建设用地占市区面积比重（%）	城镇固定资产投资（亿元）	年末金融机构各项贷款余额（亿元）	财政支出（亿元）
2009	2724.08	843.46	10.33	2243.00	4482.63	170.89
2008	2190.04	837.52	10.33	1691.56	3235.84	—
2007	1763.73	830.54	7.73	1262.25	2683.80	161.25
2006	1473.68	822.52	7.74	942.53	2344.80	119.21
2005	1270.14	806.81	6.44	515.42	2158.10	102.91
2004	1095.87	725.01	6.54	566.52	2052.30	84.19
2003	941.60	716.58	—	422.93	1954.20	72.37
2002	823.50	702.59	—	290.20	1598.42	63.80
2001	733.85	694.84	—	226.91	1185.97	54.20

咸阳是一个新兴的工业城市，已形成纺织、电子、煤炭、石油化工、机械为主体的工业体系。纺织工业经过50多年的发展，已形成棉纺、毛纺、化纤、印染、服装、纺织机械及纺织科研门类齐全、相互配套的完整体系，成为全市出口创汇的主导产业，其年产值占全省纺织业的1/3。电子工业已成为实力较强、技术装备水平较高的新兴产业，全国最大的彩管厂陕西彩色显像管总厂等13家大中型电子企业集中于市区西郊，其年产值占全省电子工业的近一半。秦都已被人们誉为"纺织电子城"。咸阳市已成为陕西最大的果品生产加工基地、畜产品生产加工基地、电子工业基地、能源化工基地、医药保健基地、纺织工业基地。

2009 年，咸阳市生产总值 873 亿元，比上年增长 14.2%。分产业看，第一产业增加值 157.4 亿元，增长 6.3%；第二产业增加值 450.2 亿元，增长 15%；第三产业增加值 265.4 亿元，增长 17%。第一产业增加值占全市生产总值的比重为 18%，比上年下降 1.5 个百分点；第二产业增加值比重为 51.6%，上升 1.6 个百分点；第三产业增加值比重为 30.4%，下降 0.1 个百分点。人均生产总值 17429 元，约合 2552 美元。2010 年全市生产总值 1098.7 亿元，人均生产总值达到 21899 元（见表 2）。

表 2 咸阳经济发展各项指标值

年份	GDP（亿元）	人口（万人）	城市建设用地占市区面积比重	城镇固定资产投资（亿元）	年末金融机构各项贷款余额（亿元）	财政支出（亿元）
2009	872.95	501.03	18.03	730.67	366.79	107.17
2008	764.56	500.69	18.03	493.06	270.34	85.01
2007	585.89	499.67	11.76	336.82	265.60	60.64
2006	491.01	499.69	10.97	213.75	240.80	41.37
2005	432.52	498.07	—	148.95	215.90	30.38
2004	374.77	489.75	9.51	—	238.70	25.99
2003	287.60	483.91	—	—	233.30	23.37
2002	281.89	481.66	—	—	220.50	21.52
2001	257.08	477.32	—	—	218.60	19.61

宝鸡市主要发展机床制造业、重型汽车制造业、有色金属加工制造业、商贸旅游业。2020 年，城市建成区人口达到 120 万人，面积控制在 130 平方公里，建成区域重要的交通枢纽、国家新材料研发和生产基地、生态园林城市。各项指标如表 3 所示。

表 3 宝鸡经济发展各项指标值

年份	GDP（亿元）	人口（万人）	城市建设用地占市区面积比重	城镇固定资产投资（亿元）	年末金融机构各项贷款余额（亿元）	财政支出（亿元）
2009	806.54	373.14	3.16	566.91	358.15	54.41
2008	714.07	376.25	3.16	400.45	272.61	75.27
2007	581.75	375.70	1.76	286.68	259.90	53.56
2006	489.89	371.78	1.75	198.82	231.50	36.91
2005	415.79	376.39	1.71	131.03	212.40	21.14
2004	353.24	369.20	1.29	77.05	230.60	21.14
2003	156.99	367.10	—	62.94	225.50	18.16
2002	250.37	365.21	—	39.91	203.90	16.45
2001	221.88	364.46	—	36.65	195.24	15.17

（二）"西安—包头"线经济发展现状

延安市自然、人文资源丰富，具有很大的经济发展潜力。全市土地总面积5556万亩，人均29亩，且土层深厚，适生作物众多，发展林果业和畜牧业的前景十分广阔。在广袤黄土的深处，蕴藏了十分丰富的矿产资源。已探明石油储量4.3亿吨，煤炭储量71亿吨，天然气33亿立方米，紫砂陶土5000万吨，为延安工业经济的腾飞提供了十分优越的条件。各项指标如表4所示。

表4　延安市经济发展各项指标值

年份	GDP（亿元）	人口（万人）	城市建设用地占市区面积比重	城镇固定资产投资（亿元）	年末金融机构各项贷款余额（亿元）	财政支出（亿元）
2009	728.26	215.18	0.73	407.12	302.05	156.93
2008	713.27	214.49	0.67	330.74	245.23	—
2007	610.08	213.49	0.67	265.71	219.80	101.07
2006	509.37	215.08	0.84	198.46	201.00	83.09
2005	370.62	211.85	0.84	154.20	177.50	56.36
2004	265.19	208.79	0.85	—	153.00	43.91
2003	218.33	205.61	—	—	127.50	32.47
2002	179.71	200.74	—	—	106.00	26.58
2001	158.33	198.15	—	—	91.75	20.97

榆林市物华天宝，能源矿产资源富集一地，被誉为中国的"科威特"。有世界七大煤田之一的神府煤田，有我国陆上探明的最大整装气田。煤炭、天然气、石油、盐岩组合配置良好，开发潜力巨大，是21世纪中国的能源接续地，是正在建设的国家能源化工基地，是西气东输、西电东送、西煤东运的重要源头。榆林2009年人均GDP、农业增加值增速、规模以上工业增加值、财政收入净增加值、农民人均纯收入增速等五项指标居陕西省第一位。2009年全市完成地区生产总值1302.31亿元，增长13.3%，经济总量继续保持全省第二位；财政总收入300亿元，同比增长35.6%；全社会固定资产投资完成850.33亿元，同比增长41.6%；共签订招商引资项目102个，总投资1440.11亿元，引进资金1381.13亿元；全市非公有制经济实现增加值467.57亿元，占生产总值的35.9%；耕地保有量达到1546.2万亩，基本农田保护面积达到1211万亩，实现粮食产量152.77万吨，均超额完成陕西省下达的任务（见表5）。

表5　榆林经济发展各项指标值

年份	GDP（亿元）	人口（万人）	城市建设用地占市区面积比重	城镇固定资产投资（亿元）	年末金融机构各项贷款余额（亿元）	财政支出（亿元）
2009	1302.31	334.73	1.36	688.77	677.04	171.08
2008	1008.26	333.98	1.36	476.69	467.93	123.18
2007	672.31	332.80	1.11	326.03	406.10	96.75
2006	495.11	330.33	0.44	233.36	293.40	65.57
2005	320.04	329.93	0.63	145.32	196.70	45.40
2004	278.53	336.80	0.37	—	184.80	33.01
2003	204.76	333.50	—	—	154.20	25.55
2002	162.83	329.56	—	—	109.30	21.39
2001	129.31	327.98	—	—	92.60	17.85

　　鄂尔多斯羊绒制品产量约占全国的1/3、世界的1/4，已经成为中国绒城、世界羊绒产业中心。鄂尔多斯境内地下有储量丰厚的能源矿产资源，目前，已经发现的具有工业开采价值的重要矿产资源有12类35种。已探明天然气储量约1880亿立方米，约占全国的1/3。已探明稀土高岭土储量占全国的1/2。此外，煤炭、石油等自然资源储量也居全国前列（见表6）。

表6　鄂尔多斯经济发展各项指标值

年份	GDP（亿元）	人口（万人）	城市建设用地占市区面积比重	城镇固定资产投资（亿元）	年末金融机构各项贷款余额（亿元）	财政支出（亿元）
2009	2161.00	162.50	3.20	1524.25	1202.95	231.63
2008	1603.00	159.10	2.73	928.43	640.08	168.44
2007	1150.91	154.79	2.73	860.66	503.36	118.20
2006	800.01	151.45	2.03	592.44	388.22	95.78
2005	594.80	149.50	1.90	387.57	275.55	65.27
2004	341.11	136.87	1.66	234.50	206.85	47.97
2003	278.50	135.97	—	75.00	170.00	34.11
2002	204.77	134.42	—	16.00	137.23	26.65
2001	171.84	132.83	—	11.40	112.44	23.41

　　包头市是内蒙古自治区第一大城市，全国特大型城市，全市常住人口265.04万人，市区人口190万人，建成区面积250平方公里，也是内蒙古最大的工业城市，中国最为重要的工业基地之一，中国最重要的稀土、钢铁、冶金、机

械制造、军工基地。是全国首批和第二批文明城市、国家森林城市、国家园林城市，亦是内蒙古绿化最好的城市和发达程度最高的城市，内蒙古经济强市和内蒙古最为重要的城市。2010 年，包头市地区生产总值达到 2460.8 亿元，人均地区生产总值接近 1.4 万美元，在全国地级市中名列前茅。经济社会发展进入了工业化转型、城市化提升和现代化加速的良好发展时期，先后被评为中国制造业名城、全国投资环境 50 优城市、全国投资环境"百佳"城市和全国最适宜发展工业的 20 个城市之一（见表 7）。

表 7　包头市经济发展各项指标值

年份	GDP（亿元）	人口（万人）	城市建设用地占市区面积比重	城镇固定资产投资（亿元）	年末金融机构各项贷款余额（亿元）	财政支出（亿元）
2009	2168.80	257.21	5.06	1469.36	814.05	195.56
2008	1760.00	217.76	5.06	937.22	631.25	153.17
2007	1275.06	249.61	5.06	802.12	544.57	114.40
2006	1010.12	245.76	4.79	598.48	482.48	105.73
2005	848.70	243.00	4.18	499.86	336.76	77.86
2004	570.42	210.24	4.18	91.80	273.65	64.37
2003	393.04	203.98	—	18.15	249.10	49.71
2002	286.80	208.02	—	11.66	208.38	31.75
2001	248.57	206.16	—	4.30	190.53	24.24

（三）"西安—宝鸡"线和"西安—包头"线经济发展比较分析

GDP 可以反映一个地区整体经济发展的水平和潜力，人均 GDP 更能反映一个地区人民的生活水平，GDP 增长率可以反映地区经济发展的动力和后劲。

一是从 GDP 总规模看，在表 8、表 9 中，我们可以看出，在"西安—宝鸡"线中，西安市 GDP 平均值为 1446.28 亿，咸阳市 GDP 平均值为 491.01 亿元，宝鸡市 GDP 平均值为 353.24 亿元，基本上每年都呈增长的趋势。在"西安—包头"中，延安市 GDP 平均值为 417.02 亿元，榆林市 GDP 平均值为 507.05 亿元，鄂尔多斯市 GDP 平均值为 399.79 亿元，包头市 GDP 平均值为 951.28 亿元。整体上看西宝线 GDP 平均增长值为 763.51 亿元，而西—包线 GDP 平均增长值为 744.37 亿元，两者相差不大，表明两者整体经济发展水平相当。

表8 "西安—宝鸡"线 GDP

单位：亿元

年份	西 安	咸 阳	宝 鸡
2009	2724.08	872.95	806.54
2008	2190.04	764.56	714.07
2007	1763.73	585.89	581.75
2006	1473.68	491.01	489.89
2005	1270.14	432.52	415.79
2004	1095.87	374.77	353.24
2003	941.60	287.60	156.99
2002	823.50	281.89	250.37
2001	733.85	257.08	221.88
平均值	1446.28	491.01	353.24

表9 "西安—包头"线 GDP

单位：亿元

年份	西安	延安	榆林	鄂尔多斯	包头
2009	2724.08	728.26	1302.31	2161.00	2168.80
2008	2190.04	713.27	1008.26	1603.00	1760.00
2007	1763.73	610.08	672.31	1150.91	1275.06
2006	1473.68	509.37	495.11	800.01	1010.12
2005	1270.14	370.62	320.04	594.80	848.70
2004	1095.87	265.19	278.53	341.11	570.42
2003	941.60	218.33	204.76	278.50	393.04
2002	823.50	179.71	162.83	204.77	286.80
2001	733.85	158.33	129.31	171.84	248.57
平均值	1446.28	417.02	507.05	399.79	951.28

二是从人均 GDP 上看，在表10、表11 中，我们可以看出，在西宝线中，西安市人均 GDP 1.82 万元，咸阳市人均 GDP 0.98 万元，宝鸡市人均 GDP 1.19 万元，人均 GDP 呈逐年增长的趋势。在西—包线中，西安市人均 GDP 1.82 万元，延安人均 GDP 1.97 万元，榆林市人均 GDP 1.53 万元，鄂尔多斯市人均 GDP 5.27，包头市人均 GDP 4.05 万元。整体上看西宝线人均 GDP 大于西—包线人均 GDP。

表 10 "西安—宝鸡"线人均 GDP

单位：万元

年份	西 安	咸 阳	宝 鸡
2009	3.23	1.74	2.16
2008	2.61	1.53	1.90
2007	2.12	1.17	1.55
2006	1.79	0.98	1.32
2005	1.57	0.87	1.10
2004	1.51	0.77	0.96
2003	1.31	0.59	0.43
2002	1.17	0.59	0.69
2001	1.06	0.54	0.61
平均值	1.82	0.98	1.19

表 11 "西安—包头"线人均 GDP

单位：万元

年份	西安	延安	榆林	鄂尔多斯	包头
2009	3.23	3.38	3.89	13.30	8.43
2008	2.61	3.33	3.02	10.08	8.08
2007	2.12	2.86	2.02	7.44	5.11
2006	1.79	2.37	1.50	5.28	4.11
2005	1.57	1.75	0.97	3.98	3.49
2004	1.51	1.27	0.83	2.49	2.71
2003	1.31	1.06	0.61	2.05	1.93
2002	1.17	0.90	0.49	1.52	1.38
2001	1.06	0.80	0.39	1.29	1.21
平均值	1.82	1.97	1.53	5.27	4.05

三是从 GDP 增长率上看，在表 12、表 13 中，我们可以看出，在西宝线中，西安市 GDP 平均增长率为 17.8%，咸阳市 GDP 平均增长率为 16.8%，宝鸡市 GDP 平均增长率为 23.8%，并且宝鸡在 2003 年还出现负的经济增长率。在西—包线中，西安市 GDP 平均增长率为 17.8%，延安市 GDP 平均增长率为 21.5%，榆林市 GDP 平均增长率为 34%，鄂尔多斯市 GDP 平均增长率为 38%，包头市 GDP 平均增长率为 31.6%。整体上看西宝线 GDP 平均增长率 19.5%，而西—包线 GDP 平均增长率为 28.6%，按照算术平均数计算，两者相差 9 个百分点。

综上分析，相比西宝线，西—包线具有很大的发展空间，发展潜力巨大。

表 12　"西安—宝鸡"线 GDP 增长率

	西　安	咸　阳	宝　鸡
2009	0.243	0.141	0.129
2008	0.241	0.304	0.227
2007	0.196	0.193	0.187
2006	0.160	0.135	0.178
2005	0.159	0.154	0.177
2004	0.163	0.303	1.250
2003	0.143	0.020	−0.372
2002	0.122	0.096	0.128
平均值	0.178	0.168	0.238

表 13　"西安—包头"线 GDP 增长率

	西安	延安	榆林	鄂尔多斯	包头
2009	0.243	0.021	0.291	0.348	0.232
2008	0.241	0.169	0.499	0.392	0.380
2007	0.196	0.197	0.357	0.438	0.262
2006	0.160	0.374	0.547	0.345	0.190
2005	0.159	0.397	0.149	0.743	0.487
2004	0.163	0.214	0.360	0.224	0.451
2003	0.143	0.214	0.257	0.360	0.370
2002	0.122	0.135	0.259	0.191	0.153
平均值	0.178	0.215	0.340	0.380	0.316

三　战略选择

通过对西—宝线和西—包线的比较研究，在当前的情况下，一定要下工夫做好西宝线经济发展，同时有必要提前识别大西北经济发展的战略机会，认真研究西—包线经济区的发展战略，从而形成新的经济合作带。一方面，尽可能地使其战略融入关中—天水经济区发展规划中；另一方面，我们要在西安—包头经济区的构建中，建设西安国际化大都市，深化西部大开发战略的实施。为此，我们提出，西安要不失时机地提出"北上西进"发展战略，形成从西—宝线到西—包线的战略大转移。

首先，西—包线较西—宝线来说，西—包线覆盖面积更广、范围更大，能更好地与远距离区域进行各方面的合作交流，带动效应更强，使更多地区都能融入西—包线经济区域，促进经济增长极的形成。西—包线贯穿陕西省，成为陕西省南北大动脉，从而带动沿线城镇农村的经济发展，促进整个陕西省的发展，另外它还涉及鄂尔多斯及包头两个内蒙古的主要城市，并且可以整合内蒙古的资源同时促进两省区的经济发展。

其次，西—包线产业门类更加繁多，这样可以促进经济多样性的发展，优化产业结构，发挥其比较优势。如西安就应该发挥大城市的优势，积极发挥高科技军工及教育等产业；延安市土层深厚、适生作物众多，可发展林果业和畜牧业等产业；榆林市能源矿产资源丰富，尤其是煤炭，要发挥能源化工基地的作用；鄂尔多斯市可发挥羊绒制品产业；包头市是我国最重要的稀土、钢铁、冶金、机械制造、军工基地。

再次，西—包线较西—宝线在民族文化等方面还具有得天独厚的优势，即西—包线可以加快民族文化交流，增进民族感情。例如包头位于内蒙古自治区，少数民族在当地占大多数比例，西—包线经济区域成功发展的同时，也带来了经济、文化等方面的沟通交流，自然会加深不同民族之间的感情。

最后，西—宝线注重横向东西发展，西—包线注重纵向南北发展，两线在推进大西部开发战略中都具极其重要的作用。西—宝线、西—包线无论是哪方都缺一不可。西—宝线作为关中经济区重要的组成部分，发展相对成熟；西—包线虽然目前还没有完善的规划制度，但是根据以上分析它具有无限的发展潜力。所以应当结合两者的东西和南北发展，带动中国整个西部全面、快速发展，实现全国经济的平衡增长。

参考文献

国家发展和改革委员会：《关中—天水经济区发展规划》，2009。
李忠民：《中国关中—天水经济区发展报告（2010）》，社会科学文献出版社，2010。
陕西省统计局 http：//www. sn. stats. gov. cn/。

基于系统动力学的西安市房地产市场
稳定发展研究：以住宅价格为例

沈 悦 张晓青*

摘 要：本文对西安市住宅市场2000～2010年运行整体状态进行了详细描述，并总结出影响住宅价格的一般性因素，根据西安市住宅市场发展的现实情况，从需求和供给两方面得出影响西安市住宅价格的特殊性影响因素。并从购房者需求、开发商行为和政府调控三方面给出相应政策建议，其中政府调控的力度和范围随着2011年楼市新政的推出而越来越大，其效果是否能达到预期设想，需要看政策落实的程度如何。研究结论对西安市房地产稳定健康发展起到了积极的作用，具有一定的理论意义和现实意义。

关键词：西安市住宅价格 系统动力学 房地产市场 发展研究

一 绪论

房地产市场是通过市场机制和价格规律实现房地产价值、促进资源有效配置的市场，在整个房地产市场体系中处于主体地位。自1978年我国开始城镇住宅制度改革起，房地产业已经经历了30余年的发展历程，其中经历了理论突破与起步、非理性炒作与调整、比较稳定的协调发展以及调控、反思与调整四个主要阶段。房地产市场与土地市场、货币市场、证券市场、商品市场和资本市场紧密相连，是国民经济发展的中坚力量，其是否稳定、健康发展直接关系国计民生。近几年来，由于房地产市场发展不够成熟、制度不完善、结构不合理，国内一线

---

* 沈悦，女，金融学博士，西安交通大学经济与金融学院教授，博士生导师。张晓青，女，中国工商银行陕西省分行研究人员。

城市住宅价格畸高，导致居民购买力受限，矛盾极为突出。因此，如何规范市场、合理引导住房消费，使房地产市场健康、稳定发展是亟须关注的问题。

伴随着城市化进程的快速发展和陕西省经济的迅猛发展，西安市正在向建设国际化大都市的目标迈进，城市的管理理念不断创新，房地产市场也整体平稳发展。据统计，西安市住宅价格从1998年的2573元/平方米上升至2010年的5992元/平方米，增长了133%，连续12个月涨幅超过了全国平均水平。① 西安未来房价走势如何，其增速是否与西安地区经济发展速度和人均收入水平相匹配，成为大众普遍关注的热点话题。

西安房地产市场仍处于发展阶段，其能否健康、稳定发展，起到带动和引导相关产业同时发展的作用，成为政府部门重点解决的问题。2011年伊始，国务院有关部门公布了"新国八条"，标志着第三次调控浮出水面，其中关于房贷方面的限制被业界认为是史上最严厉的房地产调控政策。2011年2月25日，西安市召开的政府常务会议上，传达了全国保障性安居工程工作会议精神，同时出台了西安"限购令"细则。有专家称，西安市"限购令"的出台一方面试图改变市场成交结构，起到缓冲房价涨速的作用；另一方面也加快推进了保障性住房的供应，为建立健全多层次住房供应结构的目标而努力。果然，"限购令"出台以后，西安楼市整体呈现出成交量陡然走低的局面，打破了之前预期趋势上升的规律。数据显示，"限购令"出台一周时间，西安市住宅市场成交3380套，较前一周减少1926套；出台两周后，成交量急速下滑，从3380套一路跌至199套，降幅十分剧烈。"限购令"影响了住宅市场的开发商投资计划以及居民购房计划，究竟成交量是否会持续下跌，成交量的下跌是否会引起住宅价格的变化，"限购令"后期执行力度是否能保证效果，成为各方广泛关注的话题。

二　西安市住宅市场运行特征

（一）研究对象界定

依据房地产开发程度，理论界将房地产分为：土地、在建工程和建成后

---

① 资料来源：西安市统计信息网。

物业三种类型。其中建成后物业依用途又可分为：居住物业、工业物业、商业物业等。从统计年鉴中住宅销售面积占房地产市场销售面积的比重90%可以看出，居住物业在建成后物业中的比重最大、地位最高。同时，从与居民日常生活的密切程度来看，居住物业在保障日常起居基本需要的同时，也可分为高档住宅、普通住宅、经济适用房和廉租房等类型。因此，本文将住宅价格作为研究西安市房地产市场运行状态的风向标，把握住价格变动趋势，也就找到了研究房地产市场运行的突破口，为国家调控房地产价格提供切实有效的依据。

（二）西安市住宅市场运行现状

1. 住宅价格运行特征：2000～2010年

从图1中我们可以看出，2000年以来西安市住宅销售价格处于稳中有升的状态，特别是从2007年起，涨幅波动较大。经计算，2008年和2009年住宅价格上涨率分别为14.97%和10.35%。2010年一年内，西安市住宅市场交易活跃，住宅价格上涨990元/平方米，连续12个月涨幅高于全国房价均价涨幅，夺得各省会城市的涨幅最高桂冠。在2011年的前几个月里，西安市住宅成交量下跌，消费者买房热情陡减。2011年全国楼市在面临国家政策收紧的压力下，西安市住宅市场是否进入了"低迷期"，这种状态是暂时停留还是一个拐点，未来住宅价格走势如何，值得我们深入思考与研究。

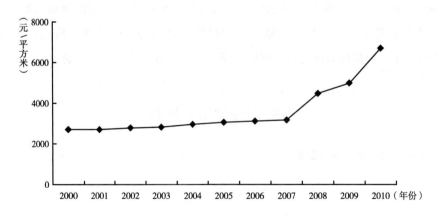

图1　2000～2010年西安市住宅销售价格

2. 住宅市场主要宏观经济变量运行特征

如表1所示，2000～2009年，西安市地区生产总值增长了3.2倍，城镇居民可支配收入增长了1.98倍，金融机构贷款余额增长了3.67倍，住宅开发投资额增长了8.45倍，住宅销售额增长了14.3倍。依据表1做出图2，可以明显地看出，所涉及的各个经济变量均处于一路上涨的状态，与住宅销售额变动趋势一致。由于变量的单位不统一，因此在图2中主要反映趋势的变动，具体数据对研究作用甚微。

表1　2000～2009年西安市住宅市场主要经济变量运行特征

年度	地区生产总值（亿元）	城镇居民人均可支配收入（元）	住宅开发投资额（万元）	住宅销售额（亿元）	金融机构贷款余额（亿元）
2000	643.26	6364.16	23.86	29.47	972.51
2001	733.85	6704.86	50.18	35.53	1185.97
2002	823.50	7183.54	58.37	45.46	1598.42
2003	941.60	7248.38	93.65	44.25	1954.18
2004	1130.14	8544.03	139.20	71.27	2001.72
2005	1270.14	9628	164.46	158.03	2158.10
2006	1473.35	10905	185.75	179.47	2344.77
2007	1763.71	12662	203.58	251.74	2649.41
2008	2190.04	15207	142.10	640.02	3235.84
2009	2719.10	18963	225.59	450.71	4539.75

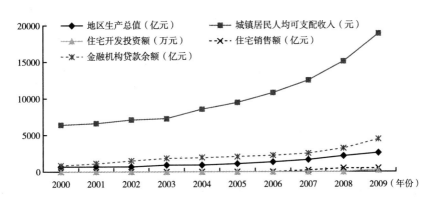

图2　2000～2009年西安市住宅市场主要经济变量运行特征

资料来源：2000～2010年西安统计年鉴。

三　西安市住宅价格的影响因素分析

（一）一般性影响因素分析

1. 居民可分配收入与住宅价格

居民收入是决定家庭一切消费购买力和消费需求的最重要因素，收入的快速增长必然会引起人们对高档次、高质量房地产的需求。这里用城镇居民人均可支配收入指标来表示居民收入变化。居民人均可支配收入是指居民可用于最终消费支出和其他义务性支出以及储蓄的总和，即是居民总收入扣除缴纳的所得税、个人缴纳的社会保障支出以及记账补贴后剩余的收入。世界银行统计数据显示：人均 GDP 达到 600～800 美元时，住宅产业进入高速增长阶段；人均 GDP 达到 1300 美元时，住宅产业进入快速增长阶段。目前我国人均 GDP 已经超过 2000 美元，住宅消费成为目前及今后相当长时间的主要消费热点。同时，居民收入变化还会影响家庭的消费预期，间接地影响房地产销售。

2. 土地价格与住宅价格

土地价格对房地产价格的影响也表现为两个方面：第一，土地价格作为房地产成本中最重要的因素，直接决定着房地产开发商的成本。房地产开发商在住宅市场属于供给者，处于寡头垄断的地位；在土地市场属于需求者，处于完全竞争的地位。土地资源稀缺、不可再生、用途不易更换和供给缺乏弹性等特征以及城市化进程加快使得居民对土地的需求增加的共同作用，造成土地价格持续上涨、供求矛盾恶化。第二，地方政府作为土地使用权的划拨者，对住宅用地拍卖最高价不予限制，只顾"地方财政"和建设资金的增加以及自身利益的实现，使得房地产开发商竞相标高土地价格，导致房地产价格飞速上涨。

3. 城市化进程与住宅价格

城市化进程的加快，表示该地区的经济发展速度突飞猛进。一方面，城市人口增加，与之相伴而来的是产业结构的变化、经济增长方式的变化、人们生活方式和消费观念的变化。城市化进程引起城市人口增加，人口数量和结构的变化对有效需求的影响是城市化进程对住宅需求最直接的影响，住宅需求随之增加，供不应求时住宅价格就会增加。另一方面，由于住宅价格变化引起住宅市场交易量活跃，与之相关的建材市场、人才服务市场等相关产业也会随之发展，住宅产业作为国民支柱产业，带动了整个宏观经济的飞速发展。

4. 地区生产总值与住宅价格

不同地区的经济发展水平参差不齐，这往往对住宅市场价格造成重要影响。经济发达地区产生更多的就业机会，从而吸引更多的流动人口。人口越多，对住宅的需求也就越大，因此房价当然上涨较快。以西藏和北京为例，前者经济发展速度明显不敌后者，北京作为首都和我国政治、交通和文化中心，外来人口多，市场化程度高，经济发展速度和消费水平明显高于西藏地区。就商品房销售而言，经济发达地区在房价、销售量上的升幅明显高于经济欠发达地区。事实上也是如此，北京房价不仅高于西藏，而且房价高居全国一线城市之首。因此投机者抓住时机，大量炒房，而房价的攀升又会带动人们预期继续走高，最终影响住宅市场价格不断上涨。

5. 银行信贷与住宅价格

银行信贷对房地产价格的影响可以分为两个方面。第一，银行信贷集中模型表明银行具有扩大房地产信贷的动力。在我国，房地产开发商整个地产项目的开发，基本建立在银行信贷支持的基础上，有资料显示，银行信贷占信贷总额的26.14%，远超过国际上规定的"房地产信贷总额不超过银行信贷总额的8%"以及"某一项贷款中信贷总额比例不超过9%"的标准。房地产信贷的扩张会导致银行脆弱性加强，金融风险积聚。第二，如果银行信贷放松，房地产开发商获得贷款的可能性增加，成本减少，从而刺激房地产投资，导致房地产供给增加；购房者获得抵押贷款的可能性也增加，从而刺激房地产市场的需求。供求市场在达到均衡状态中的动态调整共同推动着房地产价格不断上涨。

（二）特殊性影响因素分析

从上文分析可以得知，西安住宅价格在2010年中，经历了自住房制度改革以来最为明显的上涨，截至2010年12月底，西安楼市均价达6466元/平方米。尤其是开发商推出了一些精装修楼盘，使得部分黄金区域楼盘的均价已逼近甚至超过每平方米1万元。笔者认为，西安市住宅价格涨幅创历史新高，不仅与上述一般性影响因素关系密切，更与西安市特殊的经济发展状况不可分割。因此，下文着重从需求和供给两个影响住宅价格的方面分析其特殊性影响因素。

1. 需求方面的特殊性影响因素

（1）旺盛的需求力与住宅价格。住宅需求是指购房者在一定时期，在能够接受的价格范围内，愿意并且能够购买住宅的数量。近年来，随着西安市经济的快速发展，居民收入显著提高，人们的生活方式和消费观念较之以前发生了巨大的变化。个人依据自己的消费偏好对住宅的需求更加多样化，比如对交通、子女教育、医疗、户型、小区环境、楼层等方面的要求。据西安市统计年鉴，西安市人口在 2005~2009 年增加了 100 多万人，人口数量的增加也使得住宅需求随之增加。即便是自住性住宅需求的主体，也同时包括了西安市本地居民以及外地迁入人口。当住宅供不应求时，自然推动了价格的上涨。因此，旺盛的需求力是推动住宅价格不断上涨的首要因素。

单靠能力还不能成为有效住宅需求，因为西安市一套住宅价格动辄几十万元，甚至上百万元，显然超过了居民可分支收入能承受的范围。选择一次性付清房款的仍是少数人，大多数购房者选择了住房按揭贷款。信贷政策的开放得益于我国金融机构征信体系的完善和使用，以及国家对金融机构相关信贷政策的宽松，并有为不同还款方式人群设计的等额本金还款和等额本息还款两种方式。个人的购房热情加之国家在信贷、税收方面的政策优惠，使得西安市也跟随着全国一线城市的步伐开始了"购房热"。

（2）城市建设速度与住宅价格。2010 年，西安市政府提出要将西安建设成国际化大都市的战略目标，打造亚欧大陆经济带金融中心、中国东西部物流商贸中心、西部地区科教中心、大西北先进制造业中心、中国历史文化旅游中心和我国内陆最大的交通通信中心。计划在 2010~2015 年，人均 GDP 达 7 万元左右；2016~2020 年，人均 GDP 超过 10 万元。

西安地铁自 2006 年开工以来，1 号线沿东西走向建设，设车站 19 座；2 号线沿南北走向建设，设车站 23 座。"地铁犹如房地产开发中的一根点金棒"，在为城市提供交通便利的同时，也成为衡量沿线房地产价值的杠杆之一。伴随着地铁建设的快速推进，西安地铁沿线商业也如雨后春笋般出现，"地铁楼盘"层出不穷。根据北京、上海等一线城市的经验，地铁的修建将使其站点周边的楼盘价格增幅达15% 以上，更有甚者超过30% 。虽然目前西安地铁还未竣工和投入使用，但"地铁概念"带来的预期超前效应已经使周边沿线房价提前上涨。位于西安市电视塔南长安南路82 号的华城国际楼盘，最新报价 7700 元/平方米，而在其优点描述中写到："楼盘处于地铁 2 号线沿线小区，有非常好的升值潜力。"据西安房地产信息网数据研究中心调研显示，目前地铁周边楼盘房价的增幅已经达到 10% ~23%。

（3）消费者心理与住宅价格。消费者心理也是住宅价格上涨的一个非常重要的推动力量，直接影响着消费者行为。在购房选择上，消费者有"盲目跟风"、"攀比"的思想，甚至在对市场缺乏理性判断和思考的情况下抛出购房计划，唯恐自己失去机会而被其他人抢了先。"购房热"成为各个一线城市、省会城市的居民普遍关注的话题，西安房价上涨很大程度上是由于北京、上海等城市房价持续上涨以及由此带动的沿海城市、二线城市的普遍上涨。越来越多的购房者关注楼市，似乎房价不涨反而成了不正常的现象。到底是希望房价涨还是不希望涨，许多跟风者甚至都没有考虑清楚。再加之售楼部一系列限时优惠活动，故意制造紧张气氛，"今日不买明日必涨"之类的谣言不绝于耳，消费者心理防线就此被攻破。

已经购买了住房的消费者仍然时刻关注楼市动态，特别是已购楼盘的价格走势和最新优惠政策，又一种消费者心理出现了，那就是"恐跌"心理。住宅需求中有一部分是投资性需求，许多消费者即使买了也不一定马上入住，而是作为投资房地产而进行的购置。如果房价下跌，意味着"炒房"的失败，投资的失败。于是购买了住房的消费者又有了"盼升"的心理，希望同开发商签订"不降价合同"，然而购房作为符合市场经济规律的市场行为，有涨有跌才是正常的表现。近年来全国各地房价的大幅上涨和一些通过"炒房"获得暴利的个案，使购房者进入了房价只能涨不能跌的误区，变得不再理性。

（4）违规操作行为与住宅价格。市场经济要求买卖双方自愿成交，然而现实操作过程中，总会在幕后出现"第三只手"的干预。开发商捂盘惜售是一种违规操作的行为，最终目的是哄抬房价。常见的几种手段有：谎称房源已经全部卖出而事实并非如此；后期房源转售为租；脱离市价大幅提高开盘价；拖延拿预售证的时间以拉长销售周期。开发商捂盘惜售的行为扰乱了住宅市场的秩序，侵犯了购房者的合法权益，同时也破坏了企业自身形象。2010 年 12 月 31 日，西安市工商部门接到群众举报电话，称翡丽城存在"五证"不全预售行为，让上千名购房者 27 小时排号买房，最后却让一名工作人员以"活动取消"为由而告终。

2. 供给方面的特殊性影响因素

（1）通货膨胀与住宅价格。通货膨胀在影响需求方面的作用表现在，由于物价上涨，人们手中的钱不断贬值，购买力下降。整个社会的资产因此缩水，在住宅市场上的实际购买力下降，对住宅需求有影响。在供给方面，通货膨胀主要是在建设工程造价方面影响住宅价格。原因是，住宅价格主要是由土地价格、建筑工程造价、销售管理费用和税金组成的，物价上涨带来的最直接的影响是建材市场上钢材、混凝土等原料的成本上涨。开发商对住宅价格的预期，是以在开发过程中的花费以及对未来市场的走势判断为基础的，这些突如其来的成本变化必将转移到购房者的身上，而开发商必须保证自己的利益最大化实现。数据显示，2008年年底至2010年年底，全国银行信贷增长了近19万亿元，两年内的增长量是1998～2007年10年内增长量的5倍以上。如此大规模的信贷投放，货币超发必然导致市场流动性泛滥。2010年是西安楼市涨幅最大的一年，而就是在这一年，央行6次上调存款准备金率，从1月18日的15.5%上调至12月20日的18%，可见通货膨胀现象非常严重，对消费者的正常生活也造成了负面影响。2010年第四季度，由国家统计局西安调查大队公布的数据显示，前三个季度西安物价处于一直攀升的趋势，累计上涨3%。并预计年末，居民个人和单位"黄金采购期"的到来，西安居民的消费价格将在3%～4.5%之间浮动，不会出现回落现象。因此，在2010年年底的中央经济工作会议上，数百位经济学家纷纷就通胀压力过大发表了自己的看法，73%的经济学家认为虽然通胀严重，但是可以控制。果然，2011年第一季度央行发布的一项调查问卷显示，居民对物价满意度已经缓和，未来物价上涨的预期减弱，可见一系列稳定物价的政策和措施起到了良好的效果。

（2）住宅供给多样化与住宅价格。住宅有高档别墅、普通住宅和经济适用房、廉租房等，住宅市场上各种住宅都有供给，在比例上以普通住宅居多。据陕西统计年鉴上的数据，在2004年以后，经济适用房的销售面积明显减少，普通住宅占了住宅销售面积的90%以上，高档别墅在西安销售市场冷清，与北京、上海等一线城市的火热销售大相径庭。尽管西安的别墅售价在全国范围看来不高，但是就目前而言，具备购买能力的高收入人群仍然较少。不同户型的住宅价格也不相同，一般来说，小户型价格比大户型高。原因是，小户型需求力比大户型旺盛，总价比大户型低，能够承受的购房者多，所以单价高。当然也有其他方面的因素，比如同一楼盘，小户型数量少，房源紧俏；小户型更有投资价值，租售容易，自住投资两相宜；房产税的征收因素等。另外，大多数普通住宅是毛坯价格，而诸如恒大地产、富力城、万科等开发商推出精装房，价格自然比毛坯房高。然而部分楼盘在装修过程中偷工减料，没有严格按照装修合同上写的标准来施工，入住后各种问题层出不穷，所以大多数本地购房者对毛坯房兴致不高。此外，还有诸如单身公寓、复式结构、精装带家具等多种住宅供给以备购房者所需，供给多样化在一定程度上也影响了住宅价格。

（3）外埠开发商与住宅价格的关系。购房者在选择住房时，不仅考虑交通、子女教育、户型、朝向等一系列因素，随着品牌意识的加强，开发商的品牌形象也是决定其是否购买的一个重要因素。品牌代表质量，好的质量让购房者买得放心。从 2007 年起，外埠地产开发商将目光盯在陕西这片热土，进军西安房地产市场，其中实力较强的有万科、万达、中海、绿地、长江实业等。而陕西本土的也有海荣、高科、紫薇、高科等开发商。比起外埠开发商，本土开发商有着更好的政企关系、金融支持和地域优势，凭着进入市场较早的优势，他们已经依靠产品、品牌和价格三个因素在消费者心中树起良好的口碑。而外埠开发商多是全国地产排名靠前的企业，在开发和经营管理理念上运作成熟，思路开阔，并且对市场分析判断的准确、独到，是本土开发商所匮乏的。其在全国各地已经开发的楼盘和业绩成为西安购房者关注的聚焦点。西安楼市出现了群雄争霸争天下的局面，如何打造自己的实力和品牌成为他们在西安楼市生存的第一步。在众多开发商中，因各自追求的发展路线和风格特色的不同，形成了许多带有地方色彩的发展模式。比如以上海绿地、上海大华、东航置业为代表，设计风格清新淡雅、精典玲珑；以富力地产、金地集团、珠江地产为代表，稳扎稳打，务实庄重；以中海地产、泰盈集团为代表，出手不凡，高贵脱俗；以同景集团、中新地产为代表，开拓创新，积极多变。可见，西安已经成为全国各地的地产开发商进行企业扩张的中心，如何将西安文化古城独有的韵味与企业的经营理念结合起来，是开发商在竞争中取胜的关键。

（4）土地开发与住宅价格。住宅一级市场，是国家将土地出让给开发商的市场，开发商就此获得了土地的使用权。国家对土地采取垄断的管理方式，并且在土地出让过程中进行了改革。从国家审批制到"招拍挂"，国家通过各项法律法规将土地的使用率大大提高，对违规行为进行严格控制。土地供给无弹性，其供给曲线是一条垂直的直线。因此，土地的供求关系主要取决于土地需求。土地需求力旺盛，价格就高；反之则反。随着开发商获得土地的出让权难度加大，土地资源的稀缺和不可再生性致使土地价格一路飙升，通过价格传导机制到住宅价格上也表现为房价上涨。2007 年 10 月，位于西安高新区唐延路与丈八东路的两块国有土地进行拍卖，吸引了全国各地约 14 家开发商竞拍。经过 20 多轮竞价，分别由西安融侨房地产开发有限公司和北京裕昌置业有限公司拍得，平均每亩地的均价都超过了 300 万元。由于地理位置是决定住宅价格的重要因素，也是购房者在考虑购房计划时的首要关注点，所以开发商就土地获得权的争夺也愈演愈烈。目前，随着西安城南、高新、曲江等黄金地段的土地逐渐开发，二环以内交通便利的地段越来越少，土地价格自然会越来越高。正是因为随着开发程度的增加，土地获得难度也增加，不少开发商在获得土地使用权后，囤地待涨，捂盘惜售，私自破坏开发程序，扰乱市场秩序，给住宅市场的健康发展造成恶劣影响。

四 西安市住宅市场的系统动力学模型构建

（一）各系统及变量

依上文分析，影响住宅价格变化的是一系列互相交织在一起的复杂因素共同构成的。根据系统动力学原理，拟选取以下变量并建模。

1. 变量选取

拟将影响住宅价格变化的内生变量分解为四个子系统，每个子系统的影响变量如下。

土地供应系统：存量土地面积、土地开发面积、住宅用地出让面积、土地出让价格、建筑周期。

住宅需求系统：人均 GDP、城镇居民可支配收入、人口增长率、住宅需求量、住宅价格、人均居住面积、购买力指数。

住宅供应系统：新开工面积、可预售面积、竣工面积、商品住宅价格、建安费用变化率、住宅空置率、开发利润变化、楼面地价变化率。

住宅价格系统：住宅供需系数、开发成本、住宅结构。

2. 模型构建

根据住宅价格变化不仅要反映住宅商品的生产、流通、消费等环节市场因素影响，还受城市发展规划、人均居住政策、城市人口变化、政府政策调控等因素影响的特征，运用系统动力学原理，可以绘制成一个住宅价格形成机制的因果关系图。如图3所示。

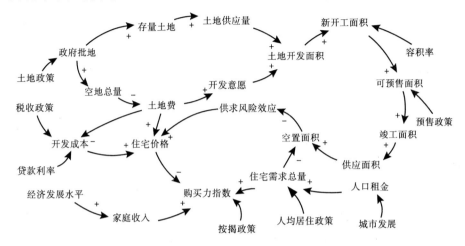

图3　住宅价格形成机制的因果关系

（二）因果反馈回路

因果关联是系统动力学的基础，有正负之分。因果关系所体现的系统内、系统之间的要素信息通过传递和返回的方式构成反馈，故反馈也有正负之分。正反馈是通过动作使自身原来的趋势得以加强，负反馈则相反。一系统因果键的连锁构成因果网络，一个封闭的因果网络便构成完全的反馈环。

根据系统动力学基本原理及上文对各经济变量之间关系的分析，可得出本文的因果反馈回路。

1. 住宅需求→＋→需供比→－→住宅价格→－→住宅需求

该反馈回路表明，住宅需求的变化与需供比紧密相连，而根据价格作用机制，又会引起住宅价格的变动，对住宅需求又有影响。

2. 银行贷款→＋→住宅投资额→＋→GDP→＋→人均可分配收入→＋→需求变动→＋→供给变动→＋→银行贷款

该反馈回路表明，由于房地产开发商的自有资金较少，很大一部分资金来源于金融机构，所以银行贷款的多少直接决定了开发商在一定时期的住宅投资额。投资额的变化会引起国民生产总值的变化，宏观经济形势的变化会使得城镇居民的可分配收入也发生变化，收入又是需求变动的决定因素。需求与供给变动，又会使住宅市场上的活跃度发生变动，进而影响银行贷款。

3. 土地价格→＋→开发商定价→＋→住宅价格→＋→土地价格

该反馈回路表明，土地价格是住宅价格中非常重要的组成部分，土地价格以及土地使用权的变化定会影响开发商的预期定价，从而影响住宅价格。而住宅价格变动了，又会反过来影响土地价格的变动。

4. 城镇人口→＋→人均可支配收入→＋→需求变动→－→供给变动→＋→GDP→＋→人均可支配收入→＋→城镇人口

该反馈回路表明，城镇人口数量是决定住宅市场上购买力的重要因素，因此人口变化带来的人均可支配收入的变化，会直接影响住宅需求，紧接着影响住宅供给。住宅市场的变动会引起国民生产总值的变动，又会影响城镇居民人均可支配收入，最后再作用于城镇人口。

5. 开发商预期价格→＋→住宅价格→＋→住宅投资额→＋→开发商预期价格

该反馈回路表明，开发商对住宅预期价格会影响住宅价格，住宅价格如果上涨，定会使投资过热，从而使更多的开发商加入到房地产开发的大军中，未来的住宅价格预期也会上涨。

6. 工程造价→＋→开发商定价→＋→住宅价格→＋→土地价格→＋→工程造价

该反馈回路表明，建筑过程中工程造价的实际变化会影响开发商后期定价，从而影响住宅价格。住宅价格如果上涨，土地价格则也会跟着水涨船高，建筑市场也会随之而发生变化。

（三）绘制系统流图

根据上文理论分析，按照变量之间因果关系及反馈回路，采用 Vensim 软件做出系统流图如图 4 所示。

（四）模型中涉及的主要方程

1. 房价收入比 =（人均住宅建筑面积×商品住宅价格）/人均可支配收入

房价收入比是用来衡量一个城市一定时期房价水平的重要指标，是住宅价格

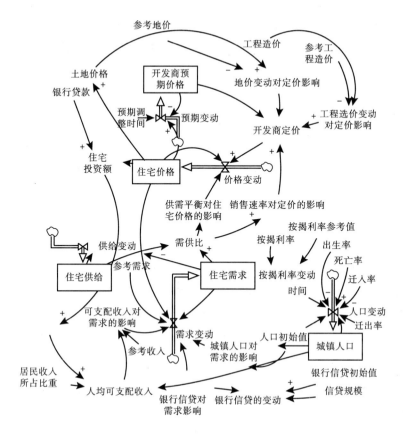

图4 住宅市场的系统动力学流图

与居民收入之比。通常情况下，其数值在3~6之间属于合理区间。

2. 需供比 = 住宅需求量/住宅供给量

该指标用来描述住宅需求量与住宅供给量之间的关系。

3. 房屋竣工率 = 一定时期内竣工面积/同期施工面积

竣工率从建设速度的角度反映竣工房屋的投资效果。

4. 居民民住消费价格指数 = 以后某一阶段消费量/基年的消费量

该指数是居民消费价格指数中的一种，是住宅市场上住房消费方面的表现。

5. 房屋租赁价格指数 = 以后某一阶段房屋租赁价格/基年租赁价格

该指数反映了租赁市场上一定时期内租赁价格的变化。

6. 人均GDP = 某地区生产总值/人口总数

该指标反映某地区平均每人地区生总值数额。

7. 人口机械增长率 = （迁出人数 – 迁入人数）/平均总人口数

该指标反映人口因迁入和迁出等因素引起人口增减的变化。

8. 人口自然增长率 = （出生人数 – 死亡人数）/平均总人口数

该指标反映城镇人口因出生和死亡因素导致的人口变化。

9. 住宅销售额 = 住宅销售价格 × 住宅销售面积

该指标反映了住宅市场上实际的住宅需求。

10. 按揭利率变动 = （按揭利率 – 按揭利率参考值）/按揭利率参考值

按揭利率的变动反映了金融机构在住房信贷方面的相关政策变化，通过作用于居民每月还款数额而对住宅销售产生影响。

11. 城镇人口对需求的影响 = 需求对人口的弹性 × （城镇人口 – 城镇人口初始值）/城镇人口初始值

12. 开发商定价 = 开发商预期价格 + 地价变动对定价影响 + 工程造价变动对定价的影响 + 开发商预期价格 × 销售速率对定价的影响

反映了开发商在定价过程中受到地价、建设工程造价、销售速率与自身预期的影响。

13. 人均可分配收入 = 居民收入所占比重 × GDP/城镇人口数量

14. 城镇人口变动 = 城镇人口 – 人口初始值 × （1 + 出生率 – 死亡率 + 迁入率 – 迁出率）/时间

该方程反映了影响城镇人口变动的因素。

15. 银行信贷变动 = （信贷规模 – 银行信贷初始值）/银行信贷初始值

16. 开发商预期价格 = INTEGRAL（设定价格的调整，初始值）

17. 住宅市场需求 = INTEGRAL（需求变动，初始值）

18. 住宅市场供给 = INTEGRAL（供给变动，初始值）

（五）模型运行

1. 运行界面

模型运行界面如图 5 所示。

2. 运行结果

在对西安市住宅市场的系统动力学模型中所有的变量、方程、因果关系都有明确定义之后，输入数据，调试变量，反复修正，最终使模型成功运行。并对模

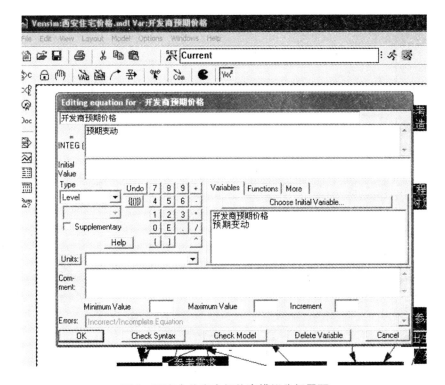

图5　西安市住宅市场仿真模拟分析界面

型运行的结果进行历史数据与模拟数据之间的比较，误差在可以接受的范围之内，也证明构建的模型是有效、可信的。为了能清楚地表达历史数据与模型模拟值，反映模型的拟合度，我们将同一变量的两列数据放在同一坐标系下，如图6～图9所示，可以看出曲线基本吻合，模型误差较小。

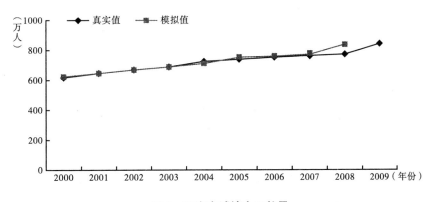

图6　西安市城镇人口数量

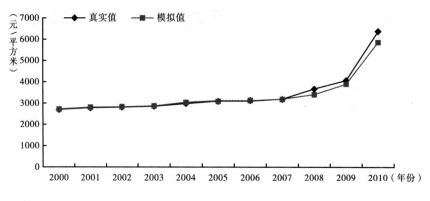

图7　西安市住宅价格趋势

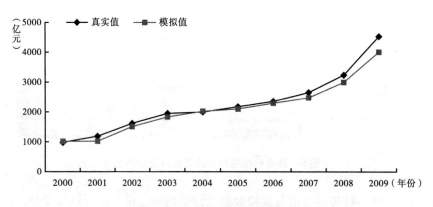

图8　西安市金融机构贷款余额

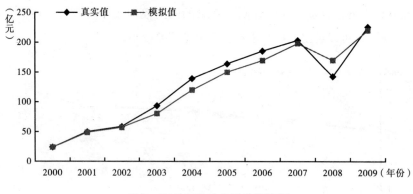

图9　西安市房地产开发投资额

本文截取了部分变量在2000～2009（2010）年度真实值与模拟值之间的对比图，可以看出，虽然在个别年份二者之间有较大的差距，但是从总趋势来看，数据之间的误差较小，证明了模型构建、参数估计等方面的有效性，为前文的理论分析提供了较为准确的数据支持。

五　西安市住宅市场稳定发展的政策建议

（一）购房者需求角度

1. 购房者应理性购房

西安市住宅市场处于初级发展阶段，尚未成熟。购房者作为市场需求的主体，应该正确看待购房这一计划本身。根据自己的收入、偏好，从实际出发，制定符合自己支付能力的可行计划。不可盲目推崇过于物质化的思想，更不应该进行攀比、跟风。住宅仅仅是个体及其家庭的容身之所，住宅并非越大越好、越多越好。特别是年轻人，更不应该将它当成未来生活的必需品，成为所谓的"丈母娘需求"。上文已经分析了，旺盛的需求力是住宅价格上涨的最重要的动力，有效需求多了，供给一定的情况下，房价必然上涨。在房屋数量上，根据家庭人口数量、年龄结构等因素决定。眼下，随着住宅市场一片火热场面，西安市许多居民提前消费，更有甚者在城内各个方向均购有住房，而实际只居住一套，造成空置率上升，资源浪费。这种非自住形式的购房需求进入住宅市场，直接影响了居民的住宅实际需求，并使住宅价格不断上涨。对于"二套房"、"三套房"及以上等类型的居民购房，国家也通过信贷政策对其进行差别对待，以区分居民的正常购房。

2. 购房者切勿"炒房"

近年来，全国楼市不断在北京、上海等一线城市掀起一阵阵涨潮，让社会各界对房地产市场的发展颇为关注。房地产市场是新兴的支柱型产业，对近几年来我国迅速增长的国民生产总值有不可估量的作用。本文在分析消费者心理与住宅价格的关系时提到，住宅作为一种商品，在市场经济中必然遵循经济发展的客观规律，其价格可涨亦可跌。如果仅看到楼市的活跃而就此认定房价不会下跌，就如同在股市里只看到牛市而忽略熊市的存在一样。而在西安市住宅市场上，"炒房"的主体有两种：一种是陕西境内乃至整个西部地区的企业家，另一种是开发商幕后指使的人为"炒作"热销局面。随着陕北地区经济快速发展，许多人称"煤老板"的企业家进驻西安，对西安的住宅市场繁荣有着重要的作用。据西安各售楼部人员称，陕北人买房有两大特点，一是选择一次性付清全款，二是购买数量多，在同一小区最多可达几十套。这样的购买力是大多数西安市普通居民无法承受的。不仅活跃在楼市，陕北企业家也出入高档商场、酒店、车行以及奢侈品店，消费水平远远高于西安城镇居民人均收入水平。而针对开发商指使人为操作的"炒房"，具体作法是炒房号，收取费用以哄抬房价。在销售情况不容乐观时，开发商雇人当"房托"为楼盘开盘造势，吸引购房者加入其中；当销售情况可观时，开发商为了稳住局势，依然雇人排队挑号，其目的都是采用"第三只手"以推高房价。

（二）开发商行为角度

1. 开发商需要规范行为

本文第二部分中所列举的西安市住宅市场上部分开发商的违规操作行为，仅仅是开发商违规操作行为中的一小部分。事实上，从获得土地使用权开始到楼盘竣工，开发商作为住宅交易市场上的主体，在各个环节上都要严格按照相关的法律法规规范自己的市场行为。比如说，在楼盘开始销售前要做好一切准备工作，办好"五证"，分别是审批文件、建设工程规划许可、国土使用证、开工建设许可证和商品房预售证，其中，最为重要的是国土使用证和商品房预售证；在取得商品房预售证30天内要开盘，不能拖延；在与购房者签订相关合同时，不能隐瞒损害购房者利益的事实、条款和重要事项；建筑过程中不能偷工减料，不按合同声明进行施工建设，特别是精装房，在装饰材料的选择上因购房者不知情而将原来承诺的材料换成低价位、劣品质的材料；在楼盘销售的过程中，不能出现囤房拒售、捂盘惜售等不合法行为，损害购房者的切身利益；购房者办理完认购手续，签订合同后，开发商不得再以各种理由收取除合同所列条款以外的其他费用；不能出现"挂羊头卖狗肉"、打出"买一赠一"等吸引购房者的含糊的优惠条件，而当购房者认购后却以"一切解释权归开发商所有"为由将其另释。总之，开发商作为住宅市场上的卖家、买卖双方中的重要角色，应当在整个流程上规范自己的行为，维护住宅市场的健康发展。

2. 开发商应关注民生

开发商在收获丰厚利润的同时，更应该将住宅质量、品质放在首位，杜绝

"豆腐渣"工程。住宅的安全问题事关居民性命，特别是在诸如地震、泥石流等自然灾害突然来临时，工程的质量好坏就成了最后的救命稻草。近几年住宅价格的快速上升，使开发商在扣除成本、费用后也获得了最大利润。楼盘质量是重中之重，除此之外，小区绿化、楼间距、车位设计、娱乐休闲设施也是开发商需要关注的问题。新时代的人们对住宅的要求不仅是质量，还有品位、居住理念、建筑内涵等方面的要求。住宅带给人们不仅仅是容身之所，更兼容了温馨、个性、舒适等更高层次的需求。自党的十七大召开以来，民生问题就已经成为从上到下共同关注的话题。所谓"民生"，就是指在我们经济高速发展的今天，将人民的利益放在首位，让人民的日常生活伴随经济的发展共同走向富裕。如果人们被住房问题压得喘不过气，被越来越高的房价限制住，生活质量得不到保障，幸福满足感降低，社会和谐的构建将成为空谈。所以说，开发商无论是在定价还是在为购房者提供住房的过程中，不应以利益最大化为最根本的目标，而应该从关注民生的角度出发，结合购房者的多样化需求，提供给消费者具有优良品质、先进设计、舒适品位和时代气息的住宅。

（三）政府调控角度

1. 政府调控新政

自我国房地产市场发展以来，由于市场尚不成熟，国家调控方面频频出台一系列政策，从2010年初的"国十一条"，到4月17日"新国十条"，再到9月29日"升级版国十条"。与"新国十条"相比，"升级版国十条"在对首套房首付比例、三套房贷政策、非本地居民购房要求和限购等方面有更细致、严格的要求。而且"升级版国十条"还明令各地方政府须出台新政细则，并且根据市场的变化不断完善。2010年被称为史上最严厉、最给力的调控年，高强度、高密度的调控措施从土地、信贷政策、保障房的建设多方面进行了规定和限制，然而调控效果不大，各地楼市交易量依旧火暴，一线城市、省会城市的房价依旧只涨不跌。面对政策调控不力的现状，2011年初，国务院有关部门又掀起了第三轮调控的浪潮，将第二套住房的首付款提高至60%，且贷款利率不低于基准利率的1.1倍。与此同时，对于房价上涨过快的地方要求从严制定限购措施，建立问责机制。2011年3月16日，国家发改委下发了《商品房销售明码标价规定》，要求从5月1日起商品房销售实行一房一价，并要一次性公开全部房源。新政效果初见成效，2011 年 2 月全国楼市进入了冰冻期，一、二线城市的成交量分别环比下跌 64.6%、18%，"拐点"预期加强。

在全国调控大形势的影响下，为了贯彻和落实中央房地产调控新政，促进西安市房地产市场平稳健康发展，西安市政府在 2011 年 2 月 25 日的政府常务会议上传达了本市"限购令"，对于已经拥有 1 套住房的本市居民和非本市居民分别有限购措施；同时还强调有关部门要加快个人住房信息系统的建设，完善购房人资格审查系统，保证限购政策的具体落实。对于开发商行为的限制：获得土地使用权后 2 年内不施工将收回土地使用权，并给予相应罚款；严惩非法转让土地使用权的违法行为。西安"限购令"出台以来，多数购房者持观望态度，称短期内不会有购房计划。据统计数据显示，2011 年 2 月西安市商品房成交量为128.81 万平方米，环比下滑 11.92%。由于货币政策收紧，信贷支持力度下降，选择按揭购房的西安市人群比上年同期下降了 11.07%。然而，房价比 1 月上涨了 0.4%，涨幅居全国大中城市中等偏下位置，与 2010 年月涨幅名列前茅截然不同。"限购令"的出台在使市场观望气氛增强的同时，也改变了消费者的预期心理。"西安市房价将大幅上涨，涨幅堪比一线城市"的泡沫早已破灭，目前形势下，住宅市场呈现出阶段性的"供大于求"的格局，预计价格水平将会出现平稳的趋势，但下跌的可能性较小，原因是 2011 年 4 月西安世园会的开幕、地铁 2 号线的开通，将对未来住宅价格的趋势有一定的积极影响。

2. 保障性住房建设

通过上文分析，是旺盛的需求力推动了西安市住宅价格的快速上涨，而能够满足住宅需求的办法就是提供更多数量的住宅。住宅需求中有一部分是刚性需求，是不易随国家政策调控而改变的需求。为了缓解房价过高与居民收入水平低之间的矛盾，国家应当增加住宅供给的多样性，加快保障性住房建设的速度和进程。2010 年 8 月，陕西省建设厅在召开全省保障性住房工作会议时提出，要加快廉租房建设、经济适用房建设，科学统筹规划，加快陕西省保障性住房建设工作。2011 年，陕西省作为全国首批利用住房公积金贷款支持保障性住房建设试点的城市之一，将发放 195 亿元的贷款，计划新开工 80.78 万平方米，用于支持保障性住房建设工作。为了能够顺利完成预订计划，西安市房管局出台了十项措施。具体为：第一，市住房保障工作领导小组办公室要切实监督，重点检查土地和资金的落实情况；第二，保障性住房用地占全市房地产用地指标的 30%；第三，要加大保障性住房的财政预算，利用好住房公积金和金融机构贷款；第四，普通商品房、经济适用房、棚户区改造房项目中要分别按不低于面积的 5%、15% 和 30% 建设廉租房；第五，加快开工速度，2011 年底要建 8200 套；第六，想方设法降低社会资金投资公共租赁住房的融资成本；第七，给予适当的税费减免，降低建设成本；第八，加快出台限价商品房实施方案与配套政策；第九，给予快速的手续办理程序，将保障性住房纳入市级重点项目；第十，通过修订管理制度，使保障性住房的建设、申请、审批、销售、分配更加公平、公正、规范。由于建设周期在 2 ～ 3 年左右，保障性住房真正为西安市民服务还需要一定时间，在建成使用后将会缓解部分居民的住房压力，使这些家庭告别"住房难"的问题；同时也将提高保障性住房在住宅供给市场上的比例，调整供给结构使其更加合理。

3. 二手房市场建设

如果将开发商从政府那里获得土地使用权作为房地产供求市场中的一级市场，将开发商将房屋销售给购房者作为二级市场，那么，购房者之间的买卖关系就构成了三级市场。而相对二级市场，由于存在房屋产权不明晰、中介市场发育不成熟等原因，三级市场的发展速度缓慢，发展水平亟须提高。西安市二手房市场自 2002 年发展以来，无论是交易双方还是政策法规，都处于探索阶段，在摸索中前进。2007 年 7 月 31 日，西安市二手房交易市场的房产交易大厦建成，从此二手房的交易进入了一个新的发展阶段。由于二手房价格较低，对于住宅市场的价格平抑起到了一定的作用。在发展二手房市场的过程中，信息透明是非常重要的，应该构建时效性的信息平台，提供完整的、全面的二手房动态。另外，中介机构的作用非常重要，由于发展初期"黑中介"的大量存在，使不少购房者都对中介机构的服务不信任、存在偏见，随着 2006 年一些品牌中介的进驻，对西安市的二手房中介市场也起到了净化市场的作用，为二手房市场的发展起到了积极的促进作用。最后，还要重视二手房价格评估的问题。房屋价格评估也是近年来随着房地产市场的发展而新兴的，由于现实影响因素较多，评估的准确性受到干扰，缺乏专业化、标准化的衡量依据，因此形成行内价格评估标准和规范就显得异常重要。总之，与二级市场一样，二手房市场也需要政府及相关部门的监管和引导，制定相应的行内自律原则、法律法规，保证二手房市场的健康、快速发展。

4. 金融支持与税收政策

2011 年西安"限购令"中明令，二套房首付比重最低 60%，贷款利率是基准利率的 1.1 倍；严禁购买第 3 套房。由于购房者大多选用按揭贷款的方式，所以金融机构的信贷支持成了最关键的因素。此项条例的颁布，限制了购房者的过度需求，促使住宅价格走上正轨。金融支持对于开发商来说也是至关重要的，其在开发投资过程中，自有资金占的比重低，银行信贷也成了开发商必不可少的金融支持。但自 2010 年以来，国家收紧了信贷规模，连续上调存款准备金率，货币政策从适度宽松逐渐收紧。金融机构在对开发商和购房者的信贷支持力度上较之以前有所下降，也会对住宅市场的平稳发展起到积极的影响。

在税收方面，目前，上海和重庆成为呼声很高的房产税的试点城市。专家认为，房产税会对房价有一定的影响，但是不可能有直接、绝对化的影响；它的出台可以使房地产市场趋于理性回归，而不会使房价大幅下降。上海房产税的起征点为人均 60 平方米，税率为 0.6%；重庆以交易价作为征税基数，税率为 0.5%～1.2%。结合城市自身实际情况而制定的房产税征收管理细则，更具有可行性和操作性，2011 年 1 月 28 日开始开征，未来实施效果值得我们共同关注。房产税的征收，将使住宅市场存在的大量投机行为得以有效遏制，购房者的成本增加，闲置的房产将新增了一定比例的税费。2011 年 3 月 23 日，国家信息中心经济预测部发布报告建议：应该扩大房产税的试点范围，建立健全等级划分、税率设定、征收程序等一系列相关配套政策。

参考文献

Bradford Case, John M. Quigley, "The Dynamics of Real Estate Price", *The Review of Economics and Statistics*, MIT Press, 50 – 58.

Rebecca Anderson, Dr. Clen Atkinson, Thesis Advisor, A System Analysis Showing How Employment Growth Impacts Housing In Washoe Country, University of Nevada Press, 1998.

Peng. Wheaton, "Inference for Unit Roots in Dynamic Panels Where the Time Dimension is Fixed", *Journal of Econometrics*, 1999.

罗平、何素芳、牛慧恩：《城市住宅市场价格系统动力学模型实证研究》，《人文地理》2001 年第 4 期。

胡雨村、沈岐平：《香港住宅产业发展的系统动力学研究》，《系统工程理论与实践》2001 年第 7 期。

金晓斌、殷少美、尹小宁、周寅康：《城市住宅产业发展系统动力学研究——以南京市为例》，《南京大学学报（自然科学）》2004 年第 11 期。

雷雨：《北京市住宅业发展的系统动力学分析》，清华大学硕士论文，2004。

商升亮：《基于系统动力学的杭州市主城区住宅需求仿真研究》，浙江工业大学硕士论文，2005。

刘立军：《北京城市住宅市场的系统动力学模型研究》，北京林业大学硕士论文，2006。

韩志超：《基于系统动态学的我国住宅市场发展研究》，哈尔滨工业大学硕士论文，2007。

焦丽艳：《北京市住宅市场价格体系动态模型研究》，北京林业大学硕士论文，2008。

冯璐：《西安市住宅房地产市场系统动力学仿真研究》，西安建筑科技大学硕士论文，2008。

季小娟：《南京市商品住宅价格系统动力学模型仿真研究》，南京航空航天大学硕士论文，2008。

陈磊：《基于系统动力学的住宅房地产价格研究》，武汉理工大学硕士论文，2009。

Jay W. Forrester. *Industrial Dynamics*, U. S. Cambridge Mass：MIT Press. 1961.

Robert A. Taylor. "Origin of System Dynamics：Jay W. Forrester and the History of System Dynamics", *U. S. Department of Energy's Introduction to System Dynamics*, 2008, 23（8）.

王其藩：《系统动力学》，清华大学出版社，1985。

〔美〕乔治·P. 雷恰逊等著《系统动力学建模导论》，杨通谊等译，安徽科学技术出版社，1987。

旅建刚：《房地产开发与管理》，（第二版），同济大学出版社，2007。

崔新明：《住宅抵押贷款的融资效应对住宅需求价格的影响》，《金融研究》2003 年第 6 期。

熊小婕：《我国房地产价格的经济因素分析》，中国优秀硕士学位论文全文数据库，2007。

郭倩、伍韦：《我国房地产价格影响因素分析》，《企业家天地》2007 年第 9 期。

刘洪玉：《房地产开发与经营管理》，中国物价出版社，1995。

谢叙伟：《我国房价与地价关系的实证研究——基于 2002～2008 年的数据分析》，《金融经济》2008 年第 14 期。

曲波：《房价、地价与土地供应的前因后果》，《中国土地》2005 年第 5 期。

程大涛：《房价与地价关系新解：土地重置成本决定房地产价格》，《价格理论与实践》2009 年第 6 期。

宋勃、刘建江：《房价与地价关系的理论分析与中国经验的实证检验：1998～2007》，《中央财经大学学报》2009 年第 9 期。

张健、张丽娟、王琛：《城市化对房地产价格上涨的影响和政策探讨》，《价格理论与实践》2008 年第 3 期。

黄勇：《西安市城市化进程对住宅需求的影响研究》，西安：西安建筑科技大学，2010。

任志强：《论城市化、需求与房价的关系》，http：//www. yzfyw. com/html/2010 - 4/3/201004032244177349. html。

杜重华：《房价与经济的关系研究》，《经营管理者》2008 年第 10 期。

沈悦、刘洪玉：《房地产价格与宏观经济指标关系的研究》，《价格理论与实践》2002 年第 9 期。

崔光灿：《房地产价格与宏观经济互动关系实证研究——基于我国 31 个省份面板数据分析》，《经济理论与经济管理》2009 年第 1 期。

平新乔、陈敏彦：《融资、地价和楼盘价格趋势》，《世界经济》2004 年第 7 期。

周京奎：《货币政策、银行贷款与住宅价格——对中国 4 个直辖市的实证研究》，《财贸经济》2005 年第 5 期。

严金海：《土地抵押、银行信贷与金融风险：理论、实证与政策分析》，《中国土地》2007 年第 1 期。

丁晨、屠梅曾：《论房价波动下抵押贷款理性违约风险管理策略》，《上海管理科学》2007 年第 4 期。

黄忠华：《信贷约束、房地产价格与宏观经济的互动机理与实证分析》，中国博士学位论文全文数据库，2009。

冯璐：《西安市住宅房地产市场系统动力学仿真研究》，西安建筑科技大学，2008。

关中—天水经济区养老保险
城乡统筹发展研究

雷晓康　杜智民　王树明　张楠　翟萌*

摘　要： 本文在充分分析关中—天水经济区内养老保险现状的基础上，提出建立关中—天水经济区养老保险城乡统筹的具体途径和实现统筹的具体步骤，进一步提出统筹城乡养老保险需要解决的关键问题，从而达到促进关中—天水经济区养老保险城乡统筹的实现。

关键词： 关中—天水经济区　养老保险　城乡统筹　城乡居民

一　关中—天水经济区养老保险现状

（一）城镇企业职工基本养老保险现状

陕西省城镇企业职工基本养老保险已经实现全省统筹，1998 年陕西省发布了《陕西省统一城镇企业职工基本养老保险制度实施办法》，规定城镇职工用人单位按本单位职工工资总额 20% 的比例缴费，职工个人以本人上年度月平均工资收入作为缴费工资，按 4% 的比例缴纳，城镇个体劳动者以本地（市）上年度职工月平均工资作为缴费基数，按 18% 的比例缴费，按规定缴费和视同缴费年限累计满 15 年的，按月发放基本养老金。截至 2009 年，全省参加基本养老保险的人数为 458.84 万人，其中职工人数 327.88 万人，离退休人员 130.96 万人。[①]

---

* 雷晓康，男，经济学博士，西北大学公共管理学院教授、硕士生导师。杜智民、王树明、张楠、翟萌，西北大学公共管理学院硕士研究生。

① 陕西省人力资源和社会保障统计摘要（2010）。

其中西安、宝鸡、咸阳、铜川、渭南、商洛参保职工人数分别是：1348888 人、332712 人、314670 人、78505 人、218262 人、59875 人；离退休总人数分别是：478211 人、136524 人、148385 人、35415 人、88825 人、17199 人。[①] 关中—天水经济区截至 2010 年 4 月，天水市城镇企业职工基本养老保险参保人数达到10.3 万人。[②]

（二）城镇居民社会养老保险现状

目前，关中—天水经济区 7 市中，只有宝鸡市建立了城镇居民社会养老保险制度，西安市虽然在 2010 年 7 月 25 日出台了《陕西省人民政府关于开展城镇居民社会养老保险试点的指导意见》，但现在还没有正式启动。宝鸡市在 2010 年 4 月 1 日印发了关于《宝鸡市城镇居民社会养老保险试行办法》，规定城镇居民社会养老保险个人缴费标准设为 400 元、600 元、800 元、1000 元、1500 元 5 个档次，参保人员自主选择档次缴费，养老金待遇由基础养老金和个人账户养老金组成，其中个人账户养老金计发办法为个人账户积累总额除以国家规定的个人账户养老金计发月数，基础养老金标准根据年龄的不同，分为 80 元、90 元、100 元、110 元 4 个层次。目前，宝鸡市在金台、渭滨、陈仓 3 区的 8 个社区开展了城镇居民养老保险试点，目前共有 2138 名城镇居民参保，有 1081 人享受每人每月不低于 80 元的养老金。[③]

（三）新型农村社会养老保险现状

1. 宝鸡市新型农村养老保险现状

2007 年 6 月，宝鸡市政府出台了《宝鸡市新型农村社会养老保险试行办法》，从 2007 年 7 月 1 日起开展试点工作。办法规定参保对象为具有本市行政区域内农业户籍，年满 18 岁以上且未参加被征地农民社会养老保险的农村居民。社会养老保险费的年缴费标准（含财政补贴和集体补助）现阶段按 2006 年度本

---

① 数据由陕西省人力资源和社会保障厅提供。

② 樊醒民：《大力推进天水劳动保障体系建设》［EB/OL］，http：//tsrb. gansudaily. com. cn/system/2007/08/31/010457269. shtml。

③ 李文：《宝鸡推行城镇居民养老保险》［EB/OL］，http：//xxb. sei. gov. cn/ShowArticle. asp? ArticleID = 12835。

县（区）农民人均纯收入 10% ~30% 缴纳。参保人员养老保险待遇由两部分组成（即个人账户养老金与养老补贴），个人账户累计总额除以国家规定的个人账户养老金计发月数，养老补贴标准为 60 周岁以上每人每月 60 元。目前宝鸡市应参保人数 153 万人，目前已参保人数达到 136 万人，参保率 89%，其中实际领取人数为 33.58 万人。①

2. 西安市新型农村养老保险现状

2010 年 1 月 15 日，阎良区新型农村社会养老保险试点工作动员大会隆重举行，标志着西安市全面启动新型农村社会养老保险省级试点工作。2009 年西安市通过了《西安市新型农村社会养老保险试点实施办法》，规定年满 16 周岁（不含在校生）且未参加城镇职工基本养老保险及其他社会养老保险的农村居民，可以在户籍所在地自愿参加新型农村社会养老保险。参加新农保的农村居民应当按规定缴纳养老保险费，缴费标准设为一年 100 元、200 元、300 元、400元、500 元 5 个档次，各区县根据实际情况增设缴费档次。参保人员养老金待遇由基础养老金和个人账户养老金组成，支付终身，基础养老金标准为每人每月80 元，个人账户养老金领取标准为个人账户累计总额除以国家规定的个人账户养老金计发月数。西安市全市区应参保人数为 267.47 万人，试点县应参保人数为 79.76 万人，目前已参保人数 72.21 万人，参保率为 90.5%，实际领取人数为13 万人。②

3. 渭南市新型农村养老保险现状

2009 年 7 月 15 日，渭南市人民政府办公室印发了关于《渭南市新型农村社会养老保险暂行办法》的通知。办法规定凡年满 18 周岁（不含在校学生和现役军人）且未参加其他社会养老保险的本市农村居民为参保对象。参保人员以本县（市、区）上年农民人均纯收入为基数，按不低于 10% 的标准按月、按季或按年缴纳，参保人员养老保险待遇由个人账户养老金和财政补贴组成，个人账户养老金月领取标准为个人账户累计总额除以国家规定的个人账户养老金计发月数，财政每人每月补助 40 元。渭南市全市应参保人数为 293.45 万人，试点县应参保人数为 34.52 万人，其中已参保人数为 23.1 万人，参保率为 66.9%，实际

---

① 数据由陕西省人力资源和社会保障厅提供。
② 数据由陕西省人力资源和社会保障厅提供。

领取人数为 3.36 万人。①

4. 杨凌市新型农村养老保险现状

杨凌区 2009 年 11 月被国务院列为首批新型农村社会养老保险试点县（区）。2009 年《杨凌示范区城乡居民社会养老保险试行办法》颁布，办法规定户籍关系在杨凌区行政区域内年满 18 周岁的城乡居民，按照办法的规定，以家庭为单位参加，城乡居民社会养老保险费的缴费基数以本区上年度农村居民人均纯收入确定，实行按年度一次性缴费，示范区两级财政对参保人员按所选档次给予补贴，财政补贴列入当年财政预算，两级各承担 50%，补贴标准为个人缴费总额的 8%，其中 4% 计入个人账户，4% 作为统筹基金。参保人员养老金由基础养老金和个人账户养老金两部分组成。杨凌示范区应参保人数为 8 万人，已参保人数为 7.3 万人，参保率达到 91%，其中实际领取养老金人数为 1.26 万人。②

5. 咸阳市新型农村养老保险现状

2009 年 10 月 27 日，咸阳市人民政府印发了《咸阳市新型农村养老保险试点试行办法》，办法规定年满 16 周岁（不含在校生）、未参加城镇职工基本养老保险的农村居民，可以在户籍地自愿参加新型农村社会养老保险。参加新农保的农村居民应当按规定缴纳养老保险，缴费标准目前设为一年 100 元、200 元、300 元、400 元、500 元 5 个档次，参保人自主选择档次缴费，养老金待遇由基础养老金和个人账户养老金组成，支付终身，个人账户养老金月领取标准为个人账户积累总额除以计发月数，中央财政全额支付每人每月 55 元新农保基础养老金。咸阳市全市区应参保人数为 260 万人，试点县应参保人数为 42.8 万人，已参保人数为 33.38 万人，参保率为 78%，实际领取养老保险金人数为 5.75 万人。③

6. 铜川市新型农村养老保险现状

2009 年 11 月 14 日，铜川市人民政府印发了关于《铜川市新型农村社会养老保险实施办法》的通知。办法规定适用于铜川市行政区域内农业户籍年满 16 周岁以上（不含在校学生），未参加城镇职工基本养老保险的农村居民，在户籍地自愿参加新型农村社会养老保险。新型农村社会养老保险费缴费设每人每年

---

① 数据由陕西省人力资源和社会保障厅提供。
② 数据由陕西省人力资源和社会保障厅提供。
③ 数据由陕西省人力资源和社会保障厅提供。

100 元、200 元、300 元、400 元、500 元 5 个档次，由参保人自主选择档次缴费，养老金待遇由基础养老金和个人账户养老金组成，支付终身，个人账户养老金月领取标准为个人账户积累总额除以计发月数，中央财政全额支付每人每月 55 元新农保基础养老金。铜川市全市区应参保人数为 33.9 万人，试点县应参保人数为 33.9 万人，已参保人数为 20.57 万人，参保率为 60.7%，实际领取人数为 3.69 万人。①

7. 天水市新型农村养老保险现状

2010 年 6 月 25 日，天水市出台了《天水市新型农村养老保险试点实施方案》。方案规定年满 16 周岁以上且未参加城镇职工养老保险的农村居民均可在当地申请参保、缴费。以县为统筹单位，实行属地化管理。缴费标准暂设为每年 100 元、200 元、300 元、400 元、500 元 5 个档次，参保人可自选，年满 60 周岁以上的男女居民不缴费，从参保的次月计发每人每月 55 元养老金。由于天水市的新农保方案刚出台，并且试点县较少，所以目前无法给出参保人数的统计。

(四) 失地农民社会养老保险现状

1. 宝鸡市失地农民养老保险现状

2006 年 10 月 8 日，宝鸡市人民政府印发了关于《宝鸡市被征地农民基本养老保险试行办法》的通知。规定保障对象为宝鸡市城镇规划区内，因城镇改造经有土地征用批准权的人民政府批准，由市国土资源管理部门实施统一征地后，人均拥有耕地不足 0.3 亩，符合"撤村转居"的"城中村"人员。新征地农民必须参加基本养老保险，保障标准统一确定为 260 元/月，所需资金由村（组）集体经济组织和个人承担 60%，从土地补偿费、征地安置费中由国土资源管理部门一次性统一扣缴，政府财政补助 40%，从土地出让金收入等政府性资金中列支，按本人所处的不同年龄段一次性分别缴纳 5～17.5 年的养老保险费。已被征地农民养老保险缴费标准按本人所处的不同年龄段分为每月 220 元、240 元、260 元，由个人自愿选择，所缴费用由村（组）集体经济和个人分担 60%，政府财政补助 40% 或 45%，原则上由村（组）统一组织参保，一次性缴纳费用。一次性缴清 5～17.5 年养老保险费的村（组）和个人，政府财政按 45% 给予补

---

① 数据由陕西省人力资源和社会保障厅提供。

助。被征地农民和已被征地农民未到达领取养老保险金年龄或在享受基本养老金期间死亡的，终止养老保险关系，集体和个人缴费储存额或储存余额一次性支付给其法定继承人。自 2009 年 10 月《宝鸡市被征地农民基本养老保险试行办法》下发后，渭滨区姜城村和金台区联盟村被宝鸡市确定为全市首批被征地农民基本养老保险试点村。姜城村已有 887 人参加了被征地农民基本养老保险，有 301 人从 2010 年 2 月起开始领取养老金。[①] 各县（区）农保经办机构在国有银行开设基金收入户和支出户，各级财政部门在同一国有银行开设社保基金财政专户。存入财政专户的基金，按照银行数据由陕西省人力资源和社会保障厅提供同期城乡居民个人储蓄存款利率计息，所取利息纳入基金。养老保险基金及其所得收入依法免征税费。[①]建立被征地农民社会保险基金管理系统，加强基金管理和运行。社会保险基金单独核算，专款专用，封闭运行，任何单位和个人不得转借、挪用或截留、挤占，确保基金的安全完整。基金不敷使用时，由财政部门负责解决。

2. 西安市失地农民养老保险现状

2005 年 5 月 31 日，西安市劳动和社会保障局印发了关于《西安市建立被征地农民就业和社会保障制度的若干意见》的通知，其中规定在西安市 6 区、3 个开发区内，经有批准权的人民政府批准，由市国土资源管理部门实施统一征地后人均拥有耕地面积不足 0.3 亩并符合转为城镇居民条件的农业人员中劳动年龄段（满 18 周岁）以上被征地农民建立养老保险、住院医疗保险和最低生活保障制度。未达到劳动年龄段的人员（18 周岁以下）不列入被征地农民社会保障范围，一次性发给征地安置补偿费。西安市失地农民的缴费标准是：新征地农民参加养老保险的费用，从土地补偿费和安置补助费中列支和抵缴，并由国土资源部门同意扣缴划拨。已被征地农民参加养老保险所需费用由政府、村集体经济组织和个人三方负担。政府承担 30% 左右的补助，从土地出让金收入等政府性资金列支；村集体经济和个人共同承担 70% 左右。有三种缴费标准供不同年龄段已征地农民选择，达到领取养老保险金年龄后，按"多缴多领"的原则享受养老保险待遇。新征地农民按照不同的年龄段缴纳不同的金额，按本人所处的不同年龄段一

---

① 常玮：《我市被征地农民省内首先领到基本养老保险金》［EB/OL］，http：//www.baojinews.com/_info/content_ 52002. htm。

次性分别缴纳5~15年的养老保险费，最低缴纳10186.2元，最高缴纳54600元，由国土资源管理部门一次性从土地补偿费和安置补助费中扣除，已达到领取养老金年龄及以上的人员，在一次性缴纳5~15年的养老保险费后，从缴费次月起，即可按月领取260元的养老金。已征地农民的养老保险缴费标准为高、中、低三个档次，由本人自愿选择，根据本人选择缴费标准的不同，政府财政相应给予30%~23%的补助，对已达到领取养老金年龄的人员，按照本人选择的不同缴费标准，从缴费次月起，可按月享受相应档次的养老金。

3. 渭南市失地农民养老保险现状

2008年1月1日，渭南高新区正式实施《渭南高新区被征地农民社会保障实施办法》。规定凡人均耕地不足0.3亩（含0.3亩），男年满60周岁、女年满55周岁以上的失地农民，按规定符合条件的失地农民每人每月可以领取150元的养老补助金。办法实施后，对辖区近1500名被征地农民按月发放养老补助金。①

4. 杨凌市范区失地农民养老保险现状

从2007年1月1日起，《杨凌示范区促进被征地农民就业和社会保障办法（试行）》实施，办法适用于杨凌示范区新建区内被征地农民，即指因杨凌示范区统一征收农村集体土地而导致失去全部或大部分土地，且在征时享有农村集体土地承包权的在册农业人口。办法规定凡已满55周岁（含55周岁）的女性、60周岁（含60周岁）的男性，享受养老补助费，标准为，从被征地之日起，前5年为720元/年·人，从第6年起，按60元/年·人增加，增加至1200元/年·人后，根据社会经济发展情况调整。

5. 咸阳市失地农民养老保险现状

2008年4月16日，《咸阳市被征地农民参加养老保险试行办法》出台，规定包括范围为咸阳市各县市区城镇规划区内，因城镇改造经有土地征用批准权的人民政府批准，由相应国土资源部门实施统一征用后，人均耕地不足0.3亩的年满18周岁以上的被征地农民。办法规定新被征地农民参加养老保险费用由村（组）和个人承担60%，从土地补偿费和安置补助费中列支和抵缴，由当地国土资源管理部门在征地手续办理完毕3个月内统一扣缴划拨当地农保经办机构，政

---

① 张向辉：《渭南市高新区推进六项民生工程》［EB/OL］，http：//www. shaanxi. gov. cn/0/1/9/42/76550. htm。

府财政补助 40%，由国有土地有偿使用收入等政府性资金中解决，按规定时间统一划拨农村养老保险经办机构。已被征地农民参加养老保险费用由村（组）统一组织筹集资金，申请核准 2 个月内向农保经办机构缴纳，财政补助与新被征地农民相同。截至 2010 年 9 月底，咸阳市累计有被征地农民人数为 185951 人，属于（人均土地在 0.3 亩以下）保障范围的人数为 30621 人（已征地）。领取被征地农民养老保险待遇人数为 160 人。[①]

6. 铜川市失地农民养老保险现状

2007 年 12 月 29 日，铜川市人民政府办公室印发了关于《铜川市被征地农民养老保险试行办法》的通知，规定铜川市城市规划区内经有土地征收批准权的人民政府批准，由相应国土资源部门实施统一征地后，人均拥有耕地面积不足 0.3 亩，在征地时享有农村集体土地承包权且年满 18 周岁的在册农业人员，没有参加其他社会养老保险的，适用《铜川市被征地农民养老保险试行办法》。办法规定新被征地农民参加基本养老保险，保障标准统一确定为 260 元/月，按本人所处的不同年龄段一次性分别缴纳 5～16 年的养老保险费，所需资金由村（组）集体经济组织和个人承担 60%，财政补助 40%，新被征地农民符合领取养老金年龄的人员，在一次性缴纳 5～15 年的养老保险费后从缴费次月起按月领取 260 元的养老金。已被征地农民可采取自愿的方式参加已被征地农民基本养老保险，保障标准为 200 元、230 元、260 元，由个人自愿选择，根据不同享受标准确定缴费标准，所缴费用由村（组）集体经济和个人分担 60% 或 55%，财政补助 40% 或 45%，已达到领取养老金年龄的人员，按照本人所选择的不同缴费标准，从缴清费用次月起，可按月领取养老金。截至 2009 年 12 月 16 日，铜川市被征地农民养老保险人数达到 1158 人，到龄享受人数为 861 人，每月支付失地农民养老保险金 22.39 万元。[②]

7. 天水市失地农民养老保险现状

2009 年 4 月 14 日，甘肃省人民政府印发关于《甘肃省被征地农民养老保险暂行办法》的通知。其中规定缴费人群为征收土地时年满 16 周岁（含 16 周

---

① 咸阳市人力资源和社会保障局：《咸阳市开展被征地农民社会保障情况汇报》。
② 《铜川失地农民养老保险制度不断完善》［EB/OL］，http：//www. sn. xinhuanet. com/2009－12/16/content_ 18517660. htm。

岁）、征收土地占现有承包土地20%（不含20%）以上的被征地农民应当参加养老保险。办法规定被征地农民参加养老保险的费用由个人和政府承担，采取在征收土地时一次性缴清的办法，其中，个人承担40%，政府承担60%。其中征收土地80%（不含80%）以上的视为完全失地农民（情况特殊的市州可以按照最低人均占有土地量确定），剩余土地交回村集体，转为城镇户口，纳入城镇职工基本养老保险，实行统账结合的养老保险模式；征收土地20%～80%的，视为部分失地农民，实行完全个人账户模式，与今后新型农村社会养老保险办法相衔接。

二　基于城乡统筹看关中—天水经济区内制度存在的问题

（一）城乡统筹中的农民工养老保险的接续问题

在工业社会，人口的大规模结构性流动，是由工业化和科技进步触发的。改革开放30多年来，我国农村剩余劳动力的大规模转移就属于此类，同时，与工业化和城市化相对应的，是农民工的异地转移问题。然而，这虽然是一种趋势，但是从我国人口多、耕地少的基本国情理解这一现象，我们必须高度重视农村人口的转移问题。农民工群体具有双重身份，首先他们具有农村户口，但另一方面他们早已脱离了农民的农耕劳动，转向城市，与城市中的居民一样，主要收入来源于非农业收入。其次，由于农民工一般与工作单位没有稳定的劳动合作关系，农民工单位频繁变动，他们中的大多数人都流动于城市与农村之间，在农忙时从事农耕活动，在农闲时进入城市寻找就业机会。最后，农民工因为其特殊身份，使得他们的劳动关系不稳定，经常发生暂时性失业，收入时有时无。这些都使得农民工处于城乡的衔接之处，而其处境又十分尴尬。

由于现在的城乡二元结构的差异性，城市中的就业机会吸引着大量的青壮年农民工从农村涌入城市，而往往这些群体是新型农村养老保险中的缴费主体，这一现象又使得在农村的留守成员以老龄人口居多，这无疑给国家的财政带来了巨大的负担。农民工的特殊性使其一方面在缴费上与新型农村养老保险制度不具有统一性，即如果现在的青壮年加入新型农村养老保险的制度体系中，其老年之后的养老金相对于农民工在城市打工的过程中所获得的工资替代率过低，农民工根本无法看到参加新型农村养老保险制度的前景，所以缴费的积极性肯定不高；而另一方面若将农民工纳入城镇职工养老保险制度中，又因为绝大多数的农民工工资低，而依照现在城镇职工养老保险政策的规定，养老保险的缴费基数以当地职工年人均工资为基数，过高的缴费水平对他们来说望尘莫及，并且农民工受打工流动性的限制，其工作单位不确定，在一个地方参保后，若需要转移到其他城市打工，养老保险关系由于各地制度形式、缴费水平不均的问题让农民工的养老保险转移问题难上加难，将农民工列入城镇职工养老保险制度中又不可能。除此之外，因为中国的传统模式，在农村一般以家庭养老为主要养老模式，而因为农民工在目前已经不局限于传统的农耕活动，长期在外打工，所挣工资也不多，且将家里的老人留守在农村中，而随着城市化进程的发展，农民工中的青年将大部分成为城里人，与农村里的家庭关系逐渐疏远，老一辈农民如果没有自己的养老方式，在生活方面单纯靠自己的养老金显然难以维持。农民工的产生，一方面提高了他们的收入，改善了他们的生活水平；另一方面也促进了城市的经济飞速增长和社会的繁荣发展。然而，在农民工群体为城市作了巨大的贡献之后，他们自身的养老保险却得不到适当的保护，这也同样从另一个方面打击了农民工劳动的积极性和创造性，也影响了国民经济的快速发展和城乡经济的协调发展，更是城乡统筹的一大阻碍。为此，如何使农民工的养老有所保障，是城乡统筹发展中的一个重要研究问题。

（二）城乡统筹中养老保险制度的碎片化问题

目前我国养老保险的城乡统筹存在明显的障碍性因素，城乡养老保险制度相互分割，政策无法统一，各地政策存在明显差距，统筹程度也分为不同层次，存在着体制上的障碍。

首先，例如在新型农村养老保险制度模式中，参保人员的缴费由个人承担，而在城镇职工养老保险制度中，缴费不仅由个人承担，单位也占一定的比例，这使得城市与农村之间在如何衔接方面存在制度上的障碍。并且，由于城乡经济发展水平不均衡，所以政府可以承受的财政能力不同，即使政府想为农村居民提高养老金待遇水平，但是由于各市的财政状况、城乡的财政状况均不同，而且在中国的国情下，农村的人口比重大，即使有较多资金，分摊到每个农村居民的头上也没有多少了，所以在资金方面政府往往显得力不从心，这也是摆在城乡统筹面前的一个重大难题。基于以上原因使得城乡统筹存在巨大的阻碍，城市居民生活水平一向比农村居民的生活水平要高，同时城市居民的养老金也必然比农村居民的养老金要高，这不仅体现在城镇职工的养老金缴费水平、缴费基数上，还体现在养老保险金的替代率上，例如城镇职工的养老保险替代率均在90%以上，有的已经超过了100%，而新型农村养老保险制度中，养老保险金的替代率还不足50%。如何通过解决"三农"问题将城乡差距缩小到合理的范围，从而使城乡之间的养老保险缴费与待遇的档次达到一个基本的平衡状态需要多方努力。并且目前的制度不仅有城镇职工养老保险制度、新型农村养老保险制度，还有失地农民养老保险制度与城镇居民养老保险制度，这些制度由于城乡之间的经济差距与发展差距呈现碎片化发展。如果这样继续下去，明显与城乡统筹的目的背道而驰，所以如何将城乡之间的保险缴费与待遇的档次达到平衡状态，以及实现各种制度之间的有效连接，是城乡统筹面临的一大考验。

其次，虽然城镇居民养老保险制度与新型农村养老保险制度在大体模式上相似，但是二者之间仍有些许差距。新型农村养老保险制度实行捆绑制，也就是说家里的未达到领取年龄的家庭成员必须都参保，家中的到龄老人才可以领到养老金，而城镇居民就没有这方面的限制。并且在缴费档次上，城镇居民养老保险制度的缴费档次与领取的补偿金均高于新型农村居民养老保险水平。并且，随着目前城市化的不断发展，有些城市已经开始淡化城镇居民与农村居民的户籍问题，农民与城镇居民的身份逐渐模糊，但是养老金待遇却天差地别，如何统筹城镇居民与新型农村养老保险制度之间的缴费与待遇问题，这对于城镇居民养老保险制度和新型农村居民养老保险制度之间的统筹问题是一个考验。

再次，如今的失地农民养老保险制度与新型农村养老保险制度完全不同，与城镇居民养老保险制度也没有相似性，与城镇职工养老保险制度更是格格不入，这就使得失地农民处于一个很尴尬的境地。随着政府的征地日益增多，失地农民逐渐减少，失地农民养老保险制度几乎可以看做一个过渡的养老保险制度，然而这个过渡的养老保险制度与其他各项制度却没有可连接性，如何将失地农民的养老保险制度与其他制度有效地连接，也是城乡统筹需要考虑的问题。

所以，各种制度的差异使得城乡统筹越来越困难，其中任意两种制度统筹起来都有一定的困难，更不用说将这些制度全部统筹起来，碎片化问题永远是摆在城乡统筹面前最难以解决的问题。

（三） 城乡统筹中新型农村养老保险制度的参保积极性问题

西部地区统筹城乡发展中思想观念的制约是限制进一步统筹城乡养老保险制度的主要因素。城乡统筹发展是一项系统的战略工程，必须要做好近期与远期目标相结合的战略规划，改革开放以来重城市、轻农村、城乡分治的传统观念和做法，人为地在城乡之间筑起了一道难以逾越的鸿沟，加大了统筹城乡发展的难度。

首先，城市发展迅速，各项设施齐全，教育水平相对于农村来说也先进，人们的参保意识自然比农村居民积极，并且由于城镇职工养老保险制度实施时间较新型农村养老保险制度早，制度必然在逐步走向完善，也从另一个方面增加了城市居民参保的积极性。而农村由于各方面条件的限制，农村居民中的青壮年对于自己今后的前途具有未知性，如果今后这些群体选择逐渐变为城市居民，而先前已经参加了新型农村养老保险的人如何加入城镇居民养老保险制度或城镇职工养老保险制度中去现在仍没有任何解决方法。部分青壮年还认为缴费期太长，即使早参保，政府养老补贴也是同一种标准，没有体现出早参保多补贴，因此，部分年轻人不愿意早参保。社会保障的主旨就是风险分担，社会上人人都有责任对老年人履行自己的义务，年轻人的参保意识如果不强，政府则需要投入更多的财力。

其次，在制度的推行中发现，农村贫困户缴费还存在着一定的困难，如果不降低缴费的门槛，农村许多贫困人员就可能会游离于养老保险的制度之外。另外又由于农村大多数家庭目前仍以家庭养老为主要养老方式，参保的档次也一般选为最低的档次进行缴费，城乡之间的养老金替代率悬殊，到达养老金领取年龄时的老人所领的养老金也无法真正起到养老的作用，如何提高农村的参保率与农村养老保险的待遇是统筹城乡养老保险制度是否能真正起到作用的迫切问题。

（四） 城乡统筹制度中的基金管理权归属问题

健全的社会保障体系必须依靠雄厚的财力为支持。社会保障的基金作为社会保障制度的重要组成部分，发挥着关键性的作用，其重要的使命就在于通过多种渠道筹措基金，经过良好的运作使基金保值增值。很显然，城乡统筹不仅在统筹制度方面存在障碍，另一方面基金的统筹也存在十分棘手的问题。

首先，目前的基金监管法律层次和法律地位处于低水平。在我国社保基金监管法律体系的构成中，大多数由政府职能部门制定和颁布，其法律效力相对层次较低，这就使得在社保基金监管实践中，监管部门的监督职能无形中被弱化了，影响了监督的效果。迄今为止，我国仍没有出台一部专门的法律法规，对基金的筹集、监督管理、分配使用、处罚处理、责任追究等做出明确的法律规定，妨碍了监督监管基金的权威性与严肃性。其次，监管主体的职能重叠交叉，职责不清。例如基金由"谁"来管就是一个引起争议的问题，基金如何保值增值也是城乡统筹中急需解决的重要问题。一方面，因为关—天经济区的特殊情况，天水市不属于陕西省管辖，而关中几市的基金交由何方管理也未可知，如果将关中几市从陕西省的整体中抽离出来，单独成立一方管理机构管理关—天经济区的养老保险城乡统筹，无疑进一步加大了养老保险的碎片化，违背了城乡统筹中的基本原则，而如果将关—天归属于陕西省管理，天水市又将脱离甘肃省的管理范围，如何平衡各方利益而又统筹关—天经济的养老保险仍需要探讨。另一方面，在社保监管组织体系中，劳动和社会保障部门、财政部门、审计部门依据不同的法律和法规均享有社保基金的监管权，社保基金收缴、支付和运营政策的制定权及社保基金的财务审计等制度的制定权，三个部门间缺乏明确的分工，使得监督在整体上出现缺位、越位的现象严重，表面上严密的监管体系下因为职能之间的分工不清隐藏着诸多漏洞。不仅如此，基金的监管内外之间缺乏有效的衔接和协调，不能形成监管合力，内外之间的监管信息不能实现充分共享，导致社保基金的重复检查，浪费了有效的监管资源。

另外，为了对基金运营中的风险实施动态监控，政府建立了严密的风险监控预警体系，尽可能减少风险而增加收益，对于基金投资比例设置了限制性的规定，明确规定了社保基金的各种投资工具和投资组合，采取现场和非现场监管的方式密切监控基金的安全运营，这一做法在保证基金安全的同时，也增加了基金的监管成本。即本来基金监管的成本已经耗费了巨大的人力、物力、财力，而如今又要针对关—天经济区建立一个单独的基金管理部门，付出的额外成本是否得当还值得考虑。

三 关—天经济区养老保险城乡统筹的路径、实施步骤

关中—天水经济区内城乡间养老保险差距较大，远远没有实现城乡统筹的标

准，影响经济区经济的快速、可持续发展。所以，关中—天水经济区在努力发展经济的同时，要兼顾农村，统筹城乡间养老保险制度，实现城乡间养老保险的一体化和均等化，促使人力资源在城乡间的合理流动。关中—天水经济区建立城乡统筹的养老保险制度，不能一蹴而就，必须分步进行，逐步实现养老保险的城乡统筹。

（一）关中—天水经济区养老保险城乡统筹的路径

1. 建立城乡居民养老保险制度

到目前为止，关中—天水经济区内对于城乡居民的养老保险制度有新型农村养老保险制度、失地农民养老保险制度、城镇居民养老保险制度，而城镇居民养老保险制度只有西安和宝鸡两地建立，其他市区还没有建立城镇居民养老保险制度，即还没有在制度上实现全覆盖。统筹城乡居民养老保险制度的前提是有制度可统，所以，首先要实现城乡居民养老保险制度的全覆盖，即在除西安、宝鸡之外的五个地区建立城镇居民养老保险制度。建立城镇居民养老保险制度可以参照西安、宝鸡和新农保的做法。

在参保范围上，凡具有市行政区域内非农业户籍，年满16周岁（不含在校学生）未参加城镇职工基本养老保险、未参加机关事业单位社会养老保险、未参加被征地居民社会养老保险、未享受未参保城镇集体所有制企业超过法定退休年龄人员基本生活保障等现有社保制度以外的所有城镇居民，均可参加城镇居民社会养老保险；在缴费标准设计上，应该根据市区人均收入水平，制定不同档次的缴费标准，要遵循缴费标准与经济承受能力相适应的原则，即不同收入水平的人群根据自己的承受能力选择不同的缴费档次。在制度设计过程中要制定相应的激励原则，对多缴费的居民给予较多的补贴，鼓励居民选择较高的缴费档次。对于真正缴费困难的人群，政府应该大力补助；在基金的管理上，实行统一管理，并且建立个人账户与统筹账户，个人账户体现个人的缴费义务，统筹账户要体现养老保险互济性的原则和政府在城镇居民养老保险中的责任。在养老保险的给付上，要根据个人账户的积累和当地的实际消费水平发放保证居民基本生活水平的养老金。

2. 建立城乡间合理的转移接续办法

随着社会经济的发展，城镇化在不断扩大，有部分农民转化为市民，如失地农民和一些农民工,也有部分农民在城乡间徘徊。劳动力在城乡间的流动在不断加大,但由于城乡间养老保险制度没有相互接续或没有有利于农民的接续办法,会发生农民不参保或退保的现象。在未实现城乡统筹的前提下,保证农村居民的参保率,应该建立城乡间相互转移的接续办法。而且在统筹城乡养老保险制度前,建立两种制度的相关接续政策,起到过渡性的作用,而不是直接建立统筹制度,这样可以避免一些问题,让城乡居民、两种政策在接受方面有缓冲时间。我国目前还没有城乡养老保险关系转移接续的办法,但在2009年12月28日发布了《城镇企业职工基本养老保险关系转移接续暂行办法》,在建立城乡间养老保险关系时可以将此作为参照。养老保险关系转移最主要的问题是基金如何转移和养老金的领取办法。《城镇企业职工基本养老保险关系转移接续暂行办法》规定,参保人员跨省流动就业转移基本养老保险关系时,按下列方法计算转移资金:个人账户储存额:1998年1月1日之前按个人缴费累计本息计算转移,1998年1月1日后按计入个人账户的全部储存额计算转移;统筹基金(单位缴费):以本人1998年1月1日后各年度实际缴费工资为基数,按12%的总和转移,参保缴费不足1年的,按实际缴费月数计算转移。关于养老金的领取办法,在《城镇企业职工基本养老保险关系转移接续暂行办法》中分为,转移到户籍所在地和不在户籍所在地,在户籍所在的领取办法是,由户籍所在地负责办理待遇领取手续,享受基本养老保险待遇。① 在建立城乡养老保险关系转移接续办法时可以借鉴城镇职工养老保险关系转移接续的方法,但同时也要遵循城乡居民共同享有经济发展成果、以城哺农的原则。在基金的转移办法上,个人账户基金不管是自己缴费的部分,还是政府贴的部分都必须随着关系的转移而转移,至于统筹基金可以适当地转移部分。在养老金的领取上,个人账户根据账户的积累金额发放养老金,基础养老金根据城镇或农村的基础养老金待遇水平发放基础养老金。

3. 统筹城乡居民养老保险制度

新型农村养老保险制度和城镇居民养老保险制度的建立,实现了城乡居民养老保险制度的全覆盖,但由于制度之间的分割给养老保险的管理带来了不便,并且由于分割管理浪费养老保险基金,而且也不符合养老保险大数法则的原理。所以城乡间养老保险制度应该实现统筹管理,建立城乡统筹的养老保险制度。实现

---

① 《城镇企业职工基本养老保险关系转移接续暂行办法》,2009年,国办发〔2009〕66号。

城乡养老保险的统筹主要解决的问题是，统筹后如何管理、如何缴费、如何发放养老金。统筹后应该实行市级统筹，由社保部门统一管理。

实现城乡统筹养老保险的缴费应该遵循与经济承受能力相适应的原则。原有的新农保与城乡居民养老保险的缴费都划分了不同的缴费标准，参保居民可以根据自己的承受能力选择适当的缴费标准。在实现统筹后可以扩大缴费的档次，使农村居民和城镇居民都有自己合适的缴费档次。例如设立100元、200元、300元、400元、500元、600元、800元、1000元、1500元及以上几个标准，农村居民和城镇居民都可以选择在自己承受能力范围内的缴费档次。在缴费上应该建立适当的激励机制，即选择缴费档次高的居民，补助应该相应增加，以激励居民选择高档次的缴费标准，从而提高养老保险待遇水平和参保率。养老保险的待遇水平，应该由基础养老金与个人账户养老金两部分组成，个人账户养老金的发放按照积累总额而定，体现个人对自己养老的责任，基础养老金由政府按照居民的实际生活水平发放，体现政府在居民养老保险中的责任。统筹城乡居民养老保险还应该把失地农民养老保险的关系转移到城乡居民养老保险制度中，实行同一统筹管理，从而取消失地农民养老保险，统一为城乡居民养老保险制度。

4. 统筹城乡居民与城镇企业职工养老保险制度

城乡居民养老保险制度与城镇企业职工养老保险制度的差距较大，不管缴费、管理还是支付都有很大的不同，在制度的设计上不一定要把两种制度完全统一到一种制度上。由于两种人群存在很大的差距，在这两种养老保险的统筹问题上，我们要跳出平常所说的统筹，即两种制度的对接或统一，而是统筹基础养老金。具体的方法是：建立两个层次的养老保险制度，一是包括所有居民（包括农民、城镇居民、城镇职工）的基础养老金制度；二是与工作相关的养老保险制度，如职工养老保险制度。在缴费的设计上，城乡居民还按以前的缴费标准缴费，城镇企业职工也按以前的缴费标准缴费，在缴费标准上没有改变。在基金的管理上，所有基金统一管理运营，不分是城乡居民养老保险基金还是城镇职工养老保险基金，由市政府统一管理运营。在养老保险基金的支付上，养老金支付分为两部分，第一部分是基础养老金，领取条件是，只要参加任何一种养老金都可以领取保证自己基本水平的养老金。第二部分是与工作相关的养老金，如果参加了城镇职工养老保险的人可以既领取基础养老保险金和还可以领取与工作相关的职业年金。

5. 实现区域内养老保险制度的统筹

关中—天水经济区内西安、宝鸡、渭南、杨凌、咸阳、铜川都属于陕西省，在陕西省城镇职工企业养老保险制度已经实现了省级统筹。所以，在陕西省内可以在原有的统筹基础上，把城乡居民养老保险制度包括进来，实现陕西省内的养老保险制度统筹。在关中—天水经济区内，实现养老保险统筹的难点是天水，天水在属地上，不属于陕西省，所以在实现养老保险统筹时，天水应该积极地与陕西省的养老保险制度对接，在全国统筹目标的大背景下，首先实现宽松的转移接续办法，再逐步实现养老保险区域内的统筹。

（二）关中—天水经济区养老保险城乡统筹的实施步骤

养老保险城乡统筹的实施不可能一蹴而就，因为城乡之间存在较大的差距，比如收入之间的差距，也是起决定作用的差距，即使是政府政策倾斜农村也不能逾越城乡间的差距。所以养老保险的城乡统筹应该分步进行，随着经济的发展，农村收入水平的提高，养老保险制度要不断完善，逐步实现养老保险的城乡统筹。实现关中—天水经济区养老保险城乡统筹的具体步骤是：

第一步：2011～2013年实现城乡居民养老保险制度的统筹。根据郑功成主编的《中国社会保障发展战略——理念、目标与行动方案》一书，我国养老保险"三步走"的第一步是到2012年建立有序组合的多元养老保险制度体系，实现制度层面的全覆盖。在关中—天水经济区内除了宝鸡和西安两市建立了城镇居民养老保险制度，实现了在制度层面的全覆盖，其他五个市还没有实现我国养老保险"三步走"战略中的第一步。根据前面养老保险城乡统筹的社会实践中的介绍，重庆市是先建立了农民工养老保险制度，然后建立了城乡居民养老保险制度。北京、成都、神木是直接建立了城乡居民养老保险制度，并没有建立关于农民工的养老保险制度。关中—天水经济区内，宝鸡和西安可以先建立新农保和城乡居民的转移接续措施，到2013年逐步实现城乡居民的养老保险制度。咸阳、渭南、铜川、杨凌、天水五市可以像北京、成都、神木一样直接建立包括农村居民和城镇居民的城乡养老保险制度。在2011～2013年实现城乡居民养老保险统筹的过程中，同时也实现失地农民与城镇职工养老保险制度的统筹。

第二步：2014～2020年实现城乡居民与城镇职工养老保险制度的统筹。根据郑功成主编的《中国社会保障发展战略——理念、目标与行动方案》一书，我国养老保险"三步走"的第二步是以缴费型养老保险为主体的养老保障体系全面定型、稳定，实现人人较公平地享有养老金及相关服务。养老保险城乡统筹的目标是实现养老保险的均等化，即人人都可以享有均等的基础养老金。关中—天水经济区内实现养老保险城乡统筹的目标与我国养老保障发展的目标相统一，所以在我国养老保险制度发展的大背景下，关中—天水经济区内到2020年逐步实现城乡居民与城镇职工养老保险制度的统筹，真正是养老保险的城乡统筹，缩小养老保险的城乡差距。

第三步：2021～2049年实现关中—天水经济区内社会养老保险制度的统筹。根据郑功成主编的《中国社会保障发展战略——理念、目标与行动方案》一书，我国养老保险"三步走"的第三步是进一步推进制度整合，实现人人享有体面的老年生活。在这一时期内的一个重要战略是，形成全国统一的国民基本养老保险制度。随着我国经济的发展，城乡间、区域间的差距将不断缩小，对建立全国统筹的养老保险制度提供了经济基础或最直接的保障，所以关中—天水经济区要在全国统筹的背景下，实现区域内养老保险的统筹。

四　统筹过程中的突破口或需要解决的重要问题

（一）基础：完善农村社会养老保险制度

目前我国有近70%的人口生活在农村，建立符合我国实际的农村养老保险制度，从根本上解决农村老年人的养老问题，是我国城乡统筹进程中亟待解决的重大问题。然而我国农村社会养老保险制度的发展还很不完善，如何解决好这些问题，让农村社会养老保险发挥其应有的作用，是我国中央政府、地方政府和各级部门的当务之急。2010年7月13日，全国老龄工作委员会办公室发布的《2009年度中国老龄事业发展统计公报》显示，2009年，我国60岁及以上老年人口已达到1.6714亿人，占总人口的12.5%，其中大约60%以上的老年人口在农村，农村养老需求强烈而迫切。

随着城乡一体化和城市化进程的推进，劳动力在城乡间的流动增加，加之户籍制度的改革，取消了农业户口与城镇户口的界限，从而使得农村养老保险的服务对象无法定位。原服务对象中的"乡镇企业"与"城镇企业"在概念上的差别已不复存在，继续以"乡镇企业"和"城镇企业"来界定农村养老保险与城市养老保险对象，已不符合《劳动法》中平等对待每一个劳动者的要求。另一方面，城市养老保险比农村养老保险享有更多的政府优惠政策，若继续保持这一差别，就会形成城市人口与农村人口"国民待遇"不相同的情况。建立城乡一体化的养老保险制度是时代的呼唤，是社会发展的必然趋势。因此，一是要对农村养老保险重新进行定位。如将农村养老保险定位为"居民社会养老保险"，作为城市养老保险的初级阶段，服务对象为未参加城镇社会养老保险的城乡所有人员；二是合理设置农村养老保险制度向城市养老保险制度过渡的通道。即在新制度的框架设置中留有"接口"，待条件成熟时，与城市养老保险制度相对接，最终实现城乡居民养老保险制度的一体化。

（二）关键：建立并完善农民工养老保险制度

农民工养老保险问题是实现城乡统筹的重要突破口之一，建立农民工社会养老保险、落实好农民工在城市的待遇是城乡统筹及社会形势所需。农民工养老保险模式能否适应城乡统筹发展，这是问题的关键节点。按照国内一些学者对当前各地农民工养老保险制度类型的划分，我国现行农民工养老保险模式有五种：

第一，独立型。指专门针对农民工而制定的养老保险法律与文件。这种政策既与农民工其他险种无关，也与城镇养老保险政策无关，是专属农民工养老保险的政策，以北京、厦门等为代表。

第二，综合型。将农民工的养老、医疗、工伤及其他险种一并予以考虑，制定出综合性保险政策，养老保险只是"综合"险种中的一种，以上海、成都为代表。

第三，融入城保型。将农民工养老纳入城镇职工养老制度体系之内，只是在城镇职工养老保险相关政策的部分条款中，对农民工与城镇职工区别对待。以广州、深圳、南京为典型代表。

第四，双低城保型。属于融入型的变型，以杭州为代表，即仍在城保框架内实行"低门槛、低标准"享受模式，适度降低门槛，农民工养老保险企业和个人缴费比例分别降为12%到4%，但享受待遇略低于城镇职工。

第五，个人账户型。以重庆为代表。目前部分省市试行的农民工养老保险制度带有明显的地域性、封闭性和过渡性。政府应在已出台的《农民工参加基本养老保险办法》（2009年2月）基础上，尽快制订出台有关农民工社会养老保险的相关条例，对统筹范围、收缴技术、缴纳标准、账户转移、养老金发放、基金运营与管理、保障措施等方面采取全国统一的制度规定，并通过加大立法执法与宣传力度等有效措施逐步解决农民工社会养老保险长期缺失的问题。

（三）核心：合理分担各级财政

实现城乡的制度对接，核心问题在于增加的经费由谁负担。财政统筹安排包括各级财政合理分担、责任明确。这涉及两个问题：一是各级财政负担，在总量上是否可承受；二是各级财政分担是否合理。从合理分担来说，需要认真研究的问题很多，如中央和地方财政的关系问题，政府责任和个人责任的关系问题，财政和村级集体的责任分担问题。

我国各级政府尤其是基层政府事权与财力不相称的矛盾较为突出。随着分税制和农村税费改革的推进，基层政府的财力被逐级上收，收入锐减，但仍然承担了较大部分养老金发供给职责。由于基层政府间的财政能力差异较大，财政转移支付制度不健全，加剧了城乡间、区域间的养老保险非均等化。财政转移支付是保障各级政府事权与财力相匹配的重要制度安排，也是实现养老保险均等化的关键手段。但我国现行的财政转移制度重点考虑纵向平衡和调控地方政府行为，还没有充分发挥促进养老保险均等化的效力，某些制度安排还带有逆向调节的作用，主要问题包括：一是转移支付结构不合理，税收返还比重过高，一般性转移支付比例偏低；二是转移支付资金分配主要采用"基数法"，强化了历史原因造成的财力分配不均；三是专项拨款分配缺乏科学依据和标准，配套资金制度加大了农村及欠发达地区获取资金的难度；四是转移支付资金的绩效监管机制还不健全，还不能完全保证转移支付资金切实起到促进养老保险制度完善的作用。

（四）重点：建立一体化的养老保险管理体系

为实现社会养老保障内容、管理、服务的社会化和一体化，从长远的发展目标来看，应建立统一的社会养老保障管理机构，包括统一的业务管理机构、统一的基金运作机构、统一的监督管理和工作绩效评估机构。业务管理机构在对人口总量、人口结构、期望寿命、宏观经济、金融市场、财政投入和基金收益等敏感性因素进行预测的基础上，通过计算，对国家和地区社会养老保障制度和政策及时进行优化调整，确保决策的科学化监督管理和工作绩效；基金运作机构确保资金的保值增值；评估机构对决策、经办和基金安全增值进行全过程的动态监管。管理的主体是社会保险机构和社区组织，建立以社会化管理为主、社区为主要依托、单位管理为辅的管理服务体系。

（五）助推剂：加大财政补贴

在分享社会发展成果上，城镇职工养老保险有政府"兜底"制度，但这种制度并没有惠及农村。现在，社会普遍认为我国经济发展已到了城市反哺农村的阶段，而实际上政府对农民社会养老保险制度建设的投入较少。应加大对农村养老保险的财政补贴。与此同时，各级政府应建立健全对城乡无养老保障居民（含老年农民工）的老年补贴制度。加大政府财政支持。一要建立参保补贴制度，逐步提高补贴标准。政府可通过实行缴费补贴、基金贴息、待遇调整、老人直补等多种参保补贴方式，通过政府补贴，引导和扶持城乡居民普遍参加社会养老保障制度。要研究将仅仅用于城镇居民社会统筹的资金转为用于城乡居民均等的参保补贴资金的办法，逐步建立与经济发展水平相适应的公平普惠的参保补贴制度，实行基本养老金的全国均等。其次，加大政策支持。将潜在的社会保障资源变为现实的社会保障资源，弥补社会保障资金的不足和缺口。如通过国有资产变现、外汇储备投资、城乡居民储蓄投入、土地换保障等多种方式筹集社会保障资金，研究建立中央财政对计划生育家庭等重点社会群体、中西部地区、贫困群体的参保补贴进行转移支付的办法和机制。

参考文献

樊醒民：《大力推进天水劳动保障体系建设》［EB/OL］，http：//tsrb. gansudaily. com. cn/system/2007/08/31/010457269. shtml。

李文：《宝鸡推行城镇居民养老保险》［EB/OL］，http：//xxb. sei. gov. cn/ShowArticle. asp? ArticleID＝12835。

常玮：《我市被征地农民省内首先领到基本养老保险金》 ［EB/OL］，http：//www. baojinews. com/_ info/content_ 52002. htm。

张向辉：《渭南市高新区推进六项民生工程》［EB/OL］，http：//www. shaanxi. gov. cn /0/1/9/42/76550. htm。

大关中与陕甘宁经济发展思考

张宝通*

　　摘　要：本文通过分析能源基地、资源深加工基地、装备制造业基地和战略性新兴产业基地四个方面，提出要建设大西安，引领大西北，打造新龙头，应该构建双极结构，加强区域互动，融入环渤海的区域经济圈中，以此来带动大关中的产业升级。

　　关键词：大关中　双极结构　区域互动

　　新一轮西部大开发中，国家要把关中—天水、成渝地区和北部湾三大战略高地建成对全国有影响力的经济区，在西部又布局了呼包银、兰西格、天山北坡和陕甘宁四个经济区，要将它们建成西部大开发新的增长带。这样，陕西就有了两个跨区域的经济区，即大关中与陕甘宁。新一轮西部大开发中，国家要在西部建设四大基地，即能源基地、资源深加工基地、装备制造业基地和战略性新兴产业基地。陕甘宁和大关中是这四大基地的最佳承载地，能源基地和资源深加工基地主要在陕甘宁，装备制造业基地和战略性新兴产业基地主要在大关中。陕西应当抓住机遇，使大关中与陕甘宁互动发展，共同带动西部强省建设。

一　建设大西安，带动大关中，引领大西北

　　国务院批准的《关中—天水经济区发展规划》的总纲是"建设大西安，带动大关中，引领大西北"。它不仅指出了大关中发展的突破口是建设大西安，大

---

　　* 张宝通，男，陕西省社会科学院学术委员会副主任，陕西省城市经济文化研究会会长，陕西省人民政府参事。

关中的发展要有大西安的带动，而且指出了大关中的功能定位是引领大西北，明确了大关中的主要着力方向。

建设大西安，就是要实现西咸一体化，建设西安国际化大都市，都市区人口要超过 1000 万人，主城区面积要达到 882 平方公里。西咸新区的建设就是为西咸一体化打基础。实现西咸一体化不必将咸阳全部划归西安，现实的途径是将咸阳一分为三。将咸阳市区、泾阳、三原、礼泉和兴平划归西安，将西安建成亚欧大陆桥经济带的心脏和国际化大都市。1966～1971 年，咸阳市区就归西安管。将泾阳划归西安，可使西安名正言顺成为大地原点所在地。三原是西安的北门户。礼泉是唐朝开国皇帝李世民昭陵所在地，将礼泉划归西安，还有利于泾河的治理。兴平的工业主要是国防科技，划归西安有利于产业整合。将彬县、长武、旬邑、淳化划归铜川，把铜川建成渭北的中心城市。铜川是国家发改委确定的资源枯竭型城市，将彬长旬淳划归铜川，可为铜川注入新的血液，解决资源型城市矿碣城衰不可持续的世界性难题。将渭北草原的乾县永寿、关中川道的武功扶风、秦岭北麓的周至眉县划归杨凌，把杨凌建成中国唯一、世界唯一的农科型中心城市，使杨凌由一个"实验区"真正成为一个"示范区"，带动关中农业高技术产业基地的建设。而杨凌、铜川和渭南还可以作为西安的卫星城市，与西安构成大西安都市圈，进一步加强西安的大都市地位。

带动大关中，就是要发展以西安为中心的大关中城市群，建设以西安为核心的大关中先进制造业基地。发展大关中城市群，除通过西咸一体化，组建大西安都市圈、建设杨凌农科型中心城市和铜川渭北中心城市外，要把宝鸡建成大关中的副中心，建成陕甘川宁毗邻区的中心城市，建成陕西的名牌之都，承担西安向西辐射二传手的作用。把渭南建成关中东部的中心城市，承接西安向东辐射，带动关中东部发展。为加强东西部合作，承接东部产业转移，还需要在关中东部建设三大门户城市。一要把华阴建成关中的东门户和秦晋豫毗邻区的中心城市；二要把韩城建成关中的东北门户和渭北东部秦晋毗邻区的中心城市；三要把商洛建成关中的东南门户和东秦岭地区的中心城市。争取将黄陵设市，纳入大关中，建成关中的北门户和中华民族的圣地城市。再加上甘肃的天水，以大西安为中心的大关中城市群就形成了。按照国务院批准的《关中—天水经济区发展规划》，要把大关中建成"一高地四基地"。要依托亚欧大陆桥，发挥西安国际化大都市的作用，建设全国内陆型经济开发开放战略高地；努力发挥西安科教优势，创新科技体制，建设统筹科技资源的改革示范基地；重点发展装备制造业和战略性新兴产业，以西安为核心建设全国先进制造业重要基地；发挥西安、杨凌科教优势，建设全国现代农业高技术产业基地；以东方人文之都西安为核心，建设彰显华夏文明的历史文化基地。

引领大西北，就是发挥西北首府西安和经济重心关中的龙头作用，引领包括内蒙古和西藏的大西北的发展。西部大开发内蒙古由中部划到西部，青藏铁路修通后西藏被纳入西北的经济版图，现在的西北是包括陕、甘、宁、青、新和内蒙古、西藏七省区的大西北。大西北占祖国版图的56%，占西部版图的80%，是西部大开发的主战场，新一轮西部大开发新布局的四大经济区呼包银、兰西格、天山北坡和陕甘宁全在大西北。大西北的发展仍然要依托重要交通干线。大西北有三条重要交通干线，一条是包（头）北（部湾）通道，是西部大开发的第一阶梯；二条是陇海兰新线，是亚欧大陆桥；三条是青藏铁路，是现代唐蕃古道。这三条重要交通干线构成了一个面向东中部、立足大西北的"大"字，西安和关中处在龙头地位，其他经济区分布在"大"字形交通骨架上，可依托"大"字形交通骨架，引领大西北的发展。以西安为中心的关中地区，是国家重要的先进制造业基地，科技教育实力雄厚，装备制造业和战略性新兴产业基础较好。大西北地大物博，是国家重要的能源原材料基地。以西安为中心的关中与大西北其他地区优势互补，形成产业链，西安及关中引领着大西北的产业升级和发展方式转变。

二 打造新龙头，引领陕甘宁，融入环渤海

陕甘宁作为革命老区以延安为核心，成就了新中国。作为新一轮西部大开发新的经济区，应当打造新龙头，引领陕甘宁，融入环渤海。榆林的资源禀赋、发展基础、经济实力、人口数量、城市规模和区位条件在陕甘宁经济区中是最强的，最有条件成为新龙头，引领陕甘宁，融入环渤海。

打造新龙头，首先要加大能源资源开发加工的力度，进一步增强榆林的经济实力。新一轮西部大开发中，国家要在西部建设能源基地和资源深加工基地，在煤炭资源开发上思想一定要解放，要突破传统的可持续发展观念。现在全球正在兴起新能源革命，科技进步日新月异，少则十年，多则二十年，新能源就会有重

大技术突破，生产成本就会大幅度下降，就会替代传统的煤炭能源。现在全球都在发展低碳经济，都在谴责煤炭能源，因为煤让气候变暖，煤让资源枯竭，煤让生态破坏。在新能源革命没有完成之前，在全球还没有达成具有法律约束力的协议之前，是煤炭能源发展的黄金机遇期。新一轮西部大开发要实施大资源、大布局、大转化、大产业战略，加大煤炭能源开发和转化的力度，把潜在的煤炭资源变成现实的经济效益，以支持非煤产业的发展，支持新能源的研发，支持生态环境建设，支持社会事业发展，支持城镇化建设，为可持续发展培育新的接替产业和发展环境。中国不缺煤，中国缺的是石油、天然气、铁矿石。在新能源革命兴起的大背景下，煤炭资源的生命周期会大大缩短。我们要有紧迫感和危机意识，要树立新的可持续发展理念，加快建设国家级能源化工基地。

打造新龙头，其次要大力发展都市产业，加快建设榆林中心城市。作为龙头城市不仅要经济实力强，还要发展都市产业，增强服务功能，由单一的能源城市向区域中心城市发展。一要发展能化装备制造业，为能源化工基地提供配套装备和维修服务。二要利用当地资源发展轻工业，为经济区提供生活消费品。三要发展物流商贸业，为经济区提供物流和商贸服务。四要发展职业教育，为经济区提供技能型、适用型人才。要加快榆林中心城市建设，实现横山撤县设区，构建"一市两区"主城区格局；推进神木、靖边、绥德撤县设市，构建"一主三副"中心城市格局。要拉大城市骨架，将荒漠变城区。过去生产力低下，榆林是沙进人退，现在生产力提高了，可通过建开发区和城市小区，做到人进沙退，其治理荒漠的效果比退耕还林还草还好。通过工业化、城市化，把榆林建成陕甘宁蒙晋毗邻区的中心城市，使其具备龙头城市的服务功能和城市规模。

引领陕甘宁，第一要健全以榆林为中心的交通网络，整合陕甘宁经济区。为发挥榆林龙头城市对陕甘宁经济区的引领作用，必须建设榆林至陕甘宁经济区各城市的高速公路和铁路。目前榆林至延安、铜川、吴忠、中卫、固原已有高速公路，但铁路还不健全，到庆阳、平凉还没有高速公路和铁路。为此，必须修建包头经榆林、延安、铜川至西安的高速铁路，榆林经绥德、宜川、华阴至商洛的高速公路，榆林经绥德、子长至延安的高速公路，榆林经靖边、吴起、庆阳、平凉至宝鸡的高速公路和铁路，把陕甘宁各城市与榆林连接起来，使榆林龙头城市能够带动陕甘宁经济区的发展。

引领陕甘宁，第二要加快榆林发展方式转变，为陕甘宁经济区现代产业发展做好示范。为此，要加快榆林高新技术产业开发区晋级步伐，建成以能源化工为特色的国家级高新区。在煤炭资源开发上，要尽量采用先进技术、先进装备、先进方式，提高开采水平，降低地质破坏。大力推进煤电一体化、煤化一体化、油炼化一体化，实现化工产业高端化、电源建设大型化、载能工业特色化，实现煤油气盐综合循环利用。要坚持大集团引领、大项目带动、园区化承载、集群化发展，促进煤向电力转化、煤电向载能工业转化、煤油气盐向化工转化，延长产业链，增加附加值，引领陕甘宁经济区现代产业的发展，建设以榆林为龙头的国家级能源化工基地。

融入环渤海，首先要打通与环渤海的交通联系。环渤海地区包括京津冀、山东半岛和辽东半岛，是继珠三角、长三角之后未来最大的增长极。陕甘宁经济区是国家的能源基地和资源深加工基地，其市场主要在环渤海等东部地区，其产品主要为大运量的煤炭及原材料，但目前陕甘宁经济区向东仅有青银高速、青兰高速、太中铁路和神华运煤专线，远不能满足新一轮西部大开发对交通基础设施的需要。为使陕甘宁融入环渤海经济圈，建议修建银川经榆林、朔州至北京的高铁和高速公路，榆林至太原的铁路和高速公路，神木经忻州至黄骅的铁路和高速公路，兰州经固原、庆阳、延安至青岛的铁路，兰州经平凉、彬长、铜川至日照的铁路，使陕甘宁经济区直通沿海，走向开放。

融入环渤海，其次要加强与环渤海的区域合作。环渤海经济圈经济实力雄厚，发展前景远大，是陕甘宁经济区的重要市场和信息、项目、资金、技术、人才来源。因此，要建立陕甘宁经济区与环渤海、京津冀、首都经济圈及华北地区的协作关系，发展多层次、多形式的区域合作。要争取构建泛渤海经济区，加强陕甘宁与环渤海之间的有机联系，定期召开相关省市间的区域合作会议，开展泛渤海经济区多方式的合作和产业对接。除做好西煤东运、西电东送、西气东输外，还要面向环渤海地区下游产业的市场需求，发展能源资源深加工产业。同时抓住东部沿海产业转移机遇，积极吸引环渤海的项目、资金、技术、人才到陕甘宁落户发展，承接环渤海相关产业向陕甘宁经济区的转移。

三 构建双极结构，加强区域互动，建设西部强省

在计划经济时期，各省都是省会城市一城独大，都是单极结构。改革开放

后，沿海各省得益于开放政策，都形成了双极结构。辽宁除沈阳外有大连，河北除石家庄外有唐山，山东除济南外有青岛，江苏除南京外有苏州，浙江除杭州外有宁波，福建除福州外有厦门，广东除广州外有深圳，因而都实现了跨越，都成了强省。陕西也可以形成双极结构，实现区域互动，成为西部强省。

构建双极结构。"十一五"时期陕西提出关中重点建设先进制造业基地，率先发展，但"十一五"五年关中在发展速度上从来没有率先。究其原因，是因为关中的产业结构和珠三角、长三角、环渤海是同构的，都是先进制造业，二者处于竞争状态。沿海起步早，沿海基础好，沿海开放条件优，沿海国家支持力度大，关中率先发展受到沿海挑战。同时提出陕北重点建设能源化工基地，跨越发展，"十一五"陕北确实实现了跨越。陕北发速度超过了关中，榆林工业增加值超过了西安，延安工业增加值超过了宝鸡，能源化工增加值占到全省工业增加值的一半，榆林的经济总量已超过西安的一半。因为陕北的产业结构与沿海是互补的，不是竞争的，沿海发展越快，对陕北的煤、油、气、电需求越大，不但卖得多，而且还要涨价，因而实现了跨越发展。新一轮西部大开发，西安作为大关中的核心会率先创新发展，会成为国际化大都市；榆林作为陕甘宁经济区的龙头会持续跨越发展，会成为陕甘宁蒙晋毗邻区的中心城市，其经济总量会逼近西安，陕西会像沿海各省那样也形成双极结构。

加强区域互动。新一轮西部大开发国家在西部布局了四大基地，其中能源基地、资源深加工基地主要在陕甘宁，要建成国家级的能源化工基地；装备制造业基地、战略性新兴产业基地主要在大关中，要建成国家重要的先进制造业基地。关中是关中—天水经济区的主体，西安是关中—天水经济区的核心；陕北是陕甘宁经济区的主体，榆林是陕甘宁经济区的龙头，这四大基地好像就是为陕西设计的一样。陕西应当按照国家布局，使两大经济区合理分工，各展所长，优势互动，互动发展。大关中要为陕甘宁提供技术、装备和人才，陕甘宁要为大关中提供能源、原材料和土地。为发挥西安和关中对陕甘宁经济区的辐射带动作用，要加快建设西安及关中到陕甘宁的铁路和高速公路。一要修重庆经西安、榆林至包头的高铁、西安经庆阳至银川的高铁、西安至平凉的铁路、宝鸡至中卫的铁路复线、宝鸡经平凉庆阳至榆林的铁路；二要修渭南华阴经宜川绥德至榆林的高速公路、咸阳经旬邑庆阳至银川的高速公路、宝鸡经庆阳至靖边榆林的高速公路、宝鸡经平凉至固原中卫的高速公路。陕北不仅有丰富的煤、油、气、盐等能源矿产资源，而且有更为丰富的黄土资源，陕西应当在陕北实施大规模造地战略。通过扩大基本农田面积，一方面与杨凌示范区合作，发展旱作现代农业；另一方面全省统筹，为西安和关中的发展提供置换建设用地，解决工业化、城镇化最大的瓶颈制约，支持西安为中心的关中城市群和先进制造业基地建设。

建设西部强省。国务院批准的《关中—天水经济区发展规划》为西安和关中的发展描绘出诱人的图景，新一轮西部大开发又要把大关中建成对全国有影响的经济区，使西安和关中成为装备制造业和战略性新兴产业的承载地，成为率先创新发展的全国先进制造业的重要基地，带领陕西建设西部强省。但是仅靠西安和关中是不够的，还必须加上榆林和陕北。新一轮西部大开发中国家要振兴陕甘宁革命老区，把陕甘宁建成西部大开发新的增长区，榆林和陕北是能源产业和资源深加工产业的承载地，榆林作为陕甘宁经济区的新龙头，可带动陕北成为持续跨越发展的国家级能源化工基地。有了大关中和陕甘宁两个跨区域的经济区作依托，有了关中和陕北两个增长板块为主体，有了西安和榆林两个增长极带动，有了先进制造业和能源化工两大基地作支撑，二者互动发展，陕西就能成为西部强省。新一轮西部大开发中国家在西部规划了三条纵向大通道，一是包头经榆林、西安至广州的大通道，把西安、榆林推向西部大开发第一阶梯的位置；二是银川经宝鸡、重庆至北部湾的大通道，使重庆、宝鸡处于西部大开发第二阶梯的位置；三是兰州经成都至昆明的大通道，使成都处在在西部大开发第三阶梯上。陕西要依托西部大开发第一阶梯的优越区位，加快关中和陕北的发展，加大对陕南的支持力度，在新一轮西部大开发中建成西部强省。

参考文献

国家发政委：《关中—天水经济区发展规划》，2009 年 6 月。

国务院：《中华人民共和国国民经济和社会发展第十一个五年规划纲要》，2006 年。

西咸新区产业定位思考

郭卫东*

摘　要： 本文认为西咸新区目前的产业布局仍然是整个新区建设的难点和重点，存在的问题是如何在五大组团产业定位的基础上进一步合理安排和细化产业布局。在此基础上，本文就目前西咸新区的发展提出 14 条建议，主要包括利用政府政策发挥产业优势、进一步发挥产业小区的作用、建立泾河新城区并围绕之发展新的工业区等。

关键词： 西咸新区　产业布局　产业发展

西咸新区五个组团的产业布局仍然是新区建设的难点和重点。在充分肯定规划中已确定的五大组团产业定位基础上，现就如何进一步丰富和细化五大组团的产业布局，侧重从强调工业化支撑新的城市组团发展，从大产业支撑大都市发展，从扭转产业弱势快速扩张经济总量形成产业支撑，从现代工业支撑就业提高人口承载能力，为现代服务业、生产性服务业、生活性服务业拓展发展空间的角度，建议如下：

第一，建议充分利用省政府出台的 10 条支持西咸新区发展的优惠政策和陕西能矿资源丰富与深度转化加工已经或正在形成的产业优势，在陕北、彬长为大企业、大集团配置一定量的煤盐等能矿资源，在当地进行基础性加工转化后，可考虑从陕北和彬长、陇东能源化工基地，分别规划建设两组跨省市的液体化工管道，利用两大能源化工基地以煤为主转化生产的水煤浆、甲醇、乙二醇、芳烃、煤制天然气等液体化工产品，在泾河工业园区泾河以北工业集中区和秦汉新城咸阳石化工业园区，分别规划建设百万吨聚氨酯、聚酯、聚酰亚胺、聚碳酸酯、聚

---

* 郭卫东，男，陕西省决策咨询委员会办公室主任。

砜、聚甲醛或 MTO、MTP 及其下游产品等一批单项目可形成百亿元、500 亿元甚至过千亿元的有战略支撑能力的重大项目，形成高碳资源低碳化利用的两大合成材料产业园区。

第二，建议在秦汉新城围绕天宏硅业、渭河电厂、大唐发电等已形成的工业小区，发展特种玻纤、土工材料、工业过滤用布、树脂基复合材料、玻璃钢制品（新一代高强度输变电载塔架、玻钢工业设备、大型工业储罐；高端卫生洁具、厨房用品；高端水面快艇、车船壳体、汽车零部件等）、有机硅材料、光热硅材料、光伏硅材料、微电子硅材料及其下游产业，培育形成现代硅材料及其制品产业园区。

第三，建议在泾河新城围绕正在建设的新城，重点打造以现代家具、家用品、家饰品、高端建材制品及其上游材料制造产业，形成现代消费品制造与展销产业园区。

第四，建议在泾河新城泾河以北的工业集中区，与西铜线以东的重汽工业、兵器工业、中交西筑、中钢重工、煤矿与建设机械工业、生物制药等园区相呼应，重点发展超大超重工程机械、港口大型可移动吊装设备、大型特大型工程吊车、超大超重通用矿山机械、超大超重能源化工装备制造（压力容器、塔器、反应釜、换热器、气化炉、变换炉、压缩机；石油采掘、石油炼制、石油化工、盐化工、煤化工、天然气化工、氟硅化工、硫磷化工成套装备等）、核电装备制造；超大超高建筑施工机械、特种专用汽车、新能源汽车；特种泵阀（比如可满足耐高低温；耐高压、超高压及高真空度；耐腐蚀；高强度；数字化、智能化、电磁化、高可靠及频繁开启等需要）、特种密封件、特种连接件和为泾渭新城几大专业园区的大产业服务的集群化配套产品。这一产业集中区可冠以"重大装备制造产业园区"。

第五，建议在沣东新城三桥以南靠近高新区的区域，规划布局一个设计研发产业园区，以吸引陕西省 630 余家设计、研发、勘察、工程咨询、研究院所类企业进入这一高端生产性服务业园区。

第六，建议在沣东新城、沣西新城规划一批超精超微的医疗器械、医用产品、国际前沿的大型数字化医疗设备、数字化智能化工业及家用仪表（比如由智能化数字化电磁阀及控制的使用 IC 卡计费的水表、暖气热量计量仪表、天然气计量仪表、新一代电表及家庭数字化综合控制类仪表）、智能化健身设备、家用智能化电子医疗产品等数字化医疗设备及仪表工业园区、输变电工业园区（已有基础）、物联网及云计算产业园区等。

第七，建议在沣西新城依托现有的服装设计、职教及纺织服装工业基础，规划建设一个高端服装工业园区。在沣西新城，可充分利用陕南、陕北、关中的钢铁、有色金属、合金材料、铝镁、硅材料、氟材料及其他化学合成的聚合物材料、天然树脂材料、稀土材料、无机盐材料等资源，发展高端金属基复合材料、树脂基复合材料、超硬合金材料、高强度轻质合金材料、耐高低温耐腐蚀材料、深海空天特殊材料、晶体材料、纳米材料、稀土永磁材料、稀土合金材料、特种陶瓷材料、特种换能材料（可使声、光、电、热、磁直接互相转换的材料）、特种含能（蓄电、蓄热、蓄冷）材料、彩色功能化纤、高强度土工材料、智能仿生材料、医用生物材料等等，形成支撑国际化大都市高新技术、军工、航空航天、电子通信、仪器仪表、数字传感、智能制造、光伏、光热、微电子、高压输变电、汽车、纺织、电器制造、机床等产业发展对各类高附加值新材料的需求，力争形成一个高技术新材料产业园区。

第八，建议在秦汉新城渭河以北或咸阳以西茂陵以东区域，或者在沣西新城、沣东新城以南沿沣河两岸，规划建设一个大型国际清真食品工业园区，并在西咸新区的都市农业区和西咸新区以外全省三大区域，规划建设一批国际清真食品原料生产基地、国际清真食品冷链物流运输体系及国际清真食品展示、展销、博览园区。主要吸引中东、阿拉伯、中亚、南亚及我国西北地区的全球清真食品主体消费国家和地区以穆斯林企业家、石油大亨、煤老板为主的投资者前来投资，在全球5000亿美元清真食品贸易额和18亿穆斯林人口的消费市场开辟新的产业发展空间。

第九，建议在沣西、沣东新城产业集中区吸引彩虹、光机所、瑞联、宝莱特、近代化学所等企业，联合投资建设新一代显示器件产业园区，主要发展有机电致发光材料、OLED有机发光显示器件、TFT—MEMS平板显器件、LD大色域激光显示器件及其下游的新一代电视、投影、电脑、手机、工业控制显示仪表等产品。

第十，建议在沣西新城、沣东新城或渭河以北的秦汉新城核心区，规划一个现代旅游装备制造产业园区。主要吸引投资者发展高端水面游艇、大型彩色帆船、水上自行车、景区电瓶车、景区控导装备、大型高可靠现代化景区游乐设施、游乐运动装备、景区数字化自动讲解系统及数字化景区系列软硬件产品，文化旅游装备、体育旅游装备、登山旅游装备、休闲健身装备、休闲娱乐装备、休闲观光农业设施及装备、数字化模拟航空、航海、航天旅游装备、景区光伏风电一体化照明设备，景区可拆卸节能生态环保组合型景观用房、特色旅行房车，可移动简易旅馆、景区应急救援装备、高端旅游服装、行包、多功能安全防护用品、高端陕西特色旅游纪念品、旅游商品等产品。

第十一，建议在秦汉新城兰池大道以北、沣西新区适宜区域，充分利用陕西省能源化工产业提供的丰富原材料，规划建设若干塑料制品加工产业集中区，吸引江浙沿海一带塑料制品生产加工企业，携技术、资金和先进设备到西咸新区发展，优先将一批长期为欧美加工出口产品的高端制品企业吸引到产业集中区来。

第十二，建议在西咸新区规划建设大型现代拆解（对废旧汽车、摩托车、工程机械、建筑机械、机器设备、轮胎、塑料、玻璃等进行清洗、拆解、分类进入不同工厂进行回收利用等）工业园区、重大装备再制造（对部分失去使用价值的重要产品进行功能性复原和修复，使其在整体上恢复原有的使用价值和功能）工业园区，现代建材及光伏光热建筑一体化工业园区（比如利用城市固体建筑废弃物生产人造石头、河道护坡新型结构材料、城市建设用砌块；利用岩页生产新型节能陶质建筑墙体材料、陶质板材、陶质构件；利用农作物秸秆、农林废弃物、废旧家具、废旧装饰材料生产绿色装饰材料及家具板材；利用陕西省能源化工产业已经或即将能够提供的聚乙烯、聚丙烯、聚氯乙烯、聚酯、聚氨酯、聚碳酸酯、聚醚、聚砜、聚甲醛等合成树脂产品，可发展品种丰富的化学建材、化学制品—卫生洁具、厨房设备、装饰材料、家饰材料、水暖器材、卫浴产品、建筑及工程管道、线缆护套、仿木家具、设施农业成套产品、软硬塑料包装物、塑料日用品等，利用废橡胶生产新型建筑防水材料、节水灌溉管网、塑胶跑道材料、弹性地板材料等；利用硅材料发展楼宇光热产品、光热光伏一体化家用节能产品；利用塑、钢、木材料发展成套光热光伏一体化的智能型景观别墅等）。

第十三，建议争取中央给予特殊政策，支持在西咸新区建设完全国际化的教育学村、国际教育产业园区，完全按照国际化的教育理念、办学理念、教学管理，全球寻求教育合作对象，全球招聘国际化的幼儿园、中小学、职业技术学院、大学、研究生院的园长、校长、院长，全球招聘全职教师、教授和高层次教育管理人才，完全授予学校国际合作办学权、自主招生权、学位授予权。以此来满足国内持续上升的出国留学与享受国际化教育的旺盛需求，形成支撑新区可持续发展的服务性内需产业。

第十四，建议在五大新城规划建设一批高端服务产业。比如可在人口集中的社区合理分布，规划发展一批具有国际水准的连锁经营的现代养老服务机构、社区幼儿园、月嫂及家政服务机构；大型特色医院（老年医院、妇儿医院等）、综合性医院及标准化连锁型社区卫生服务中心；大型超市及连锁型社区商业服务中心；连锁型的高端社区便民服务中心、社区大学、社区中介咨询服务机构等服务产业。在五大新城的人口聚集区，还可规划一批带有地标建筑性质的城市商业综合体、CBD 总部经济区和国际化高端商业街区、特色文化及休闲娱乐街区、西部及陕西省三大区域特色产品集中展销商业街区等。

参考文献

周励、王非、张敏洁：《沣渭新区将成西咸新区主导》，《西部大开发》2010 年第 4 期。

国家政委：《关中—天水经济区发展规划》，2009 年 6 月。

《西咸新区助推大西安》，《西部大开发》2010 年第 4 期。

把关中九个重点示范区建成我国西部
统筹城乡发展的先导区

冯家臻　赖作莲　董军贤　黎　荔*

摘　要：本文分析了《关中—天水经济区发展规划》出台后城乡统筹发展的现状，研究了关中地区在统筹城乡重点示范区发展过程中面临的主要问题，并对这些问题的深层次原因进行了分析。在此基础上，提出了加快关中重点示范区统筹城乡发展的思路与目标定位。同时也对加快关中重点示范区统筹城乡发展的突破口做出了选择，并制定了加快关中重点示范区统筹城乡发展的保障制度。

关键词：关中地区　城乡统筹　发展

加快推进关中九个重点示范区①统筹城乡发展是贯彻落实《关中—天水经济区发展规划》和《省委省政府关于切实抓好〈关中—天水经济区发展规划〉实施意见》的重要任务。

一　关中统筹城乡重点示范区发展现状分析

（一）统筹城乡发展工作加快推进

《关中—天水经济区发展规划》出台后，不少地方加强了对统筹城乡工作的

---

* 冯家臻，陕西省决策咨询委员会委员，陕西省经济学学会会长。赖作莲，陕西省社会科学院副研究员、博士。董军贤，陕西省发展改革委员会体改信息中心主任。黎荔，西安交通大学人文学院副院长、教授。

① 关中九个重点示范区系指《中共陕西省委　陕西省人民政府关于切实抓好〈关中—天水经济区发展规划〉实施的意见（2009年11月19日）》所确定的宝鸡—蔡家坡、铜川—富平、渭南—华阴、杨凌—武功—扶风、户县—高陵、彬县—长武—旬邑、韩城—蒲城、礼泉—乾县、商州—丹凤九个城乡统筹重点示范区。

组织领导，具体表现如下。

1. 成立了机构

西安、宝鸡、铜川和杨凌先后成立了由主要领导牵头、分管领导具体负责的统筹城乡综合配套改革试点工作领导小组和专门工作机构，明确工作职责，建立高效完善的工作体系，有序推进各项改革。

2. 出台了文件

西安、咸阳、宝鸡、杨凌多次召开会议，研究推进统筹城乡发展相关事宜，先后出台了推动统筹城乡发展工作的指导文件，为示范区统筹城乡发展指明了方向。

3. 明确了工作思路和重点

西安确立了大力实施"六个带动"，加快推进工业化、城镇化和农业产业化，形成城乡一体化的发展思路。咸阳确立了以增加农民收入为核心，以产业发展为基础，以农村土地承包经营权流转为关键，以在县城和重点镇建设经济适用房小区为抓手，实施"三大工程"，推进"三个集中"，加快"五个提升"，深化"五项改革"，促进公共财政向农村倾斜、基础设施向农村覆盖、公共服务向农村延伸、城市文明向农村辐射，加快城乡一体化格局的工作思路。宝鸡确立了"一、二、三、四、五、六"的城乡一体化发展思路，即聚力"一线崛起"、带动"两塬突破"、辐射"三山脱贫"、坚持"四轮齐动"、推进"五项改革"、实现"六位一体"。杨凌区确立了以"两换三集中"为统筹城乡发展的突破口。

4. 启动了试点

重点示范区的一些县结合区域特点，围绕规划编制、产业发展、土地流转、公共服务、机制体制创新和新型农村社区建设等重点领域，进行了大胆尝试和积极探索。高陵县进行了统筹城乡综合配套改革试点，在农村新型社区建设、城乡建设用地增减挂钩、建设村镇银行等方面都进行了卓有成效的工作。宝鸡市高新区就农村集体产权股份制改造、农村变社区、农民变居民等方面，努力构建统筹城乡改革先行区。宝鸡市蔡家坡将统筹城乡改革试点与园区配套项目建设相结合，围绕农村土地流转、园中村改造、村民集中居住小区建设、城乡社会保障有序接轨等方面，在水寨村和岐星村进行了试点。

（二）初步形成了统筹城乡发展的典型模式

1. 开发区带动型

这种模式以西安泾河工业园（高陵）、庄里工业园（富平）等开发区及其周边地区为代表。开发区（工业园区、基地、科技园区）通过吸纳和聚集各种要素资源，形成"飞地"式的资金、技术等各种要素高地，从而对周边区域形成辐射和引领作用。通过社会事务管理职能、权限的调整和划分，积极主动地把开发区范围内区县农村的管理职能划入开发区统一管理，变多头管理为一体化管理。在此基础上，完善教育、文化、卫生、社会保障、社会管理等配套政策。同时，强化开发区带动周边地区产业扩展和区位提升的作用。

2. 小城镇带动型

这种模式以彬县龙高镇龙马村和香庙乡的农村为代表。以小城镇建设为依托，改善农村水、电、路、气等基础设施，形成对周边农村的辐射和带动作用。同时，出台鼓励农民向小城镇集中的优惠政策，在户籍管理、培训就业等方面给予支持。在村民集中居住的基础上，较高效率地提供教育、公共卫生、文化娱乐、养老保障、农村医保等公共服务。

3. 新农村带动型

这种模式以彬县龙高镇富仁村、蒲城三合乡农村为代表。一是通过村庄改造，即在整治废旧宅基地的基础上，统一规划建新房、建蔬菜和特色种植大棚；二是通过移民搬迁，即对偏远山区分散居住的村民，统一规划建房、安置，并鼓励和引导发展农家乐，不仅改善了村民居住条件，还改善了生产条件。

4. 产业带动型

这种模式以礼泉县龙门镇白村、礼泉县袁家村、韩城阳山庄村为代表。通过因地制宜发展现代农业、乡村旅游以及村办工业企业等，带动农村经济发展和农民收入提高，从而增强统筹城乡发展物质基础。在此基础上，加快改善基础设施，提高公共服务水平。

5. 村企联动型

这种模式以高陵县田家村为代表。通过企业出资，由企业与村集体联合推动城乡建设用地增减挂钩，进行村庄改造。依据土地利用总体规划，将分散居住的农村居民点进行整体搬迁改造，然后将原村庄的建设用地重新复垦成耕地，农村建设用地整理出的耕地总量减去新建农民小区占用的耕地后，节余耕地指标可以流动，用于城镇或其他重点建设项目，从而改善农民生产、居住条件，集中提供公共服务，缓解城镇建设用地短缺的矛盾。

6. 融入城市型

这种模式以韩城董村、富平焦村等为代表。把位于城市及县城建成区内的村庄，纳入城市总体规划，进行统一规划、建设和改造。通过土地置换和实物、货币补偿有机结合等方式，把村民住宅统一改造成设施完善、功能配套、环境优美、管理先进的新型社区。同时，将村民的户籍、社会保障、社会管理纳入城镇体系，使村民与城市居民享受同等待遇和一体化的社会服务，从而融入城市。

7. 社会力量推动型

这种模式在宝鸡和咸阳等地比较突出，核心在于鼓励和引导党政机关、企事业单位、团体和社会各界参与统筹城乡发展。不断强化领导联点、部门包抓、干部驻村、企业包扶机制，动员引导各类"城市资源"上山下乡进农村，形成统筹城乡发展的强大合力。农村地区，特别是欠发达地区，在外部社会力量的项目扶持和"一对一"的帮扶下，发展当地经济，增加农民收入。

二 关中统筹城乡重点示范区发展面临的主要问题和原因分析

（一）发展面临的主要问题

1. 城乡居民收入差距较大

据调查，地处示范区的礼泉、旬邑、扶风、富平、咸阳市，城乡居民收入比，最少的为 3∶1，最多的为 3.9∶1，高于全国 3.3∶1 的水平，也大大超过 2.5∶1 的国际警戒线。从收集到的资料看，渭南、宝鸡、铜川市的城乡居民收入比，由 2004 年的 3.60∶1、3.85∶1、2.86∶1，分别上升到 2009 年的 3.81∶1、3.9∶1、3.46∶1，均呈扩大趋势。收入分配不合理不仅影响了城乡消费与投资结构的协调，而且不利于城乡科学发展。

2. 基础设施建设不能满足统筹城乡发展的需要

示范区所在县区的水、电、路、气等基础设施建设近年来取得明显进展，但由于农村点多、面广、线长，农村水、电、路、通信、住房等基础设施建设水平仍然远远低于城镇。街道硬化率、自来水普及率、燃气气化率、污水和垃圾处理率等基础设施建设，与城市相比，还有较大差距。村镇内的道路、给排水、排污等设施严重落后，示范带动作用很弱。就示范区的一些中心城市而言，基础设施功能不尽完善。渭南市主城区市政设施不适应发展需要，交通断头路较多，影响交通顺畅、市民出行和城市形象；老城区主要干道两旁建筑没有统一规划，多年来乱搭乱建，私自改建比较严重，城市品位还需进一步提高。

3. 城乡公共资源配置不均衡

陕西省八大民生工程的实施，促进了基本公共资源的均衡配置。但是，公共财政覆盖农村的范围和深度还不够，公共资源配置不均在示范区仍然比较突出。一是教育资源配置不平衡。农村不能分享城市的优质教育资源，一些村子没有幼儿园，村办小学教育办学条件相对城市较差。二是医疗卫生资源配置不均衡。优质医疗卫生资源主要集中在城市。农村执业医生相对较少，医疗设备落后，技术力量薄弱，农村公共卫生网络不健全。三是科技文化资源配置不平衡。科技文化的投入、应用推广、图书和体育设施建设等城市大大超过农村。四是社会保障资源配置不均衡。社会保障资源配置分成城乡两个板块，财政补助和报销比例不同等。养老保险方面，城镇居民每人年交费和每人月领取财政补助标准分别为45~80元不等和80元起步，而农村居民补助标准则为30~50元不等和60元起步；最低生活保障标准，农村居民远低于城镇标准；医疗保险方面，城镇居民每人年财政补助标准为144元（儿童120元），而农村新农合补助标准为120元；在报销比例上，城镇职工和居民的报销比例分别为70%和50%，而农村新农合报销比例为省级30%、市级40%、县级55%和乡级75%。城市已初步建立了比较完整的社会保障体系，而农村除了低保救助和开始推行的养老保险、医疗保险外，其他保险项目基本上没有建立起来。从就业服务体系看，为农民提供的信息咨询、职业介绍、技能培训等社会化服务不能满足农村劳动力转移的需要。

4. 示范区工作进展不平衡，有的地方还未起到示范带动作用

高陵、杨凌是陕西省统筹城乡发展的试点，工作起步早，现已初见成效。高陵的经验引起社会的广泛关注。彬县、礼泉、韩城对统筹城乡的发展模式也做了积极探索。但是，大部分示范区工作进展较慢。有的县已经拟订工作方案，准备付诸实施；有的县工业基础好，经济实力相对较强，但发展方式的先进经验还未形成典型；有的县已建成近百个示范村，但只有少数村有相当规模和一定标准，大多数示范村建设标准低，示范带动能力不强。

（二）深层原因分析

发展中存在问题的原因是多方面的，主要有以下方面。

1. 对统筹城乡发展的认识不到位

从调研情况看，有些示范区的干部和群众对统筹城乡发展的重要性缺乏正确的理解和深刻的认识。一是重城轻乡。一些人认为，城市对经济发展贡献大，而农村贡献小，在工作上重城镇轻农村，忽视统筹城乡规划，建制镇、乡和行政村规划编制率偏低；有些非涉农部门参与支持新农村建设热情不高、力度不大。二是创新不足。有的地方深化农村改革存在创新胆量不足、魄力不强的问题，存在"只怕出错、不求出新，只图保险、不担风险"的思维定式。三是认识模糊。有的部门把"以工促农、以城带乡"当做一般性口号，简单地理解为对农村给予物质、资金上的支持，忽视城乡两个不同经济实体之间的优势互补；有的县统筹城乡发展思路和规划不够明晰；有些农民甚至村、镇干部没有把自己作为统筹城乡发展的主体，存在"等、靠、要"思想；农民固有的恋乡恋土情结，对加快推进城乡一体化也产生一定的制约作用。

2. 城乡统筹重点示范区的组织机构不健全、体制没有理顺

统筹城乡发展是一项复杂的系统工作，涉及范围较广、部门较多，但有的示范区没有统一的组织领导机构，开展工作难度大。《关中—天水经济区发展规划》明确要加快推进铜川—富平、杨凌—武功—扶风统筹城乡发展重点示范区建设，但是，示范区跨越了不同地市，受管理体制的制约，市县工作难以推进。

3. 统筹城乡发展的体制机制改革和制度建设滞后

示范区城乡居民收入差距大、公共资源配置不均衡、城乡发展不协调的根源在于长期以来形成的城乡二元结构的管理体制。不大刀阔斧地破除城乡二元管理体制，从城乡规划、产业布局、基础设施、公共服务、社会保障、就业服务等方面全方位构建科学发展的体制机制，统筹城乡发展很难取得实质性突破。另外，制度建设和创新滞后也是重要原因。主要表现：一是户籍制度不统一。传统的农业户口登记制度与统计办法，对农村劳动力的自由流动形成了一定制约，影响城

乡二元结构的改变。二是土地制度不健全。这成为城乡统筹的难点、焦点、分歧点。土地流转程序不规范，农村土地流转困难，农民进城后退出的宅基地和承包地回购、置换等问题还没有明确的政策规定，农村宅基地还在增长，没有实现居住性转移；土地集约政策不明朗，土地征用机制不完善。三是社会保障制度有待进一步改进。四是公共财政体制不完善。基层财政转移支付还面临诸多问题；投融资体制不合理，不利于农村基础设施提升和完善。五是农村金融制度发展滞后，农村金融组织体系不完善，金融产品单一，服务水平较低，农业保险发展迟缓，一定程度上都制约了示范区经济发展速度和城镇化进程。

4. 重点示范区统筹城乡发展的人才缺失

近年来，随着农村劳动力转移工作力度的加大，示范区农村"能人"大量流失，人才"出得多，进得少"的现象非常普遍，农村留守人员以"三八"、"六一"、"九九"（妇女、小孩和老人）为主，远远不能满足统筹城乡发展需要。一是农村留守人员素质参差不齐，小农经济思想比较严重，安于现状，怕冒风险，不愿离开土地，不敢闯荡市场。还有少数人员怕苦怕累，缺乏应有的道德素养和法制观念，往往"只讲权利，不讲义务；只讲索取，不讲奉献；只讲民主，不讲纪律"。二是农村人才的不断外流，乡村人力资源结构出现质和量的严重失衡，新农村建设主体虚空，科技、教育、卫生方面，普遍缺乏高层次人才。三是推进统筹城乡发展的乡镇工作队伍青黄不接。特别是2001年实行公务员法以来，乡镇工作人员处于只出不进的状态，熟悉乡镇工作的"老乡镇"相继达到退休年龄，乡镇后续补充力量不足，推进新农村建设和统筹城乡发展的乡镇工作力量令人担忧。

5. 推进城乡一体化资金匮乏

统筹城乡发展是一项需要政府大量投入的基础性工作。近年来，中央、省市投入"三农"资金不断增长，但示范区所属县区财力有限，乡、村两级自身的"造血"功能很弱，配套资金缺乏，致使农村产业发展、基础设施建设、社会事业投入不足，成为制约统筹城乡发展的"瓶颈"问题。商州—丹凤示范区地处全国仅有的几个集中连片贫困地区，发展基础薄弱，整体起步较晚，均为吃饭财政，资金不足的矛盾更为突出。陕西省十强县的高陵已列入重点示范区，也面临资金不足的问题。出现上述问题的主要原因是尚未建立以政府投入为导向，农民和农村集体经济组织、农业企业投入为主体，加大信贷投入力度和积极吸引外资及社会资本投入为必要补充的稳定长期的多元化、多层次、多渠道投入机制。

统筹城乡发展归根结底是要解决农民问题，其中，最关键的因素是体制机制创新，最突出的难题是土地流转，最明显的差距是城乡收入，最短缺的要素是资金供给。因此，要紧紧围绕上述难点问题，力求通过体制机制创新，努力实现新突破，把关中重点示范区打造成我国西部统筹城乡发展的先导区。

三　加快关中重点示范区统筹城乡发展的思路与目标定位

（一）总体思路

以党的十七大、十七届三中、五中全会精神为指导，深入贯彻落实科学发展观，紧紧抓住新一轮西部大开发和实施《关中—天水经济区发展规划》的重大机遇，以增加农民收入为核心，以促进产业发展为基础，以推动农村土地承包经营权流转为关键，以加快城镇化进程为突破口，按照编制"一张蓝图"、引导"二个置换"、推动"三个集中"、搞好"五个统筹"、创新"六项制度"、推广"七种模式"的总体思路，加快关中统筹城乡重点示范区的发展步伐，率先建立科学完善的统筹城乡发展的体制机制，让广大农民平等、充分地分享改革开放和现代化建设的成果，实现全面建设小康社会的奋斗目标。

（二）发展阶段与主要目标

1. 启动推进阶段（2011～2015 年）

健全和完善统筹城乡发展的领导体制和工作机制，建立强有力的组织机构和干部队伍，明确责任，搭建起统筹城乡发展的政策制度框架，确保各项任务落到实处。各重点示范区可根据陕西省要求与部署，结合各地实际，编制城乡一体化的规划蓝图，鼓励和扶持基础较好的地区先行先试，力争实现点上突破。总结完善、宣传推广统筹城乡发展的"七大模式"，深入推进农村公共财政管理、农村土地管理制度、农村户籍制度、农村就业制度、农村金融制度、农村社会管理制度改革与创新，引导"两个置换"，推进"三个集中"，在实现"五个统筹"方面取得明显成效。

到 2015 年，初步建立统筹城乡发展的体制机制，基本形成城乡经济社会发展一体化格局，城乡统筹发展能力显著增强，城乡差距明显缩小，初步改变城乡经济社会二元结构。GDP 年增长率为 13%，人均 GDP 为 43467 元，城镇化率为 53.5%，城镇污水处理率为 83.6%，垃圾无害化处理率为 83.5%，工业固体废物综合利用率为 80.3%，森林覆盖率为 43.8%。

2. 提升攻坚阶段（2016～2020 年）

全面巩固和提升城乡一体化发展成果，将行之有效的改革措施规范化、制度化和法制化；着力突破城乡统筹障碍多、困难大、发展滞后地区的发展问题。

力争到 2020 年，建立完善的统筹城乡发展体制机制，全面形成城市与农村和谐交融的新型城乡形态，率先实现《关中—天水经济区发展规划》目标，GDP 年增长率为 13%，人均 GDP 达 73244 元，城市化率为 60%，城镇污水处理率为 90%，垃圾无害化处理率为 100%，工业固体废物综合利用率为 90%，森林覆盖率为 47%，把重点示范区建成我国西部统筹城乡发展的先导区（见表 1）。

表 1 关中重点示范区统筹城乡发展的主要经济社会指标

年份 指标	GDP 年增长率（%）	人均 GDP（元）	城镇化率（%）	城镇污水处理率(%)	垃圾无害化处理率(%)	工业固体废物处理率(%)	森林覆盖率(%)
2015	13	43467	53.5	83.6	83.5	80.3	43.8
2020	13	73244	60	90	100	90	47

四 加快关中重点示范区统筹城乡发展的突破口选择

为把九个重点示范区打造成西部统筹城乡发展的先导区，必须在以下五个方面实现率先突破。

（一）在统筹城乡规划、促进城乡空间布局优化上率先突破

1. 科学编制城乡一体化规划

按照《关中—天水经济区发展规划》空间布局的要求，编制重点示范区发展规划。打破城乡分割和行政区划界限，按照经济发展规律，把各示范区作为有机整体，进行规划布局。结合省、市"十二五"规划编制以及土地利用总体规划、城市总体规划修编，加紧编制示范区的总体规划、县域规划、中小城市发展

规划、建制镇规划、村庄和农村新型社区建设规划；编制城乡产业发展、土地利用、基础设施建设、社会事业发展、生态环境保护等专项规划。强化各层次、各专项规划的有机联系，形成城乡一体、相互衔接、全面覆盖的示范区规划体系。

2. 完善规划管理

明确各地各级各有关部门在重点示范区统筹城乡发展规划中的职能与责任，加强协调配合，形成合力，把规划落到实处。积极探索建立总体规划及专项规划的动态评估机制，依法对规划进行适时调整。

（二）在统筹城乡产业发展、推动三次产业良性互动上率先突破

1. 大力推动工业向集中发展区集中

以做大做强装备制造、能源化工、建材、农副产品加工等优势产业集群为目标，全面加快示范区内先进制造业基地、能源化工基地、现代农业高技术示范基地建设。按照园区城市化、产业高新化、机制市场化要求，以各类高新区、开发区、示范区和省级县域工业园为重点，提高规划水准，完善基础设施，健全激励机制，吸引现有企业向园区集中、招商引资项目在园区落户，真正把园区建成以工促农、以城带乡的示范区和经济发展的增长极。

2. 积极引导农民向城镇集中

以《关中—天水经济区发展规划》的实施为契机，进一步拓展宝鸡、渭南、杨凌、铜川和商州等中心城市及县城的功能和规模，提升承载农民转移的能力。按照省政府的部署，加大工作力度，积极为今后 5 年内 600 万名有条件的农民进城落户提供优质服务。加快示范区大中城市廉租住房和公租房建设，加大县城和重点镇经济适用房建设力度，全面启动限价商品房，形成覆盖不同收入水平群体的住房保障体系，促进进城农民实现居者有其屋。以中心村为平台，高标准、多类型地规划建设一批设施完善的新型农村社区，促进农民集中居住。

3. 积极推动土地向规模经营集中

稳定和完善农村家庭承包经营制度，围绕粮食单产提高、果业提质增效、百万亩设施蔬菜、畜牧收入倍增等重大工程项目建设，稳步推进土地向农业龙头企业、农村集体经济组织、农民专业合作经济组织和种植大户集中。鼓励以村（组）为单位，组建农村土地股份合作社或农民专业合作社，实行土地统一经营或发包给其他公司经营（见表 2～表 5）。

表2　先进制造业项目建设

序号	重点项目	主　要　内　容
1	蒲城通用航空产业园	依托蒲城通用机场和低空空域资源,重点发展通用航空飞行员培训、航空俱乐部等通用航空产业项目
2	宝鸡航空安全装备产业园	重点发展光纤通信系统、组合导航系统、飞行安全监测系统等
3	数控机床	加快实施宝鸡秦川数控机床等项目
4	汽车及零部件	重点发展重型商用车及零部件配套生产
5	石油钻采设备	重点发展石油钻机、泥浆泵等产品,加快实施宝鸡石油机械搬迁、石油钢管连续管及套管生产线等项目
6	能源化工装备	重点发展煤炭机械装备、石油机械装备、工程机械装备、车辆改装等产业,加快实施宝钛重型化工装备制造等项目
7	风力及太阳能发电设备	重点发展泾河工业园区现代风力发电设备,陕柴重工风电设备配套件、商洛太阳能电池等项目

表3　矿产资源开发加工基地建设

序号	重点项目地点	主　要　内　容
1	宝　　鸡	重点发展铅锌、钛产业,建设钛材料生产和集散基地
2	渭　　南	重点发展煤炭、化肥、钼精深加工等产业,建设钼产业生产科研基地
3	铜　　川	重点发展铝加工、建材、陶瓷等产业,建设现代建材基地
4	商　　洛	重点发展钼、钒等采冶加工和多晶硅等新型材料产业

表4　四大农业工程

序号	重点项目	主　要　内　容
1	粮食单产提高工程	积极推广优良品种繁育、旱作农业等实用技术,建设优质小麦、高产玉米基地
2	果业提质增效工程	实施果树良种苗木繁育、生态果园、果品市场、产业服务与管理体系、灾害防御体系、质量安全体系等项目
3	设施蔬菜建设工程	在城市郊区建设设施蔬菜基地
4	畜牧业倍增工程	建设生猪、秦川牛、奶畜、家禽等一批标准化养殖示范小区,培育一批畜产品加工企业

表5　杨凌国家级农业高新技术产业示范区

　　把杨凌建设成为我国干旱半干旱地区农业科技创新中心、现代农业发展示范辐射高地、城乡一体化表率,着力打造现代农业创新、国际科技合作、现代农业企业孵化、良种繁育、标准化生产、农产品加工、现代物流和休闲农业等示范项目,形成"核心示范—区内带动—区外辐射"的示范推广新格局

（三）在统筹城乡基础设施建设、加快改善农村生产生活条件上率先突破

1. 加快农村道路建设，推进城乡交通一体化，形成城乡互动、方便快捷的交通网络

加快通县高速、乡际公路、通村道路建设步伐，加强通村公路维修管护，加快村内道路建设改造。积极推动城市公交向农村延伸，实现行政村通达客运班车，县城和重点镇通公交车，切实改善城乡交通条件。

2. 加强农村水利工程建设，完善供水设施

重点实施一批骨干水源工程、大型灌区续建配套节水改造工程、防洪保安工程和病险水库除险加固工程、渭河流域重点治理工程，改善农村生产条件。搞好农村饮水安全工程建设，在有条件的地方，积极发展集中供水，改善农村供水状况；加快城镇供水工程建设，实现城镇水厂与乡镇水厂、农村水厂联网，构建城乡一体的供水系统。强化农业和城乡节水措施，提高水资源利用效率。

3. 改善农村电力和信息化条件

建设乾县、渭南、宝鸡等750千伏变电站，实施新一轮农村电网改造升级工程，推进城乡用电同网同价。推进新农村电气化县建设，因地制宜发展太阳能、风能等可再生能源，解决不通电行政村用电问题。加强综合信息基础设施建设，推进"三网融合"发展。提升电子政务、电子商务、地理信息、远程教育、远程医疗等服务能力，建立基本完善的信息服务体系。依托移动、联通、电信等通讯公司，加快乡镇和村两级农村信息化基础设施建设，解决"最后一公里"问题，形成城乡一体的通讯网络体系，缩小城乡数字鸿沟。

4. 强化农村流通基础设施，加快农村市场体系建设

继续实施"万村千乡市场工程"、"新网工程"、"双百市场工程"和"农超对接"，加快构建和完善农产品现代流通体系。推进家电、汽车、摩托车下乡，完善下乡产品流通网络，不断提升农村商品市场体系的服务功能。

5. 综合整治农村人居环境

做好村庄规划，优化居民布点，扩大农村危房改造规模。继续推进农村沼气建设，带动改水、改厨、改厕、改圈建设。科学划定生活垃圾的分片收集与处置范围，积极开展农村生活垃圾资源化利用试点工作。积极推进县域污水处理设施

的统一规划、统一建设、统一管理。规模较大的乡镇、村庄应加快集中污水处理设施建设；小型乡镇应采取分散式、低成本、易管理的方法，逐步提高农村污水处理率，改善村容村貌（见表6和表7）。

表6 交通建设重点工程

序号	重点项目	主 要 内 容
1	公路建设	新建国家高速公路连霍线宝鸡—牛背、沪陕线西安—蓝田—商州、福银高速公路联络线；新建平凉—宝鸡—汉中、咸阳—旬邑、渭南—蒲城—白水—黄龙、府谷—华阴—商州、西咸北环线、合阳—铜川—彬县—凤翔、大荔—铜川—淳化—永寿—岐山、乾县—扶风—凤翔、商州—柞水、丹凤—镇安—宁陕等线。改扩建国家高速公路连霍线潼关—西安—宝鸡、包茂线西安—铜川—黄陵等线
2	铁路建设	建设黄陵—韩城铁路
3	机场建设	新建宝鸡机场

表7 重点水利工程项目

序号	重 点 项 目
1	渭河流域重点治理工程
2	"引汉济渭"、"引洮一期工程向渭河补水"等跨区域调水工程
3	宝鸡峡、东雷抽黄等大中型灌区续建配套与节水改造、大型灌排泵站更新改造和小型农田水利设施项目
4	渭河中游干支流防洪、渭洛河下游治理、农村饮水安全、城镇供水、病险水库除险加固工程、三门峡库区防洪保安工程

（四）在统筹城乡公共服务、加快发展农村社会事业上率先突破

1. 统筹城乡教育，促进城乡教育均衡发展

巩固普及九年义务教育成果，基本普及高中阶段教育。加大农村寄宿制学校建设力度，加强学校标准化和教育信息化建设。大力发展职业教育，以农村中等职业教育为重点，建立一批职业教育培训基地、公共实训基地、农民工培训示范基地和再就业培训基地。加强布局结构调整，创新城乡学校对口支援工作机制，促进城乡教育资源均衡配置。同时，妥善解决好进城农民工随迁子女的就读问题。

2. 统筹城乡公共卫生服务，加快农村卫生事业发展

通过调整卫生资源的布局和结构，加大县医院、中心卫生院以及村卫生室等

农村基层医疗卫生机构基础设施建设力度，缩小城乡卫生资源占有率的差距；整合县乡两级医疗卫生资源，建立以县为龙头、乡为枢纽、村为基础，设施齐全、功能完备、服务优良的农村卫生服务网络。完善城乡医疗救助制度，扩大救助范围，提高救助水平。逐步提高新型农村合作医疗筹资水平和政府补助标准。加强妇幼保健机构保健能力建立，做好出生缺陷干预和农村孕产妇住院分娩工作。推进县乡村人口和计划生育服务网络建设，加快实施少生快富工程。实施农村基层人才振兴计划，加大农村卫生人才引进力度，为乡镇卫生院招录大学毕业生、招聘执业医师，加强在岗卫生专业技术人员培养工作，采取到城市医院进修学习等方式轮训乡镇卫生院人员，提升农村医疗卫生服务能力。

3. 统筹城乡科技文化体育事业，丰富农村文化生活

以企业技术创新和成果转化为重点，完善农业科技创新和科技服务体系；加强农业科技资源公共服务平台建设；继续推进星火计划。大力保护历史文化遗产和非物质文化遗产。积极发展公益性文化事业，加快博物馆、文化馆、图书馆、乡镇（街道）综合文化站、城镇影剧院、农村文化室等公益性文化设施建设。推进广播电视村村通、文化信息资源共享、农村电影放映、农家书屋等惠农工程，建立完备的城乡公共文化服务体系。加强城乡体育健身场地和设施建设，积极开展丰富多彩的群众体育活动。

4. 统筹城乡就业与社会保障事业，实现农村社会保障全覆盖

一是加快建立示范区城乡统一的人力资源市场。建设市、县两级人力资源有形市场和覆盖省、市、县、乡镇（街道）、社区的人力资源五级信息网络体系。免费为城乡劳动力提供求职登记、择业指导、职业介绍、推荐安置等一系列服务。二是创造更多就业机会，促进创业带动就业。在培育战略性新兴产业中，不断开发就业新领域。积极建立一批创业孵化基地。办好县域工业产业园，通过项目带动、产业发展、开发公益性岗位等多种途径和劳动者自主创业、自谋职业、灵活创业等多种方式，增加就业岗位和就业机会。三是加强职业培训，增强进城农民的就业能力。建设符合示范区产业发展要求的专业化职业培训、实训基地和职业技能鉴定示范基地。以订单培训和定向培训为重点，支持农村劳务输出，做大做强具有浓厚地域特色的劳务品牌。坚持不懈地实施"人人技能工程"，开展全覆盖职业培训，将城乡就业求职青年全部组织到劳动预备制培训之中。针对失业人员、农村转移劳动力、退役士兵等群体的特点和需求，开展有针对性的培训，提高培训促进就业的实效。四是加快城乡居民社会保障体系建设。以农民工、城镇个体工商户、灵活就业人员和困难企业、非公经济组织为重点，继续扩大各项社会保障制度的覆盖范围，将各类群体纳入相应的社会保障体系，做到应保尽保。根据经济发展和各方面承受能力，稳步提高农村居民社会保障水平，逐步缩小城乡、区域、群体之间的待遇差距。按照"规范化、信息化、专业化"的要求，加快新农保等信息网络建设，完善社会保险社会化管理服务体系。加强社会保障基金监督管理，建立保值增值的长效机制，确保基金安全。加快农村教师、乡镇卫生院卫生技术人员周转房建设，提高征地补偿安置水平，确保被征地农民长远生计得到保障。

（五）在统筹城乡社会管理、加快建立规范化服务型政府上率先突破

1. 加快服务型政府建设

把政府主要职能转变到经济调节、市场监管、社会管理、公共服务上来，努力为示范区群众提供方便、快捷、优质、高效的公共服务。进一步减少行政审批项目，改革行政审批方式，加强行政审批督察。全面推行行政审批相对集中办理制，变分散审批为集中审批，变多头受理为一门受理，变串联审批为并联审批，最终实现政务服务中心"一厅式办公、一条龙服务"的审批服务模式。充分借助电子化、信息化手段，建设完善互联网信息服务平台、政务服务中心办事平台、热线沟通交流平台、基层便民服务网络平台和电子监察平台。进一步提高行政效率和质量，使政务服务中心成为集行政许可、招商引资、政府信息查询的为民、便民、利民的行政服务平台。示范区要将行政审批电子监察系统的建设列入电子政务建设的重要内容，制定行政审批电子监察系统建设方案。

2. 推进城乡和谐社区建设

在城市和县城，创新城中村改造方式，形成以综合服务设施为主体、各类专项服务设施相配套的社区服务网络。着力加强农村社区建设，原则上一个行政村建立一个社区服务中心，经济条件较好或规模较大、居住分散的行政村，可在每个自然村设立社区服务中心。根据本村实际设置服务项目。开展计生卫生、警务司法调解、弱势群体救助、实用技术培训、便民超市、文体活动等方面的服务。同时，深化民主管理工作，提高村民自治水平。旧村改造和空心村治理，要按照农民自愿、节约用地的原则，以产业经济区为依托，因地制宜地推进村庄合并。

五　加快关中重点示范区统筹城乡发展的制度保障

（一）深化公共财政体制改革

调整国民收入分配格局，大幅度提高城乡居民，特别是农民在国民收入分配中的比重，大幅度提高劳动者报酬，特别是农民工报酬在初次分配中的比重。

优化财政支出结构，按照总量持续增加、比例稳步提高的要求，不断增加"三农"投入，努力做到财政对"三农"投入的"三个优先"和"三个明确"。"三个优先"即确保财政支出优先支持农业农村发展；确保预算内固定资产投资优先投向农业基础设施和农村民生工程；确保土地出让收益优先用于农业土地开发和农村基础设施建设。"三个明确"即明确各级财政对"三农"投入的增长幅度不低于上年财政支出的增长幅度；明确财政对农村公共产品的投入纳入各级财政预算体系；明确财政支农专项经费必须统筹使用，最大限度发挥财政资金的效用，使财政支出中用于"三农"的份额尽快与农民在总人口中的比例基本相称。

推进强农惠农政策的规范化和制度化，大力支持现代农业建设，促进政府投资向农业优势产业和优势区域聚集。设立专项资金，支持重点示范区统筹城乡发展。拓宽支农资金渠道，强化支农资金整合运用。坚持以项目为依托，整合支农资金，按照"渠道不乱、用途不变、捆绑使用、公开透明、各计其功"的原则，提高资金使用效率。

积极推进财政体制改革，采取财政贴息、适当补助、税费减免、政府购买服务、政府投资项目代建制等措施，引导社会资金参与统筹城乡发展，形成农村建设和发展多元化投入机制，促进市区、城镇与乡村统筹发展，形成以工促农、以城带乡的发展格局。

（二）完善农村土地管理制度

在坚持以人为本、保障农民权益的前提下，根据"依法、自愿、有偿"的原则，引导农民以"宅基地换住房，土地承包经营权换社会保障"，推进农民居住向社区集中、工业向集中发展区集中、土地向规模经营集中，转变其生产方式和生活方式，实现"土地节约集约有增量，农民安居乐业有保障"的目标要求。

现阶段应着力推进三个方面的改革。

一是做实做细确权颁证工作，推进农村产权制度改革。把集体经济组织和农村土地、房屋的权属明确化、人格化，落实农民对土地和房屋的财产权，为资源变资产、变资本创造条件；在农民自主、自愿、自给的基础上，以"还权赋能"为核心，制定集体建设用地、承包地以及房屋的具体测绘测量办法，据实确权。力争两年内完成示范区农村土地确权、登记、颁证工作。

二是积极实施农村土地综合整理，为构建新型城乡形态奠定基础。首先，通过土地整理项目实施，有效增加耕地面积，提高耕地质量；通过土地的集中连片开发，农田道路、水利设施的完善，促进农业产业化，提高农业综合生产能力。其次，通过推进村庄整治，对农村散乱、废弃、闲置的建设用地（包括宅基地）进行整理复垦；通过农民旧房改造、院落拆并和农民向城镇、中心村和聚居点集中，节约集约土地，为加快农村公共服务设施的配套建设创造条件。再次，通过实施城乡建设用地增减挂钩，解决城镇化和新农村建设用地难题。鼓励将移民搬迁、旧村改造、空心村治理、废弃工矿企业场地利用、川道河滩治理等开发复垦的土地，通过城乡建设用地增减挂钩试点，置换为城镇建设用地，推进节约集约利用土地、盘活存量建设用地、优化城乡用地结构和方式，保障经济建设，促进统筹城乡发展。优先支持9个统筹城乡重点示范区开展土地增减挂钩试点工作。

三是加快土地流转步伐，建立城乡统一的用地市场。首先，要创新农村土地承包经营权流转机制。在示范区内建立市、县、乡、村四级流转市场，支持组建土地银行。采用合并调整、自愿互换、企业租赁、反租倒包、入股合作等模式流转土地。支持社会资本参与示范区土地流转。在设施农业项目的实施中，允许使用一定量农用地用于农业配套设施建设，但严禁改变土地用途进行非农业建设。其次，建立城乡统一的建设用地市场，设立陕西省农村土地交易所，开展土地实物交易和指标交易，对农村集体建设用地通过市场转让使用权，促进土地依法、规范、有序流转，与国有土地享有平等权益。最后，制订完善农村土地流转交易的程序、规则、流程及相关办法，充分保障农民的用益物权。

四是完善征地补偿机制，保障农民切身利益。界定公益性和经营性建设用地，逐步缩小征地范围，按照"同地、同权、同价"的原则，对被征地集体经济组织和农民给予及时足额合理补偿。探索建立多种补偿安置渠道，解决好被征地农民就业、住房和社会保障，逐步提高被征地人员安置标准，逐步消除与城镇居民缴纳社会养老保险的差距，使之享受同等待遇。

（三）完善就业和社会保障制度

一是健全城乡劳动者平等就业制度，消除劳动者城乡差别和就业歧视。进一步落实促进城乡就业的财政支持政策、税收优惠政策、金融支持政策，加大就业资金投入，建立更加积极的就业政策，形成促进城乡就业综合政策体系，鼓励多渠道多形式就业。

二是加强城乡统一的劳动力资源管理制度建设。完善就业实名制登记管理办法，建立劳动者就业失业信息档案库，完善城乡统一的劳动力资源管理制度；健全人力资源管理法规，加强市场监督，规范中介行为，维护劳动者合法权益。

三是完善统筹城乡就业培训、援助等公共就业服务制度。实行企业技能培训和技能鉴定补贴制度，鼓励企业培养农民工成为技术工人，对农民工取得执业资格给予奖励。健全就业援助制度，努力实现就业援助工作精细化、长效化，确保就业困难群体随出现随援助，随就业随稳定。建立农民进城务工的就业服务机构，完善跨省（区、市）劳务合作机制和劳动者权益保护机制，特别要加强与经济发达地区政府机构和企业的联动，为外出务工人员提供服务。全面落实对劳动者就业的免费服务、对困难人员的就业援助和特定群体的专项服务。建立健全零就业家庭动态援助工作机制。

四是建立示范区就业失业动态监测机制和就业失业通报制度，加强危机情况下失业风险的预防和调控。全面落实陕西省失业调控工作实施方案，鼓励企业切实履行社会责任，增强就业的稳定性；组织失业人员参与各种就业准备活动，努力缩短失业周期；完善就业与社会保障联动机制，提高就业质量。

五是积极推进社会保障制度建设。按照"广覆盖、保基本、多层次、可持续"的原则，加快建立覆盖城乡的社会保障体系，基本实现人人享有基本社会保障。建立和完善覆盖城乡居民的基本医疗保障制度，逐步提高新型农村合作医疗的报销比例和保障水平，积极做好城镇职工基本医疗保险、城镇居民基本医疗保险制度和新型农村合作医疗制度之间的衔接并轨。健全城乡最低生活保障制度，逐步扩大农村低保覆盖面和提高享受标准，缩小城乡低保水平差距，完善低保标准的动态调整和价格补贴机制，实现应保尽保，切实解决城乡弱势群体的生活问题。建立健全农民工社会保障制度，扩大养老保险、工伤、医疗等覆盖面，切实维护好农民工的合法权益。建立健全市县（区）、乡镇（街道）、村（社区）三级救助网，促进形成城乡一体的社会救助体系。

（四）加快农村户籍制度改革

一是降低进城落户门槛，实行平等户籍政策。逐步取消农业和非农业的户口性质划分，建立城乡一元化的户籍制度，以现有固定住所、稳定职业或生活来源为落户条件，按照实际居住地统一登记为"居民户口"。对落户城镇农民的计划生育、子女入学、劳动就业、医疗养老、经济适用住房和政治待遇等列入有关部门和社区的管理责任范围，确保同户籍同待遇。

二是完善转户进城政策，切实防止损害农民利益。将进城落户的农民统一登记为居民户口，但划分为有承包地和无承包地两类。有承包地的继续享受农村居民的各项政策，无承包地的享受城镇居民的政策。允许进城农民个人转户，也可整户转户。

三是按照"分类、分区域、分阶段"的原则，建立与经济社会发展水平相协调、与产业结构调整力度相匹配、与环境资源承载能力和公共财政供给能力相适应的户籍制度。根据大城市、中小城市、小城镇的不同情况，制定相应的落户政策。大中城市逐步放开外来人口落户条件，县城和小城镇要基本放开户籍限制，畅通城乡户籍转化渠道，使有条件、有意愿转移的农村人口都能进城落户。统筹城乡人才资源配置，继续实施鼓励引进人才、投资兴业的户籍政策，加快推进外来人口本地化。

四是尽快完善流动人口管理和服务制度，消除制约人力资源在城乡、区域之间自由流动和优化配置的制度障碍，当前要重点推进农民工和新生代户籍转移。

（五）完善农村金融制度

一是加快农村金融网络建设，为统筹城乡搭建投融资平台。建立以商业性金融为主体、以政策性金融为补充、以农业保险为保障的农村金融服务体系。通过减免营业税和利息、进行财政补贴的方式，吸引鼓励各大商业银行增设农村基层网点，确保3年内消除基础金融服务空白乡镇。落实县域金融机构吸收的存款主要用于当地发放贷款的要求，着力突破农村发展资金短缺和融资难"瓶颈"。大力推进农村金融产品和服务创新，扩大"三农"融资。积极发展小额贷款公司、村镇银行、农村资金互助社和涉农金融租赁公司等农村新型金融机构，破解农户和小企业贷款难题。成立小城镇建设投资公司和新农村建设投资公司，分别承担小城镇建设和新农村建设的项目主体，承接相关社会援助和项目资助资金，向国家政策银行和商业银行再融资。组织实施国家政策扶持项目，对优质农业产业化项目进行引导性投资，形成政府推动、多元投资、市场运作的资本经营机制。

二是积极创新适合"三农"特点的抵押融资方式。成立农村产权流转担保公司，制订农村产权抵押贷款实施办法，扩大农村有效抵押担保的范围。健全和完善县域信用担保体系，鼓励发展各类信用型、商业型和互助型担保机构，按照尊重农民物权原则，允许农民以土地承包经营权、集体建设用地使用权、房屋、大型农机具、林木、果园、大棚等固定资产和长效经济作物作抵押，扩大有效担保物范围。

三是探索建立政策性农业保险和商业保险相结合的农村保险体系，努力扩大农业保险覆盖面，转移分摊农业的灾害风险，降低农民生产经营风险。

四是规范非政府金融的发展，引导社会资本更多地投向农业基础设施、农村生态环境、公共基础设施建设，为农民生产生活提供及时有效的资金保障。当前特别要放开社会资本进入城镇基础设施、公共事业领域的各类限制，除特定行业外，实行社会资本进入"零门槛"。

五是建立农户信用档案和信用奖惩机制，推广实施符合农村信用特点的"行业＋联保基金＋银行信贷"等信用模式，引导农村金融机构加大对"三农"的信贷投入。

（六）完善城乡社会管理体制

扩大县（区）域发展自主权。合理划分市、县（区）事权，把属于县（区）的权限或市、县（区）共管的权限尽可能下放。增加对县（区）的一般性转移支付，促进财力与事权相匹配，增强县（区）域经济活力和实力。推进省直接管理县（市）财政体制改革，优先将农业大县纳入改革范围。有条件的地方可依法探索省直接管理县（市）的体制。

深化乡镇机构改革，进一步明确县、乡事权和各自承担的责任。建设政务服务中心，积极推进政府公共服务和行政管理职能向乡镇延伸，引导乡镇政府实现由传统管理型向现代服务型转变。推进强镇扩权，通过县市区委托、授权等形式赋予乡镇在村镇建设、投资项目等方面的审批权和乡镇管理等方面的执法权，加大撤乡并镇力度，优化乡镇布局，全面提升强镇规划建设能力和集聚辐射能力。

扎实开展村级综合改革，推动村事务管理服务职能与集体资产经营管理职能相分离，明晰产权，健全村级组织运转保障机制。以便民、助民、利民、安民、富民为出发点，以农村新型社区为载体，加强农村社会公共管理工作，建立健全农村社会服务工作体系，促进政府公共服务向乡村延伸。支持县（区）开展村级公益事业建设"一事一议"财政奖补试点工作，探索建立"政府资助、农民参与、社会支持"的村级公益事业建设新机制。

健全社会组织建设和管理，加快推进事业单位分类改革，促进政事分开、管办分开、公益性和营利性分开。积极创新农村公益服务的有效实现形式，鼓励发展多元化的农村社会化服务组织和农民专业合作社，扶持社会力量兴办为农服务的公益性机构和经济实体。完善正确处理人民内部矛盾的工作机制，不断改进信访工作，有效化解各类社会矛盾与纠纷。健全与完善社会治安防范网络，最大限度提高人民群众的安全感。

六　加快关中重点示范区统筹城乡发展的组织领导

（一）健全组织机构，加强协调指导

各级党委、政府要把统筹城乡发展作为当前和今后一个时期的重大任务来抓。建议陕西省政府《关中—天水经济区发展规划》（以下简称《规划》）实施工作领导小组协调解决9个重点示范区统筹城乡发展中的重大问题。领导小组办公室，具体负责规划编制、政策研究、组织协调、督促检查、推动重点示范区统筹城乡发展的日常工作。省级有关部门要抓紧制定支持统筹城乡发展的配套政策和措施，加强对重点示范区工作的指导和服务。各市区成立的《规划》实施推进机构或统筹办要抓紧制定区域内重点示范区统筹城乡发展规划，积极组织实施。充分发挥示范区内县（市）推进统筹城乡发展的主体地位，加快推进城乡一体化。对重点示范区建设实行项目化管理，建立项目责任制度和纠错机制，落实风险防控措施，引导改革试验积极稳妥推进。

（二）建立评价指标体系，强化考核落实

各级政府要建立健全评价考核指标体系，把重点示范区统筹城乡发展工作纳入岗位责任制目标，实行动态管理、年度考核，将考评结果作为评价党政领导班子政绩和干部选拔任用的重要依据，对工作成绩突出的单位和个人予以表彰奖励。省政府《规划》实施工作领导小组办公室和各市区县成立的《规划》实施推进机构或统筹办要加强重点示范区主要任务和目标完成情况的跟踪检查，及时发现并协调解决存在的突出问题，确保各项工作落到实处。

（三）搞好典型示范，营造舆论氛围

要加强重点示范区统筹城乡发展重大问题的调查研究，以典型推动和指导面上工作。支持重点示范区在风险可控的前提下，在土地管理、户籍管理、财政金融、社会保障、社会管理体制改革等方面先行先试，树立一批成功典型，供其他地区借鉴。通过新闻媒体广泛宣传关中重点示范区统筹城乡发展的重大意义、远景目标、工作重点和政策措施，充分调动全社会的积极性、主动性和创造性。引导党政机关、人民团体、企事业单位和社会各界积极参与。充分发挥新闻媒体、网络等各种宣传载体的作用，及时宣传统筹城乡发展的新典型、新经验和新亮点，形成全社会共同推动统筹城乡发展工作的良好舆论氛围。

参考文献

国家发改委：《关中—天水经济区发展规划》，2009 年 6 月。

中共陕西省委、省政府：《关于切实抓好〈关中—天水经济区发展规划〉实施意见》，2009 年 11 月。

人民网强国论坛：《成都市副市长刘家强谈统筹城乡发展》，2010 年 3 月 6 日互联网转载。

杨庆育：《关于重庆市统筹城乡综合配套改革工作情况的报告》，2008 年 11 月 24 日互联网转载。

国家发展改委经济体制综合改革司、经济体制与管理研究所、中澳管理项目办公室专家联合调研组：《重庆统筹城乡发展综合配套改革调研报告》，2009 年 12 月互联网转载。

黄奇帆：《在重庆户籍制度改革情况新闻发布会上答记者问》，2010 年 11 月 5 日，来

源：重庆新华网。

中共苏州市委、市政府：《扎实推进综合配套改革试点，努力实现城乡一体化发展》，2010 年全国综合配套改革试点工作会议交流材料之二。

王金秀：《嘉兴统筹城乡发展的探索与实践综述》，2009 年 9 月 4 日，http：//www. qhnews. com，青海新闻网。

嘉兴市统筹城乡综合配套改革试点领导小组办公室：《以"两分两换"为切入点，推进统筹城乡综合配套改革》，2010 年全国综合配套改革试点工作会议交流材料之一。

唐大明宫国家遗址公园及
遗址区文化产业研究

课题组 *

摘　要：本文在对唐大明宫遗址公园及遗址区产业定位及发展研究背景、意义和研究原则分析的基础上，制定了具有较强操作性的唐大明宫国家遗址公园布局与产业设计准则，为唐大明宫国家遗址公园及遗址区产业发展提供了可以借鉴的实施方案。

关键词：唐大明宫　国家遗址公园　遗址区产业定位

一　研究背景和意义

盛唐是我国悠久中华文明的顶峰，超过 100 万人口的唐长安城是当时世界文化的中心。唐大明宫遗址位于西安市北部龙首塬上，是闻名世界的唐长安城中最宏伟壮丽的宫殿群。以雄伟壮丽著称于世，被誉为"丝绸之路的东方圣殿"。大明宫遗址于 1961 年被确定为国家级重点文物保护单位，是世界级的文化和旅游资源。国家文物局已把西安作为"丝绸之路"的东方起点都城，作为核心内容来整体包装丝绸之路沿线各国的文物古迹，整体申报世界文化遗产，在这项工作的开展中，大明宫遗址是一个核心保护项目。

大明宫国家遗址公园被国家文物局确定为国家"十一五"大遗址保护重点工程，这不仅是对国家级重点文物保护，也是世界级文化和旅游资源的一次大开发、大发展、大的产业化。不仅可以打造成西安的新的人居环境区，而且更重要

---

* 本课题组组长：李忠民，成员：尹海员、雷宏振、李华敏、武增海、袁海、白凯、万雪琴。

的是可以打造出又一张西安的新名片。为此，不应将其简单地归并为一个房地产项目，而是要建成西安经济的新的"增长极"和新的"地标建筑"群。

2007年陕西省和西安市政府决定启动大明宫国家遗址公园及遗址区的保护与改造工作。它的实施，对保护唐大明宫遗址这一世界级文化遗产，创造大遗址带动城市发展的新模式，促进陕西、西安的文化旅游产业的发展，推动中华文化走向世界，都具有不可估量的巨大意义和深远影响！

二　研究原则

我们对大明宫国家遗址公园的设计概念，主要从以下四个方面加以建构，一是要以盛世、宫廷、皇家三维空间来定义；二是突出其在政治、经济、文化三维时序结构；三是以盛唐时期的科举、礼制、使节三维政治空间来定义；四是突出其丝绸、茶、瓷器三维的经济空间；五是表述建筑、服饰、艺术三维文化空间。见图1。

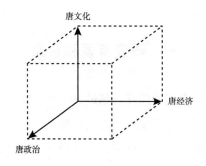

图1　大明宫遗址公园定位分析三维模型

在该项目定位上，应坚持几个统一：一是古都西安与未来西安的统一；二是人文西安与科技西安的统一；三是中国西安与国际西安的统一；四是静态西安与动感西安的统一；五是中华文明与世界文明的统一。

在大明宫国家遗址公园产业项目的设计上，必须贯彻以下原则：可持续发展的原则；体验式原则；国际化原则；专业化原则。

在大明宫国家遗址公园区域发展方面，要突出大遗址的保护利用与改善人居环境和提高人民生活水平相结合；大遗址的保护利用与申报世界文化遗产活动相结合；政府主导与市场运作相结合；文物资源的有效保护和合理利用相结合；弘扬民族精神与促进文化和旅游产业发展相结合。

三　大明宫国家遗址公园布局与产业设计准则

我们的研究立足一个文化与经济的交汇点，从空间布局的视角看，"大明宫"地处西安从西向东的周—秦—汉—唐中国盛世文化的主轴和从北向南的"大明宫—大雁塔—曲江池—终南山"龙脉经济的"大十字"交汇点，见图2。为此，从做大做强中国"盛世文化产业"，塑造中华民族的共同精神家园的角度，有必要把"大明宫国家遗址区"升格为中国的"文化"之都的构建这样一个高度来看待。

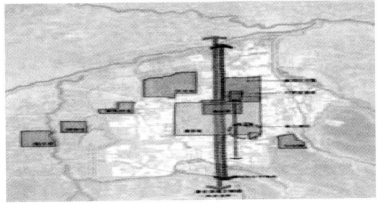

图2　大明宫国家遗址公园的空间定位

在具体的项目设计时，我们坚持两个提升：一是转化西安悠久历史文化资源为当下经济价值，把西安打造成中国的文化中心，构建"北京—西安—上海"文化大三角，提升西安社会经济地位。二是转化西安的"周秦汉唐"盛世文化为现代社会价值，把西安建成名副其实的国际大都市，重构新的丝绸之路，提升西安的国际地位。

在具体的产业方面，我们坚持发展三大产业：一是文化产业；二是旅游产业；三是生态产业。具体包括6个产业集群：旅游产业集群；文化商业集群（如唐皇家生活用品仿制业（Tang Art Factory）等）；创意产业集群（盛唐遗风：建筑、服饰、艺术）；皇家娱乐业集群；绿色食品业集群；生态人居业集群。

在具体产业项目的设计时必须处理好四个原则：一是贯彻可持续发展的原则。建设大明宫国家遗址公园与遗址区，要以持续经营为基本原则，构建可持续的产业集群，创造核心价值。二是贯彻体验化原则。以市场需求为导向，变文物资源为文化产业，活化"文化"资源，以参与式旅游代替观光式旅游，以亲身体验文化魅力旅游代替传统历史文化"感知"旅游，大力发展唐皇家和宫廷文化的体验经济。三是贯彻国际化原则。做纯正的"中国唐文化，就是国际化"，把大明宫国家遗址公园及遗址区建成世界的"第7~9世纪"。四是贯彻专业化原则。专业化是纲，"可持续、体验化、国际化"是目，纲举目张。"专业化"是我们做好"大明宫国家遗址公园"及遗址区的突破口和出发点。

在产业项目的空间布局上，要重构五大区域。突出"中"字布局（见图3）来重构大明宫国家遗址公园及遗址区的产业。以"龙脉"为中轴线合理安排产业项目，架构"大唐十三坊"。以大明宫遗址公园、建材市场、大华纱厂、汉斯啤酒、西北建筑设计（张锦秋建筑设计研究院）、"1+4"的历史遗存为点打造遗址区区域。以集群思路，打造盛唐文化旅游产业链。

具体来看，以"唐大明宫遗址公园"为轴心，构建"大唐十三坊"，以体现盛唐文明在政治、经济、文化三个维度的特色，形成第二层辐射区"中"字架构，见图4。

以大明宫遗址公园、建材市场、大华纱厂、汉斯啤酒、西北建筑设计（例如张锦秋建筑设计创意）"1+4"的历史遗存为点。以文化产业、旅游产业、生态人居产业、现代饮品产业和其他城市配套产业为主，构建遗址公园遗址区产业集群，形成第三层辐射区"中"字架构，见图5。

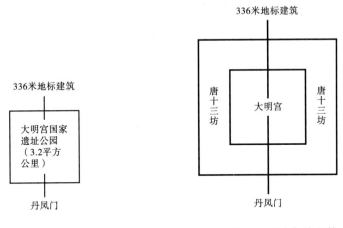

图3　"中"字布局　　　　　图4　第二层"中"字架构

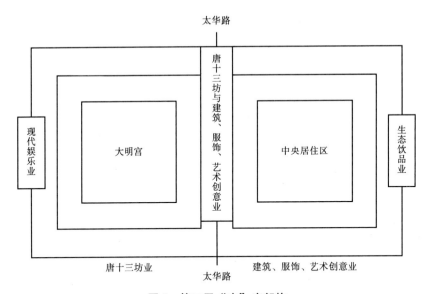

图5　第三层"中"字架构

具体可以考虑形成如下的产业布局：

在产业项目的设计几方面，要突出六大特色：一是突出一个"动"字，建设国际西安"动感之都"，打造新生代的城市新区；二是突出"竞"字，建设竞技之地；三是突出"娱"字，建设歌舞升平的新天地；四是突出"体验"，构建中国皇家体验"特区"；五是突出"活"字，构建"里坊街区"，塑造"活"的文化产业；六是突出集群效应，构建文化旅游产业集群（见图6）。

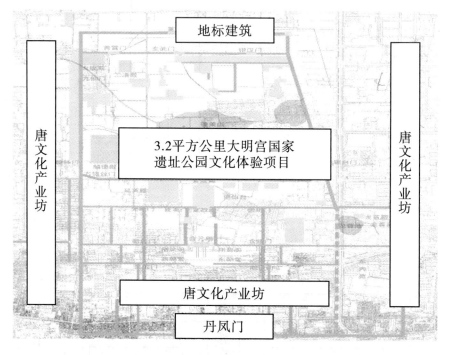

图6　唐文化产业坊

四　大明宫国家遗址公园产业定位与项目设计

具体的大明宫国家遗址公园及遗址区的产业定位，可从以下五个方面进行。

（一）大明宫国家遗址公园的定位及经营项目设计

大明宫国家遗址公园是世界级的文化遗产和旅游资源，是大明宫文化产业区的标志性象征，特色定位应该立足于高端化、国际化、生态化，将其做成盛唐文化的象征和中华民族精神文化的家园。

在经营项目的设计上，遵循可体验和专业化的原则。考虑在完整保护文物原貌的情况下，可通过现代的声光电技术手段让游客充分感受大明宫的巍峨壮丽和历史传说。在遗址公园内开展体验式旅游项目，比如唐宫廷礼仪、唐服饰、唐歌舞、唐国宴等。

同时可以考虑以大明宫为核心，将西安所有以唐文化旅游为主的景点进行资源整合，打造一条"盛唐文化旅游"精品线路。

1. 遗址公园品牌定位

把遗址公园品牌定位为展现盛唐气象，构建世界"第7~9世纪"。具体可从两个方面来分析：一是从市场细分的角度，要跳出遗址看"文化"，它是皇家盛景的再现；跳出公园看"世纪"，它是世界"第7~9世纪"文明的复活。二是从特色分析的视角，与一般遗址的区别，是龙脉之首、龙首之睛；与西安其他公园和古迹的区别，是高贵典雅、文明之冠。

2. 遗址公园的区位功能定位

大明宫国家遗址公园区域功能定位可从四个方面展开：一是在西安文化旅游市场中的定位。突出中国"唐皇家"和"唐宫廷"文化旅游的主题，建立中国唐盛世文化尊贵旅游特区。要严格区别于华清池（爱情与浴）、曲江新区（休闲与游玩）、唐皇城（购物与旅游）、大唐西市（游逛与购物），使之成为西安文化旅游的经典代表之一。努力使大明宫和兵马俑一样成为西安文化旅游的代名词。

二是在中国文化旅游市场中的定位。要努力成为中华文化体验式旅游的典范。变冷冰冰的悠久历史文化为"可视、可体验、可带走"的"文化"大餐。

三是在国际丝绸之路旅游文化产业带中的定位。要依据国际文化旅游产业的分工，建成"东方圣殿"，使之成为丝路产业珠链的"钻坠"。

四是在全球视野中的定位。要力求再现一个"开放、包容、和谐"的中国世纪。

3. 经营项目设计

大明宫国家遗址公园内经营项目设计，要坚持"专业化、体验化、国际化、生态化、科技化"的基本原则，做到"大唐皇家文化的象征和活化"，形成市场垄断，做到中国唯一。

遗址区内的文化旅游经营项目，第一要坚持与"皇家"联系，项目的设计要摒弃市井文化，市井文化可以在外围体现。第二要与"文化体验"挂钩，所有的项目设计以游客参与为主。可以设置四大类项目：一是遗址的保护性开发类项目；二是利用现代科技复活文化类项目；三是开发挖掘"唐宫廷"文化的体验式项目；四是一般的旅游服务类项目。

（1）宫殿区参观考古体验项目，要以文物承载力为限，严格设计每天体验人数，确保文物安全。本项目以日常的游客参观为目的，通过合理的宫殿景观复原设计，让游客感受"东方第一圣殿"的宏伟大气，同时与未来长期的考古挖掘工作结合，游客可以现场参观考古工作者的日常工作。

（2）复活唐皇家、唐宫廷、唐盛世文化的高科技项目。建设大唐皇家博物馆和遗址实景区，通过声光电、机器人、蜡像、影视等现代手段，了解大唐历史、大唐皇家、大唐宫廷以及大明宫，增加游客的历史感知。

（3）唐宫廷文化日常体验项目有5项，严格限定每天人数，制造垄断。根据目前我国历史文化古都的现状，在大明宫开设体验式项目将是独一无二的。第一项是文武百官早朝：在丹凤门换上朝服，文武官员各百名，鱼贯进入含元殿遗址前做礼仪性早朝，可以通过科技声光的配合。这一项目的亮点在于体验唐宫廷不同官阶甚至不同民族官员的政治气氛和朝会内容。第二项是外使朝贺：包括御赐宴项目，以高端外国游客餐饮需求为满足目标，通过御赐仪式吸引游客午餐，所有饮食习惯和程序按照皇家仪式进行。第三项是天子门徒觐见：实施夜游大明宫仪式，由演员带领"天子门徒"，参观夜景，最后击更结束。目的在于烘托气氛，积聚人气。第四项是唐科举制体验项目。规定特定时间，举办文科举和武科举。通过国学、礼制、禁卫军武术的学习，发放相关凭证（如状元、进士、秀才等），以吸引游客，增强旅游竞争力。第五项是唐宫廷礼仪项目。如唐式婚礼，可分为公主型和皇子型两大类婚礼。还有唐式成人礼等。

（4）唐皇家时令节日主题活动有10项，严格限定每天人数，以形成垄断。按照唐皇家节日风俗习惯，在十三坊区和宫苑区不定期地举行时令节日主题活动。主要包括：元旦：天子坐早朝受朝贺，臣僚百官着礼服入朝，朝贺天子。外官都要拜表入贺。燃放爆竹驱邪，沿用汉时习俗，相聚饮酒庆贺，请客喜宴，用桃符以辟恶。正月初七：唐宫廷常在人日宴会群臣以赏雪，赏赐彩绢，使其赋诗助兴。上元节：上元放灯、观灯也别具特色。白天上演歌舞戏剧，准备精美祭品，祈福生活美满、世界和平。二月二。上时节。端午节。七夕节：是古老相传的节日。《开元天宝遗事》载："动清商之典，宴乐达旦，士民之家效之。"模仿七夕乞巧习俗，做成现代的情人节。中秋节：唐人好中秋赏月，可做成民间团聚游玩节日。重阳节。寒食节。以及其他皇帝宴请百官群臣和百姓，与民同乐式节日等，都可以在遗址公园举办。

4. 市场运行组织机构、市场开发与品牌管理

按照现代公司治理，建立项目公司。基于历史文化营销理念，设计大明宫国家遗址公园消费市场战略。积极导入"大明宫"文化品牌，建立项目服务标准，打出"大明宫"原产地保护品牌。以专业化、国际化的原则拓展市场，建立"7C"和"4S"的组合策略。建立强有力的知识产权保护体系。

（二）大明宫国家遗址公园对遗址区的带动作用及遗址区的产业定位与布局

1. 大明宫国家遗址公园及遗址区的定位

大明宫遗址区可作为中国的"文化产业特区"，是一个典型的文化旅游产业示范区。大明宫遗址区可打造成中国唐文化旅游之都、唐文化创意（建筑、时尚、艺术）之都、唐文化产品仿制之都、新生代工作和生活的居住的动感之都、中国文商之都。大明宫遗址区可建成西安经济的新"增长极"和新的"地标建筑"群。

2. 大明宫国家遗址公园对遗址区的带动作用分析

从北向南看，"大明宫—大雁塔—曲江池—终南山"这条主线所奠定的正是"龙脉"。这条"龙脉"的连珠各有特色：大明宫代表皇家政治中心，大雁塔代表唐朝国教—佛教，曲江池代表唐代的游玩之地，终南山代表道教（李唐王朝以老子的后人自居）。大明宫处于整条"龙脉"的制高点。

大明宫国家遗址公园对遗址区的带动作用可从三个方面阐述：一是资源特质。大明宫作为"第7~9世纪"世界文明的制高点，这一资源特质是形成遗址区发展的核心竞争力。二是市场力量。大明宫国家遗址公园建成和运行将势必形成一个客观的市场流，即人流、信息流、资金流，从而产生巨大的市场容量，为遗址区开发和发展提供了物质基础。三是功能优势。大明宫国家遗址公园作为世界遗址保护工程的典范，大绿化大空间以及完善城市化设施和功能，将会形成城市发展优势，对遗址区的新城建设奠定了基础。

3. 大明宫国家遗址公园及遗址区产业结构与整体布局研究

该项目的产业要以市场需求为导向，实施差异化策略。遗址区的产业定位紧紧围绕"服务经济"、"体验经济"、"创意经济"、"生态经济"四个方面设计。定位上强调以唐皇家和唐宫廷文化氛围和体验为特色，可考虑恢复唐代皇家娱

乐、竞技等项目。地理布局上恢复唐长安城的"里坊"模式进行，以唐代的
"里坊"形式打造街区经济。以文化、旅游、生态为三大产业支柱，以体验旅
游、文化商业（如唐皇家生活用品仿制业（Tang Art Factory）等）、盛唐遗风创
意（建筑、服饰、艺术）、皇家娱乐、绿色食品、生态人居为六大产业集群。产
业用地布局，见图7和图8。

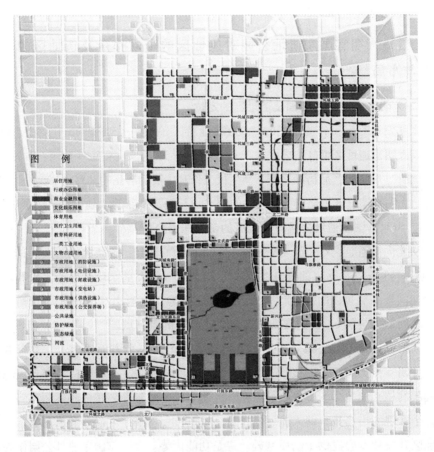

图7　产业用地布局（一）

设计的主要产业项目说明如下：

（1）地标建筑336米观景楼。作为中国西安国际文化中心，可以建成中国
文化、欧亚文化和旅游业总部经济所在地，内设中华文明圣贤殿（自远古到
盛唐的中国文明圣贤36人），超高级酒店（七星）、国际顶级商业品牌店、分
期层的观景台等。

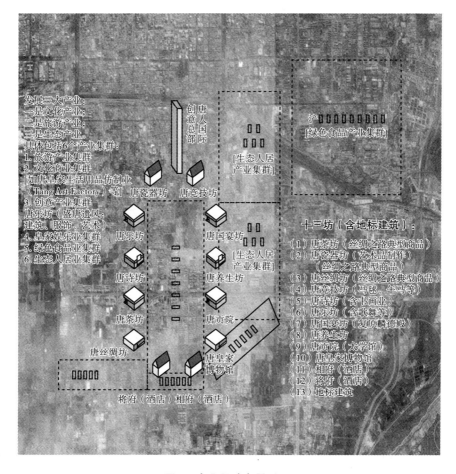

图8 产业用地布局（二）

336 米观景楼坐落在大明宫中轴线的北延伸线上，可以在靠近北二环的地方修建，以此与大明宫形成一个区域，这也是对大明宫原遗址的扩展，可看做我们这个时期的一个贡献。盛世造塔，地标性建筑完全可以以现代建筑为特色，这种特色不仅不会破坏大明宫的整体格局，还会以强烈的反差促进遗址区的品味和特点。当然还需要对建筑的规模、投资和定位进行讨论。

（2）十三坊（含地标建筑）。十三坊在地理上围绕大明宫国家遗址公园，在其外围对称性布局。改造太华路为地下交通，使其成为一个整体。每个坊规模宏大，以衬托地标性建筑。具体可以考虑：①唐茶坊（丝绸之路典型商品）；②唐瓷器坊（艺术品制作）（丝绸之路典型商品）；③唐丝绸坊（丝绸之路典型商品）；④唐竞技坊（马毬、午马等）；⑤唐诗坊（含书画业）；⑥唐乐坊（含歌舞等）；⑦唐国宴坊（复原麟德殿）；⑧唐养生坊（作为唐国宴坊的配套项目，如洗浴、美容、养生、御医、药膳等）；⑨唐太学坊（唐科举、唐礼制、唐贡院等）；⑩唐皇家博物馆；⑪相府（酒店）（文状元府）；⑫将府（酒店）（武状元府）。

（3）唐市井大街（中国式唐人街）。坐落在丹凤门前和火车站北广场之间的东西向的街区，以为中低端游客和时间较短的游客服务，突出唐市井文化。

（4）遗址公园内项目（20 项左右）。另外，可宫苑区建立万国风情苑，体现唐代全球化的包容文化，这里的建筑可以是庭院开发式的，综合丝绸之路各国的风土人情展示，工艺品销售，定时的胡伎歌舞表演、杂耍等项目，吸引一般性的中端游客的消费。

（5）绿色食品产业（含农副产品物流业）。坐落在靠近东二环，紧邻浐灞生态区，主要以汉斯啤酒为中心，建立一个产业园区。

（6）住宅房地产业。除一般住宅外，重点为本区域内就业人士提供住房。

（7）现代商用房地产业。可以设定 13 个项目，分布在 19.16 平方公里内。设立现代娱乐项目，如 KTV 等娱乐场所以青年客户为主要消费对象，以夜生活为主。

（8）居民区生活服务业。如物业、中小学校、医院、银行、停车场、邮局等。

（9）一般商贸业。如大型商业、超市等，置于居民生活区内。

（10）现代文化创意产业。如建筑设计、时尚设计、艺术设计、LOFT（国际人居艺术品等）。改造后的太华路，可建成国际艺术走廊，设置欧洲、中亚、美国、日本、韩国、俄罗斯等国现代人居艺术品展厅。在北关和自强路口建立建筑设计文化创意产业区。在大华厂原址附近建立时尚设计文化创意广场。

参考文献

肖爱玲：《古都长安隋唐长安城》，西安出版社，2008。

周冰：《大明宫：灼热的大遗址》，人民出版社，2009。

王西京：《大明宫遗址与周边地区的保护改造规划》，《建筑与文化》2008 年第 3 期。

李晓玲：《大明宫遗址周边地区现状调查分析》，《城市问题》2006 年第 2 期。

附 录

中国关中—天水经济区发展大事记

（2010 年 5 月至 2011 年 4 月）

王树斌

一 关中—天水经济区发展大事记

2010 年

5 月

5 月 17 日，陕甘文艺界"走进关中—天水经济区"采风慰问团成员抵达渭南市华阴县。在夫水镇台头村文化广场，采风团成员和台头村群众一起扭秧歌、唱秦腔，进行文艺联欢。

5 月 17 日，由陕西省政府主办的关中—天水经济区国际经贸合作高峰对话会在上海国际会议中心举行。会上，共签订合作项目合同 6 个、合作协议 3 个，项目总投资额 21.8 亿元。

5 月 22～23 日，陕西省决策咨询委员会、陕西人民政府研究室、陕西省社会科学院、陕西省社会科学界联合会等共同主办第四届"大关中发展论坛"，论坛的主题是"'十二五'·关中—天水经济区率先发展"。

5月22日，《关中—天水经济区文联合作交流协议》在甘肃省天水市签署，陕西省文联党组成员、专职副主席黄道峻与甘肃省天水市文联党组成员、副主席张映水，分别代表陕西省文联和天水市文联签署了协议。《关中—天水经济区文联合作交流协议》旨在以新的文艺内涵提升秦文化及伏羲文化地位，以新的文艺形式宣传关中—天水经济区的战略发展，以新的文艺手段展现经济区内人民群众的精神风貌；达到推进区内文化艺术交流与合作，推动西部文化的大发展大繁荣，并形成文化合作与发展核心区域的目的，为打造彰显华夏文明的历史文化基地提供精神动力和文化支持。

5月31日，西安市工商局与铜川、宝鸡、咸阳、渭南、杨凌、商洛、天水7地市工商机关共同签署了《关中—天水经济区工商行政管理工作协作备忘录》。根据备忘录，关中—天水经济区内工商机关将建立经济区地市级工商局长联席会议，建立经济区内各工商机关协作机制，以推动经济区市场合作开放，促进经济区企业合作发展，并进一步加强经济区行政保护合作。

6月

6月1日，天水市委副书记、市长李文卿赴国家发改委西部开发司汇报天水市《天水市关中—天水经济区发展规划》实施情况。

6月1~3日，天水市党政代表团在西安举行了"融入大关中，谋求大发展"合作项目签约仪式，就推进关中—天水经济区文化、旅游、科教、卫生等社会事业发展，与陕西省文物局、陕西师大、西安市科技局、西安市教育局等单位签订了12项合作协议。

6月1~7日，商洛市政协副主席熊道宇带领部分市政协委员，围绕该市纳入关中—天水经济区规划建设开展调研，他们先后赴洛南县、丹凤县和市直就城镇化和环保工作进行调研。调研组一行对国家颁布实施关中—天水经济区发展规划近一年来各地各部门的努力工作和显现的成效给予充分肯定。充分体现了市政协关注关中—天水经济区发展规划实施的工作进展。

6月3日，由甘肃省委宣传部、天水市委、天水市政府、人民日报社甘肃分社、新华社甘肃分社、甘肃日报社、甘肃省广电总台、甘肃省社会科学院、甘肃省社科联、甘肃省委讲师团共同主办的以"落实国家《关中—天水经济区发展规划》、推动甘肃省陇东南地区经济社会科学发展"为主题的甘肃发展高层论坛

（第三期）在兰州市宁卧庄宾馆举行。论坛重点围绕《关中—天水经济区发展规划》的实施，深入贯彻国务院办公厅《关于进一步支持甘肃经济社会发展的若干意见》和省政府《关于贯彻落实〈关中—天水经济区发展规划〉的意见》精神积极展开讨论，发表观点，为关中—天水经济区建设和陇东南地区经济社会发展建言献策。

6月3日，由省委宣传部、天水市委、天水市政府等单位共同举办"关中—天水经济区发展高层论坛"，市委书记、市人大常委会主任张景辉出席并致辞。

6月11日，《关中—天水经济区发展规划》颁布实施一周年新闻发布会在西安召开，会上，西安市委常委、常务副市长董军表示："沣渭新区"、"科技资源改革"、"城市承载能力"、"世园会"将成为西安的关键词；西安发挥核心城市引领作用推动关中—天水经济区发展。

6月18日，首届"陕甘两省关中—天水经济区统计局长联席会议"由陕西甘肃两省联合主办，于6月18日在西安召开。会议研讨制定了关中—天水经济区统计局长联席会议制度、统计信息资源共享交换制度和经济社会发展统计监测制度。这次会议的召开标志着陕甘两省关中—天水经济区统计联动机制正式启动。关中—天水经济区统计联动机制的建立，将进一步加强陕甘两省及关中—天水经济区有关统计部门的沟通与合作，加快两省及关中—天水经济区统计信息资源的整合与共享，有利于密切跟踪和反映关中—天水经济区的发展轨迹，充分发挥统计部门的监督、咨询、服务功能，为各级党政领导宏观决策提供优质的统计服务。

6月18日，甘肃天水市麦积区召开驻区市政协委员"为关中—天水经济区建设建一言献一策"活动座谈会。市政协副主席白朝德、市政协副秘书长闫华出席会议，区政协主席贾应珍主持会议。座谈中，驻区市政协委员在实地调研、广泛征求意见的基础上，紧紧围绕全面实施《关中—天水经济区发展规划》的内涵和意义，就麦积更好地融入大关中，搞好城市规划与管理、旅游事业开发、重点产业布局以及政策优惠等，积极为经济区的发展建言献策，提出了许多建设性的意见和建议。

6月22日，2010年天水伏羲文化旅游节天水市投资环境说明暨招商引资项目签约仪式在天水举行。2010年伏羲文化旅游节共签约招商引资项目69个，总投资40.02亿元。现场签约30项，总投资26.6亿元，其余39项将在节会其他活动中签约。

7月

7月1日，宝鸡·天水科技合作框架协议在宝鸡市正式签署。协议约定，宝鸡和天水两地通过建立科技资源开放和共享机制，建立高新技术产业合作机制等方式，进一步加强科技交流与合作，实现宝鸡、天水经济和社会互补互利、协调发展的双赢格局。

7月8日，关中—天水经济区发展高层论坛（"兰洽会"的一个重要活动）在兰州饭店举行。论坛邀请了陕西省和甘肃省相关领导和专家出席，针对关中—天水经济区在以后发展中的定位和方向，给出一系列建议。在通报《关中—天水经济区发展规划》实施进展情况的基础上，与会领导和专家纷纷发言，为关中—天水经济区发展出谋划策。

7月18日，由陕西省商务厅和世界华人华侨华商联合总会联合举办的"2010世界华人精英代表大会暨关中—天水经济区投资合作洽谈会"新闻发布会在西安凯悦饭店举行。

8月

8月13日，关中—天水融资规划（甘肃部分）专家论证会在天水召开。出席会议的有甘肃省有关专家、天水市委研究室、市政府研究室、市发改委、工信委、科技局、财政局、国土局、建设局、交通局、规划局、农业局、文化局、环保局、旅游局、市人民银行、市开发区、市关中—天水办、市城投公司等部门领导和有关负责人。

8月16~21日，（甘肃天水—陕西渭南）民主党派关中—天水经济区调研座谈会在甘肃天水市召开。考察了解五市一区经济社会发展和统一战线服务当地经济发展情况，学习借鉴发展经验，寻求互利合作。在实地考察中，大家一致认为，关中—天水经济区涉及地区，能紧紧围绕经济区发展规划，结合各自实际，长远规划，全力发展。如宝鸡，集稀有金属加工、销售、研发为一体，成为宝鸡跨越发展的强大引擎；咸阳区位优势明显，打造空间结构清晰、功能配套齐全、生态环境一流的现代化新区。考察团成员普遍认为天水作为关中—天水经济区次核心城市，要发挥自身的特点和优势，主动加强与经济区涉及地区的进一步合作，积极融入大关中。

8月17日，为了共同促进关中—天水经济区的快速发展，加强天水与杨凌两地的交流合作，天水市民主党派考察团一行 20 余人来杨凌参观考察。会谈中，双方民主党派负责人就如何促进两地发展进行了深入的交流。

9 月

9 月 13 日，宝鸡—珠三角旅游合作洽谈会在深圳举行，宝鸡市陇县汉关驿站开发建设项目、法门寺文化景区慈航苑项目、鸡峰山景区综合开发建设项目等 8 个项目在洽谈会上签约，引资额达 33.4 亿元。深圳市文体旅游局与宝鸡市文物旅游局签订合作备忘录，为两市旅游市场开发、产品推介、项目建设、共同推进两地旅游产业发展奠定基础。

9 月 20 日，"华山论剑"高峰论坛在西安举行。本届论坛（第三届）邀请了全国人大常委会原副委员长、著名经济学家成思危，诺贝尔经济学奖获得者、"欧元之父"、美国哥伦比亚大学教授罗伯特·蒙代尔等经济界精英到会并发表主题演讲，以此拉开本届高峰论坛帷幕。陕西省人大常委会副主任刘维隆、省政协副主席李冬玉出席了开幕式。此次高峰论坛由华商报社和西部证券股份有限公司等多家单位联合主办，旨在共同把脉全球经济走势，关注中国经济及资本市场的健康发展，为陕西经济发展献计献策。

9 月 27 日，《关中—天水经济区发展规划》沙龙在西安举办，全国人大常委会副委员长、民建中央主席陈昌智，民建中央副主席陈政立，陕西省人大常委会副主罗振江等领导出席，就关中—天水经济区发展规划、发展战略等问题进行了深入的探讨和交流。

10 月

10 月 9 日，关中—天水经济区投资合作洽谈会在西安召开，陕西省副省长景俊海出席并致辞。来自美国、印度尼西亚、新加坡等国家及香港、台湾地区工商企业界代表和陕西省相关市区及企业 260 余人参加洽谈会。会上，省商务厅和渭南、咸阳、汉中市政府及杨凌示范区负责人分别介绍了产业优势，推介了合作项目，与会企业进行了交流互动。

10 月 9～11 日，"2010 世界华人精英代表大会中国西部'关中—天水经济区'投资合作洽谈会"在西安举行。为关中—天水经济区的发展出谋划策，寻找合作伙伴，建立永久性会议会址。大会通过信息沟通，对接投资项目，缔结友好城市，促进世界和平发展，促进世界华人在西安的永久发展。

10 月 10 日，关中—天水经济区公共图书馆联盟成立大会在西安举行，这也标志着关中—天水经济区七市一区图书馆结成合作联盟，各联盟馆之间数字资源共享，这使得八馆变一馆，图书量大幅增加，大大丰富了读者的选择。西安、宝鸡、咸阳、渭南、铜川、商洛、天水以及杨凌示范区等七市一区的图书馆负责人共聚西安，共同签署了《关中—天水经济区公共图书馆合作与发展协议》。根据协议，各联盟馆将不定期进行业务交流，分享管理和人才培养经验；每季度沟通工作计划、总结、重大活动信息；各联盟馆将加强地方文献等特色资源的交流互补，在西安市图书馆就能查询到天水市的地方文献；联盟馆之间可以合作举办读者、展览等活动。

10 月 18，由陕西省考古研究院、甘肃省文物考古研究所和中国文物报社联合主办的关中—天水经济区秦文化学术研讨会在西安举行。

11 月

11 月 3～7 日，关中—天水经济区制造业物流外包展在西安曲江国际会展中心举行。"2010 关中—天水经济区现代制造业与服务业融合博览会现代物流产业展"是以经济区物流产业园区规划、重点项目建设和物流产业升级为契机；以现代物流服务推动制造、能源化工、汽车、钢铁、有色等特色产业又好又快发展；以展览展示和招投标活动为切入点，满足各物流园区和重点工程的采购需求，促进经济区物流产业园区招商引资和设备、技术的采购交易，扩大经贸往来，建立行业交流平台，加快现代物流产业与经济区制造、能源化工等行业的融合与发展。

11 月 26～28 日，关中—天水经济区先进制造业与服务业融合博览会在西安曲江国际会展中心召开。此次博览会由陕西省工业和信息化厅、陕西省发展和改革委员会、陕西省商务厅、关中—天水经济区各级人民政府共同联合举办。本届博览会以"强化区域合作、促进融合发展"为主题，按照"抓优势、调结构、转方式"的方针，搭建行业交流平台，促进和扩大各区域经济往来，协调发展。大会通过产业融合发展论坛、项目对接、洽谈投资、展览展示等多种形式，推介各地发展优势和前景，共同努力把关中—天水经济区打造成为全国经济开发的战略高地。据悉，本届博览会共达成签约项目 29 个，签约金额达 109.6 亿元。这些项目的顺利达成，将对推进关中—天水经济区跨越式发展起到重要作用。

12 月

12 月 6 日，天水市关中—天水经济区办公室向市县区，市直及驻市各部门，各单位发出《关于规范使用关中—天水经济区称谓》的函,要求各县区、各部门、各单位、各新闻媒体在今后宣传,推介和涉及关中—天水经济区时,要使用统一、标准、规范的称谓。

12月21日,国务院颁布《国家主体功能区规划》。规划中明确要求,"推进西安、咸阳一体化进程和西咸新区建设",标志着西咸新区建设已提升到国家战略层面。据此,我们把西咸新区作为大西安建设的重点和突破口,在前期工作的基础上,按照规划先行和规划立区的原则,编制并颁布了《西咸新区总体规划》。

2011 年

1 月

1月7日,甘肃省政府新闻办公室于2011年1月7日召开天水市成功创建国家级"园区、景区"情况新闻发布会,邀请天水市委常委、副市长郭奇若介绍有关情况,并与天水市副市长赵卫东共同回答媒体记者提问。

1月31日,曲江西安广电大剧场上演了一场命名为《关中—天水之春》的精彩的文艺晚会。这是关中—天水经济区内天水电视台、宝鸡电视台、杨凌电视台、咸阳电视台、渭南电视台、铜川电视台、商洛电视台、西安电视台等8家城市电视台首次联合举办的春节文艺晚会。晚会通过卫星直播传遍了本区域内的千家万户。本次晚会由8城市电视台共同主办,由西安电视台具体承办。精彩纷呈的演出荟萃了关中—天水经济区内各地表演艺术的精华,展现了各地丰富多彩的民俗文化,同时也浓墨重彩地宣传了各城市的历史文化和美丽风光。

2 月

2月10日,甘肃省人民政府发布关于贯彻落实《关中—天水经济区发展规划》的意见。意见指出:关中—天水经济区是国家《西部大开发"十一五"规划》确定的三大重点经济区之一。规划的颁布实施,是国家促进西部大开发和区域协调发展的一项重大举措,对天水市的发展具有重大意义,为陇东南地区的发展创造了难得机遇,也必将对全省发展产生积极作用。

3 月

3月1日至4月1日,"2011关中—天水经济区城市人才合作联盟春季人才就业与推进大型系列活动"中高级人才网络招聘大会在西安举行。本次招聘会由中国国家人才网及西安市人才网主共同主办,诚邀关中—天水经济区城市人才合作联盟各成员城市及国内知名企业、中外合资企业、外商独资企业、高新技术企业、股份制企业、集团公司、高等院校、科研院所等。

4月

4月8日，甘肃省实施关中—天水经济区发展规划工作会议在天水市召开。会议强调，陇东南天水、陇南、平凉、庆阳四市和省直各部门要在关中—天水经济区建设上进一步拓宽工作思路，谋划发展方略，加强与经济区各城市之间的联合协作，真正形成主动融入，组团发展的新格局，努力把关中—天水经济区建设成全省加快发展的助推器，实现全省东翼发展的新跨越。

4月19日，泛关中—天水经济区警务协作首届联席会议在西安召开，4省区16个市（区）公安局相关领导共同商定了《泛关中—天水经济区警务协作机制》。在该协作机制的框架下，4省区16个市（区）警方将密切合作，为西安世园会的顺利举办创造良好的治安环境。

图书在版编目（CIP）数据

中国关中—天水经济区发展报告. 2011/李忠民主编. —北京：社会科学文献出版社，2012.4

ISBN 978 - 7 - 5097 - 3259 - 5

Ⅰ.①中…　Ⅱ.①李…　Ⅲ.①地区经济 - 经济发展 - 研究报告 - 天水市 - 2011　Ⅳ.①F127.423

中国版本图书馆 CIP 数据核字（2012）第 054355 号

中国关中—天水经济区发展报告（2011）

主　　编／李忠民
副 主 编／眭党臣　王琴梅　柴　建

出 版 人／谢寿光
出 版 者／社会科学文献出版社
地　　址／北京市西城区北三环中路甲 29 号院 3 号楼华龙大厦
邮政编码／100029

责任部门／财经与管理图书事业部（010）59367226　　责任编辑／张景增
电子信箱／caijingbu@ ssap. cn　　　　　　　　　　责任校对／杜若佳
项目统筹／恽　薇　　　　　　　　　　　　　　　　责任印制／岳　阳
总 经 销／社会科学文献出版社发行部（010）59367081　59367089
读者服务／读者服务中心（010）59367028

印　　装／北京季蜂印刷有限公司
开　　本／787mm×1092mm　1/16　　　　　　　　印　　张／26
版　　次／2012 年 4 月第 1 版　　　　　　　　　　字　　数／451 千字
印　　次／2012 年 4 月第 1 次印刷
书　　号／ISBN 978 - 7 - 5097 - 3259 - 5
定　　价／79.00 元